Jürgen Rekus | Thomas Mikhail (Hrsg.)

Neues schulpädagogisches Wörterbuch

Autoren:
Dieter Hintz
Thomas Mikhail
Karl Gerhard Pöppel
Jürgen Rekus

4., überarbeitete Auflage

BELTZ JUVENTA

Die Herausgeber

Jürgen Rekus, Dr. phil. habil., war Lehrer in Wolfsburg, Privatdozent
an der Universität Hildesheim, Professor für Schulpädagogik an der
PH Heidelberg und für Allg. Pädagogik an der PH Karlsruhe. Gegenwärtig ist er Professor für Allg. Pädagogik am Karlsruher Institut für
Technologie (KIT).

Thomas Mikhail, Dr. phil., ist Lehrer in Karlsruhe und gegenwärtig
wissenschaftlicher Mitarbeiter am Institut für Allgemeine Pädagogik
am Karlsruher Institut für Technologie (KIT).

Bibliografische Information der Deutschen Nationalbibliothek

Die Deutsche Nationalbibliothek verzeichnet diese Publikation
in der Deutschen Nationalbibliografie; detaillierte bibliografische
Daten sind im Internet über http://dnb.d-nb.de abrufbar.

1. Auflage 1993
2., überarbeitete Auflage 1995
3., überarbeitete Auflage 2001
Die Autoren der 1.–3. Auflage sind Dieter Hintz,
Karl Gerhard Pöppel und Jürgen Rekus.

4., überarbeitete Auflage 2013

© 1993 Juventa Verlag · Weinheim und München
© 2013 Beltz Juventa · Weinheim und Basel
www.beltz.de · www.juventa.de
Druck und Bindung: Beltz Druckpartner GmbH & Co. KG, Hemsbach
Printed in Germany

ISBN 978-3-7799-2859-1

Inhalt

Was heißt „Neues schulpädagogisches Wörterbuch"?

Als das „Neue schulpädagogische Wörterbuch" im Jahre 1993 von Dieter Hintz, Karl Gerhard Pöppel und Jürgen Rekus begründet wurde, füllte es eine Lücke im damaligen pädagogischen Informationsangebot. Für die Pädagogik gab es bereits zahlreiche Wörterbücher und Handbücher, die in Bezug auf Umfang, Anspruch, Struktur, Inhalt und pädagogischen Ansatz sehr unterschiedlich waren. Das neue Wörterbuch wollte nicht in erster Linie darüber informieren, wer wann was zu welchem Stichwort gesagt oder geschrieben hat; stattdessen wurden 75 relevante Begriffe in ihrem pädagogischen Geltungsanspruch und in ihrer Bedeutung für die Schulpraxis entfaltet. Bereits nach zwei Jahren war eine größere Neuauflage erforderlich, und es wurden neue Stichwörter aufgenommen sowie die Literaturangaben aktualisiert. Anfang des zweiten Jahrtausends wurde dann eine dritte neubearbeitete Auflage besorgt, die die bewährte Struktur beibehielt. Auch heute im Zeitalter von Internet und Multimedia ist ein solches kompaktes Nachschlagewerk nicht überflüssig, vermag es doch in seiner systematischen, überschaubaren Struktur Zusammenhänge aufzuzeigen, die die Assoziationslogik von Internetrecherchen und den Abertausenden von „Treffern" eher verdeckt.

Die vorliegende Neuausgabe des „Neuen schulpädagogischen Wörterbuchs" ist eine Bearbeitung, die den Anspruch des „Neuen" in der historisch und gesellschaftlich veränderten Bildungslandschaft aufrecht erhält, ohne Grundlegendes preiszugeben. Neu ist die Aufnahme von Stichwörtern, die in den letzten zehn Jahren im erziehungswissenschaftlichen Diskurs an Bedeutung gewonnen haben. Von anderen Begriffen, die nicht mehr im Brennpunkt der aktuellen pädagogischen Diskussion stehen, wurde abgerückt. Beibehalten wurde die Beschränkung auf grundlegende und praxisorientierende Begriffe, die das Überschauen des Gesamtzusammenhangs der pädagogischen Systematik erleichtert. Verzichtet wurde auf weiterführende Literaturangaben, die sich der Leser rasch in den relevanten Datenbanken des Internets besorgen kann. Stattdessen wird am Ende jeder Begriffsentfaltung ein grundlegendes, bisweilen klassisch zu nennendes Werk angeführt, das den systematischen Gehalt des jeweiligen Begriffs weiter entfaltet und in den Gesamtzusammenhang der wissenschaftlichen Pädagogik einzuordnen hilft. Alle Werke zusammengenommen ergeben einen grundlegenden Kanon pädagogischer Literatur, der auch heute noch denjenigen zur Lektüre empfohlen werden kann, die an einem gründlichen Studium der Pädagogik interessiert sind.

Die Neuausgabe des „Neuen schulpädagogischen Wörterbuchs" behält die bewährte Struktur bei. Es enthält 75 Hauptbegriffe in alphabetischer Reihenfolge und im Stichwortverzeichnis viele weitere Stichwörter, die in den Texten mitbedacht sind. Innerhalb der Beiträge zu den Hauptbegriffen sind Verweise auf andere Hauptbegriffe jeweils durch einen Pfeil gekennzeichnet. Im anhängenden Stichwortverzeichnis wird auf das betreffende Hauptstichwort verwiesen, in dessen Zusammenhang der gesuchte Begriff seinen systematischen Ort hat, obwohl er darin nicht ausdrücklich genannt sein muss. Die Leserinnen und Leser dieses Wörterbuchs sind eingeladen, den Stichwörtern und den Verweisen in einem selbstbestimmten kritischen Prozess zu folgen, um so zu einem persönlichen Begriffsgefüge zu gelangen.

Die einzelnen Texte enthalten wie bisher jeweils:
I. eine *Definition* des Stichworts. Sie ist so angelegt, dass wesentliche Aspekte des Begriffs im Sinne einer Grundlegung und Abgrenzung von anderen Begriffen beschrieben werden.
II. eine *Diskussion* des Stichworts. Der Begriff wird in seiner Bedeutung für das Lehrerhandeln weiter entfaltet und problematisiert; wo es sich anbietet, werden Argumente und Gegenargumente genannt sowie unterschiedliche Positionen beschrieben und gewürdigt.

III. eine *Praxisorientierung* des Stichworts. Hier geht es um Konsequenzen und Handlungsbedingungen, Erfahrungen und Hinweise, Perspektiven und Alternativen als Orientierung für die Praxis des Unterrichtens und Erziehens.

Beltz Juventa gebührt an dieser Stelle Dank für die langjährige Betreuung und konsequente Weiterführung des „Neuen schulpädagogischen Wörterbuchs".

Jürgen Rekus, Thomas Mikhail

Anschaulichkeit

I.

Der Begriff der Anschaulichkeit gehört zu den am häufigsten genannten → UNTERRICHTSPRINZIPIEN. Wo didaktische oder methodische Prinzipien aufgezählt werden, gehört die Anschaulichkeit stets dazu. Mit diesem Prinzip ist in der Regel eine aktuelle lebensbedeutsame Beziehung der Schüler zu den → AUFGABEN des Unterrichts gemeint, die ihrem Lern- bzw. Erkenntnisinteresse korrespondiert und ihre → SELBSTTÄTIGKEIT begründet. Wenngleich das Prinzip der Anschaulichkeit den Prozess des Lernens durchgängig begleitet, so wird es doch besonders in der *Einstiegsphase* des Unterrichts als Beitrag zur Motivation der Schüler gefordert.

II.

In der Unterrichtstheorie ist mit dem Begriff der Anschaulichkeit oft Unterschiedliches gemeint. Besonders häufig wird das Prinzip der Anschaulichkeit im Sinne einer sinnlichen Wahrnehmbarkeit der Unterrichtsgegenstände oder -aufgaben verstanden und in dieser Hinsicht zugleich oft auch missverstanden. Die Deutschstunde etwa, die mit dem Zeigen eines ausgestopften Fuchses eröffnet wird und auf Rechtschreibübungen mit Wörtern, die auf „chs" enden, hinausläuft, stellt ein besonders drastisches Beispiel für ein solches Missverständnis dar. Aber auch das andere Extrem, nämlich die irrige Auffassung, mit Anschaulichkeit sei ein unsichtbarer „weltanschaulicher" Bezug des Unterrichts gemeint, der mit den Aufgaben des Unterrichts zugleich zu einer bestimmten Einstellung oder Haltung führen soll, ist gelegentlich anzutreffen.

Den Hintergrund für die verschiedenen Auffassungen von Anschaulichkeit bilden unterschiedliche philosophische Denktraditionen, die dem Begriff der Anschauung jeweils eine bestimmte erkenntnistheoretische Bedeutung zuweisen. So meint Anschauung in der Erkenntnislehre des ARISTOTELES soviel wie Wahrnehmung von konkreten Gegenständen. Sein Anschauungsbegriff ist von der Überlegung bestimmt, dass menschliche Wahrnehmung nur auf Einzelgegenstände gerichtet sein kann, die im „Bewusstsein" einzeln abgebildet werden. Die Einzelvorstellung ist die „Anschauung", die dem „Geist" den „wirklichen" Gegenstand gibt. Erst von diesem Gegebenen her ist dann die Verallgemeinerung, der Schritt zum Wesen der Dinge möglich.

Der aristotelische Anschauungsbegriff gehört in der Neuzeit zur Grundfigur der Erkenntnistheorie der positiven Wissenschaften, insbesondere der Naturwissenschaften. In ihr hat der Anschauungsbegriff die Funktion, die Erkenntnisgegenstände dem erkennenden Bewusstsein über Sinneseindrücke zu „vermitteln". Die Mannigfaltigkeit der sinnlichen Eindrücke wird dann über formale Operationen zu Begriffen verknüpft. Dabei tritt die Anschauung als empirische Korrespondenz zu den Begriffen mit dem Anspruch auf, die inter-individuelle Geltung der jeweiligen Begriffserkenntnis an die jedermann mögliche Wahrnehmung rückzubinden.

In der Transzendentalphilosophie KANTs ist der Begriff der Anschauung keine funktionale Voraussetzung für formale Erkenntnisleistungen, sondern formales Erkenntnisprinzip schlechthin. Anschauungen folgen demnach sinnlichen Eindrücken nicht mehr nach, sondern gehen ihnen – auf den ästhetischen Kategorien des Raumes und der Zeit beruhend – als Bedingung ihrer Möglichkeit voraus. Solche Anschauungen sind für KANT nicht empirischer, sondern transzendentaler Natur. Sie sind den begrifflichen Erkenntnissen nicht vorgeordnet, sondern stehen als eigene formale Vernunftleistungen gewissermaßen auf gleichem „Rang". In der Verknüpfung mit Begriffen ermöglichen sie die gegenständliche Vereinzelung und erlauben so erst die Erkenntnis eines Einzelnen als Teil eines Ganzen. Das ist gewissermaßen eine Umkehrung der aristotelischen Sichtweise. Die Verknüpfung von Anschauung und Begriff geht bei KANT so weit, dass er sagen kann, Begriffe ohne Anschauungen hätten nur eine „leere", d.h. rein logische Bedeutung. Erst in der Verknüpfung mit der Anschauung könnten die Begriffe der Vernunft eine praktische Bedeutung, d.h. Handlungsrelevanz, gewinnen.

In der pädagogischen Denktradition ist der philosophische Anschauungsbegriff in verschiedenen „Spielarten" immer wieder aufgegriffen worden. In der Neuzeit war es vor allem COMENIUS, der dem Anschauungsbegriff einen didaktischen Stellenwert zugewiesen hat. COMENIUS geht zwar auch davon aus, dass nichts im Verstande sei, was nicht vorher in den Sinnen gewesen ist, dass Wahrheit der Wissenschaft auf das Sinnenzeugnis angewiesen sei und dass das sinnlich Wahrgenommene besser behalten werde. In der Eingangspassage des von ihm entwickelten Lehrbuchs, des „Orbis pictus", heißt es daher, dass in ihm „die sinnbaren Sachen den Sinnen recht vorgestellt werden, damit man sie mit dem Verstande ergreifen könne". Zugleich soll aber mit Hilfe der Anschauung auch der Zweck der Dinge vermittelt werden, deren Ordnungszusammenhang von Gott gegeben ist.

In diesem Sinne kommt dem Medium „Bild" eine herausragende Funktion als „Veranschaulichungsmittel" zu. Denn es verbindet die Dinge mit der Ordnung der Dinge, es vermittelt zwischen der direkten sinnlichen Wahrnehmung und der Ordnung, in der diese Wahrnehmung erst ihren Sinn bekommt. Anschauung im Verständnis des COMENIUS hat deshalb in zweifacher Hinsicht eine begründende Funktion. Zum einen ist sie das sinnliche Fundament, der Grund, auf dem eine Erkenntnis aufruht, zum anderen verbindet sie das Erkannte mit einem Zweck und gibt der Erkenntnis von daher einen Grund. Für COMENIUS liegt das Wesen der Anschauung demnach in der „Mitte" zwischen sachlicher Einsicht und dem eigenen Urteil, sie „vermittelt" zwischen Rationalität und Moralität.

Auch bei PESTALOZZI hat der Begriff der Anschauung eine herausragende Bedeutung. Demnach soll der Unterricht in der Anerkennung der Anschauung als dem absoluten Fundament aller Erkenntnis gegründet sein. PESTALOZZI versteht den Begriff der Anschauung zum einen so, dass der Lehrer die Aufgabe hat, die sinnlichen Anschauungen der Kinder zu Begriffen zu führen, zum anderen aber auch so, dass die Kinder zu Anschauungen zu führen sind, aufgrund derer neue Erfahrungen und Erlebnisse erst möglich sind.

III.

Für den methodischen Prozess des → UNTERRICHTS ergeben sich aus dem Prinzip der Anschaulichkeit für den Schüler wie für den Lehrer bestimmte Ansprüche; denn Unterricht wird dann anschaulich, wenn es gelingt, ihn in den Kontext der Lebenswelt der Schüler zu stellen. Für den → SCHÜLER beinhaltet die Frage der Anschaulichkeit das Bemühen, die Aufgaben auf sich als Person zu beziehen. Er wird zunächst nach dem Wert der Aufgaben für sich, für sein Leben, für sein Handeln in der Welt fragen. Diese Anschauung wird dem Lernprozess zeitlich vorausgehen müssen, wenn der Schüler sich auf den methodischen Weg des Lernens begeben soll (→ MOTIVATION). Die Wertfrage ist daher konstitutives Merkmal eines anschaulichen Lernprozesses; sie ist das subjektive Komplement zur begrifflichen → WISSENSCHAFTSORIENTIERUNG und macht die erzieherische Relevanz des Unterrichts aus (→ WERTORIENTIERUNG). Da die Wertfrage – ob sie explizit ausgesprochen wird oder nicht – den Lernprozess vom Beginn bis zum (immer vorläufigen) Ende begleitet, ist ein völlig unanschaulicher Unterricht, d.h. ein Unterricht, der nicht zugleich auch haltungs- und handlungsrelevant, d.h. erzieherisch bedeutsam wäre, völlig undenkbar (→ ERZIEHUNG IM UNTERRICHT).

Für den → LEHRER ergibt sich daraus die Notwendigkeit der Veranschaulichung der Unterrichtsaufgaben (vgl. Skizze im Stichwort → METHODIK), um dem Schüler zu helfen, die Aufgaben auf sich als Person zu beziehen. Der Lehrer leistet dies dadurch, dass er die Aufgaben mit dem Erfahrungs-, Erlebnis- und Werthorizont der Schüler verknüpft (→ ERFAHRUNG UND LERNEN). Dazu klärt er in der Einstiegsphase und im weiteren Verlauf des Unterrichts mit den Schülern gemeinsam die Frage, welche Erfahrungen, Erlebnisse und Einstellungen sie mit dem Unterrichtsgegenstand verbinden und wie dies in den Unterricht einbezogen werden kann. In der konkreten Unterrichtssituation spielen dabei psychologische und soziokulturelle Gesichtspunkte eine ausschlaggebende Rolle. Im Geschichtsunterricht einer elften Klasse kann beispielsweise ein verbaler Hinweis zur Veranschaulichung der Frage nach den Motiven der Französischen Revolution und ihrer Bedeutung für die Entwicklung moderner Staaten genügen; im Biologieunterricht einer siebten Klasse reicht eventuell das Bild eines Frosches zur Vergegenwärtigung der Frage nach der Funktion von Feuchtbiotopen und den Möglichkeiten ihrer Erhaltung; im Sachunterricht eines zweiten Schuljahres wird unter Umständen ein Unterrichtsgang zur Post nötig sein, um die Anschaulichkeit der Postbeförderung und ihren Wert für die Menschen zu gewährleisten.

> Entscheidend ist in jedem Fall, dass den Schülern erst dann eine Unterrichtsaufgabe lösenswert erscheint, wenn sie mit einem bestimmten, für sie wichtigen Punkt ihres Lebens verbunden wird.

Als „Veranschaulichungsmittel" kommen dafür alle Arten von → MEDIEN in Frage. Hier reicht die Sprache hin, dort ist ein Bild hilfreich, manchmal ist eine „originale Begegnung" (ROTH) nötig. Die Wahl des Mediums richtet sich einerseits nach der Individuallage der Schüler, d.h. nach ihren Vorerfahrungen, -erlebnissen und -urteilen, andererseits nach der „Abstraktheit" der Aufgabe, die der gegenwärtigen Lebenspraxis der Schüler mehr oder weniger entzogen sein kann. Medien tragen dazu bei, die Unterrichtsaufgaben in den Erfahrungs- und Erlebnishorizont der Schüler zu überführen. Die Lehrersprache soll den Schülern helfen, sich selbst ein Urteil über den Wert einer Aufgabe zu bilden, das Bild soll anregen, sich selbst ein Bild von der Sache zu machen, die Originalbegegnung soll die zur Aufgabenlösung nötigen Erfahrungs-, Erlebnis- und Wertvoraussetzungen ermöglichen.

Die Überlegungen zum Prinzip der Anschaulichkeit wären unvollständig, wenn nicht auch der Aspekt der Lösbarkeit der Unterrichtsaufgaben in diesem Zusammenhang bedacht würde. In der konkreten Unterrichtssituation ist es gelegentlich so, dass die methodischen Anforderungen an den Schüler sein konkretes Leistungsvermögen übersteigen und ihm deshalb eine Lösung der Unterrichtsaufgaben zunächst unmöglich erscheint. Dadurch kann er die anstehenden Aufgaben auch nicht in ihrer Bedeutung ermessen und auf seine Person beziehen. Solche Überforderungen kommen immer wieder vor und sie können das Urteil über die Haltungs- und Handlungs-relevanz der Lernaufgaben verfälschen. Der Lehrer wird deshalb bestrebt sein müssen, solche Überforderungen zu vermeiden. Er muss die Komplexität der Aufgaben fürsorglich reduzieren, damit die Schüler tatsächlich den methodischen Weg zu ihrer Lösung selbst beschreiten können. Dadurch trägt er mittelbar zur Anschaulichkeit der Aufgaben bei und ermöglicht die konkrete Selbsttätigkeit der Schüler.

Literatur

Comenius, J.A.: Orbis sensualium pictus. Bearb. von U. Fonticola. Frankfurt a.M. 2011

Aufgabe

I.

Wenn man fragt, welcher Begriff bei der täglichen pädagogischen Arbeit im Vordergrund steht und für Lehrer und Schüler in gleicher Weise das gesamte Lehren und Lernen in der Schule umfasst, dann stößt man auf den Begriff der Aufgabe. Unterricht ist in seinem Kern eine selbsttätige Auseinandersetzung der Schüler mit wechselnden Aufgaben. Die grundlegende Beziehung im Unterricht ist deshalb die zwischen → SCHÜLER und Aufgabe.

Eine Aufgabe entsteht, wenn der Schüler einen Unterrichtsgegenstand auf sich bezieht bzw. sich zu ihm in Beziehung setzt und sich mit ihm in erkennender, gestaltender oder wertender Absicht auseinandersetzt. So macht der einzelne Schüler durch sein Interesse und sein Fragen einen neutralen, ich-fremden Unterrichtsgegenstand zu einer eigenen „Aufgabe für mich" und entscheidet sich dabei für eine gezielte Auseinandersetzung. Genauer gesagt bezeichnet der Begriff Aufgabe die Beziehung zwischen Schüler und Unterrichtsgegenstand im Hinblick auf den (Lern-)Prozess der Auseinandersetzung mit ihm.

Daraus folgt, dass Schüler und Aufgabe sich gegenseitig bedingen. Der Schüler steht vor der Aufgabe, sich eine Aufgabe zu suchen bzw. sich für eine Aufgabe zu entscheiden; d. h. Aufgaben existieren nicht „an sich", sondern sind person- bzw. schülerbezogen. Die spezifische Art, seine Aufgaben zu bestimmen, sich so oder anders mit Aufgaben auseinanderzusetzen und von einer Aufgabe zur nächsten fortzuschreiten, macht die Individualität des Lernens aus.

II.

Der Begriff der Aufgabe lässt sich für alle Aspekte von Unterricht und Erziehung in der Schule weiter entfalten. So orientieren sich die unterschiedlichen Ausprägungen der Aufgaben im → UNTERRICHT an der Unterschiedlichkeit der Aufgaben im menschlichen Leben überhaupt: Sie lassen sich hier wie da gliedern in vorgegebene, mitbestimmte und selbstgewählte Aufgaben. Die vorgegebenen Aufgaben sind im Unterricht in der Regel fachlich begründet und lehrgangsmäßig strukturiert. Die mitbestimmten Aufgaben sind problemorientiert und situativ vereinbart, auf die → KONZENTRATION vielfältiger, fachübergreifender Fragestellungen ausgerichtet und auf eine gemeinsame Erarbeitung angewiesen. Die selbstgewählten Aufgaben richten sich nach individuellen Notwendigkeiten, Neigungen und Fähigkeiten (→ ANSCHAULICHKEIT) und erfordern die Selbstorganisation des Lernens in Bezug auf Inhalte, Ziele, Methoden, Zeit und Sozialformen. Diese drei Aufgabenformen finden sich in den → UNTERRICHTSFORMEN des → LEHRGANGSORIENTIERTEN UNTERRICHTS, des → FACH-ÜBERGREIFEND-PROJEKTORIENTIERTEN UNTERRICHTS und der → FREIARBEIT wieder.

Der menschliche Lebensweg steht unter der grundlegenden Aufgabe der verantwortlichen Selbstführung und Gestaltung des eigenen Lebens und des Zusammenlebens mit anderen. Deshalb stehen alle Aufgaben- und Unterrichtsformen in der Schule unter dem identischen, wenn auch unterschiedlich akzentuierten Anspruch der größtmöglichen Selbstständigkeit der Schüler (→ SELBSTTÄTIGKEIT).

Auch das Verhältnis zwischen Lehrern und Schülern wird durch die gemeinsamen Aufgaben konstituiert; ohne solche Aufgaben ist ein → LEHRER-SCHÜLER-VERHÄLTNIS nicht denkbar. Dass die Beziehung zwischen Schüler und Aufgabe kontinuierlich hergestellt, selbsttätig durchgehalten, erfolgreich zu Ende (d.h. zur nächsten Aufgabe) geführt und schließlich wertend überschaut wird, ist die Hauptaufgabe des Lehrers im Unterricht. Hierauf muss auch die Beziehung zwischen → LEHRER und Schüler vor allem ausgerichtet sein.

Ebenso ist die → GEMEINSCHAFT der Schüler untereinander nur als Aufgabengemeinschaft denkbar, die sich auflöst, wenn die gemeinsame Aufgabe des Lernens nicht mehr besteht, und sich neu bildet, wenn die Auseinandersetzung mit Aufgaben wieder beginnt, z.B. am Beginn des Schuljahrs, an jedem neuen Schultag, vor jeder Unterrichtsstunde oder bei der Arbeit in Gruppen. Hierin liegt schließlich auch die Sozialverpflichtung allen Lernens begründet (→ SOZIALES LER-NEN).

Die Unterrichtsinhalte haben von daher keinen Wert an sich, der sich Schülern als sog. Bildungsgehalt vermitteln lässt, wenn der Lehrer ihn zuvor nur gründlich genug analysiert hat (→ DIDAKTIK). Inhalte erhalten ihren Wert dadurch, dass sie für die Schüler zu Aufgaben werden bzw. Anlass geben zur Aufgabenstellung oder -findung. → LEHRPLAN und Rahmenrichtlinien sind deshalb zwar notwendige, aber nicht hinreichende Hilfen zur Selbstordnung und Selbstbildung der Schüler (→ BILDUNG).

Viele Misserfolge im Lehren und Lernen und → UNTER-RICHTSSTÖRUNGEN sind darauf zurückzuführen, dass die Schüler die Unterrichtsinhalte nicht zu Aufgaben für sich machen bzw. dass es den Lehrern nicht gelingt, die Beziehung zwischen Schüler und Aufgabe herstellen und durchhalten zu helfen (→ MOTIVATION). Zu sehr liegt die Aufmerksamkeit der Lehrer auf der durchzunehmenden Stofffülle statt auf der Aufgabenhaftigkeit exemplarisch ausgewählter und angebotener Themen (→ EXEMPLARITÄT). Schüler müssen die Inhalte als Werte für sich erkennen und anerkennen, um sie als Aufgaben annehmen zu können; und sie müssen vom Wert der Aufgaben durchgängig überzeugt sein, um den Prozess der Auseinandersetzung bis zum Ende durchhalten zu können (→ WERT-ORIENTIERUNG).

→ ERZIEHUNG bezeichnet die Aufgabe der menschlichen Lebensführung unter moralischem Aspekt; sie zielt auf verantwortliches Entscheiden und Handeln aufgrund von Wertungen. Das im Unterricht erworbene Wissen und Können führt so zu der Aufgabe, es zu werten und dieses Werturteil zur Grundlage für das Entscheiden und Handeln, für neuen Wissenserwerb und für eine Vervollkommnung des Könnens zu machen (→ ERZIEHUNG IM UNTERRICHT, → ZIELE IM UNTER-RICHT). Das Fragen nach dem Verhältnis der Aufgaben zueinander, nach ihrer Zusammengehörigkeit, Zuordnung und Einheit muss als kontinuierliche und sich zugleich immer neu stellende Aufgabe begriffen werden.

III.

Für das Gelingen einer solchen Schul- und Unterrichtsgestaltung lassen sich Bedingungen angeben, die im Kollegium erörtert und auf ihre Konsensfähigkeit geprüft werden müssen.

Zum Beispiel:

- Die durch den institutionellen Rahmen der Schule tendenziell festgeschriebenen Rollen der Lehrer (als dominante Funktionsträger) und Schüler (als Objekte der Beschulung) müssen als solche erkannt und zugunsten eines aufgabenbezogenen Lehrer-Schüler-Verhältnisses überwunden werden.
- Der Lehrer muss sich von dem Zwang befreien, alles und jedes durchnehmen zu müssen, und stattdessen seinen Unterricht so führen, dass die Schüler in der Aufgabengemeinschaft mit ihm und den Mitschülern sich und ihr Lernen selbst führen lernen (→ HANDLUNGSORIENTIERUNG).
- Bei der → UNTERRICHTSVORBEREITUNG müssen die methodischen Überlegungen einen entsprechenden Stellenwert haben (→ METHODIK).
- Die bevorzugten Unterrichtsverfahren müssen das → UNTERRICHTSGESPRÄCH zur Ermittlung von Aufgaben und Fragestellungen, Methoden ihrer Lösung und Kriterien ihrer Bewertung sowie die Zusammenarbeit in Kleingruppen sein (→ SOZIALFORMEN).
- Das Kollegium einer Schule muss sich als Aufgabengemeinschaft bei der Gestaltung von Schule und Unterricht verstehen (→ GEMEINSCHAFT) und zu Kooperation, Hilfsbereitschaft und gegenseitigem Vertrauen bereit sein.
- Die Schul- und Klassenräume müssen so eingerichtet und gestaltet sein, dass in ihnen die vielfältigen Aufgaben- und Unterrichtsformen durchgeführt und die Beziehung von Lehrern und Schülern zu den Aufgaben und zueinander entsprechend hergestellt werden können (→ KLASSENRAUMGESTALTUNG).
- Im Unterricht müssen die Schüler Zeit und Gelegenheit haben, die unterschiedlichen Aufgaben in Ruhe zu überschauen, sinnvoll zu ordnen, miteinander zu verbinden, zu sich selbst in Beziehung zu setzen und auf die eigene Lebensführung hinzuordnen (→ SYNTHESE).

- Der Stundenplan muss eine Unterrichtsorganisation widerspiegeln, die auf eine sinnvolle Verbindung der unterschiedlichen Unterrichtsformen ausgerichtet ist.

Wenn sich das pädagogische Handeln in der Schule insgesamt nicht nur an den → FUNKTIONEN DER SCHULE, sondern vor allem am Begriff der Aufgabe orientiert, so kann dies letztlich dazu beitragen, das schulische Gesamtgeschehen als Verbindung von Leben und Lernen stimmiger und menschlicher zu machen (→ SCHULLEBEN).

Literatur

Petzelt, A./Fischer, W./Heitger, M. (Hg.): Einführung in die pädagogische Fragestellung, Teil 1. Freiburg 1961

Aufsichtspflicht

I.

Nach Art. 34 des Grundgesetzes ist die Erziehung das natürliche Recht und die Pflicht der Eltern; d. h. die Eltern sollen ihre Kinder zur Selbstständigkeit und Eigenverantwortung führen. Dieser Prozess ist jedoch nicht frei von Risiken. Deshalb sind die Eltern in fürsorglicher Hinsicht auch zur Aufsicht über ihre Kinder verpflichtet. Beides, Erziehungsrecht und Aufsichtspflicht, wird auf die → LEHRER übertragen, solange die Kinder sich in der Schule bzw. bei schulischen Veranstaltungen aufhalten. Die Lehrer haben zusammen mit der Unterrichts- und Erziehungsaufgabe auch die Pflicht, die → SCHÜLER in der Schule, auf dem Schulgelände, an Schulbushaltestellen am Schulgelände und bei Schulveranstaltungen außerhalb der Schule zu beaufsichtigen. Bei Schülern des Primarbereichs und des Sekundarbereichs I erstreckt sich die Aufsicht auch darauf, dass die Schüler das Schulgrundstück nicht unbefugt verlassen; unter dem Gesichtspunkt der Fürsorgepflicht gilt die Aufsichtspflicht auch gegenüber volljährigen Schülern.

Die Aufsicht erstreckt sich räumlich und zeitlich auf schulische Veranstaltungen und auf die Orte, an denen diese stattfinden. Umfang und Intensität der Aufsicht richten sich nach dem Alter, dem Reifegrad und der Anzahl der Schüler sowie nach der spezifischen örtlichen Situation. Geeignete Mitarbeiter der Schule, geeignete Erziehungsberechtigte, auch wenn sie nicht erziehungsberechtigt für die zu beaufsichtigenden Schüler sind, und geeignete Schüler können mit der Wahrnehmung der Aufsichtspflicht betraut werden, Schüler unter 18 Jahren jedoch nur mit Einverständnis ihrer Erziehungsberechtigten.

Die Aufsichtspflicht des Lehrers hat vier Aspekte:

Die Aufsicht muss umfassend sein. Das bedeutet: Sie muss das gesamte Schulgelände, also z.B. Klassenräume, Flure, Fach- und Sammlungsräume, Umkleideräume, Toiletten, Pausenhöfe und Sportanlagen und alle Orte von Schulveranstaltungen außerhalb des Schulgeländes, z.B. Sportplätze, Badeanstalten, Museen und Bushaltestellen, umfassen.

Die Aufsicht muss kontinuierlich sein. Das bedeutet: Sie muss während der gesamten Dauer von Schulveranstaltungen ununterbrochen ausgeübt werden und auch eine angemessene Zeit vor Beginn und nach Schluss der Veranstaltung andauern. Fahrschüler müssen zwischen ihrer Ankunft auf dem Schulgelände und dem Unterrichtsbeginn beaufsichtigt werden, ebenso die Schüler, die Freistunden haben. Während des Unterrichts darf der Lehrer den Unterrichtsraum nicht verlassen; ein Verlassen des Raumes aus dienstlichen Gründen oder bei Unwohlsein ist im Einzelfall unter Beachtung allgemeiner Grundsätze zu entscheiden.

Die Aufsicht muss aktiv sein. Das bedeutet: Der Lehrer muss zur Aufsicht anwesend sein, aktiv das Einhalten von Vorschriften überwachen und bei Gefahr für Personen oder Gegenstände eingreifen.

Die Aufsicht muss *präventiv* sein. Das bedeutet: Der Lehrer muss bei der Aufsicht vorausschauend handeln, Gefahrenpunkte besonders im Blick haben und mögliches Schülerfehlverhalten vorausbedenken; evtl. muss er die Schüler altersgemäß auf gefährliche Situationen hinweisen und ihnen gefahrbringende Gegenstände abnehmen.

Die Aufsicht endet, wenn die Schüler das Schulgelände verlassen haben. Der Schulweg gehört nicht zum Aufsichtsbereich der Schule; bei unvorhersehbarem Unterrichtsausfall muss die Schule sich allerdings bei Grundschülern darum kümmern, ob die Kinder in der Schule anders betreut werden können oder zu Hause bzw. bei anderen geeigneten Personen Aufnahme finden.

Für die Aufsicht bei Schul- und Klassenwanderungen, Klassenfahrten und Schullandheimaufenthalten gibt es in der Regel Sonderbestimmungen.

II.

Die Aufsichtspflicht korrespondiert der Fürsorgepflicht des Lehrers für die ihm anvertrauten Schüler. Ihr Ziel ist, die Schüler vor Schaden zu bewahren, aber auch sicherzustellen, dass sie keinen Schaden anrichten. Der Lehrer hat deshalb bei der Ausübung der Aufsicht die gleiche Sorgfalt anzuwenden, die auch von Eltern erwartet wird.

Falls während einer Schulveranstaltung ein Schadensfall eintritt, so genießt der Lehrer den Rechtsschutz der Schulbehörde, in deren Dienst er steht. Das heißt, er ist für Schadensfälle nicht persönlich haftbar, wenn er nicht nachweislich vorsätzlich oder grob fahrlässig gegen seine Aufsichtspflicht verstoßen hat (vgl. § 839 BGB). Ein Vorsatz liegt vor, wenn der Lehrer sich wissentlich über bestehende Vorschriften hinwegsetzt und seine Aufsichtspflicht bewusst verletzt, obwohl er die möglichen Folgen dieser Unterlassung kennt und in Kauf nimmt. Fahrlässig handelt er, wenn er die erforderliche Sorgfalt bei der Aufsicht außer Acht lässt. Ob Vorsatz oder grobe bzw. leichte Fahrlässigkeit vorliegt, kann nur im Einzelfall unter Berücksichtigung der jeweiligen Umstände entschieden werden.

III.

Zu Konflikten ganz anderer Art kann es kommen, wenn der Lehrer versucht, seine Fürsorge- und Aufsichtspflicht mit dem erzieherischen Anspruch der Schüler auf Förderung ihrer Selbstständigkeit und Eigenverantwortung in Einklang zu bringen (→ ERZIEHUNG). Auch der Bildungsauftrag der Schule ist auf eine zunehmende Selbstständigkeit der Schüler im Denken, Entscheiden und Handeln ausgerichtet (→ BILDUNG). Eine ständige Beaufsichtigung (oder auch nur das subjektive Gefühl der Schüler, immer unter Aufsicht zu sein) kann hierzu im Gegensatz stehen.

Ob die Aufsicht der Lehrer wirklich ein Gegensatz zur Selbstständigkeit und Eigenverantwortung der Schüler ist oder in die gemeinsame Verantwortung der Lehrer und Schüler für den Ordnungsrahmen des Zusammenlebens in der Schul-Zeit einbezogen wird, hängt u.a. vom → LEHRER-SCHÜLER-VERHÄLTNIS, von der Atmosphäre der Schule, den → UNTER-

RICHTSFORMEN und den Pausenräumen ab (→ PAUSE). Auf jeden Fall sollten die Regeln des Verhaltens im Schul-Raum in gemeinsamer Auseinandersetzung um eine Schulordnung erörtert, einsichtig gemacht und festgelegt werden, damit jeder einzelne Schüler sich im Hinblick auf die Einhaltung der vereinbarten Regeln letztlich selbst beaufsichtigen kann. Diese Fähigkeit muss ihm dann aber auch vom Lehrer ausdrücklich zugetraut und zugemutet werden.

Literatur

Böhm, T.: Aufsicht und Haftung in der Schule. Schulrechtlicher Leitfaden. Neuwied [4]2011

Autorität

Die Autorität des Lehrers besteht in der Anerkennung seiner pädagogischen Kompetenz, d.h. seiner Fähigkeit zu unterrichten und zu erziehen.

Im Hinblick auf den → UNTERRICHT ist damit gemeint, dass der Lehrer in der Lage ist, seinen Schülern die Inhalte und Ziele des Unterrichts nahe zu bringen (→ ANSCHAU-LICHKEIT), ihnen bei der Auseinandersetzung mit den Unterrichtsaufgaben durch seine unterrichtsmethodische Führung zu helfen (→ METHODIK), sie zu beraten und zu beurteilen (→ BERATUNG, → LEISTUNGSBEURTEILUNG). Die unterrichtsmethodische Kompetenz schließt als Voraussetzung die didaktische und damit die Sachkompetenz für bestimmte Fächer ein. In dem Maße, in dem Lehrer ihr unterrichtliches Handeln in der Schule als spezialisierte, differenzierte und kompetente Tätigkeit ausweisen, wird ihnen von den Schülern, darüber hinaus von den Eltern und Kollegen, schließlich von der Gesellschaft eine eigene Autorität im Sinne von *Professionalität* zuerkannt.

> Deshalb kann man den Ausdruck ‚Autorität' mit ‚Selbstsicherheit' übersetzen.

Im Hinblick auf die → ERZIEHUNG legitimiert sich die Autorität des Lehrers durch den unbedingten Willen, seine Schüler zu Unabhängigkeit und Selbstständigkeit freizusetzen (→ ERZIEHUNG IM UNTERRICHT). Erst unter dieser Bedingung wird er für seine Schüler glaubwürdig, da sie sich als Subjekte des Lernens von ihm geachtet und geführt wissen. Über die unterrichtlichen Fähigkeiten hinaus hängt es also entscheidend von der Einstellung des Lehrers zu seinen Schülern ab, ob er als Autorität anerkannt werden kann.

> Unter erzieherischem Aspekt kann man den Ausdruck ‚Autorität‘ deshalb mit ‚Selbstlosigkeit‘ übersetzen.

Der unterrichtliche und der erzieherische Aspekt definieren die Autorität des Lehrers und lassen sie in ihrer pädagogischen Eigenart erscheinen: Der Lehrer hat Autorität nicht von vornherein; er kann auch nicht beanspruchen, sie ein für alle Mal zu besitzen. Vielmehr ist er in seiner Autorität von seinen Schülern abhängig, da nur sie ihm Autorität zusprechen können. Tun sie es, vertrauen sie ihm und machen sich so von ihm und seiner Autorität abhängig. Diese freiwillige Abhängigkeit wird dadurch gerechtfertigt, dass sich die Schüler durch die Autorität des Lehrers zu eigener Unabhängigkeit geführt wissen. In dem Maße, wie diese Kompetenz auch von den Eltern, den Kollegen und der Gesellschaft anerkannt wird, gewinnt der Lehrer auch an „öffentlicher" Autorität.

II.

In der → SCHULE wird die Autorität des Lehrers durch die Institution, ihre Struktur und ihre Ordnungen gestützt. Das Amt allein verschafft dem Lehrer jedoch noch keine Autorität, da sie grundsätzlich personal bestimmt ist; es verleiht ihm lediglich eine Position, die mit einer definierten Macht verbunden ist.

In der Verbindung von Person und Position, von Autorität und Macht steckt eine doppelte Gefahr für den Lehrer.

In *unterrichtlicher* Hinsicht gefährdet der Lehrer seine Autorität, wenn er von seinen Schülern Respekt und Anerkennung allein aufgrund seiner fachlichen Kompetenz erwartet. Hier übersieht er, dass dieser Anspruch nicht dauerhaft sein kann und die Schüler ihn bald einholen, überholen können. Ein Insistieren auf fachlich begründeter Vorrangigkeit kann ihn in den Augen seiner Schüler zum abgelehnten oder bemitleideten Besserwisser machen.

Schwerer wiegt die Gefahr in *erzieherischer* Hinsicht. Sie tritt ein, wenn der Lehrer von seinen Schülern mit Sicherheit und Selbstverständlichkeit erwartet, dass er von ihnen als Autorität beansprucht wird. Übersieht er nämlich die notwendige Freiwilligkeit, die die Entstehung eines Autoritätsverhältnisses mit einem Risiko verbindet, wird er fehlende Anerkennung leicht als Ablehnung deuten und resignieren oder sich umso mehr auf seine Macht stützen. Autorität ohne die Haltung geduldiger, wenngleich anspruchsvoller Erwartung führt zur Selbsttäuschung. Der Ausweg, dass der Lehrer aufgrund sekundärer Merkmale – etwa des Alters und der Erfahrung – sich selbst Autorität zuzusprechen versucht, hat am Ende oft Distanz zu den Schülern und Verhärtung ihnen gegenüber zur Folge.

Diese Gefahr steigert sich noch, wenn der Lehrer seine Autorität vornehmlich durch seine Position in der Schule zu rechtfertigen und durch sein Amt zu behaupten sucht. Ist die Lehrer*rolle* für ihn bewusstseins- und haltungsbestimmend, dann wird die Über- und Unterordnung im Verhältnis zu seinen Schülern maßgeblich. Dem Lehrer stehen eine Reihe von Mitteln zur Verfügung, mit denen er seine Übermacht erreichen und stabilisieren kann: z.B. seine größere Sprachgewandtheit und seine Lehrtechniken, nicht zuletzt auch die Zensuren, die er als Instrumente seiner Macht missbrauchen kann. Sein Handeln wird dann autoritär. Gängelnde Abhängigkeit erzeugt bei den Schülern bloß Unterwerfung, vielleicht sogar eine fatale, falsch verstandene „Autoritätsgläubigkeit"; die Schule wird, wenn in ihr nicht das Freisetzen, sondern das Beherrschen maßgeblich ist, zu einem totalitären System.

III.

Die besten Voraussetzungen, um von seinen Schülern als Autorität anerkannt und beansprucht zu werden, liegen für den Lehrer deshalb immer noch in einer guten → UNTERRICHTSVORBEREITUNG und in einer Unterrichtsführung, die trotz aller Enttäuschungen vom Zutrauen in die Lernbereitschaft und -fähigkeit der Schüler bestimmt ist. Beides muss mit der Fürsorge um ein Maß an → DISZIPLIN verknüpft sein, das der Lehrer nicht durch seine Position und die Funktionen der Schule, sondern durch sein Interesse an gutem Unterricht legitimiert. Darüber hinaus erwarten Schüler von ihren Lehrern eine Haltung, die durch persönliche Zuwendung, transparent gemachte Gerechtigkeit und moralische Glaubwürdigkeit gekennzeichnet ist.

Synthese schulpädagogischer Aspekte von Autorität

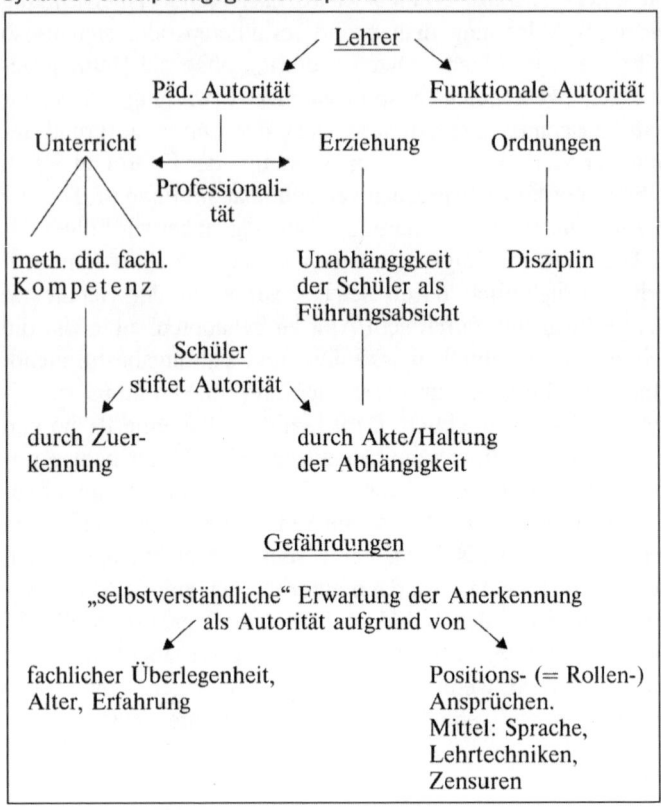

Literatur
Heitger, M. (Hg.): Erziehung oder Manipulation. München 1969

Beratung

Die Beratung hat ihren Bezugspunkt weder allein in der Person des Ratsuchenden noch allein in der Sache, um die es ihm geht. Die Beratung bezieht sich vielmehr auf das Verhältnis von Person und Sache. Unter pädagogischem Aspekt finden wir deshalb den systematischen Ort der Beratung in der Beziehung, die für allen → UNTERRICHT und alle → ERZIEHUNG grundlegend ist. Gemeint ist die Beziehung zwischen Schüler und → AUFGABE. Da Akte des Beratens immer in diese Beziehung eingreifen, können sie zwei unterschiedliche Richtungen, Inhalte und Ziele besitzen.

Zum einen greift der Lehrer in seiner Beratung diese Beziehung auf, wenn Schüler zu einem bestimmten Zeitpunkt ihres Lernprozesses an einer Aufgabe oder an ihrem Zusammenhang mit anderen Aufgaben nicht vorankommen. Die Beratung gilt dem „nächsten" Schritt der Schüler, der für sie sowohl in der Frage nach ihrem richtigen methodischen Weg (→ METHODIK) als auch in der Vergewisserung ihrer → ZIELE oder in der Nachfrage nach geeigneten → MEDIEN bzw. ihrer richtigen Wahl liegen kann. Damit sind auch die Situationen gemeint, in denen Schüler sich durch eine Aufgabenstellung überfordert fühlen. Hier ist es die unterrichtsmethodische Aufgabe des Lehrers, durch didaktische Reduktion und Veranschaulichung der Aufgabe seinen Schülern einen angemessenen Lösungszugang zu eröffnen (→ ANSCHAULICHKEIT).

Zum anderen kann Beratung durch den Lehrer notwendig werden, wenn Schüler sich – nun nicht mehr nur auf eine „bestimmte" Aufgabe oder einen Aufgabenzusammenhang, sondern – auf Aufgaben überhaupt nicht (mehr) einlassen können. Gemeint sind jene Fälle, in denen Einstellungen und Haltungen so geartet sind, dass Schüler in aufgabenbestimmte Lernprozesse erst gar nicht eintreten können. Solche Störungen des Selbstverhältnisses bleiben grundsätzlich nicht auf den einzelnen Schüler beschränkt. Sie tangieren mehr oder weniger zugleich seine Mitschüler, können sie „anstecken" oder einbeziehen.

Die Konsequenz liegt auf der Hand: Hier wird das Verhältnis der Schüler zu sich selbst zum Gegenstand von Beratung. Gegenüber der aufgabenbezogenen Beratung hat diese Form ein deutlich anderes, wenngleich mit künftigen Aufgaben verbundenes Ziel. Sie soll den Schülern helfen, sich selbst zu ordnen, damit sie sich wieder „bestimmten" Aufgaben zuwenden können.

Wie sehr sich auch die beiden Richtungen der Beratung noch weiter entfalten lassen, sie unterstehen einem verbindenden und grundlegenden Prinzip: der → SELBSTTÄTIGKEIT und Selbstverantwortung der Schüler. Dieses Prinzip bindet den Lehrer daran, in seiner Beratung grundsätzlich davon auszugehen und sie dem konkreten Fall so anzupassen, dass Schüler sich selbst helfen können. Beratung wird so zu einem erzieherischen Regulativ, zu einer differenzierten Form der Hilfe zur Selbsthilfe, sei es gegenüber „bestimmten" Aufgaben im Unterricht, sei es gegenüber sich selbst.

Damit ist die Beratung des Lehrers zugleich von disziplinierender Anweisung klar abgegrenzt. Anordnungen und Zurechtweisungen sind von einspringender Fürsorge bestimmt. Sie haben dort ihr begrenztes Recht, wo ein Lehrer eingreifen muss, um von den Schülern einen unmittelbaren physischen, intellektuellen oder moralischen Schaden abzuwehren, den sie selbst nicht abwenden können. Da in solchen Fällen vom Lehrer zwar nicht die Selbsttätigkeit, wohl aber die Selbstverantwortung der Schüler ausgeschaltet wird, fällt alle Disziplinierung aus dem Rahmen von Beratung heraus.

II.

Erkennt man die Selbsttätigkeit der Schüler als begründendes Prinzip allen Unterrichtens und Erziehens an, dann ist Beratung in der Schule keine *grundlegend* neue Handlungsweise des Lehrers; ihr Stellenwert hat sich jedoch in entscheidender Weise gewandelt. Beratung ist deshalb *faktisch* zu einer neuen und umfassenden Aufgabe des Lehrers geworden. Zu definieren ist sie als spezifische Artikulation erzieherischen Handelns in Unterricht und Schule. Dies kann unter drei Perspektiven erläutert werden:

1. Solange die Schule die Vermittlung fachlicher Inhalte und deren Zweck und Wertigkeit für das Leben als relativ „geschlossen" ansehen konnte, hatte die Beratung im Unterricht nur eine Bedeutung im Rahmen fachgebundenen Lernens. Was im Unterricht gelernt wurde, konnten die Schüler mehr oder weniger unmittelbar auf ihr Leben beziehen und es „anwenden". Dem entsprach *didaktisch* ein relativ statischer → LEHRPLAN festgelegter Fächer und Fachinhalte, *unterrichtsmethodisch* das Tradieren und Übernehmen dieser Inhalte in Form der „Kunde".

Diese Bruchlosigkeit der Beziehung von Wissen und Handeln ist heute nur noch bedingt gegeben. Die Lebens- und Handlungskonsequenzen der Fachinhalte, die von den Schülern in einem wissenschaftsorientierten → FACHUNTERRICHT gelernt werden, liegen deshalb nicht (mehr) fest und werden für Lehrer und Schüler zu „offenen" Fragen, die jeweils eigens thematisiert werden müssen. Hieraus ergibt sich die neue Beratungsaufgabe des Lehrers.

Wenn Wertschätzungen, Sinnüberzeugungen und Zweckbestimmungen nicht mehr im Sinne einer Kunde vermittelt werden können, muss sich das Bemühen des Lehrers darauf richten, die Schüler bei ihrer selbsttätigen Ermittlung und Begründung von Werten, Sinnzuweisungen und Zwecken so zu unterstützen, dass ihre Urteilsfähigkeit herausgefordert wird und sie „das Werten lernen" (→ WERTORIENTIERUNG). Weil dies bisher keineswegs durchgängige Praxis ist, kann es nicht überraschen, wenn Schüler Antworten auf Wert- und Sinnfragen vorwiegend außerhalb der Schule suchen und das in der Schule Gelernte oft nur auf seine Verwertbarkeit hin befragen. Außerschulische Faktoren (Arbeitsplatz- und Studienplatzmangel oder -begrenzungen, gesellschaftlicher Aufstieg, Konsumerwartungen u.a.) verstärken dieses nur noch.

Soll sich die Schere zwischen wissenschafts- und wertorientiertem Lernen nicht noch weiter öffnen, wird diese Relation zu einer neuen Bildungsaufgabe im Fachunterricht. Können die Schüler die Differenz von Wissen und Handeln nur über das Werten selbsttätig überbrücken, dann kann ihrem

Fragen und Suchen, Erkennen und Begründen, Gestalten und Erproben nur die Beratung als unterrichtsmethodische Handlungsform des Lehrers entsprechen.

2. Wegen der relativen Bruchlosigkeit zwischen schulischem Lernen und gesellschaftlichem Leben konnte darüber hinaus lange Zeit der → LEHRGANGSORIENTIERTE UNTERRICHT als nahezu ausschließliche Unterrichtsform genügen. Die Einsicht in die wachsende Bedeutung der Selbsttätigkeit und Selbstverantwortung für den eigenen Lern- und Lebensprozess hat eine zunehmende Differenzierung und Individualisierung des Lernens und eine notwendige Hinwendung zu anderen → UNTERRICHTSFORMEN nach sich gezogen. Auch dadurch erhält die Beratung einen neuen Stellenwert. Wenn sie auch in keiner Unterrichtsform dispensiert werden kann, so nimmt sie im → FACHÜBERGREIFEND-PROJEKTORIENTIERTEN UNTERRICHT einen breiteren Raum ein; in der → FREIARBEIT wird die Beratung der Schüler sogar zum unterrichtsmethodischen Grundzug des Lehrens.

Damit lässt sich ein weiterer Aspekt der Beratung verbinden. Immer weniger wird der Bildungsprozess von Schülern durch Familientraditionen und Statuspositionen der Eltern präformiert. An die Stelle fixierter und Kinder und Jugendliche fixierender Erwartungen im Sinne einer „ständischen" Kontinuität sind selbsttätig zu erbringende Leistungen und persönliche Begabungen und Neigungen zu vorrangigen Kriterien der Schullaufbahn geworden. Die Beratung des Lehrers umgreift in diesem Zusammenhang deshalb die mit Eltern und Schülern zu erörternden Wahl- und Entscheidungsmöglichkeiten während der Schulzeit (Wahlpflicht- und Wahlkurse, Fachleistungs- und Leistungskurse) und am Ende von Schulstufen (Übergänge zu anderen Schulstufen und weiterführenden Schulformen sowie in die Berufsausbildung).

3. Ein weiteres Aufgabenfeld für die Beratung tut sich auf, wenn wir die persönlichen Haltungs- und Verhaltensprobleme von Schülern ins Auge fassen. Als → UNTERRICHTSSTÖRUNGEN belasten sie den Lehrer heute zunehmend mehr und erschweren den Schülern ein kontinuierliches und erfolgreiches Lernen, wenn sie es nicht sogar ganz unmöglich machen. Sie haben sich sowohl quantitativ wie qualitativ so ausgeweitet,

dass die Beratungsaufgabe des Lehrers häufig ausschließlich unter diesem Aspekt gesehen wird.

Grund und Folge dieser Schwierigkeiten hängen wiederum eng mit veränderten Lebensbedingungen in → KINDHEIT und → JUGEND zusammen. Werden Lebensdeutung und Lebensgestaltung nicht mehr hinreichend durch wert- und normbestimmte Traditionen und identitätsverbürgende gesellschaftliche Strukturen ermöglicht und begleitet, wird die selbstbestimmte Lebensführung oft nicht als Chance, sondern vor allem als Bürde des einzelnen, oft vereinsamten Menschen empfunden. Kinder und Jugendliche antworten auf diese Lebensbedingungen mit Störungen in ihrem Selbstverhältnis, die sich als unangepasstes Verhalten in den sozialen Bezügen und gegenüber den Bedingungen der Institution Schule äußern.

Lehrer stehen angesichts dieser Situation tagtäglich vor einem Dilemma. Einerseits wissen sie, dass sie den Phänomenen der Unkonzentriertheit und Verweigerung, der Kontaktarmut und Selbstbezogenheit, der geringen Frustrationstoleranz und Wahrnehmung sozialer Ansprüche, der Gewalttätigkeiten und Drogengefährdung durch disziplinierende Maßnahmen nur begrenzt begegnen können. Andererseits sollen sie unter erzieherischen Gesichtspunkten die Schüler zur Selbstreflexion und Änderung ihres Verhaltens bzw. ihrer Haltung auffordern, die sie ohne ihre Beratung nicht leisten können.

Sofern die Schüler dem Lehrer einigermaßen vertraut sind, kann er hier in der Regel eine wichtige Unterscheidung ohne eine weitergehende Beratungskompetenz treffen. Handelt es sich nach seiner Wahrnehmung und Einschätzung um ein mehr oder weniger situatives problematisches *Verhalten* eines Schülers, wird er durch ermutigenden Zuspruch, begrenzten Tadel oder persönliches Gespräch dem Schüler wieder zu einer halbwegs geordneten Haltung verhelfen können.

Wenn er sich dagegen einer gestörten *Haltung* eines Schülers gegenübergestellt sieht, so verlangt dies einerseits die gründliche Rückfrage nach Quellen und Gründen, die in der Biographie, im soziokulturellen Umfeld und in den schulischen Rahmenbedingungen liegen können, andererseits möglicherweise eine spezifische Hilfeleistung durch eine therapeutische Beratung.

III.

Die drei genannten Perspektiven haben für die Beratungspraxis des Lehrers entsprechende Konsequenzen.

1. Aufgabenbezogene Beratung im Fachunterricht setzt das Überschauen des Leistungsstandes der Klasse und – so gut das möglich ist – des einzelnen Schülers voraus. Im Unterrichtsprozess kann der Lehrer nur durch seine Fragen bei den Schülern die Grenze zwischen ihrem Wissen und Nichtwissen, zwischen ihrem Können und Nichtkönnen herauszufinden versuchen, wenn er ihren selbsttätigen Lernprozess nicht dirigieren, sondern beratend begleiten oder unterstützen will. Diese Bedingung erfüllt sich nicht von selbst; sie zeigt vielmehr an, dass die Schüler ihrem Lehrer ein bestimmtes Maß an Vertrauen entgegenbringen müssen (→ SCHULANGST). Beratung setzt Offenheit und Freiwilligkeit beim Ratsuchenden voraus, die ohne Vertrauen nicht zum Zuge kommen können (→ LEHRER-SCHÜLER-VERHÄLTNIS).

Erkennt der Lehrer den Zeitpunkt notwendiger Beratung, stehen ihm zwei Wege offen:

Er kann durch Rückfragen an den bisherigen Lernprozess, durch Erinnerungen an vergleichbare Aufgaben und Schwierigkeiten, durch Impulse, durch erwartungsvolle Gestik und Mimik seine Schüler so weit bringen, dass sie sich selbst einen Rat für den weiteren Prozess geben. Gelingt das nicht, wird er durch einen konkreten Rat seinen Schülern fürsorglich helfen, den „nächsten" Schritt zu tun. Es geschieht gar nicht so selten, dass Schüler einen solchen Rat abwandeln oder zu einer anderen, eigenen Entscheidung umformen.

Diese beiden Wege – Hilfe zur Selbstberatung und fürsorgliche Beratung – gelten auch, wenn nicht fachliche, sondern Wert- und Sinnfragen verhandelt werden. Bedenkt man allerdings, dass Schüler bei solchen Gesprächen nicht nur „etwas", sondern ihre persönliche Beziehung zu einer „Sache", also grundsätzlich auch sich selber „mitteilen", ist einsichtig, dass die Beratung des Lehrers aus einer einfühlsamen Grundeinstellung erfolgen muss, die mit „Takt" bezeichnet werden kann.

2. Auch in den Unterrichtsformen des fachübergreifend-projektorientierten Unterrichts und der Freiarbeit ist die Beratung aufgabenbezogen.

Im fachübergreifend-projektorientierten Unterricht sind die Schüler insbesondere in der Erarbeitungs- und Gestaltungsphase auf die beratende Hilfe des Lehrers bei der Aufgabendifferenzierung, bei der Gruppenbildung, bei der Gliederung der gewählten Gruppenarbeit, bei Rückfragen während der Erarbeitung und bei der Frage der Präsentation der Ergebnisse angewiesen. In der Freiarbeit bezieht sich die Beratung des Lehrers auf die Begleitung des Schülers bei seinen Entscheidungen für eine Aufgabe, für geeignetes didaktisches Material, für die Gliederung der Aufgabe, bei besonderen methodischen Schwierigkeiten während der Arbeit und für ihren Abschluss und ihre Beurteilung.

Unterrichtsmethodisch stehen dem Lehrer deshalb auch hier die eben genannten Wege offen, über die er im Einzelfall entscheiden muss.

3. Wenn sich die Lebensprobleme der Schüler in Vielfalt und Intensität ihren Lernproblemen heute so vorgelagert haben, dass der Unterricht oft nur mit großer Mühe durchgeführt werden kann, kann das auch an der spezifischen Situation der Schule, an mangelnder → AUTORITÄT des Lehrers oder an schulinternen Unterrichts- und Erziehungsbedingungen liegen, z. B. am Mangel an gegenseitiger Information und Beratung im Kollegium. Dennoch ist nicht von der Hand zu weisen, dass der Beratungsanspruch im Hinblick auf Verhaltens- und Haltungsprobleme bei fast allen Lehrern erheblich gestiegen ist. Dafür sind sie aber nicht hinreichend vor- und ausgebildet.

Eine erste Forderung ist daher, dass die Fragen aufgaben- und verhaltensbezogener Beratung als verpflichtender Schwerpunkt in die → LEHRERBILDUNG aller → SCHULFORMEN aufgenommen werden.

In Krisensituationen und bei Persönlichkeitsstörungen wird die begrenzte Beratungskompetenz des Lehrers jedoch nicht ausreichen. In diesen Fällen ist eine erweiterte diagnostisch-therapeutische Kompetenz notwendig. Hier wird der Lehrer sich selbst nicht überschätzen dürfen und im Zusammenwirken mit Kollegen und Eltern auf den Beratungslehrer oder den schulpsychologischen Dienst zurückgreifen.

Darüber hinaus mag es sich als notwendig herausstellen, dass zukünftig eine größere Zahl von (Klassen-)Lehrern eine erweiterte, wenn auch immer noch begrenzte therapeutische Qualifikation erwirbt, etwa auf dem Wege der Lehrerfortbildung. In diesem Zusammenhang dürfte sich die Logotherapie als der Schulpädagogik nächstliegende anbieten, da sie in Ansatz, Methode und Zielrichtung mit den pädagogischen Grundlagen von Unterricht und Erziehung interferiert bzw. sie ohne Widersprüche ergänzt.

Schließlich ist die systembezogene Beratung als kollegiale Aufgabe in der Schule ein letzter wichtiger Aspekt. In ihr wird das pädagogische Konzept der → SCHULE, ihre „Philosophie" und Atmosphäre selber zum Beratungsgegenstand. Diese Form gegenseitiger Beratung gehört heute zu den Kennzeichen einer „guten Schule".

Literatur
Barlage, H.: Pädagogische Beratung in Unterricht und Schule. Hildesheim – Zürich – New York 1998

Bildung

I.

Bildung ist einer der vieldeutigsten und zugleich bedeutsamsten Begriffe der pädagogischen Fachsprache. Er kann zum einen den pädagogischen Prozess bezeichnen, durch den ein Mensch fähig wird, sein Leben in zunehmender Selbstbestimmung und wachsender Eigenverantwortung zu gestalten (der Mensch bildet sich), zum anderen kann mit Bildung aber auch das Ergebnis dieses Prozesses gemeint sein (der Mensch ist gebildet).

> Wie auch immer der Bildungsbegriff im Einzelnen aufgefasst wird, er verweist stets auf die untrennbare Einheit von → UNTERRICHT und → ERZIEHUNG. Unter diesen beiden Aspekten führt der Bildungsprozess im (immer vorläufigen) Ergebnis zu Einsichten und Kenntnissen, zu Fähigkeiten und Fertigkeiten, verknüpft mit Ansichten und Einstellungen, mit Wertungen und Urteilen, kurzum also zur Einheit von *Wissen* und *Haltung*. Im Handeln des Menschen wird diese Einheit auf individuelle Weise immer wieder neu präsentiert und zugleich erneuert. Die bei jedem Menschen jeweils einmalige Einheit von Wissen und Haltung kann als charakteristisches Merkmal seiner (zeitpunkthaften) Bildung angesehen werden.

In diesem Sinne meint Bildung zunächst weder eine bestimmte Auswahl an Bildungsinhalten, die man „beherrschen" muss (etwa Schillers „Glocke"), noch bestimmte Verhaltensweisen, die man „zeigen" muss (etwa Freiherr von Knigges Tischmanieren), um als gebildet gelten zu können. Wegen der Einheit von Wissen und Haltung im Handeln, ist Bildung weder einseitig an bestimmten Inhalten noch einseitig an bestimmten Verhaltensweisen festzumachen. Vielmehr äußert sich die Bildung des Menschen in der Art und Weise, wie er seine Einsichten, Kenntnisse, Fähigkeiten und Fertigkeiten mit seinen Ansichten, Einstellungen, Wertungen und Urteilen zusammenbringt und wie er beides in der Konsequenz seines darauf bezogenen Handelns zusammenhält. In dieser Hinsicht ist Bildung als pädagogische Kategorie universal zu verstehen; sie lässt sich weder ausschließlich bestimmten Kulturen noch ausschließlich bestimmten Personen oder gar Altersstufen zuordnen. Denn die mit dem Prinzip der *Bildsamkeit* gegebene Möglichkeit und Notwendigkeit, sich sachlich wie sittlich selbst zu bilden, gehört zur „Natur" aller Menschen.

II.

Der Begriff der Bildung und die mit ihm verknüpfte Problematik des Zusammenhangs von Wissen, Haltung und Handeln ist eine Eigentümlichkeit des deutschen Sprachraums. Im Englischen kann zwar „education" sinngemäß verwendet werden, trifft aber eher auf das deutsche Wort „Unterricht" zu. Im Französischen findet sich für den Ausdruck Bildung die Bezeichnung „formation"; diese hat aber trotz ihrer scheinbaren Äquivalenz eher eine Nähe zum deutschen Wort „Schulung".

Die wachsende Internationalisierung der erziehungswissenschaftlichen Forschung einerseits und ihre zunehmende Orientierung an den positiven Wissenschaften andererseits haben in den letzten Jahren dazu geführt, dass der Bildungsbegriff mehr oder weniger vermieden wurde. Die an seiner Stelle verwendeten Ersatzformeln treffen allerdings nicht genau das pädagogische Problem der Bildung, sondern verschieben es in andere Bereiche. So sprechen sozialisationstheoretisch orientierte Wissenschaftler lieber von „Sozialisation", „Individuation" oder „Enkulturation" als von Bildung, verhaltenstheoretisch ambitionierte Erziehungswissenschaftler ersetzen den Bildungsbegriff durch den „Lernbegriff" und entwickeln entsprechende „Lerntheorien", unterrichtstheoretisch argumentierende Pädagogen setzen den Bildungsbegriff einfach mit Unterricht gleich und denken dabei vorzugsweise an die Qualifizierung der Schüler, erziehungstheoretische Positionen setzen den Bildungsbegriff mit Erziehung gleich und sehen das Ziel in der „Charakterbildung". Die pädagogische Bildungsaufgabe, die auf die Einheit von Rationalität und Moralität, von Wissen und Haltung abzielt, gerät durch die begriffliche Verschiebung aber tendenziell aus dem Blick.

Auch die geläufige Unterscheidung des Bildungsbegriffs in Allgemeinbildung und Berufsbildung verdunkelt die pädagogische Aufgabe der Bildung. Die Unterscheidung nimmt eine Verkürzung der Bildungsaufgabe auf den bloßen instrumentellen Handlungsaspekt der Bildung vor und überhöht den „ästhetischen" Charakter allgemeiner Bildung zu einem reinen Selbstzweck.

In historischer Perspektive stellt zwar das Aufkommen der neuzeitlichen Idee einer standes- und berufsunabhängigen, allgemeinen Bildung, die allen Menschen zukommen soll, einen pädagogischen Fortschritt gegenüber der im Mittelalter vorherrschenden klerikal geprägten und auf wenige begrenzten Bildung dar. Die neuzeitliche Idee einer universalen Bildung für alle ist unlösbar mit der Epoche der Aufklärung verbunden, in der der Gedanke, dass jeder den Mut haben soll, sich des eigenen Verstandes zu bedienen (KANT), auch zur pädagogischen Neubestimmung der Bildungsaufgabe führte. Das Postulat, dass sich jeder durch die eigene Bildung von den Schranken seiner Herkunft und seines Standes lösen und sich darüber erheben können soll, fordert eine Bildung, die nicht nur an der bloßen Berufs- und Standessicherung interessiert ist, sondern zu einem „vielseitigen Interesse" führt (HERBART). Denn erst eine solche vielseitige Bildung bietet die Möglichkeit, den Auftrag der Aufklärung, sich selbst frei zu bestimmen, real einzulösen. Dieser allgemeinpädagogische Bildungsgedanke fand seinen bisher stärksten Ausdruck in der Konzeption des humanistischen Bildungsideals, das die Bildung des Menschen „nur aus sich selbst und um seiner selbst willen" beinhaltete (HUMBOLDT).

Aber der revolutionäre Gedanke einer universalen Selbstbildung ist im Verlauf der neueren Schulgeschichte durch die Interessen des neuzeitlichen, nationalen und merkantilen Staats vereinnahmt und in pädagogischer Hinsicht verkürzt worden. Dies geschah durch die bildungspolitische Festschreibung eines „abgehobenen", hellenistisch und propädeutisch geprägten Bildungskanons, der einseitig die Herausbildung einer Führungs-, Verwaltungs- und Wissenschaftselite bezweckte, und durch die exklusive Begrenzung der Allgemeinbildungsidee auf das Gymnasium, das nur einer ausgewählten

Minderheit offen stand. Dem Großteil der Bevölkerung wurde dagegen nur eine mindere volkstümliche Bildung zugestanden, die in der Volksschule vermittelt werden sollte und die bereits auf handwerklich-berufliche Zwecke abzielte. Sie sollte in einer anschließenden beruflichen Lehre und durch begleitenden Unterricht in der Berufsschule fortgesetzt werden. Die Trennung von allgemeinbildenden und berufsbildenden Schulen ist im Bildungswesen bis heute mehr oder weniger durchgehalten worden.

Es gehört zur Tradition der neuzeitlichen Schule, das Problem der Bildung durch die Festlegung von Bildungsinhalten, denen man einen hohen Bildungsgehalt bzw. Bildungswert zuspricht, lösen zu wollen. Das Problem der Auswahl und Anordnung von Bildungsinhalten in einem → LEHRPLAN hat zu verschiedenen Bildungstheorien geführt (→ DIDAKTIK).

Materiale Bildungstheorien, suchen einen Kanon von Inhalten zu bestimmen, deren Beherrschung „am Ende" Bildung gewährleisten soll (didaktischer Materialismus). Mit der Differenzierung der neuzeitlichen Wissenschaften hat allerdings die Stofffülle derart zugenommen, dass die Auswahl immer problematischer geworden ist. Deshalb wird der Versuch unternommen, bei der Inhaltsauswahl statt auf Vollständigkeit auf → EXEMPLARITÄT zu setzen, d.h., es wird versucht, solche Inhalte zu finden und vorzugeben, die analogiefähig sind und größere Zusammenhänge repräsentieren können (z.B. der Mäusebussard als Exempel für ökologisches Gleichgewicht). Allerdings wird man hier fragen dürfen, ob die Fähigkeit des Analogiebildens und Überschauens von Zusammenhängen überhaupt durch die Auseinandersetzung mit vereinzelten Exempeln erworben werden kann oder ob das Exempel nicht erst im Lichte des schon überschauten Zusammenhangs als solches erkannt werden kann.

Formale Bildungstheorien versuchen dagegen das Auswahldilemma aufzulösen, indem sie den Bildungsinhalt nicht mehr als „Gut", sondern als „Mittel" betrachten, an dem sich die „Kraft" des Menschen entfalten und seine Bildung vollziehen soll (z.B. „logisches Denkvermögen" durch Erlernen von Latein, „Gedächtnistraining" durch das Erlernen von Gedichten). Hier wird man fragen dürfen, ob die Grundrelation des Menschen in der Welt, verstanden als Subjekt-Objekt-Relation, überhaupt im Sinne gegenstandsgleichgültiger, formaler Fähigkeiten aufhebbar ist.

Die offenen Fragen beider Ansätze will die kategoriale Bildungstheorie (KLAFKI) überwinden. Sie geht davon aus, dass Bildung sich immer nur in der Vereinigung materialer und formaler Aspekte ereignet. In diesem Sinne steht jede Auswahl von Bildungsinhalten sowohl unter dem materialen Anspruch der Sache (in aktueller Sprache: → WISSENSCHAFTSORIENTIERUNG) als auch unter dem formalen Bildungsanspruch der Person (in aktueller Sprache: Schülerorientierung). Darüber hinaus soll jede einmal getroffene Auswahl von Bildungsinhalten im Hinblick auf eine konkrete Unterrichtssituation neu legitimiert werden.

Grundsätzlich bleibt allerdings jede Bestimmung dessen, was Bildung in materialer, formaler oder kategorialer Hinsicht ausmachen soll, historisch und gesellschaftlich bestimmt. Jeder Versuch, Bildungsinhalte mit einem überzeitlichen Geltungsanspruch zu finden, dürfte von vornherein zum Scheitern verurteilt sein. Das galt für den Humanismus, der durch den Rückgriff auf die Antike meinte, die allzeit Bildung verbürgenden Inhalte gefunden zu haben, und das gilt heute etwa auch für die sogenannte informationstechnische Grundbildung, auch wenn sie hier und dort als die Schlüsselqualifikation für die Zukunft ausgewiesen wird.

III.

Dem → LEHRER kann der Bildungsbegriff nicht gleichgültig sein; denn er umgreift das pädagogische Ziel seiner Unterrichts- und Erziehungsaufgabe.

In materialer und formaler Hinsicht ist er dabei in der Regel an den Bildungsauftrag der jeweiligen Institution gebunden, der in den Schulgesetzen der Bundesländer und in den Grundordnungen und Verfassungen der freien Schulen festgeschrieben ist. Er wird nicht umhin können, die damit verbundenen → FUNKTIONEN DER SCHULE zu erfüllen.

In pädagogischer Hinsicht wird er sich jedoch fragen müssen, wie er die Erfüllung des Bildungsauftrags so gestalten kann, dass die Bildung seiner Schüler tatsächlich gefördert wird. Er wird sich also fragen müssen, wie er die Einheit von Unterricht und Erziehung in seinem pädagogischen Handeln gewährleisten, d. h. wie er den Schülern den Zusammenhalt von Wissen, Haltung und darauf bezogenem verantwortlichem Handeln ermöglichen kann.

Da der Lehrer an die inhaltlichen Vorgaben weitgehend gebunden ist, kann seine Antwort darauf nur eine methodische sein. In dieser Hinsicht ist er frei, d. h., ihm wird ausdrücklich eine „methodische Freiheit" zugestanden, um den Bildungsauftrag zu erfüllen. Er realisiert diese Freiheit in der Art und Weise seiner Unterrichtsführung und -gestaltung, kurzum: in seiner Unterrichtsmethode (→ METHODIK). Seine diesbezüglichen Entscheidungen stehen dabei unter dem ausdrücklichen Anspruch, die Bildung der Schüler in funktionaler wie pädagogischer Hinsicht zu ermöglichen.

Das bedeutet konkret, dass er bei der Vermittlung von Kenntnissen, Fähigkeiten und Fertigkeiten, die als Qualifikationen gefordert werden, den Schülern zugleich helfen muss, den Wert und die Handlungsrelevanz des Vermittelten für ihr Leben und Zusammenleben einzuschätzen (→ WERTORIENTIERUNG). Das bedeutet ferner, dass er bei der Vermittlung von Einsichten in komplexe Sach- und Wertzusammenhänge den Schülern auch ein differenziertes Verständnis von Lebenszusammenhängen ermöglichen muss und so zur Entfaltung ihrer sachlichen und moralischen Urteilsfähigkeit beiträgt (→ HANDLUNGSORIENTIERUNG). Das bedeutet schließlich, dass er Sorge trägt für die stetig zunehmende Selbstbestimmung und Eigenverantwortlichkeit der Schüler. Ein Unterricht, der auf diese Weise auch zur Erziehung der Schüler beiträgt, darf im pädagogischen Sinne bildend genannt werden.

Die nach Wissen, Haltung und Handeln unterscheidbaren, aber zugleich untrennbaren Aspekte der Bildung lassen sich allerdings nicht in gleichem Maße in jeder → UNTERRICHTSFORM akzentuieren. Deshalb wird der Lehrer bestrebt sein müssen, die Formen des Unterrichts zu differenzieren, um den verschiedenen Aspekten der Bildung einen Entfaltungs- und Bewährungsraum zu bieten. Dabei kann er je nach Akzentsetzung einen lehrgangsorientierten → FACHUNTERRICHT, einen

→ FACHÜBERGREIFEND-PROJEKTORIENTIERTEN UNTERRICHT oder → FREIARBEIT vorsehen.

Allerdings bedeutet die Wahl einer dem jeweiligen → ZIEL DES UNTERRICHTS angemessen Unterrichtsform für sich genommen nur eine notwendige, aber noch keine hinreichende Bedingung für die Bildung der Schüler. Die Einheit von Wissen, Haltung und Handeln im Bildungsprozess wird erst dann gewährleistet, wenn im Unterricht auch die pädagogischen → UNTERRICHTSPRINZIPIEN beachtet werden. In dieser Hinsicht ist das Prinzip der → ANSCHAULICHKEIT darauf ausgerichtet, dass der Anspruch der Sache mit dem persönlichen Wert- und Lebenshorizont des Schülers, d.h. mit seiner → MOTIVATION verbunden wird; das Prinzip der → SELBSTTÄTIGKEIT zielt darauf, dass der Schüler in der Auseinandersetzung mit den Aufgaben des Unterrichts seine eigene Sachkompetenz und seine sachliche und moralische Urteilsfähigkeit selbst vorantreibt; das Prinzip der → KONZENTRATION gewährleistet, dass die Vielfalt der inhaltlichen Unterrichtsansprüche vom Schüler in ihrem Zusammenhang gesehen und so auf die ihn bewegenden Fragen des Lebens und Zusammenlebens konzentriert werden können; das Prinzip der → SYNTHESE enthält den Anspruch, dass der Schüler die fachlichen Ergebnisse des Unterrichts „am Ende" mit seinem Leben und Erleben in Verbindung bringen und so seine sachliche und moralische Urteils- und Handlungsfähigkeit differenzieren kann.

Die Berücksichtigung der Unterrichtsprinzipien trägt dazu bei, dass jeder Schüler auf eigene Weise seiner Selbstbildung nachkommen kann. Allerdings wird diese Individualaufgabe nur dann „vollständig" eingelöst, wenn sich dabei jeder Schüler auch für die Bildung seiner Mitschüler verantwortlich zeigt und sie darin aktiv unterstützt. Der Lehrer muss daher seinen Schülern helfen, diesen Sozialverpflichtungsanspruch der eigenen Bildung einzulösen. Er tut dies, indem er Formen des → SOZIALEN LERNENS ermöglicht.

Literatur

Pleines, J.-E. (Hg.): Bildungstheorien. Probleme und Positionen. Freiburg 1978

Bildungsgerechtigkeit

I.

Aus pädagogischer Perspektive hat die Bildungsgerechtigkeit eine zweifache Bedeutung: Einerseits ist damit eine prinzipielle Anspruchsgleichheit gemeint, die jedem Menschen das Recht auf pädagogische Zuwendung zuspricht und damit von der Gesellschaft, vom Staat, von Institutionen oder von Einzelpersonen verlangt, dass sie in Angelegenheiten der → BILDUNG *gerecht sein* sollen. Andererseits ist eine individuell angemessene Erfüllungserwartung gemeint, die die Gesellschaft, den Staat, die Institutionen oder Einzelpersonen verpflichtet, der Bildung des Einzelnen *gerecht* zu *werden*.

Beide Auffassungen unterscheiden sich im Verständnis der beiden Kompositionsteile, d. h. sowohl in dem, was unter Bildung, als auch darin, was unter Gerechtigkeit verstanden wird. Dennoch verweist der Begriff in jedem Fall mittelbar oder unmittelbar auf die Gestaltung des → LEHRER-SCHÜLER-VERHÄLTNISSES. Während einmal die strukturell-organisatorische Gestaltung angesprochen ist, verweist Bildungsgerechtigkeit im anderen Verständnis auf ein unterrichtsmethodisches Prinzip pädagogischen Handelns (→ METHODIK).

Gerade in jüngerer Vergangenheit hat die Auffassung der Bildungsgerechtigkeit als organisatorisches Gestaltungsprinzip Eingang in die Pädagogik gefunden. Die Bildungspolitik knüpft damit an die durch die empirischen Leistungsvergleichsstudien ermittelte Ungleichheit der schulischen Lernergebnisse an, die auf unterschiedliche familiäre Hintergründe zurückgeführt werden. Im Sinne der Bildungsgerechtigkeit wird die Forderung laut, schulischen Zugang und die Chance auf Bildungsabschlüsse allen Heranwachsenden unabhängig vom familiären oder sozialen Hintergrund sowie von der biologischen oder psychischen Disposition zu eröffnen.

II.

Jede Gliederung des Bildungswesens steht vor dem Problem
der Vereinnahmung und Ausgrenzung. Das ist insbesondere
für das hier und dort noch anzutreffende dreigliedrige Schulwesen der Fall. Aber auch die Zweigliedrigkeit von Gymnasium und parallelen Schulformen zeigt unter Umständen un-
günstige Effekte. Sie begünstigt ggf. eine Kluft innerhalb der
Bevölkerung, die in dem durch vergangene Leistungsvergleichsstudien bestätigten Zusammenhang von sozio-kulturel-
lem Hintergrund und schulischer Leistung besteht. Angesichts
dieser Gefahr sehen sich auch diejenigen bestätigt, die gerade
in der Dreigliedrigkeit jenes Moment sehen, der Bildung einzelner Schüler gerecht zu werden. Diese Perspektive geht davon aus, dass es ungerecht sei, Ungleiches gleich und Glei-
ches ungleich zu behandeln. Neben dem positiven Aspekt der
allgemeinen Anspruchsgleichheit verberge sich auch das Postulat einer standardisierten Abschlussgleichheit, die ungeachtet der jeweiligen Begabungen jedermann den gleichen Schul-
abschluss zuzubilligen trachte. Gerade diese Auffassung von
Bildungsgerechtigkeit fordert eine weitgehend individuelle
Betrachtung und Differenzierung der Schülerschaft sowie eine
Struktur und Organisation des Bildungswesens, die den Begabungen, Voraussetzungen und Hintergründen des Einzelnen
gerecht werde.

Die problematische Verwendung des Begriffs geht auf die
von Aristoteles getroffene Unterscheidung von Verteilungsgerechtigkeit (iustitia distributiva) und ausgleichender Gerechtigkeit (iustitia commutativa) zurück. Verteilungsgerechtigkeit
fordert, allen das Gleiche zukommen zu lassen; die ausglei-
chende Gerechtigkeit hingegen misst jedem das Seine zu. In
beiden Fällen geht es allerdings um ein Prinzip, das als Maß
für die Zuteilung von Gütern oder zur Erteilung von Sanktio-
nen dient.

Mit dem Verständnis der Bildungsgerechtigkeit als prinzipieller Anspruchsgleichheit ist die Vorstellung von Bildung als
eines (materiellen) Guts verbunden, das sich verteilen oder
dessen Zugang sich eröffnen ließe. Doch so gesellschaftspolitisch wichtig und ethisch geboten die Eröffnung eines allgemeinen Zugangs zu pädagogischen Institutionen wie Kinder-

gärten, Schulen und Hochschulen auch erscheint, so sehr verkennt diese Auffassung, dass Bildung nichts ist, das man in Portionen verteilen könnte. Bildung setzt immer auch die → SELBSTTÄTIGKEIT des Lernenden im → LERNEN voraus. Der Erwerb von Kenntnissen, Fertigkeiten und Fähigkeiten sowie die Herausbildung von Wertdispositionen und Einstellungen sind nur im Vollzug eigener Anstrengung möglich. Die Errichtung und Öffnung von Schulen vermag daher nicht, Bildung zu garantieren, auch wenn die Ausstattung mit Lehrkräften, Unterrichtsmaterialien und -räumen als äußere Bedingtheiten die Ermöglichung des Bildungsprozesses erleichtern kann.

Auch die ethische Sinngebung, wonach die pädagogisch Handelnden Gerechtigkeit (in der Schule oder gar in der Gesellschaft) herstellen sollen, geht am pädagogischen Problem vorbei. Die Herstellung oder auch Aufrechterhaltung von Gerechtigkeit ist keine Aufgabe der Pädagogik. Da der ethischen Konzeption von Gerechtigkeit immer schon das Moment prinzipieller Gleichheit innewohnt, ist Gerechtigkeit kein Ergebnis pädagogischen Handelns, sondern dessen Voraussetzung. Pädagogischem Handeln geht die Gleichheit der beteiligten Akteure voraus, so dass überhaupt ein ‚herrschaftsfreier‘ Dialog möglich wird und die Geltung sachlicher und sittlicher Argumente zum Tragen kommen kann. Die Schule ist kein Gericht. Lehrer richten nicht, sie unterrichten.

Betrachtet man die Verwendung des Begriffs der Bildungsgerechtigkeit in den aktuellen pädagogischen und bildungspolitischen Diskursen genauer, stellt man fest, dass dieser nur noch wenig mit Gerechtigkeit im ethischen Sinne gemein hat. Denn gerade im Verständnis eines Erfüllungsanspruchs, wonach pädagogische Einrichtungen und die in ihnen tätigen Personen der Bildung des Menschen gerecht werden sollen, lässt sich das Wort auf beliebige andere Gegenstände und Situationen beziehen. Das gilt z.B. auch für Spielzeug oder Bücher. Beides soll den Bildungsansprüchen und -möglichkeiten der Kinder entsprechen bzw. sie erfüllen, d.h. ihnen gerecht werden. Offenbar handelt es sich in diesen Fällen um eine Wortkonstruktion, die aus dem Verb „gerecht werden" das Adjektiv „gerecht" ableitet und versubstantiviert, was auch zur „Gerechtigkeit" führt. Gerechtigkeit meint dann aber eine „Entsprechung", die sprachlogisch in Ordnung sein mag, begriffslogisch allerdings in die Irre leitet. Man denke einmal an ganz andere Bereiche des Lebens: Mäntel und Jacken sollen dem Bedürfnis nach Wärme gerecht werden, man könnte demnach von einer Wärmegerechtigkeit der Kleidung sprechen. Ebenso sollen Autoreifen der gefahrenen Geschwindigkeit gerecht werden, aber es macht wenig Sinn, von einer Geschwindigkeitsgerechtigkeit zu sprechen. In analoger Weise bleibt es auch unklar, was genau mit Bildungsgerechtigkeit gemeint ist.

III.

Angesichts der Spannung zwischen prinzipieller Anspruchsgleichheit und individuell angemessener Erfüllungserwartung aller Schüler fokussiert sich pädagogisches Handeln auf die Frage nach dem Bemühen, der Bildung jedes einzelnen Schülers gerecht zu werden. Die pädagogische Fachsprache hält dafür den Ausdruck der → DIFFERENZIERUNG bereit. Differenzierung stellt im Hinblick auf die prinzipielle Gleichheit und faktische Verschiedenheit der Schüler das Mittel dar, alle Schüler gleichermaßen in ihrer individuellen (kognitiven, psychischen und physischen) Verschiedenheit zu fördern. Wer also die Frage nach der Bildungsgerechtigkeit stellt, fragt in pädagogischem Sinne: Wie kann die → SCHULE mit Blick auf die notwendige Differenzierung gerecht handeln und der Bildung jedes einzelnen Schülers gerecht werden?

Unter *strukturell-organisatorischem Aspekt* ist damit eine Gestaltung des Schulwesens angesprochen, die in ihrer äußeren Differenzierung den verschiedenen Voraussetzungen der Schüler (Individuallage) unter dem Aspekt zweckfreier Bildung Rechnung trägt. Dies ist nicht gleichbedeutend mit einer Zementierung des dreigliedrigen Schulsystems, auch wenn die Differenzierung in unterschiedliche → SCHULFORMEN angesichts der faktischen Verschiedenheit der Schüler sowie den veränderten Bedingungen von → KINDHEIT und → JUGEND pädagogisch gerechtfertigt erscheint. Es wäre vielmehr zu überlegen, ob der Trend zu weiterführenden Schulabschlüssen sowie zu → GEMEINSCHAFT und → INTEGRATION/INKLUSION nicht eine „ganz andere" Differenzierung des Schulwesens verlangt. Diese sollte dann weder der Struktur einer überholten ständischen Gesellschaft noch politischer Ideologien verpflichtet sein, sondern sich vorrangig an den Bildungsansprüchen des neuzeitlichen Subjekts in einer aufgeklärten, offenen Gesellschaft orientieren. Gefordert bleibt dennoch die unbedingte Anerkennung der individuellen Bildsamkeit durch Staat und Gesellschaft, die uneingeschränkt jedem Menschen den Zugang zu pädagogischen Institutionen eröffnet und ihm den Weg zu Selbstbestimmung und Eigenverantwortung nicht verwehrt. Bildungsgerechtigkeit heißt, allen Menschen pädagogische Unterstützung nach individuellen Bedingtheiten und Bedürfnissen zukommen zu lassen.

Unter *didaktischem Aspekt* meint Bildungsgerechtigkeit als Forderung nach differenziertem Handeln, um der Bildung jedes Schülers gerecht zu werden, eine begründete Auswahl an Unterrichtsinhalten und ihrer Anordnung im → LEHRPLAN. Auswahl und Anordnung müssen dergestalt erfolgen, dass nach Möglichkeit keinem Schüler bestimmte Unterrichtsinhalte vorenthalten oder verwehrt werden. Vielmehr soll er sich alles zur → AUFGABE machen können, was ihm im Prozess seiner Bildung interessant, bedeutsam und sinnvoll erscheint. Dies erfordert vom Lehrer Beachtung bei seiner → UNTERRICHTSVORBEREITUNG. Durch die raum-zeitliche Begrenzung des schulischen Unterrichts steht die Auswahl der Unterrichtsinhalte unter dem Anspruch der → EXEMPLARITÄT. Dabei wird der Lehrer darauf achten müssen, dass – gerade im → ERSTUNTERRICHT – die basalen Techniken unserer Kultur (Lesen, Schreiben, Rechnen) von allen Schülern gleichermaßen erlernt und beherrscht werden. Doch bereits mit dem Beherrschen dieser Kulturtechniken wird er differenzieren müssen; während ein Schüler im Deutschunterricht Elfchen verfassen möchte, will ein anderer ein Parallelgedicht oder ein eigenes Herbstgedicht schreiben. Es obliegt der didaktischen Auswahl und Entscheidung des Lehrers, inwieweit er die Aufgaben und dementsprechend auch die → ZIELE IM UNTERRICHT differenziert. Dies gilt über die organisatorischen Grenzen der einzelnen Schulformen hinaus. In diesem Sinne wird der Lehrer auch die Komplexität einzelner Unterrichtsinhalte und Aufgaben variieren müssen.

Auch im Hinblick auf die *methodische Gestaltung* des Unterrichts ist Differenzierung erforderlich. Es wäre ein Missverständnis anzunehmen, Bildungsgerechtigkeit bedeute, alle Schüler müssten immer die gleichen Lernwege vollziehen. Unter unterrichtsmethodischem Aspekt kann sie auch nicht meinen, in jeder Unterrichtsstunde alle Schüler gleich zu behandeln, bspw. dadurch, dass jeder Schüler ebenso oft aufgerufen würde wie alle anderen. Gerade im Lernen zeigt sich die „Verschiedenheit der Köpfe" (HERBART) bzw. die Ungleichheit der Schüler, die vom Lehrer unterrichtsmethodische Differenzierungsmaßnahmen verlangt. Dem wird er durch die Orientierung an den → UNTERRICHTSPRINZIPIEN gerecht. Es bedarf ebenfalls des taktvollen Geschickes des Lehrers, die Unterrichtsziele, → UNTERRICHTSFORMEN, → SOZIALFORMEN und → MEDIEN IM UNTERRICHT, kurzum: Die unterrichtlichen Aufgaben so zu wählen und zu differenzieren, dass alle Schüler gleichermaßen je individuell Wissen erwerben und ihre Werturteilsfähigkeit ausprägen können.

Literatur
Wimmer, M./Reichenbach, R./Pongratz, L. (Hg.): Gerechtigkeit und Bildung. Paderborn 2007

Didaktik

Die Vieldeutigkeit, die der Begriff Didaktik im Zusammenhang mit einer Theorie der → BILDUNG und der → SCHULE
annimmt, hat zu unterschiedlichen didaktischen Modellen geführt. Innerhalb ihres Spektrums stehen hier die Theorie der
Bildungsinhalte und -gehalte (Klafki), dort die Strukturmomente des Unterrichts in ihrer Interdependenz (Schulz),
schließlich die bloße Steuerung von Lern- bzw. Informations-
prozessen (v. Cube) im Vordergrund des Interesses. Nicht nur
der verbreitete Sprachgebrauch, sondern die notwendige Unterscheidung der Didaktik von der → METHODIK rechtfertigt
es, unter Didaktik die Frage nach der Auswahl der Unterrichtsinhalte und ihrer Anordnung in einem → LEHRPLAN zu
verstehen. Diese Frage weist zurück auf den Zusammenhang
dessen, was überhaupt lehr- und lernbar ist, auf die → KUL-
TUR. Aus ihr müssen die Aufgaben des Unterrichts ausgewählt
und, nach Fächern gegliedert, in einen lehr- und lernbaren Zusammenhang gebracht werden. Dabei ist der Begriff der Bildung der leitende Maßstab. Was darunter zu verstehen ist,
liegt nicht fest, sondern muss im geschichtlichen Prozess immer wieder neu ermittelt werden. Deshalb stellt sich auch die
didaktische Frage immer wieder von neuem. Die aktuellen
Antworten darauf sind auf mehreren Ebenen anzutreffen: auf
der schuladministrativen (Rahmenrichtlinien), auf der schulischen (schuleigener Lehrplan), auf der fachlichen (Fachlehr-
pläne) und auf der Ebene der Unterrichtsplanung des einzelnen Lehrers (→ UNTERRICHTSVORBEREITUNG).

Eine noch so sorgfältige und alle Fächer, Schulstufen und
Schulformen umfassende Auswahl und Ordnung der Unterrichtsinhalte kann für sich genommen die Bildung der Schüler
nicht herbeiführen oder gar bewirken. Deshalb dienen alle didaktischen Bemühungen der Enkulturation der nachwachsen-
den Generation; deren Bildung aber vollzieht sich nicht *durch*
die Inhalte des Unterrichts, sondern immer nur *an* ihnen. Des-

50

halb ist die Didaktik im Hinblick auf die → ERZIEHUNG IM UNTERRICHT eine notwendige, aber keine hinreichende, nicht einmal die erstrangige Bedingung. Aus diesem Grunde ist es gerechtfertigt, die Didaktik deutlich von der → METHODIK zu unterscheiden.

Auswahl und Anordnung der Unterrichtsinhalte verlangen nach einer Begründung. Sie kann nicht so geschehen, dass man die Unterrichtsaufgaben aus dem Begriff der Bildung einfach ableitet. Eine solche Deduktion konkreter didaktischer Entscheidungen setzt eine „bestimmte" Bildungsidee oder -vorstellung voraus. Sie müsste unweigerlich zu einer normativen Didaktik führen. In ihr wären alle Inhalte verbindlich festgeschrieben; letzten Endes würden sie sogar die methodischen Aktivitäten von Lehrer und Schüler bestimmen.

Ebenso irrig ist die Vorstellung, die Wissenschaften selber besäßen die notwendigen Kriterien für die Auswahl und Anordnung der Unterrichtsinhalte. Intentionen und Ordnungsstrukturen, die die Wissenschaften leiten, können ebenso wenig nahtlos auf den Unterricht übertragen werden wie die Leistungen der Wissenschaften selbst. Die Unterschiedlichkeit der → ZIELE in Wissenschaft und Unterricht verbietet jede Form einer Abbild-Didaktik.

Ein Ausweg in der Begründungsproblematik kann schließlich auch nicht darin liegen, sich von ihr zu dispensieren. Denn dann würde man die Frage nach der Legitimation der Auswahl und Anordnung an außerpädagogische Instanzen abtreten und sich auf eine bloß zweckrationale Optimierung von Lehr- und Lernstrategien unter vorgegebenen (Wert-)Entscheidungen begrenzen.

II.

Die bereits in Rahmenrichtlinien und Schuleigenen Lehrplänen festgelegten didaktischen Entscheidungen entbinden den → LEHRER nicht von seiner eigenen Auswahlaufgabe und Verantwortung. Auch für seine didaktischen Entscheidungen ist zwar der Begriff der Bildung maßgeblich, aber er kann aufgrund seines notwendig formalen Charakters dem Lehrer nur als ausgrenzendes Entscheidungskriterium dienen. Dennoch steckt im Bildungsgedanken zugleich der entscheidende Hinweis auf die Kriterien, an denen sich der Lehrer didaktisch orientieren muss. Wenn sich nämlich die Bildung der Schüler nicht durch die Unterrichtsinhalte selbst herbeiführen lässt, vielmehr die Schüler ihre Bildung in der Auseinandersetzung mit den Unterrichtsinhalten selbst vollziehen und gewinnen müssen, dann sind die Prinzipien des Unterrichtsprozesses ebenfalls, „zuerst" als didaktische Kriterien anzusehen. So legitimieren sich die didaktischen Entscheidungen des Lehrers im Hinblick auf die Schüler immer schon im antizipierenden Blick auf den Unterricht als Prozess der Bildung seiner Schüler.

Auswahl und Anordnung der Unterrichtsinhalte sind deshalb nur dann pädagogisch begründet,

- wenn sie dem Prinzip der → ANSCHAULICHKEIT genügen, d.h. wenn die Schüler die Inhalte und Ziele des Unterrichts mit ihrem Erfahrungs- und Erlebnishorizont, mit ihrem Wert- und Sachwissen verbinden können bzw. der Lehrer diese Verknüpfung herbeiführen kann;
- wenn sie die → SELBSTTÄTIGKEIT der Schüler in fachspezifischer, methodischer Begrenzung zulassen bzw. der Lehrer sie dazu durch seine unterrichtsmethodischen Hilfen und → MEDIEN veranlassen kann;
- wenn die Schüler an der fachlich begrenzten Aufgabe Bezüge entdecken können, die auf fachübergreifende Zusammenhänge verweisen bzw. der Lehrer auf solche Ausgriffe aufmerksam machen und sie auf die fachliche Thematik konzentrieren kann (→ KONZENTRATION);
- wenn die Schüler „am Ende" die Aufgaben, Wege und Ergebnisse überschauen, beurteilen und prüfen können, sei es, dass sie sie in ihrer Haltungs- und Handlungsrelevanz werten und einschätzen (→ WERTORIENTIERUNG), sei es, dass sie sie in ihrer Wissensrelevanz durch → WIEDERHOLUNG, → ÜBUNG, und → PRÜFUNG festigen.

Eine solche Begründung didaktischer Entscheidungen ist weniger der einzelnen Unterrichtsstunde als vielmehr einer Unterrichtseinheit angemessen. Darüber hinaus aber gilt: Wenn diese methodischen Prinzipien auch notwendige Kriterien für

jede Unterrichteinheit darstellen, stellt sich dem Lehrer die
didaktische Aufgabe doch noch einmal in differenzierterer
Weise, wenn er sie auf die verschiedenen → UNTERRICHTS-
FORMEN bezieht.

III.

Sowohl die Auswahl der einzelnen Unterrichtsinhalte als auch
ihr Zusammenhang sind im → LEHRGANGSORIENTIERTEN
UNTERRICHT mehr oder weniger vorgegeben. Einmal legt der
lineare Aufbau im → ERSTUNTERRICHT des Lesens, Schreibens und Rechnens, dann aber auch im Deutsch- (Recht-
schreib- und Grammatik-), Mathematik- und Fremdsprachenunterricht in den späteren Jahrgängen eine Abfolge der Inhalte
nahe, die nur wenig Spielraum für weitreichende didaktische
Entscheidungen zulässt. Die Anordnung der Inhalte wird in
dieser Unterrichtsform durch Lehrbücher gestützt, in der Regel sogar gelenkt und gesteuert. Ihnen liegt der entsprechende
didaktische Leitgedanke eines Schritt-für-Schritt-Aufbaus zugrunde. Hier ist er sinnvoll und auch mehr oder weniger sofort
zu erkennen. Abweichungen im lehrgangsorientierten Unterricht haben deshalb ihren Grund nicht in der sachlogischen
Abfolge der Aufgaben, sondern im psychologischen „Folgen"-
können der Schüler. Deren Kenntnis- und Könnensstand erfordert gelegentlich Rückgriffe, manchmal auch ein längeres
Verweilen oder eine besondere Akzentuierung im Hinblick auf
komplexere Aufgaben des Fachunterrichts.
  Augenfällig anders sind die didaktischen Entscheidungen
im → FACHÜBERGREIFEND-PROJEKTORIENTIERTEN UNTER-
RICHT. Die einzelnen Unterrichtseinheiten thematisieren in
den verschiedenen Fächern die Beziehungen der Menschen
zur „Welt", wie sie sie bis heute erlebt und gedacht, erkannt,
gestaltet und gedeutet haben: die Beziehung zu ihrem (Le-
bens-)Raum im Geographieunterricht, zu ihrer (Lebens-)Zeit
im Geschichtsunterricht, zu ihrer naturhaften (Lebens-)Welt
im Biologie-, Physik- und Chemieunterricht, zu ihrem (Le-
bens-)Sinn im Religionsunterricht, zu ihrer (Lebens-)Existenz-
sicherung und -entlastung im Wirtschafts- und Technikunter-
richt, zu ihrer (Lebens-)Ordnung im Politikunterricht, zu ihrer
(Lebens-)Deutung und Gestaltung im Unterricht der ästheti-

schen Fächer (Literatur, Musik, Bildende Kunst, Gestaltendes Werken, Textiles Gestalten, Sport). Nicht „einfache Sachen", sondern vom Menschen gestaltete Beziehungen in ihrer fachlichen Vielfalt sind hier der didaktische Ausgangspunkt.

Dies leitet unmittelbar zum Gedanken des Exemplarischen über (→ EXEMPLARITÄT). Da es in den Unterrichtseinheiten des fachübergreifend-projektorientierten Unterrichts immer um Werte der Kultur, d. h. um gestaltete Beziehungen von Mensch und „Welt" durch Menschen geht, die sowohl fachlich als auch fachübergreifend aufklärungsbedürftig, zugleich persönlich einzuschätzen und wertend zu beurteilen sind, richtet sich die didaktische Frage in dieser Unterrichtsform grundsätzlich auf beide Aspekte:

- Welches sind aus der Perspektive des jeweiligen Faches die Einsichten und Urteile, Methoden und Verfahren, die die Schüler an dieser Unterrichtseinheit gewinnen können?
- Welches sind die Aspekte der Humanität, die die Schüler an der „Sache" entdecken und die für ihre Lebensorientierung und Lebensführung von Bedeutung sein können?

In der → FREIARBEIT schließlich spielt das *didaktische Material* eine wichtige Rolle. Es erfüllt seinen Sinn, wenn es den Schülern hilft, Aufgaben zu finden, sich unterschiedliche Ziele zu setzen, im methodischen Lernen Fortschritte zu erzielen und Anregungen für solche Inhalte zu geben, für die im Klassenraum kein Material vorhanden ist.

Unter dieser Rücksicht ist für die Freiarbeit ein differenziertes Angebot an didaktischem Material notwendig. Differenzierungskriterium ist der unterschiedliche Anspruch der verschiedenen Unterrichtsformen an die Schüler. Unter dem Aspekt des lehrgangsorientierten Unterrichts soll ein Teil des didaktischen Materials den Schülern helfen, ihre grundlegenden Kenntnisse und Fertigkeiten zu wiederholen, anzuwenden und zu üben.

Darüber hinaus soll das didaktische Material zur Einsicht in Zusammenhänge und ihrer Gestaltung verhelfen. Hier muss das didaktische Material so gestaltet sein, dass es an einem Thema den Schülern unterschiedliche Möglichkeiten individidueller, aber auch gemeinsamer Erarbeitung eröffnet. Wichtig sind dabei vor allem methodische Hinweise und Anregungen zur eigenen Gestaltung der Aufgabe, damit sich die Erarbeitung nicht nur auf die schriftliche Darstellung beschränkt.

Je vielfältiger an einem Thema Alternativen zu einer Erarbeitung erscheinen, umso mehr hilft das didaktische Material den Schülern bei ihrer Entscheidung über den Weg und die Art und Weise ihrer Auseinandersetzung, d.h. bei ihrem methodischen Lernen.

Schließlich ist für Schüler wichtig, bei umfassenderen Themen auch persönlich Stellung nehmen zu lernen. Deshalb sollte das didaktische Material die Schüler herausfordern, gelegentlich dort Werturteile zu fällen und zu begründen, wo es nach Einschätzung des Lehrers für sie naheliegen könnte.

Das didaktische Material in der Freiarbeit, das den unterschiedlichen Zielen zugeordnet ist, soll insgesamt den Schülern Freude am Entdecken und Nachforschen, am Suchen und Versuchen, am Fragen und Gestalten bereiten, sie aber zur Nachdenklichkeit demgegenüber führen, was sie erarbeitet haben. Unter diesen Aspekten sollte auch die ästhetische Seite des didaktischen Materials nicht vergessen werden.

Literatur

Blankertz, H.: Theorien und Modelle der Didaktik. Weinheim und München [14]2000

Differenzierung

Differenzierung ist der Sammelname für alle Maßnahmen, mit deren Hilfe die Schule den unterschiedlichen Fähigkeiten und Neigungen der Schüler einerseits und den vielfältigen Anforderungen der Gesellschaft andererseits gerecht werden soll. Differenzierung hat zwei Zielrichtungen: Als pädagogische Aufgabe soll sie ein Eingehen auf die Verschiedenartigkeit der → SCHÜLER und eine Entfaltung des individuellen und sozialen Lernens ermöglichen, als Organisationsprinzip dient sie der Erfüllung der → FUNKTIONEN DER SCHULE und der Sortierung der Schüler im Hinblick auf unterschiedliche Abschlussprofile. Im Schulalltag bezeichnet Differenzierung meist die Einteilung bzw. Zugehörigkeit von Schülern zu Lerngruppen nach verschiedenartigen Kriterien.

Man unterscheidet die institutionelle, die schulische und die unterrichtliche Differenzierung. Die institutionelle oder Schulsystem-Differenzierung bezeichnet die Gliederung des Schulwesens in unterschiedliche → SCHULFORMEN, -stufen und -zweige. Die schulische oder „äußere" Differenzierung umfasst die Einteilung der Schüler einer Schule in Jahrgangsklassen, Leistungs- und Neigungsgruppen. Die unterrichtliche oder „innere" Differenzierung gliedert die Schüler einer Klasse in Kleingruppen (→ SOZIALFORMEN), nach verschiedenen Aufgaben (→ ZIELE IM UNTERRICHT), Arbeitsformen (→ METHODIK), Arbeitsmitteln (→ MEDIEN IM UNTERRICHT) oder nach dem Grad der Zuwendung des Lehrers zu einzelnen Schülern oder Schülergruppen (→ BERATUNG).

Die „Verschiedenheit der Köpfe" (Herbart) macht Differenzierung unverzichtbar, wenn Lernen in Gruppen ermöglicht und organisiert werden soll; deshalb kann es undifferenzierte Schulen und undifferenzierten Unterricht nicht geben. Auch in einem scheinbar undifferenzierten Frontalunterricht gibt es zumindest eine latente Differenzierung, und zwar sowohl durch das unterrichtsmethodische Handeln des → LEHRERS (z.B. durch stärkere oder geringere Beachtung bestimmter Schüler, durch differenzierte Beratung und Beurteilung oder durch absichtliche oder unabsichtliche Bevorzugung „guter" bzw. Benachteiligung „schlechter" Schüler) als auch auf Seiten der Schüler (z.B. durch unterschiedliche Aufmerksamkeit, Beteiligung oder → MOTIVATION).

II.

Ihre pädagogische Rechtfertigung erfährt die Differenzierung aus dem Verständnis des Menschen, sich aus eigener Einsicht und in eigener Verantwortung – auch im Lernen – selbst führen zu müssen. Die prinzipielle Gleichheit dieser Aufgabe, verknüpft mit der tatsächlichen Ungleichheit der Individuen, macht Differenzierung notwendig.

Kinder (→ KINDHEIT) und Jugendliche (→ JUGEND) unterscheiden sich nicht nur nach Alter, Geschlecht, Größe, Konfession, Herkunft und Lebensumwelt, sondern vor allem im Hinblick auf ihre Fähigkeiten, Wahrnehmungsweisen, Vorerfahrungen, Neigungen, Interessen, Erwartungshaltungen, Lernbereitschaften, bevorzugte Lernwege, Lerntempo und Ausdauer sowie den Grad der Selbstständigkeit und den Willen zur Zusammenarbeit. Differenzierung des Unterrichts und im Unterricht sind die notwendigen Konsequenzen; dies umso mehr, wenn die Schüler nach Altersklassen aufgeteilt sind und Inhalte und Ziele von Lernprozessen in Rahmenrichtlinien und Lehrplänen vorgegeben werden (→ LEHRPLAN).

Deshalb ist es erfreulich, dass die schulreformerischen Ansätze in den letzten Jahren wesentlich durch eine Differenzierung der Innenstruktur der Schulen und der → UNTERRICHTS-FORMEN und durch deutliche Tendenzen zur Individualisierung des Lernens (→ FREIARBEIT) gekennzeichnet sind.

Dennoch ist in der Schulpraxis weiterhin eine Differenzierung der Schüler nach Alter (Jahrgangsklassen) und → LEISTUNG (Schulformen, Leistungsgruppen) und eine Differenzierung der Unterrichtsinhalte nach Fächern (→ FACH-UNTERRICHT) vorherrschend. Die Monostruktur des Frontalunterrichts wird häufig lediglich durch vereinzelte Partner- und Gruppenarbeitsphasen, soweit sie in die stofforientierte Unterrichtsplanung des Lehrers hineinpassen, unterbrochen.

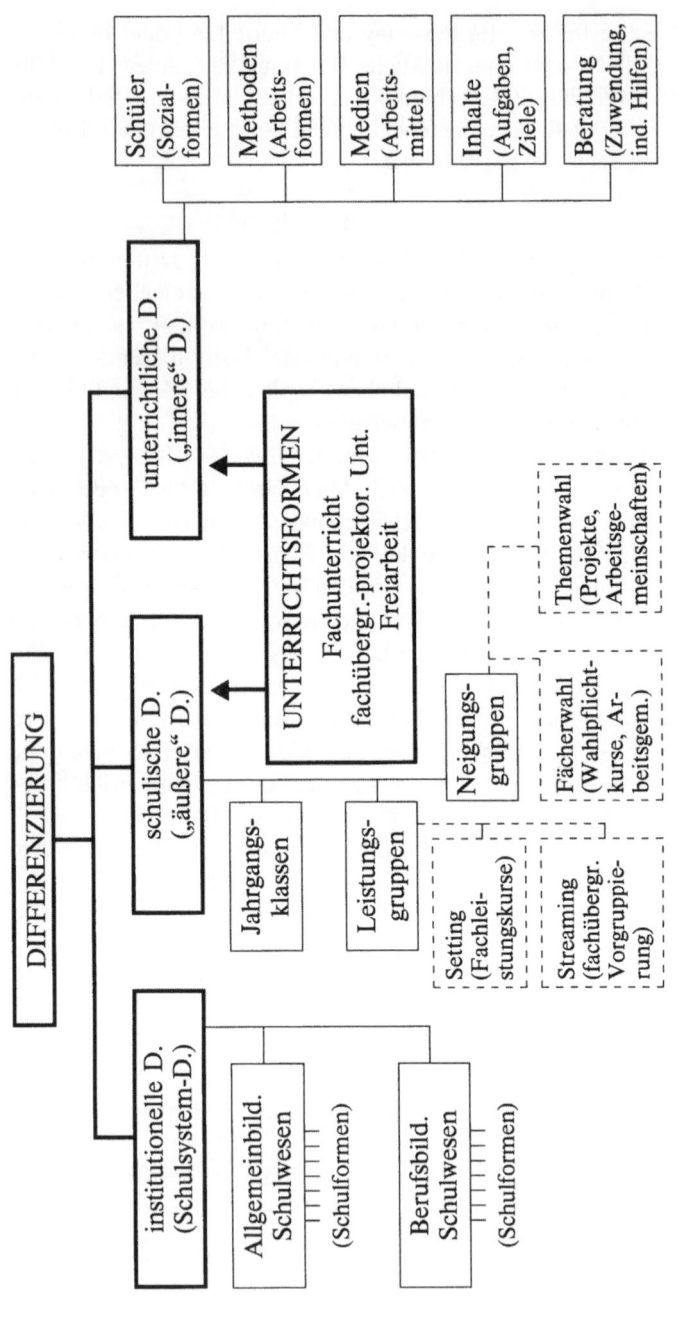

DIFFERENZIERUNG

unterrichtliche D. ("innere" D.)

- Schüler (Sozialformen)
- Methoden (Arbeitsformen)
- Medien (Arbeitsmittel)
- Inhalte (Aufgaben, Ziele)
- Beratung (Zuwendung, ind. Hilfen)

UNTERRICHTSFORMEN
Fachunterricht
fachübergr.-projektor. Unt.
Freiarbeit

schulische D. ("äußere" D.)

- Jahrgangsklassen
- Leistungsgruppen
  - Setting (Fachleistungskurse)
  - Streaming (fachübergr. Vorgruppierung)
- Neigungsgruppen
  - Fächerwahl (Wahlpflichtkurse, Arbeitsgem.)
  - Themenwahl (Projekte, Arbeitsgemeinschaften)

institutionelle D. (Schulsystem-D.)

- Allgemeinbild. Schulwesen (Schulformen)
- Berufsbild. Schulwesen (Schulformen)

Die Zuordnung der Schüler zu leistungsbezogenen Lerngruppierungen wird meist organisatorisch verfügt und ist vorrangig auf Leistungshomogenität der Gruppen und Steigerung fachlicher Leistungen ausgerichtet. Zudem ist die Leistungsdifferenzierung auf diejenigen Fächer beschränkt, in denen vorrangig „Kenntnisse" lehrgangsmäßig vermittelt werden sollen. Durchlässigkeit gibt es fast ausschließlich von „oben" nach „unten" und nicht umgekehrt.

Es wird auch zu wenig bedacht, welche Auswirkungen die Favorisierung dieser Art von Differenzierung auf den Unterricht (z.B.: zunehmende Verplanung, kontinuierliches Überprüfen und Vergleichen) und die Schüler hat (z.B.: Erfahrung des Zugelassen- oder Ausgeschlossenseins von bestimmten Leistungsprofilen, Lerngruppen oder Sozialchancen).

Dass schließlich deutlich unterschieden werden muss zwischen den bildungspolitischen Zielvorstellungen und den tatsächlichen Auswirkungen von Maßnahmen schulischer Differenzierung, soll hier nur am Rande miterwähnt werden.

III.

Wenn es die pädagogische Aufgabe der Schule ist, den Schülern bei ihrer Selbstführung zu Eigenverantwortlichkeit und Selbstständigkeit zu helfen und sie als Subjekte ihres Lernens anzuerkennen, dann lassen sich aus dieser Sicht Orientierungspunkte für die schulische und unterrichtliche Differenzierung benennen:

- Schüler sollen nicht Objekte, sondern Subjekte der Differenzierung sein, d.h. sie müssen in die Entscheidungen, wie und wann differenziert wird, einbezogen werden.
- Maßnahmen der unterrichtlichen/„inneren" Differenzierung haben Vorrang vor Maßnahmen der schulischen/„äußeren" Differenzierung.
- Die unterrichtliche/„innere" Differenzierung ist umso höher einzuschätzen, je mehr sie der Förderung einzelner Schüler dient, die Selbstständigkeit und Verantwortlichkeit der Schüler entfalten hilft, unterschiedliche Startbedingungen auszugleichen versucht, die Lernmotivation der Schüler erhöht, erfolgreiches Lernen fördert und dazu beiträgt,

dass Schüler miteinander und voneinander lernen (→ SO-
ZIALES LERNEN).

- Langfristig-irreversible Entscheidungen müssen vermieden
werden; der spontanen bzw. gewünschten Gruppenbildung
muss Vorrang vor der verfügten eingeräumt werden.

- Unterrichtsformen, die den Schülern Freiheiten in der
Wahl des Unterrichtsfaches, des Unterrichtsinhalts, der
Zielsetzung, des Arbeitstempos, der Arbeitsdauer und der
Sozialformen gestatten, müssen zunehmen und mit ande-
ren Unterrichtsformen sinnvoll verbunden werden.

- Grundsätzlich muss überlegt werden, ob die Verantwortung für ein differenziertes Lernen nicht konsequenter den
Lehrern und Schülern einer Schule übertragen werden
kann – unter Verzicht auf verbindliche Vorgaben über Jahrgangsklassen, Fächerkanon, Stundentafel und äußere Organisation.

„Die Verschiedenheit der Köpfe ist das große Hindernis aller Schulbildung. Darauf nicht zu achten, ist der Grundfehler aller Schulgesetze, die den Despotismus der Schulmänner begünstigen und alles
nach einer Schnur zu hobeln veranlassen."
(Johann Friedrich Herbart 1807)

Literatur

Bönsch, M.: Intelligente Unterrichtsstrukturen. Eine Einführung in die
Differenzierung. Baltmannsweiler [5]2009

Disziplin

Gelegentlich begegnet uns heute in Verständnis und Wortgebrauch noch ein Disziplinbegriff, der sich von seinem römisch-antiken Ursprung her nicht zuerst auf Schüler, sondern auf Fächer und die mit ihnen verbundenen Lehrgänge bezieht. Damals wurden nicht nur die Fächer, sondern auch der Ort ihrer Vermittlung – die Schule – „disciplina" genannt. Der Grund für diese Verquickung lag in der Vorstellung, mit den Fächern und der Institution werde zugleich die Disziplin als Schülerhaltung hervorgebracht. Das wiederum war darin begründet, dass Vermittlung und Aneignung einer „disciplina" unmittelbar handlungs- und lebensbestimmend waren. Ziele und Zwecke der Vermittlung und Aneignung waren so widerspruchslos mit den „Disziplinen" verknüpft, dass der Unterricht zugleich zur Disziplin als Einstellung und Haltung führte.

Heute bezieht sich der Disziplinbegriff durchgängig auf das vom Fach abgelöste Verhalten und die Haltung der Schüler. Das wird man als Konsequenz der Aufklärung ansehen dürfen; denn in ihrem Gefolge kommt es in der Bildungstheorie zu einem der größten Widersprüche und in der Schulpraxis zu einem Problem, das den Unterricht erschweren oder sogar verhindern kann.

Pädagogischer Widerspruch und schulpraktisches Problem stellen sich so dar:

Einerseits kann es heute nicht mehr Aufgabe der → SCHULE sein, tradierte Erkenntnisse und Wertordnungen mit dem Anspruch letztgültiger Wahrheiten zu vermitteln. Vielmehr besteht die (Bildungs-)Aufgabe jedes Schülers darin, die Traditionsbestände der Fächer zu prüfen und sie vor den ‚Richterstuhl' der eigenen Vernunft zu bringen (→ BILDUNG). In diesem Aufgabenverständnis eines erziehenden Unterrichts wird Disziplin im Sinne von Disziplinierung obsolet. Wenn Schüler nicht in ‚selbstverschuldeter Unmündigkeit' stecken bleiben sollen, müssen sie lernen, sich ‚ihres Verstandes ohne Leitung eines anderen zu bedienen' (KANT), d.h. sich selbst zu ordnen. Es wäre widersinnig, dieses Ziel auf dem Wege der Disziplinierung, d.h. durch Unterwerfung unter einen Zwang, erreichen zu wollen. Die pädagogisch notwendige Unterstützung im neuzeitlichen Bildungsprozess kann nur in der Aufforderung zu freier und freiwilliger → SELBSTTÄTIGKEIT und zu Selbstverantwortung für die eigene Bildung liegen.

Andererseits muss „Zwang" sein (KANT). Der eben genannte erzieherische Sollensanspruch an Lehrer und Schüler kann auf pädagogischem Wege allein wohl nicht eingelöst werden. Am Beispiel der antiautoritären Erziehung kann man ablesen, dass Kinder und Jugendliche überfordert sind, wenn ihnen die Last der Selbstregulierung allein aufgebürdet wird. Ihre Abhängigkeit von Trieben und Bedürfnissen, von Neigungen und Launen, die bis zur Bösartigkeit und Böswilligkeit reichen kann, steht dem allzu häufig entgegen. Diese „Gebrochenheit" des Menschen, sein Leben zwischen Anspruch und Wirklichkeit, zwischen Selbstordnung und Ordnungen muss als „wesentlich", d.h. zu seiner Natur gehörig, eingeschätzt werden.

Auf der einen Seite steht also die Bildungsaufgabe mit dem Anspruch freier Selbsttätigkeit und Selbstverantwortung ohne Disziplinierung, auf der anderen Seite belasten die gestiegenen Disziplinprobleme den Unterricht in der Schule: Diese Spannung bestätigt heute mehr denn je, dass eine der größten Aufgaben der Erziehung darin besteht, die Unterwerfung unter den notwendigen Zwang mit der Fähigkeit, sich seiner Freiheit verantwortlich zu bedienen, zu verbinden.

II.

Die anthropologisch begründete Spannung von Freiheit und Zwang tritt unter den gegenwärtigen gesellschaftlichen Bedingungen verschärft in Erscheinung:

Wenn es einem Kollegium schwerfällt, sich auf eine verbindende und verbindliche Schulordnung und Schuldisziplin zu einigen, dann ist das ein Zeichen dafür, dass wir nicht mehr über einen allgemeinen, gesellschaftlich anerkannten und wirksamen Verhaltenskodex verfügen. Das Erziehungs- und Disziplinierungskartell von Familie und Nachbarschaft, Schule, Staat und Kirche hat sich in einen Pluralismus von tolerierten Verhaltensmustern aufgelöst, der als Zeichen gewachsener Selbstbestimmungswilligkeit interpretiert werden kann. Es ist auffällig, dass die Disziplinprobleme dort weitaus geringer auftreten, wo noch ein gesellschaftlicher Konsens und eine entsprechende Praxis in Bezug auf ein bestimmtes Konventions-, Sitten- und Normensystem gegeben ist.

Der modernen Schulforschung kann man entnehmen, dass sich eine Schule auch dadurch als „gut" ausweist, dass sie wenige, aber verbindende und verbindliche Ordnungen besitzt, die Einstellungen und Verhalten in der Schule fürsorglich sichern und zugleich Veränderungen zulassen. Dazu gehört, dass sie vom Kollegium möglichst gleichsinnig festgelegt und beachtet werden und mit den Eltern abgestimmt sind. Nur auf dem Wege kollegialer und gegenseitiger → BERATUNG wird es möglich sein, hier zu der notwendigen (relativen) Gleichsinnigkeit im Denken und zu Übereinstimmungen im Handeln zu kommen.

Darüber hinaus sind es zunehmend außerschulische Anlässe und Gründe, die das Disziplinproblem für viele Lehrer zu ihrer größten Belastung werden lassen. Besonders zu betonen sind hier das Auswachsen in strukturell veränderten und reduzierten Familienverhältnissen, eine vielfältig ausgeprägte Konsumhaltung und eine sich beängstigend ausweitende „existentielle Frustration" als Folge eines „Sinnlosigkeitsgefühls" (V. E. Frankl), das sich in einer Überflussgesellschaft immer mehr ausbreitet. Dies hat in → KINDHEIT und → JUGEND zu Bedingungen des Lebens und Heranwachsens geführt, deren veränderte Merkmale noch vor einer Generation unbekannt waren.

Jedem Lehrer begegnen im Schulalltag Verhaltensweisen der Schüler, die sich mit den → ZIELEN IM UNTERRICHT nicht vereinbaren lassen. Es handelt sich um die Phänomene des Desinteresses und der Unaufmerksamkeit, der Unsicherheit und Unselbstständigkeit, die immer wieder zu → UNTERRICHTSSTÖRUNGEN führen. Wenn der Lehrer die Schüler kennt und ihre Individuallage überschaut, dann kann er unterscheiden, ob es sich um ein Verhalten handelt, das situativ bestimmt ist, oder um eine länger andauernde Grundhaltung. Im ersten Fall begegnet er ihm erzieherisch durch Gespräch, Beratung und Appell, durch unterrichtsmethodische Entscheidungen oder durch seine → LEHRTECHNIKEN.

Im anderen Fall kann die Haltung eines Schülers durch die gleichen Phänomene bestimmt sein; oft übersteigt sie aber heute diesen Radius in etlichen Spielarten bis zur Verrohung, Gewalttätigkeit und zum Vandalismus. Mit disziplinierenden Eingriffen und Maßnahmen im Unterricht ist hier, wenn überhaupt, nur eine kurzfristig angepasste Verhaltensänderung zu erreichen; eine Änderung der Haltung verlangt zwar wiederum eine erzieherisch geführte Beratung, die allerdings über den Unterricht hinausgeht und eigener Formen bedarf. Sie wird in den Fällen, in denen es sich nicht um Verhaltensauffälligkeiten, sondern um Störungen der gesamten Haltung handelt, zur therapeutisch orientierten Beratung. Sie ist immer dann – aber auch erst dann – angezeigt, wenn ein Schüler nicht mehr die selbsterzieherische Kraft besitzt, sich überhaupt seinen Unterrichtsaufgaben zuzuwenden. Gerade diese Form der Beratung ist ohne die Aufklärung des Kontextes, in dem die Störung entstanden ist, nicht möglich.

Bei einer stetigen Zunahme von Disziplinschwierigkeiten aufgrund einer gestörten Grundhaltung fühlen sich viele Lehrer heute überfordert. Wenn die Schule – zumindest partiell – zur Reparaturwerkstatt der Gesellschaft geworden ist, wird die Befähigung zur → BERATUNG als neuer Kompetenz des Lehrers zu einer dringlichen Aufgabe der → LEHRERBILDUNG und -fortbildung. Verschärfend kommt hinzu, dass die unter dem Aspekt der Bildung geforderte Freigabe der Schüler zu eigener Aktivität und zunehmender Selbstverantwortung nicht gelingen kann, solange die → FUNKTIONEN DER SCHULE gegenüber dieser Erziehungsaufgabe dominant sind und solange die Unterrichtsorganisation sie eher behindert als fördert.

Das veränderte Sinn- und Aufgabenverständnis des Unterrichts hat bislang lediglich in Ansätzen zu neuen → UNTERRICHTSFORMEN geführt. Gerade sie haben aber im Hinblick auf das Disziplinproblem eine besondere Bedeutung, wenn sie konsequent aus dem Gedanken der → ERZIEHUNG entwickelt werden.

III.

Die Schule hat und braucht wie jede Institution „bestimmte" Ordnungen, die die Einstellungen und Verhaltensweisen von Schulleitung und Kollegium, Lehrern und Schülern „richten". Sie schlagen sich nicht nur in formellen Dokumenten (Schulgesetz, Erlasse, Verordnungen, Schul- und Klassenordnungen) (→ SCHULRECHT), sondern auch in informellen Regeln und Regelungen nieder (Absprachen und Übereinkünfte mit den Schülern und im Kollegium; Konventionen, Sitten und Bräuche).

Solche vorgegebenen Ordnungen dienen der Entlastung, der Sicherung und dem Schutz des einzelnen ebenso wie der → INTEGRATION/INKLUSION der Schulgemeinschaft; sie haben den Charakter einspringender und vorausspringender Fürsorge: Einspringend, weil sie mangelnder Einsicht in die Voraussetzungen von Erziehung und Unterricht oder fehlender Bereitschaft, sich ihnen zu unterwerfen, zuvorzukommen suchen; vorausspringend, weil in ihnen zugleich die Intention steckt, als „gesetzlicher Zwang" stetig verringert oder überflüssig zu werden.

Disziplinierende Maßgaben und Maßnahmen führen nicht zu moralischem, sondern lediglich zu angepasstem, legalem Verhalten. Sie sind also nur Mittel, ein bestimmtes Maß notwendiger Ordnung zu gewährleisten oder wiederherzustellen. Bildung können sie ursächlich nicht herbeiführen. Deshalb gehört ein „bestimmtes Maß" an Reglementierung und Disziplinierung zwar zur Erziehung, ist aber selber keine.

Dieses „bestimmte Maß" wird maßlos, wenn an seine Stelle individuelle oder allgemeine Interessen treten:
- Individuelle, wenn z.B. Lehrer über Lehrtechniken, Lernkontrollen und Zensuren ihre Machtposition zu festigen und das Verhalten der Schüler zu steuern suchen (→ AUTORITÄT), vielleicht sogar Beifall von Eltern erreichen wollen. Schüler durchschauen bald, dass disziplinierende Maßnahmen, die der Lehrer an seine persönlichen Interessen koppelt, lediglich auf ihre Unterwerfung zielen. Sie empfinden zu Recht, dass ein solcher Druck nicht „nötig" ist und versuchen deshalb oft, sich dagegen zu wehren.

Zugleich liegt gerade in interessengeleiteten Disziplinie-
rungen eine Quelle vieler Ängste für Schüler und deren Eltern (→ SCHULANGST);

- Allgemeine, wenn die Schule durch ein Übermaß an Erlassen und Verfügungen zur verwalteten und verrechtlichten
Institution wird, in der z.B. Unterrichtseinheiten inhaltlich
und zeitlich gleichgeschaltet und mit ebenso gleichge-
schalteten Tests und Klausuren verbunden werden. In der
Schule stirbt leicht die Freude an der pädagogischen Arbeit, weil dem pädagogischen Handlungsspielraum zu sehr
das gegenseitige Vertrauen entzogen ist.

Der Widerspruch von Disziplin und Erziehung lässt sich nicht
aus der Welt schaffen; er lässt sich allenfalls entschärfen. Einige Aspekte seien dazu genannt:

- Die Einsicht in die Notwendigkeit informeller und formeller Ordnungen wird den Lehrer davor bewahren, sie zu
missachten. Aus dieser Einsicht heraus wird er ein „bestimmtes Maß" verhaltensnormierender Ordnung anmahnen und durchsetzen. Wo immer es möglich ist, wird er
dieses Maß nicht selbstherrlich „bestimmen", sondern mit
den Schülern erörtern und in argumentativer Auseinandersetzung eine gemeinsame Lösung suchen.
- Die notwendige Begrenzung disziplinierenden Handelns
auf ein „bestimmtes Maß" zeigt an, dass es gegenüber der
Disziplinierung vorrangigere Wege gibt, um Disziplinschwierigkeiten zu bewältigen. Die Kenntnis entwicklungs-
psychologischer Besonderheiten der Schulstufe und das
Vertrautsein mit der Individualität der Schüler verbieten es
dem Lehrer, nach einem Katalog von Rezepten ohne Ansehen der Person zu verfahren. Vielmehr muss er nach Möglichkeiten suchen, die über ein bloßes „Reagieren" auf den
„Fall" hinausgehen.
Dabei ist es von Bedeutung, dass der Lehrer unterscheidet,
ob er selbst der Grund oder lediglich der Anlass für ein
Disziplinproblem ist. Muss er zugeben, dass der Grund bei
ihm selbst liegt, z.B. in seiner nicht hinreichenden
→ UNTERRICHTSVORBEREITUNG, dann bleibt ihm als red-
liche Konsequenz nur das Eingeständnis und die Bitte um

Entschuldigung. Ist der Lehrer – was den Regelfall darstellt – jedoch bloß der Anlass für Disziplinschwierigkeiten, dann wird er sich nicht „persönlich" angegriffen, sondern geradezu entlastet fühlen dürfen. Das wird ihn hindern, Disziplinprobleme zu Machtkämpfen zwischen sich und den Schülern ausarten zu lassen, die er ohnehin verlieren dürfte.

- Das Gegenstück dazu liegt in Handlungsweisen, die sich direkt auf die Person des Schülers richten. Wenn ein Schüler oder eine Gruppe von Schülern wahrnimmt, dass der Lehrer über ihre Disziplinschwierigkeit hinwegsieht oder hinweggeht, dann sollen sie daran erkennen, dass er ihnen zutraut, mit ihrem Disziplinproblem selbst fertig werden zu können.

- Ähnliches leistet manchmal auch der Humor; denn er deutet die Disziplinschwierigkeiten nicht allein als verunglücktes Verhalten von Schülern. Beim Humor bezieht sich der Lehrer selbst, alle Menschen mit ein, weil „so etwas" jedem einmal passieren kann. Deshalb kann man „trotzdem" lachen.

- In diesen Zusammenhang gehört auch das → LEHRER-SCHÜLER-VERHÄLTNIS mit seiner Vielfalt persönlicher Zuwendungen, die einem einzelnen Schüler oder der Klasse helfen, ihr Verhalten zu ordnen. Das Zutrauen und Ermutigen, Nachfragen und Ermuntern, Mitleiden und Trösten (→ EMOTIONALITÄT) können zu einer Atmosphäre in Unterricht und Schule führen, die Störungen zuvorkommt oder einschränkt. Natürlich bleibt das für den Lehrer immer ein Risiko, bei dem er auch selber erhebliche Verletzungen erleiden kann. Aber das nicht-disziplinierende, erzieherische Aufgreifen von Disziplinschwierigkeiten bleibt – wie alle Erziehung – ein Wagnis.

- Schließlich ist die Souveränität der unterrichtsmethodischen Führung im Hinblick auf Disziplinprobleme ein nicht gering einzuschätzendes Kapital (→ METHODIK). Im Unterricht die Zielfrage neu zu stellen, die → SELBSTTÄTIGKEIT der Schüler herauszufordern, motivierende → MEDIEN einzusetzen, eine veränderte Art des Zusammenarbeitens einzuleiten (→ SOZIALFORMEN), die Angemessenheit von

→ HAUSAUFGABEN zu prüfen – all das sind präventive Maßnahmen zur Vermeidung von Disziplinschwierigkeiten.

Literatur

Korn, Ch.: Bildung und Disziplin. Problemgeschichtlich-systematische Untersuchung zum Begriff der Disziplin in Erziehung und Unterricht. Frankfurt a. M. 2003

Emotionalität

Der irrationale Charakter der Emotionalität ist möglicherweise der Grund dafür, dass sie so schwer „auf den Begriff zu bringen" ist und, gemessen an anderen unterrichts- und erziehungsbedeutsamen Begriffen, eher ein Aschenputtel-Dasein führt. Das ist deshalb nicht angemessen, weil Emotionen, also Gefühle, Empfindungen, Erlebnisse, Affekte, Stimmungen und – als „Ort" ihrer Zusammengehörigkeit – das Gemüt unablösbar zu jedem Unterrichts- und Erziehungsprozess gehören und ihn subjektiv bestimmen.

Emotionen von Schülern und Lehrern können als deren Selbsterlebnisse bezeichnet werden, die zugleich eine besondere, eben nicht-rationale Form ihrer Selbstbestimmung sind. Diese Formulierung mag überraschen; aber Akte des Fühlens gehören zur Aktivität des Menschen, d.h. auch im Bereich der Schule werden sie aus Anlass von Erlebnissen „aktiv" produziert. Würde man von Gefühlen nur „überfallen" und „könnte man nichts dazu", wären sie der eigenen Verantwortung und damit auch der → ERZIEHUNG entzogen.

Lehrer und Schüler geben in ihren Emotionen auf eine unverwechselbare Weise, unvermittelt und unmittelbar, Auskunft über sich selbst: Wenn sie sich ängstlich, herabgesetzt, unterdrückt, minderwertig, betroffen, zornig, wütend, angenommen, sicher, mutig, anerkannt empfinden, äußern sie das in ihrem Gesichtsausdruck, ihrer Gestik, ihrer Körpersprache, in ihren Bewegungen und ihren Handlungen. Schüler und Lehrer erleben sich in einer einmaligen, emotional bestimmten Wertigkeit; alles andere ist ihnen gleichgültig. Können und Wissen kann man mit anderen teilen, auch Wertungen und Entscheidungen schließen die Möglichkeit von Übereinstimmung und Gemeinsamkeit mit anderen ein. Nur die Gefühle gehören ausschließlich zu jedem einzelnen; sie sind subjektgebunden und nicht teilbar.

Damit ist der entscheidende Grundsatz für den pädagogischen Umgang mit Gefühlen gewonnen: Wenn Gefühle als nichtteilbare Selbsterlebnisse zu verstehen sind, ist anderen Menschen ein direkter Zugang und Zugriff – erst recht eine unmittelbare „Einwirkung" – auf sie verwehrt. Gefühle der Angst können z.B. nicht unvermittelt gemindert, aggressive Handlungen aus Wut oder Zorn gegen Personen und Sachen nicht direkt reguliert, die Empfindung von Zweifeln oder verzweifelter Minderwertigkeit nicht „ohne weiteres" aufgehoben, das Gefühl des Ausgebranntseins (Burn-Out-Syndrom) nicht einfach ausgelöscht werden.

Erzieherischer Umgang mit anderen Menschen ist unter dem Aspekt ihrer Gefühle eingegrenzt auf die Vermittlung von Werterlebnissen, auf das Bemühen um Einsicht in Wertzusammenhänge und die wertende Auseinandersetzung mit ihnen (→ WERTORIENTIERUNG). Dies ist die eine Seite der Führungshilfe zu „guten" Gefühlen. Die andere liegt im Erlebnis einer wohltuenden Atmosphäre in Schule und Unterricht, die maßgeblich an ein gutes → LEHRER-SCHÜLER-VERHÄLTNIS gebunden ist.

II.

Für den → LEHRER werden Gefühlsäußerungen und -ausbrüche von Schülern immer wieder zu Anlässen, sich ihnen zuzuwenden. Ob es sich um einen unbändigen Freudenausbruch oder einen handfesten Streit, um resignative Traurigkeit oder stressbedingtes „Ausflippen" handelt – wenn der Lehrer sich dem jeweiligen Schüler zuwenden will, muss er im Einzelfall zwischen den beiden Möglichkeiten entscheiden, die ihm als (Aus-)Weg zur Verfügung stehen: Dem direkten Eingriff, der die „Ordnung" (wieder) herstellt, und dem Dialog, der den Schülern beim Umgang mit ihren Gefühlen helfen will.

In solchen Dialogen richten sich die Fragen des Lehrers allerdings meistens nicht auf die Emotionen der Schüler selbst, sondern auf ihre Beweggründe, d.h. auf die Motive, denen wiederum Werte zugrunde liegen. (Das Wort „Motiv" hat denselben Wortstamm wie „Emotionen".) „Was ist denn mit dir/ mit euch/mit Ihnen los?" ist deshalb, genauer betrachtet, die Frage nach den Werten, die als Motive handlungsleitend geworden sind und sich in Selbsterlebnissen äußern.

Fragt man Schüler z.B. nach den Beweggründen von

Freude und Angst, Verstummen und Wut, dann steckt darin die erzieherische Intention, dass mit der Klärung und Aufklärung dieser Beweggründe zugleich Distanz zu den Affekten gewonnen wird, so dass die Schüler sich von dem „lösen" können, was sie „betroffen", „überfallen", „bestimmt" hat. Der Dialog soll ihnen helfen, sich wieder „selbst zu gewinnen".

So sind Emotionen zwar irrational, aber nicht arational; d.h. sie sind der Rationalität zugänglich. Dies erfordert vom Lehrer allerdings nicht nur ein distanziertes Verstehen und Einschätzen der Beweggründe des Schülers, sondern auch die persönliche Beteiligung an dessen Selbsterlebnissen, das Mit-Gefühl. Erst unter dieser Bedingung erhält der Lehrer-Schüler-Dialog eine erzieherische Qualität und wird Hilfe zur Selbsthilfe: Freude wird in Mitfreude bestärkt, Sicherheit in der Bestätigung erneuert, Gleichgültigkeit in der Zuwendung aufgebrochen, Angst in der Klärung relativiert, Minderwertigkeitsgefühl durch ein taktvolles Gespräch aufgefangen, Resignation durch Ermutigung überwunden, Wut durch Verständnis abgebaut.

Weil Gefühle die gelingende oder misslingende Übereinstimmung mit sich selbst anzeigen, ist es erklärlich, dass Schüler gerade unter diesem Aspekt besonders ansprechbar, aber auch besonders manipulierbar und verletzlich sind. Ein Mitgefühl, das Übereinstimmung sucht, schafft Vertrauen, kalkuliertes Anheizen von Gefühlen erzeugt blinde Gefolgschaft, Ironie verstärkt Abhängigkeit und Misstrauen, Beleidigung führt zur Abwendung.

Gelegentlich lassen Schüler sich vom „Überschwang der Gefühle" so bestimmen, dass moralische Normen einfach weggefegt werden, seien es Absprachen oder Regeln, Sitten oder Gesetze; im Einzelfall können Emotionen dann antirational werden. Aber auch wenn ein Schüler „sich selbst vergisst", ist die Beziehung zwischen Gefühl und Verstand kurzfristig unterbrochen, aber nicht grundsätzlich aufgelöst. Er muss dann „wieder zur Vernunft kommen". Damit steht alles Emotionale im Kontext lernender Verantwortung und wird gerade unter dem Aspekt individueller und sozialer Rechtfertigung zur (Selbst-)Erziehungsaufgabe.

III.

Heute fallen in der Schule vermehrt besondere Gefühlsäußerungen von Kindern und Jugendlichen auf. Das Ausmaß ihrer
Unmittelbarkeit hat viele Gründe, schulische wie außerschulische. Die Aufgabe der Selbst-Bildung als anstrengende und
mühevolle Arbeit an sich selbst gerät unter erzieherischem
Aspekt bei den Schülern in einen Widerstreit zu den manipu-
lativen Ablenkungen und verwirrenden Möglichkeiten, die ihnen eine pluralistische und „offene" Gesellschaft bietet. Ein
→ OFFENER UNTERRICHT, der sich in dieser Situation allein
auf die Bedürfnisse der Schüler stützen wollte, dürfte der angestrebten Übereinstimmung der Schüler mit sich selbst kaum
förderlich sein; er würde die Schüler eher ihrer augenblicklichen Lust und Laune als Maxime ihres Lernens ausliefern.

Sollen → SCHÜLER sich auf dem Weg ihrer → BILDUNG wohlfühlen,
sind andere Bedingungen zu nennen:
Erstens die Übereinstimmung des Lehrers mit sich selbst, die sich
trotz der Begrenzung durch die → FUNKTIONEN DER SCHULE und trotz
der Defizite und Störungen in den personalen Bezügen im „interesselosen Interesse" an den Schülern zeigt.
Zweitens die damit verbundene emotionale Ausgeglichenheit des
Lehrers, die ihn den Schülern verlässlich und berechenbar erscheinen lässt – gibt es doch für Schüler fast nichts Schlimmeres, als
sich täglich wechselnden und unberechenbaren Launen der Lehrer
ausgeliefert zu fühlen.
Drittens der sich daraus ergebende Humor des Lehrers, der problematische Situationen zu „überstimmen" versucht.
Viertens die nüchterne Einsicht, dass man von den Schülern kaum
eine emotional-bestimmte Zuneigung und Zuwendung zu den Unterrichtsaufgaben erwarten darf, wenn diese Aufgaben im eigenen Bewusstsein und Gefühl keinen oder nur einen unbedeutenden Wert
besitzen, der nicht zu begeistern vermag (→ MOTIVATION).

Sollen Schüler und Lehrer sich in der Schule wohlfühlen,
dann sind darüber hinaus auch die Gestaltung der Räume
(→ KLASSENRAUMGESTALTUNG) und der Unterrichtszeit
(→ UNTERRICHTSFORMEN, → PAUSE), die Möglichkeiten von
zweckfreiem → SPIEL und die → SCHULFESTE/SCHULFEIERN

im Jahreskreis von Bedeutung; dies alles hat großen Einfluss auf das emotionale Erleben von Unterricht und Schule.

Literatur

Ipfling, H.-J. (Hg.): Die emotionale Dimension in Unterricht und Erziehung. München [3]1982

Erfahrung und Lernen

I.

Wer von Erfahrungen spricht, kann sehr Verschiedenartiges damit verbinden. Er kann *persönliche* Erfahrungen meinen, die Menschen in ihrem alltäglichen Leben machen. Sie unterscheiden sich z. B. von *überlieferten* Erfahrungen, die uns im → LEHRPLAN begegnen, ferner von Erfahrungen, die im *naturwissenschaftlichen* Erkenntnisprozess einen besonderen Stellenwert besitzen, schließlich von *Selbst*erfahrungen, die auf die Reflexion psychischer Prozesse begrenzt sind.

Alltagserfahrungen macht jeder grundsätzlich selbst. Man gewinnt sie in komplexen Situationen, die unmittelbar zu Auseinandersetzung, Stellungnahme und u. U. zum Handeln herausfordern. Dabei ist der jeweilige Erfahrungskontext nicht analytisch in einzelne Aspekte gegliedert, wie sie in den Wissenschaften und Schulfächern auftreten; sondern wird in subjektiver Weise erlebt. Erfahrungen beinhalten deshalb ein bestimmtes Wissen, das zunächst einmal „für mich" gilt. Erfahrungswissen ist deshalb subjekt*bestimmt;* es ist aber zugleich subjekt*bestimmend.* Wir sprechen deshalb kaum von „richtigen" oder „falschen", sondern von „guten" oder „schlechten" Erfahrungen. Nicht selten ist von daher unser Erfahrungswissen einstellungs- und handlungsbestimmend. Erfahrungen sind an eine unvermittelte Situation gebunden; sie haben also ihren Ort vor oder nach, jedenfalls jenseits des organisiert „vermittelten", methodisierten Lernens. Aus der Perspektive des Betroffenen stellen Erfahrungen deshalb Erlebnisse dar, die – wenn sie als ähnliche empfunden werden – oft generalisiert werden; sie können zu Vorurteilen bzw. zu Gewohnheiten führen.

An diesen Kennzeichen wird zum einen die Grenze zwischen Erfahrung und → BILDUNG deutlich; denn für sich genommen sind Erfahrungen zufällig und unkritisch. Sie verlangen deshalb unter inhaltlichem Aspekt und unter moralischem, d. h. Einstellungs- und Handlungsaspekt, die Reflexion ihrer Gültigkeit. Erfahrungen, die nicht unter beiden Aspekten geprüft werden, tragen deshalb zur Bildung des Menschen nicht bei.

Zum anderen wird an den Kennzeichen der Erfahrung sowohl deren Nähe als auch deren Unterschied zum *Lernen* in der Schule deutlich. Auf der einen Seite ist Lernen als Auseinandersetzung mit → AUFGABEN ebenfalls subjekt*bestimmt* (→ SCHÜLER) und von emotionaler Empfindlichkeit begleitet, gelegentlich beherrscht (→ EMOTIONALITÄT); als bildendes Lernen weist es sich erst dann und in dem Maße aus, als es subjekt*bestimmend* ist (→ WERTORIENTIERUNG). Auf der anderen Seite verlangt Lernen, wenn es der Zufälligkeit und Kritiklosigkeit entgehen will, die Ergänzung durch einen erziehenden Unterricht (→ ERZIEHUNG IM UNTERRICHT).

Dies ist die Aufgabe der neuzeitlichen → SCHULE, die in dem historischen Zeitpunkt notwendig wurde, als das Lernen durch bloße Alltagserfahrungen nicht mehr zur Führung eines gelingenden Lebens hinreichte. Die damit verbundene und notwendige Trennung der Schule vom Alltag ermöglichte erst eine Systematisierung der Lernens (→ UNTERRICHT), eine didaktische Ordnung der Lerngegenstände (→ DIDAKTIK) und eine methodische Ordnung der Lernprozesse (→ METHODIK), die eine Abschirmung vom unmittelbaren Erfahren und Handeln im Leben einschloss.

II.

Wenn in der Schulpädagogik der jüngsten Zeit die Bedeutung der Erfahrung für den Lernprozess vielfältig diskutiert wird, ist das als Kritik an der mangelnden Beziehung zwischen Lernen und Leben zu verstehen. Diese Unterrichts- und → SCHULKRITIK taucht in vielen Varianten auf und inspiriert zugleich viele Reformansprüche und -konzepte (z.B. Schülerorientierung, fächerübergreifendes und projektorientiertes Lernen, praktisches Lernen, Projektunterricht, Öffnung des Unterrichts und der Schule, Gestaltung des Schullebens, Schule als Erfahrungs- und Lebensraum, Gemeinwesen- und Nachbarschaftsorientierung der Schule). Ihnen gemeinsam ist der Versuch einer Einbeziehung der Lebenswelt in den Unterricht und in die Schule, und zwar sowohl die gemachten Erfahrungen der Schüler als auch ihre möglich zu machenden Erfahrungen und Handlungen.

Die Kritik richtet sich zum einen auf den *Unterricht* und

seine Abhängigkeit von wissenschaftlicher Systematik (→ WIS-SENSCHAFTSORIENTIERUNG), auf die Eliminierung der persönlichen Beziehungen der Schüler zu den Fachaufgaben zugunsten der Objektivität ihrer Leistungen im Fachunterricht, auf die Segmentierung und Zusammenhanglosigkeit der Unterrichtsfächer und auf die mangelnde bzw. fehlende → HANDLUNGSORIENTIERUNG. Zum anderen gilt die Kritik der *Schule,* die sich gegenüber dem gesellschaftlichen Leben abschottet und so verhindert, dass die Schüler ihre Erfahrungen thematisieren und klären bzw. im gesellschaftlichen Leben selber (dazu gehört auch die Schule selbst!) Erfahrungen für das Leben machen können. Angesichts der veränderten Lebensbedingungen in → KINDHEIT und → JUGEND genügt deshalb nicht nur die Forderung: „Macht die Schule auf, lasst das Leben rein!", weil dieses Leben mit den „neuen" Kindern und Jugendlichen bereits in die Schule eingezogen ist und in ihr die Differenz zwischen draußen und drinnen täglich erlebt und erlitten wird, sondern auch: „Macht die Schule auf, geht ins Leben rein!", um die Distanz von Leben und Lernen zu verringern bzw. aufzuheben und die Schüler unmittelbar im Leben das richtige Leben erfahren zu lassen.

Das Spannungsverhältnis von Leben und Lernen erhält überdies dadurch sein besonderes Gewicht, weil nach der Ablösung theologischer und metaphysischer Gewissheiten die Erfahrung sowohl für die theoretische wie die praktische Vernunft, für Wissenschaft und Lebensführung zu einem maßgeblichen Prüf- und Wahrheitskriterium geworden ist. Dieser Entwicklung verdanken wir einerseits die aus wissenschaftlich-technischem Denken gemachte Welt, aber auch ihre ambivalenten Fortschritte, andererseits die Freisetzung von institutionell vorgegebenen und überlieferten Wert- und Normorientierungen, aber auch die bekannten Wert- und Handlungsunsicherheiten.

Im Hinblick auf Unterricht und Schule lassen sich als Konsequenz gegenwärtig drei unterschiedliche Positionen erkennen:

● Der Unterricht bezieht die Lebenswelt der Schüler ein, indem er sich Fachleuten und Vertretern außerschulischer Institutionen öffnet oder Lehrer und Schüler außerschulische Lernorte aufsuchen lässt. Solche Möglichkeiten hat die Schule immer schon wahrgenommen, und es besteht kein Zweifel, dass bei derlei Begegnungen die Lebenswelt intensiver und erlebnishafter an die Schüler heranrückt. Zugleich steckt hier ein bekanntes pädagogisches Problem: Experten und außerschulische Lernorte sind per se noch keine Lehrer und keine Orte des Lernens. Sie bedürfen der didaktischen und methodisch ordnenden Hand des Lehrers.

Eine Variante mit weitreichenden Konsequenzen besteht in der entgegengesetzten Intention, den Erfahrungsbereich der Schüler durch ihre unmittelbare Beteiligung an der Gestaltung ihres Umfeldes zu erweitern, z.B. bei sozialen, kommunalpolitischen, wirtschaftlichen, ökologischen Vorhaben. Eine derartige unmittelbare Partizipation an der realen Lebenswelt zielt darauf, die Spannung von Leben und Lernen zu nivellieren, wenn nicht ganz aufzuheben. Sie führt damit zur Ablösung des bisherigen Selbstverständnisses der Schule als ausdrücklich vom gesellschaftlichen Leben distanzierten und sich distanzierenden Lernraum.

• Die Überzeugung, dass Unterricht und Schule ihre Bildungsaufgabe heute nur in der Distanz zur realen und keineswegs bereits bildenden Gesellschaft wahrnehmen könne, führt zur Forderung nach einer „Schule als Erfahrungsraum" (V. HENTIG), d.h. zur Gestaltung eines → SCHULLEBENS, in dem Schülerinnen und Schüler jene Erfahrungen machen können, die ihnen die Gesellschaft gerade versagt und die ihnen Orientierungen und Maßstäbe für ihr Leben vermitteln. Besonders bedeutsam dürften in diesem Zusammenhang die Atmosphäre der jeweiligen Schule, die vielfältigen Sozialbeziehungen (→ LEHRER-SCHÜLER-VERHÄLTNIS) sowie die ästhetische und religiöse Gestaltung des Schullebens sein (→ KLASSENRAUMGESTALTUNG, → ERZIEHUNG). Unbeantwortet bleibt jedoch bei diesem zweifellos wichtigen Aspekt unmittelbaren Erfahrungslernens die Frage nach seiner Verbindung zum erfahrungsbezogenen Unterricht.

- Folgt man HERBARTs Auffassung, dass der erziehende Unterricht nicht der Erweiterung, sondern der Ergänzung von Erfahrung und Umgang diene, dann dürfen die Erfahrungen von Schülern im Unterricht nicht nur der motivationale Anlass des Lernens sein und lediglich als Mittel zum effektiveren Erreichen der Unterrichtsziele instrumentalisiert werden. Sie werden vielmehr selber zum „ersten" Gegenstand des Unterrichts (→ ANSCHAULICHKEIT). Ihr Artikulieren durch die Schüler, ihr Ordnen mit Hilfe des Lehrers und die daraus entspringenden bzw. zu entwickelnden Fragen respektieren den Grundsatz des „Anhebens" aller unserer Erkenntnisse mit der Erfahrung (KANT). Zugleich kann dieser notwendige Rückgriff auf die Erfahrungen der Schüler allerdings keinen hinreichenden Maßstab für ein bildendes Lernen abgeben. Nicht *aus,* sondern nur *an* der Erfahrung kann richtig gelernt werden. Dass z. B. der Wald stirbt, kann zwar durch lebensweltliche Erfahrung festgestellt werden, aber die eigentlichen Ursachen und die Möglichkeiten der Rettung bleiben durch bloße Erfahrungen unaufgeklärt. So bedürfen lebensweltliche Erfahrungen der Ergänzung durch einen wissenschaftsorientierten → FACHUNTERRICHT, der verbürgt, dass Schüler zu tragfähigen, gültigen Einsichten und Erkenntnissen kommen. Aber auch der wissenschaftsorientierte Unterricht ist im Hinblick auf bildendes Lernen noch mit Defiziten behaftet, wenn er als Ergänzung von Erfahrung nicht fachüberschreitende Fragestellungen und den Lernprozess und seine Ergebnisse reflektierende Wertfragen aufnimmt (→ WISSENSCHAFTSORIENTIERUNG).

III.

Da die Schule ihre Bildungsaufgabe heute nur mit Hilfe differenzierter → UNTERRICHTSFORMEN erfüllen kann, stellt sich die Frage, welche Bedeutung in ihnen den Erfahrungen der Schüler zukommt. Der → LEHRGANGSORIENTIERTE UNTERRICHT wird aufgrund seiner Zielsetzung und Struktur den lebensweltlichen Erfahrungen der Schüler keinen besonderen Stellenwert zuerkennen; hier gilt es, an den Wissens- und Könnensstand anzuknüpfen. In der → FREIARBEIT ist das anders. Hier werden die Selbsterfahrungen der Schüler mit ihren Lernprozessen und -ergebnissen, mit ihren an den Fachunterricht anschließenden Fragen und mit den persönlichen Weiterbildungsintentionen der Schüler zum entscheidenden Kriterium der freien und verantwortlichen Wahl und Durchführung der Aufgaben, wobei der Lehrer nicht belehrt, sondern berät (→ BERATUNG). Einen hervorstechenden Stellenwert haben die Alltagserfahrungen der Schüler im → FACHÜBERGREIFEND-PROJEKTORIENTIERTEN UNTERRICHT, der im Sinne eines erziehenden Unterrichts nicht auf sie verzichten kann, sondern sie ausdrücklich aufgreift und mit der jeweiligen Unterrichtseinheit verbindet. Allerdings ist hier eine besondere fachdidaktische Aufmerksamkeit erforderlich, da die lebensweltlichen Erfahrungen der Schüler im Hinblick auf die fachlich definierten Unterrichtseinheiten von unterschiedlicher Natur sind; man denke z.B. an die Möglichkeit der Rezeption von Schülererfahrungen im Hinblick auf den Geschichts- oder Religionsunterricht einerseits, den naturwissenschaftlichen Unterricht andererseits.

Literatur
Regenbrecht, A./Pöppel, K.G.: Erfahrung und schulisches Lernen. Münster 1995

Erstunterricht

I.

Erstunterricht bzw. der historisch ältere Begriff „Anfangsunterricht" bezeichnet in der Regel den Zeitraum der ersten
beiden Schuljahre in der Grundschule. Sie werden begrifflich
von der übrigen Schulzeit unterschieden, da sie die besondere
Aufgabe haben, die Schüler von den freien Formen des Lernens der vorschulischen Zeit an unterschiedliche → UNTER-
RICHTSFORMEN der Schulzeit heranzuführen.

Dies ist notwendig, weil für das Kind mit dem → SCHUL-
ANFANG eine veränderte Lebenssituation beginnt. In ihr bildet
das Kind eine *Haltung* heraus, in der Spielen und Lernen deutlicher unterschieden werden. Diese Unterscheidung kann erst
allmählich erfahren und erlernt werden. Der Erstunterricht
kommt dieser Aufgabe nach, indem er fächerübergreifend
konzipiert ist und zugleich systematische Elemente in den
Lehrgängen des Lesens, Schreibens und Rechnens enthält
(→ LEHRGANGSORIENTIERTER UNTERRICHT).

Wegen der großen Unterschiedlichkeit der Schüler bezüglich Entwicklungsstand, Sozialverhalten, Kommunikations-
fähigkeit, Vorwissen, Interesse, Konzentrationsvermögen und
Lerntempo (→ KINDHEIT) und wegen der unterschiedlichen
Ausgangssituation im Hinblick auf die vorangegangene Förderung durch das Elternhaus und durch den Besuch vorschuli-
scher Einrichtungen hat der Erstunterricht dabei zugleich eine
integrative Aufgabe: Er soll die Voraussetzungen für einen gemeinsamen Unterricht der Schüler schaffen bzw. weiter entwickeln (→ INTEGRATION/INKLUSION).

II.

Der ältere Begriff Anfangsunterricht und der neuere Begriff
Erstunterricht werden häufig in der pädagogischen Literatur
gebraucht, ohne dass damit bereits ein bestimmtes Konzept
verbunden wird.

Ilse LICHTENSTEIN-ROTHER hat eine der eingehendsten
Analysen des Begriffs Anfangsunterricht vorgenommen. Be-

stimmend für den Anfangsunterricht sind ihrer Ansicht nach drei Aspekte: Die gesamtunterrichtliche Konzeption, die ein beziehungsloses Nebeneinander der verschiedenen Schulfächer verhindern soll (→ KONZENTRATION), die Orientierung des Unterrichts an einer „Pädagogik vom Kinde aus" und die Gestaltung des Unterrichts als Grundlage für den anschließenden fachlich differenzierten Unterricht. Problematisch erscheint für sie die Einbindung der Lehrgänge in den Anfangsunterricht, da sie wegen ihrer fachlich-systematischen Vorgehensweise das gesamtunterrichtliche Konzept sprengen.

Die „Zweigleisigkeit" des Anfangsunterrichts ist häufig kritisiert worden. Auf der einen Seite stand die kindliche Lebenswelt als Ausgangspunkt des Gesamtunterrichts, auf der anderen Seite die lehrgangsmäßige Struktur des Fachunterrichts. Beides ließ sich kaum bruchlos miteinander vereinbaren. In den letzten Jahren ist daher eine stärkere Betonung der Eigengesetzlichkeit der verschiedenen Lernbereiche zu erkennen. Unter dem Leitmotiv der → WISSENSCHAFTSORIENTIERUNG hat eine stärkere „Verfachlichung" des Erstunterrichts stattgefunden. Rainer RABENSTEIN spricht in diesem Zusammenhang von einem „elementaren Fachunterricht". Dabei geht es um einen „Ausbau der Fächer nach unten"; sie sollen im Erstunterricht aus einer eher „kindgemäßen" als „wissenschaftsbestimmten" Perspektive unterrichtet werden.

III.

Das Spannungsverhältnis von pädagogischer Aufgabe des Erstunterrichts und den funktionalen Erwartungen an seinen „Ertrag" (→ FUNKTIONEN DER SCHULE) ist nur sehr schwer aufzuheben. Auch die ersten beiden Jahre der Grundschule haben eine qualifizierende Funktion (Erwerb von Kenntnissen und Fertigkeiten des Lesens, Schreibens und Rechnens), die nicht durch eine falsch verstandene Kindorientierung vernachlässigt werden darf. Vom → LEHRER der ersten beiden Schuljahre darf erwartet werden, dass er sich gründlich über die verschiedenen Verfahren des *Erstleseunterrichts* informiert (analytische, synthetische, ganzheitliche Methoden), dass er sich mit den Problemen des *Schreiblehrgangs* auseinandersetzt (lateinische oder vereinfachte Ausgangsschrift) und dass er sich mit den Aufgaben des elementaren *Mathematikunterrichts* beschäftigt. Nur durch ein gründliches Studium der theoretischen Grundlagen der verschiedenen Lehrgangsstrukturen kann der Erstunterrichtslehrer seiner besonderen Verantwortung gerecht werden. Dies gilt umso mehr, als er in der Regel frei ist, die Methode des Lese- und Schreiblehrgangs und die dazu gehörige Fibel für seine Schüler selbst (in Absprache mit seinen Kolleginnen und Kollegen) zu bestimmen.

Die „Brücke" zwischen ganzheitlichem, fächerübergreifendem Unterricht und den kursorisch gegliederten Lehrgängen bildet im Erstunterricht der Erlebnischarakter des Lernens. Die Einbindung der Lehrgangsaufgaben in Geschichten, Spiele und Aktionen, die einen Bezug zur Lebenswelt der Schüler haben, gewährleistet, dass die einzelnen Lernakte nicht als Fremdbestimmung, sondern als Wert erlebt werden (→ WERTORIENTIERUNG).

Für die pädagogische Qualität des Erstunterrichts ist daher weniger die Wahl und Stringenz der Lehrgänge als vielmehr die Art und Weise ihrer Durchführung, d.h. das unterrichtsmethodische Handeln des Lehrers wichtig (→ METHODIK). Seine Unterrichtsmethode entscheidet darüber, ob die Schüler den Aufgaben des Unterrichts einen Wert beimessen und sie so auf sich selbst beziehen können (→ ANSCHAULICHKEIT), ob sie demzufolge bereit sind, sich den Anforderungen des Unterrichts zu stellen (→ MOTIVATION) und eine dementsprechende Leistung zu erbringen.

Dabei müssen die besonderen Bedingungen der Altersphase von Schulanfängern beachtet werden. Sie zeichnen sich durch eine spezifische Aufgabenhaltung aus. In diesem Alter erfahren und lernen die Kinder, dass die Bewältigung einer Aufgabe von persönlicher Anstrengung abhängt, die bis zum Ende durchgehalten werden muss. Anders als beim Spielen ist das Aufgabenende beim Lernen nicht mehr allein von der persönlichen Entscheidung oder von der eigenen Lust, sondern von den sachlichen Erfordernissen her bestimmt. In dieser Hinsicht muss den Schülern zugestanden werden, dass sie bereits eine „hohe" Leistung erbringen, wenn sie Aufgaben zu Ende führen, unabhängig davon, ob das Leistungsergebnis auch in sachlicher und vergleichender Hinsicht „hoch" einzuschätzen ist. Wegen dieser Besonderheit wird im Erstunterricht meist auf eine Zensierung verzichtet.

Viel wichtiger als die Leistungskontrolle ist in dieser Altersphase die „liebevolle" Zuwendung des Lehrers zum Schüler und die Anerkennung seiner wenn auch noch so „geringen" Fortschritte und Leistungen. Jeder einzelne Schüler muss sich in seiner Eigenart angenommen fühlen und darauf vertrauen dürfen, dass der Lehrer es gut mit ihm meint. Wenn das → LEHRER-SCHÜLER-VERHÄLTNIS durch ein solches Vertrauen gekennzeichnet ist, wenn die Schüler spüren, dass der Lehrer ihnen Leistungen zutraut und sie auch angemessen, d.h. um ihrer selbst willen würdigt (→ LEISTUNGSBEURTEILUNG), dann gewinnen die Schüler auch zunehmend mehr Selbstvertrauen. Dies ist die entscheidende Voraussetzung für alles weitere Lernen (→ ATMOSPHÄRE).

Gestützt wird das Selbstvertrauen durch selbstständige und eigenverantwortliche Lernformen (→ SELBSTTÄTIGKEIT). Das gilt für den fächerübergreifenden Unterricht wie für die Lehrgänge in gleicher Weise. Die selbstständige Arbeit nach Tagesplan, → WOCHENPLAN oder in der → FREIARBEIT stellen → UNTERRICHTSFORMEN dar, die bereits im Erstunterricht ein individualisiertes und eigenverantwortliches Lernen ermöglichen.

Förderlich ist dabei die Gestaltung einer Lernumwelt, in der vielfältiges Material zum selbstständigen Lernen ebenso vorhanden ist wie Pinnwände und Klemmleisten zur Würdigung von Schülerarbeiten. Die → KLASSENRAUMGESTALTUNG muss auch den funktionalen Anforderungen des Lebens in der Schule (Eigentumsfächer, Ablagen für Bücher, Hefte, Schulranzen, ggf. Schuhablage und Hausschuhaufbewahrung) und der Lehrgänge (Tafel, Tageslichtprojektor, Buchstabenhaus) genügen.

Darüber hinaus sollte Lehrern und Schülern gestattet sein, die Arbeitszeiten flexibel zu handhaben. Dies ist unter psychologischer Perspektive nötig, da die Schüler in dieser Altersstufe einerseits erst noch lernen müssen, Aufgaben längerer Zeitdauer zu Ende zu führen, andererseits sich aber auch ohne zeitliche Beschränkung mit (selbst-)bestimmten Aufgaben beschäftigen wollen. Ein starrer Stundenplan mit festgelegten Fächern und Zeiten ist in bildungstheoretischer Hinsicht ohnehin fragwürdig; im Erstunterricht ist er abzulehnen.

Diese Gestaltung von Raum und Zeit kommt außerdem der besonderen Aufgabe des Erstunterrichts entgegen, die Schüler zu einer *Aufgabengemeinschaft* zu führen (→ GEMEIN-SCHAFT). Die vorangehende soziale Perspektive des Kleinkindes, das den Mitmenschen tendenziell nur in seinem Dienst für es selbst sieht, wandelt sich in dieser Altersphase. Der Nächste rückt zunehmend auch in seinem Eigenwert in den Blick und fordert eine entsprechende Anerkennung und Wertschätzung. Durch die Ermöglichung von Formen des → SO-ZIALEN LERNENS gibt der Lehrer den Schülern Gelegenheit, sich beim Lernen gegenseitig zu unterstützen und dabei selbst etwas zu lernen. In einer Gesellschaft, in der auch Wettbewerb und Konkurrenz zu den wesentlichen Organisationsmerkmalen gehören, ist die Einlösung dieser Sozialverpflichtung nicht immer einfach. Sie wird im Erstunterricht allerdings durch den Verzicht auf Zensuren erleichtert.

Beispielhaft können die Schüler die Sozialverpflichtung bereits am Handeln des Lehrers erleben und erkennen. Sie sollten durchgängig seine liebevolle Zuneigung spüren und werden sie oftmals in intensiver Weise erwidern. Gerade im Erstunterricht genießt der Lehrer eine unbedingte → AUTORI-TÄT. Was er sagt und wie er handelt, ist für die Schüler in undifferenzierter und uneingeschränkter Weise gültig, wenngleich er nicht erwarten darf, dass die Kinder kritiklos seinen Aufforderungen und Anordnungen folgen (→ KINDHEIT). Dennoch ist er ein *Vorbild* für die Kinder und muss sich deshalb um ein Verhalten bemühen, das der damit verknüpften besonderen Verantwortung gerecht wird. Dazu gehört auch, dass er sich mit seinen Wertäußerungen zurückhält, um die Schüler nicht der Gefahr naiver und unkritischer Wertübernahme auszusetzen. Wo persönliche Wertungen und Urteile erwartet werden oder notwendig sind, muss er deutlich machen, dass es sich um Stellungnahmen handelt, für die er seine Gründe hat. Mit der Einsicht in diese Gründe lässt der Lehrer seine Schüler nicht nur an seinem Wissen, sondern darüber hinaus an seiner Person teilhaben.

Literatur
Pestalozzi, J. H.: Wie Gertrud ihre Kinder lehrt. Bad Schwartau 2006

Erziehung

I.

Erziehung ist ein Grundbegriff der Pädagogik. Mit ihr ist derjenige Aspekt des pädagogischen Prozesses gemeint, der auf die zunehmend selbstständige und eigenverantwortliche Lebensführung des Menschen gerichtet ist. In diesem Prozess geht es deshalb um die Herausbildung bzw. Differenzierung von moralischen Haltungen, Einstellungen, Handlungsorientierungen, Verhaltensdispositionen, die für ein selbstständiges und eigenverantwortliches Handeln maßgeblich sind.

Wegen der dem Menschen grundsätzlich zukommenden Freiheit und Verantwortung kann der Prozess der Verselbstständigung nur vom Menschen *selbst* geleistet werden; in diesem Sinne muss Erziehung als *intra*personaler Prozess, also als *Selbsterziehungsprozess* gedacht werden. Allerdings ist jeder einzelne Mensch dabei auf mitmenschliche Hilfe angewiesen; in diesem Sinne meint Erziehung auch den *inter*personalen Prozess gegenseitiger Hilfe zur Selbsterziehung (→ LEHRER-SCHÜLER-VERHÄLTNIS).

Der Erziehungsprozess steht dabei immer in Korrelation zu Unterrichtsprozessen, die zu einer Aneignung bzw. Differenzierung von Wissen (Fertigkeiten, Fähigkeiten, Kenntnisse, Einsichten) führen. Denn selbstbestimmtes und eigenverantwortliches Handeln richtet sich immer auf „etwas", ist also nur in Bezug auf einen wie auch immer gearteten „Gegenstand" (des Wissens) möglich. Deshalb ist eine „reine" Erziehung ohne Unterricht ebenso wenig denkbar wie ein „reiner" Unterricht ohne Erziehung.

Erziehung ist nicht auf die Phasen von → KINDHEIT und → JUGEND begrenzt, sondern gehört zur Lebensführung des Menschen unter pädagogischem Aspekt. Im Hinblick auf die unabschließbare Aufgabe menschlicher → BILDUNG ist Erziehung wie → UNTERRICHT permanent notwendig.

II.

Der Begriff der Erziehung wird in der Alltagssprache und auch in der erziehungswissenschaftlichen Literatur in vielfältiger und oft missverständlicher Weise gebraucht.

Besonders häufig ist die Vorstellung anzutreffen, Erziehung sei Verhaltensänderung. Alle Handlungen, die darauf abzielen, das Verhalten von Menschen (und sogar von anderen Lebewesen!) in eine erwünschte Richtung zu lenken und entsprechend zu beeinflussen, werden dann als Erziehung (miss-) verstanden. Das Angewöhnen von „richtigen" Manieren, die Einforderung von Gehorsam, die Bestrafung von Fehlverhalten, die Belohnung angepassten Verhaltens, all dies vermag zwar Verhalten zu ändern, aber ein selbstständiges und eigenverantwortliches Handeln wird dadurch nicht ermöglicht. Denn hier wird die Entscheidung über Richtig und Falsch, Gut und Böse dem Subjekt nicht zugemutet, sondern vorenthalten.

Nicht viel anders sieht es bei der Vorstellung aus, die soziale Umwelt bewirke die Erziehung des Menschen. Gedacht wird hier an bestimmte informelle und formelle Strukturen, die in funktionaler Weise das Verhalten des Menschen prägen, so z. B. die „Atmosphäre" in der Familie, die Schulordnung, die Straßenverkehrsordnung. Solche „Verhältnisse" können zwar das menschliche Verhalten in bestimmten Situationen bestimmen, aber auch diese Bestimmung bleibt für den Menschen insofern fremd, als das Gefüge der Verhaltensnormen in seinem Geltungsanspruch nicht ausdrücklich der Autonomie des Subjekts überantwortet, sondern der fraglosen Normgeltung unterstellt wird.

Am scheinbar überzeugendsten ist noch die Vorstellung, Erziehung sei die bewusste Führung des Menschen zu den Werten und Normen, von deren Geltung man selbst überzeugt ist und die womöglich noch den herrschenden Idealen einer Gesellschaft entsprechen, beispielsweise die Erziehung zur Leistung oder die Erziehung zur Toleranz. Alle Maßnahmen, die darauf zielen, die Haltung und Einstellung von Menschen so zu beeinflussen, dass sie vorgegebene Werte und Normen anerkennen und sie „freiwillig" in entsprechende Handlungen umzusetzen, werden dann als Erziehungsmaßnahmen begriffen. So verständlich die damit verknüpften Absichten auch sein mögen (Welche Eltern würden sich nicht freuen, wenn ihre Kinder genauso dächten und urteilten wie sie selbst?), so sehr verfehlen sie doch den pädagogischen Sinn von Erziehung.

Erziehung als interpersonaler Prozess kann nur legitimiert werden, wenn die (Entscheidungs-)Freiheit des Subjekts in allen erzieherisch gemeinten Situationen anerkannt und gewahrt bleibt. Es geht in der Erziehung eben nicht um die Bindung an herrschende Normen, Sitten und Gesetze, sondern einzig und allein um die Bindung an das eigene Gewissen. Damit ist nicht gesagt, dass die andersgearteten Prozesse der Verhaltensdetermination unstatthaft wären; in der Regel kommt ihnen für die Sicherung der individuellen und sozialen Existenz sogar eine lebenswichtige Bedeutung zu (→ DISZIPLIN). Aber der Sinn von Erziehung geht über die bloße Sicherung des Lebens hinaus; er ist auf ein gewissenhaftes, d. h. selbstgestaltetes und selbstverantwortetes Leben gerichtet.

III.

Interpersonale Erziehung, die dem Subjekt helfen will, sein Leben zunehmend selbstständig und eigenverantwortlich unter den genannten Aspekten zu führen, d. h. seiner Selbsterziehung dienen will, kennt nur zwei „Erziehungsmittel": das *Vorbild* und den → UNTERRICHT. Ihre „Wirkung" besteht darin, dass sie konsequent die Selbstbetrachtung herausfordern und so eine Selbstbindung ermöglichen.

Das *Vorbild* trägt insofern zur Selbsterziehung bei, als der Edukand an ihm ein Beispiel für eine mehr oder weniger gelungene Lebensführung erfahren und erleben kann. Es wird dabei von ihm so oder so bewertet und bietet deshalb Anlass, die eigene Haltung und das eigene Handeln neu zu überdenken und auszurichten (→ AUTORITÄT; → LEHRER).

Die Antwort auf die Frage nach der erzieherischen Bedeutung des *Unterrichts* ist eine einfache und schwierige zugleich: Erziehung geschieht immer durch die *Art und Weise* des Unterrichtens (→ METHODIK). Sofern der Unterricht unter den genannten Aspekten wertorientiert erfolgt (→ WERTORIENTIERUNG) und die pädagogischen → UNTERRICHTSPRINZIPIEN berücksichtigt werden, trägt er allemal zur zunehmenden

Selbstständigkeit und Eigenverantwortung der Schüler bei (→ ERZIEHUNG IM UNTERRICHT).

Die erzieherischen Hilfen zur „gelingenden" Lebensführung sprechen den Menschen immer in allen seinen Lebensrelationen an; gleichwohl lassen sich verschiedene Erziehungsaspekte unterscheiden. Als *Sozialerziehung* sind alle Hilfen zu verstehen, die auf eine Lebensgestaltung in gegenseitiger Wertschätzung und mitmenschlicher Verantwortung gerichtet sind und dem Prinzip der Sozialverpflichtung dienen (→ SOZIALES LERNEN; → SOZIALFORMEN). Als *religiöse Erziehung* wird man in überkonfessioneller Perspektive alle Hilfen verstehen können, die auf eine gewissenhafte Lebensführung gerichtet sind und Selbstvertrauen wie gegenseitiges Vertrauen, Urvertrauen wie Gottvertrauen voraussetzen und zugleich ermöglichen (→ SELBSTTÄTIGKEIT). Als *ästhetische Erziehung* lassen sich alle Hilfen verstehen, die auf eine sinnvolle Gestaltung der Lebenszeit und des Lebensraumes gerichtet sind und dem Wohlbefinden dienen (→ KLASSENRAUMGESTALTUNG). Schließlich lassen sich alle Hilfen, die auf eine solidarische Gestaltung von Lebensverhältnissen gerichtet sind und der Gerechtigkeit dienen, als *politische Erziehung* verstehen.

Literatur

Pöppel, K.G.: Erziehen in der Schule. Hildesheim – Zürich – New York 1983

Erziehung im Unterricht

I.

$\rightarrow$ ERZIEHUNG und $\rightarrow$ UNTERRICHT stellen die Grundbegriffe der Pädagogik dar. Alle Phänomene des pädagogischen Handelns lassen sich auf diese beiden Begriffe beziehen. Erziehung bezeichnet den Prozess der Herausbildung bzw. Differenzierung von *Haltungen* (auch: Einstellungen, Handlungsorientierungen, Verhaltensdispositionen); Unterricht bezeichnet den Prozess der Aneignung bzw. Differenzierung von *Wissen* (auch: Erkenntnissen, Einsichten, Kenntnissen, Fähigkeiten, Fertigkeiten). Dabei hängen Erziehung und Unterricht untrennbar zusammen. Denn eine Herausbildung von Haltung ist ohne Wissenserwerb ebenso wenig möglich wie ein Wissenserwerb ohne Haltungs- bzw. Handlungsrelevanz. In der pädagogischen Praxis handelt es sich also um einen Prozess, der zwar in der analytischen Betrachtung unter den Aspekten Erziehung einerseits und Unterricht andererseits unterschieden, aber nicht tatsächlich in Einzelprozesse getrennt werden kann. Erziehung ohne Unterricht ist genauso undenkbar wie Unterricht ohne Erziehung.

Die Redewendung „Erziehung im Unterricht" verweist deshalb nicht auf eine Ergänzung oder Erweiterung des Unterrichts. Sie versteht sich vielmehr als programmatischer Begriff, der ausdrücklich die erzieherische Aufgabe des Unterrichts in der Schule hervorheben will.

In systematisch-pädagogischer Sicht muss der Begriff Erziehung von bestimmten Phänomenen unterschieden werden, die in der Alltagssprache oft mit Erziehung bezeichnet oder gleichgesetzt werden. Zu denken ist hier an Phänomene der Gewöhnung und Disziplinierung ($\rightarrow$ DISZIPLIN), der Manipulation und der Indoktrination. Der gravierende Unterschied zwischen diesen Phänomenen und dem pädagogischen Prozess der Erziehung besteht darin, dass der Erziehungsprozess nur vom Erziehungssubjekt selbst, also nicht gegen seinen freien Willen vollzogen werden kann. Jegliche Fremdbestimmung, wie sie die Manipulation des Verhaltens oder die Indoktrination des Geistes erfordern, ist daher in der Erziehung nicht nur fehl am Platz, sondern geradezu dazu angetan, sie durch die Schaffung von Abhängigkeiten und Unfreiheiten zu verhindern.

Erziehung und Unterricht sind als Aufgaben der eigenen Lebensführung nicht nur in der Schule anzutreffen. Die Aufgabe, durch Aneignung und Differenzierung der eigenen Haltung und des eigenen Wissens sein Leben tatsächlich zu seinem eigenen Leben zu machen, kann niemandem abgenommen werden. So wie jeder nur durch → SELBSTTÄTIGKEIT seine Haltung und sein Wissen konstituieren und differenzieren kann, so trägt er auch für beides die Verantwortung. Gleichwohl ist jeder bei der Lösung dieser „selbstpädagogischen" Aufgabe auf die pädagogische Hilfe der Mitmenschen angewiesen. Sie sind ihrerseits zur mitmenschlichen Hilfe verpflichtet (→ SOZIALES LERNEN). In dieser Hinsicht sind Lehrer (Erzieher) und Schüler (Edukand) keine Rollen, sondern prinzipielle Aufgabenbestimmungen, die jedem Menschen unabhängig von seiner Individuallage grundsätzlich zukommen (→ LEHRER-SCHÜLER-VERHÄLTNIS).

Verschiedene Institutionen begleiten den Menschen bei der Lösung dieser (selbst-)pädagogischen Aufgabe: u. a. die Familie, die Kinderkrippe, der Hort, der Kindergarten, die Jugendgruppe, der Verein, die Kirchengemeinde und vor allen Dingen auch die → SCHULE. In ihr werden die Aufgaben von Schüler und Lehrer fürsorglich vordefiniert und in Schulgesetzen (→ SCHULRECHT) und Rahmenrichtlinien (→ LEHRPLAN) inhaltlich näher bestimmt. Das soll Kindern und Jugendlichen das Bemühen um die Entfaltung des eigenen Wissens und der eigenen Haltung erleichtern.

Allerdings ist dabei nicht zu übersehen, dass sich die Schulverwaltung vorrangig auf die äußere Organisation des Unterrichts und insbesondere auf die sogenannte „Unterrichtsversorgung" konzentriert. Dadurch werden die → FUNKTIONEN DER SCHULE oft dominant, wobei die Aufgabe der Erziehung tendenziell vernachlässigt wird. Die Wahrnehmung und Profilierung der Erziehungsaufgabe in der Schule bleibt daher in der Regel immer noch dem Engagement des einzelnen Lehrers und des Kollegiums einer Schule überlassen (→ SCHULLEBEN).

II.

Die besondere Herausstellung der Erziehungsaufgabe im Unterricht heute hängt mit der wissenschaftlich-technischen Entwicklung der Neuzeit zusammen. War im Mittelalter der Zusammenhang von Wissen und Handeln noch durch den ständischen Vermittlungskontext unmittelbar gegeben, so fallen seit der Zeit der Aufklärung Wissen und Handeln auseinander. In der „modernen" Schule wird das Wissen zum Zwecke seiner Vermittlung aus seinem An- und Verwendungszusammenhang herausgelöst und die Frage nach der Handlungsrelevanz des Wissens entweder vernachlässigt oder aber als eigenständiges Problem isoliert und z.B. den „Gesinnungsfächern" übertragen. Da die Frage der Bedeutung des Wissens für das Handeln nicht allein vom wissenschaftlich bzw. fachlich bestimmten Unterricht her zu be- und verantworten ist, besteht die Erziehungsaufgabe im Unterricht in der Herausbildung von (fachbezogenen) Handlungsorientierungen.

Johann Friedrich HERBART (1776–1841) entwickelte Anfang des 19. Jahrhunderts eine Lehre vom *Erziehenden Unterricht.* Sie besagt, dass Unterricht nicht auf bloße Sachvermittlung beschränkt sein darf, sondern auf den eigentlichen Zweck des Menschen, auf Moralität oder Sittlichkeit, gerichtet sein muss. Dazu muss der Unterricht mit der Sacheinsicht zugleich eine Einsicht in die sittlichen Beweggründe des Handelns ermöglichen, damit den Lernenden nicht nur Wissenserwerb, sondern auch Handlungskompetenz oder – wie HERBART es formuliert – nicht nur „Erkenntnis", sondern auch „Teilnahme" ermöglicht wird. Im Unterricht soll die Vermittlung von Sachlichkeit und Sittlichkeit durch eine „ästhetische Darstellung der Welt" ermöglicht werden – ein Verfahren, das den Lehrer zur „interessenlosen" Vermittlung des Lehrstoffs auffordert und dem Schüler demgemäß die Freiheit der Handlungswahl lässt. Wie Wissen und Haltung vom Schüler tatsächlich vereint werden, wird von HERBART allerdings nicht deutlich bestimmt.

Alfred PETZELT (1886–1967) hat nach dem Zweiten Weltkrieg eine systematische Pädagogik veröffentlicht, in deren Mittelpunkt die Frage des Zusammenhangs von Erziehung und Unterricht steht. Er geht davon aus, dass erst die *Aktivität* als entscheidendes Bestimmungsmoment des Menschen die „Einheit von Unterricht und Erziehung" stiftet. Denn nur dem Subjekt obliegt es, mit seiner Lernaktivität über die Beziehung zwischen Wissen und Haltung zu verfügen. Dieses Verfügen geschieht konkret durch Akte des Wertens. Im *Werturteil* wird die Bedeutung des erkannten unterrichtlichen Gegenstands für das eigene Handeln eingeschätzt. Für PETZELT zeigt sich also die eigentliche erzieherische Qualität des Unterrichts in seinem Beitrag zum Wertenlernen.

Gegenwärtig bemühen sich verschiedene Pädagogen um eine aktualisierte Theorie des erziehenden Unterrichts. Ihr gemeinsamer Ausgangspunkt ist die → SCHULKRITIK, die der Schule heute eine Dominanz der „Stoffvermittlung" und ein Defizit an „Sinnstiftung" vorhält.

III.

Für die pädagogische Praxis muss bedacht werden, dass der → LEHRER immer schon ein Beispiel für das Erzogen-Sein darstellt. Er repräsentiert in jedem Fall ein *Vorbild* für eine wertbestimmte Haltung, die die → SCHÜLER als eine mögliche Antwort auf ihre eigenen (unausgesprochenen) Fragen nach dem „guten Leben" ansehen. In dem Maße, wie der Lehrer sich darum bemüht, dass sein Handeln seinem Selbstanspruch auf vorbildliche Haltung gerecht wird, wird sein Beispiel überzeugend sein. Darüber hinaus gewinnt diese Vorbildlichkeit an erzieherischer Bedeutung für die Schüler, je gleichsinniger und kontinuierlicher sie ihnen in Elternhaus und Schule begegnet.

Gegenüber dem Vorbild des Lehrers ist die Art und Weise der Unterrichtsgestaltung für die Erziehung der Schüler zwar nachrangig, aber am Ende nicht weniger entscheidend. Daher muss auch die → METHODIK des Unterrichts vom Lehrer besonders bedacht werden, wenn er eine Hilfe zur (Selbst-)Erziehung der Schüler leisten soll. Folgende → UNTERRICHTS-PRINZIPIEN sind dabei zu beachten:

1. Grundlegendes Kriterium für jeden Unterricht, der den Aspekt der Erziehung ausdrücklich einbezieht, ist die → Selbsttätigkeit der Schüler. In der methodischen Auseinandersetzung mit den Aufgaben des Unterrichts bestimmen die Schüler nicht nur die Sache, sondern zugleich sich selbst, indem sie mit der Sachklärung zugleich auch über den Wert der Aufgabe und ihrer Lösung selbsttätig urteilen (→ Wertorientierung). Der methodischen Selbsttätigkeit im Unterricht korrespondiert daher in erzieherischer Perspektive die eigenverantwortliche Selbstbestimmung – eine Grundbedingung, die Erziehung im Unterricht überhaupt erst ermöglicht.

2. Zur Klärung und Beurteilung eines Unterrichtsgegenstandes ist es notwendig, über den engeren fachmethodischen Zugang eines Schulfaches hinaus auch andere methodische Zugangsweisen zu beschreiten. Diesem Erfordernis, das in der pädagogischen Theorie mit dem Begriff der → Konzentration bezeichnet wird, entspricht beispielsweise ein → Fachübergreifend-projektorientierter Unterricht, der ein Lernen in lebensrelevanten Zusammenhängen und sozialen Kontexten ermöglicht. Über die differenzierte methodische „Behandlung" eines Themas kann sich erst ein differenziertes Werturteil herausbilden, das fachliche Richtigkeit und eigenes bzw. gemeinsames Handeln verbindet (→ Handlungsorientierung).

3. Der ausdrücklich erzieherische Rückbezug des fachlich und facherverbindend Gelernten auf den eigenen Motivations- und Handlungshorizont erfolgt in der → Synthese. Dieses erzieherische Unterrichtsprinzip fordert am Ende eines Lernprozesses zu einer (vorläufig) abschließenden Wert- und Selbstbetrachtung auf, bei der die Bedeutung des Gelernten für das gegenwärtige und künftige „gute" Leben und Handeln eingeschätzt wird.

4. Erziehung im Unterricht ist nicht nur von der methodischen Aufgabe des Wertens und Wertenlernens, sondern auch von der → Anschaulichkeit der Unterrichtsaufgaben abhängig. Als Anspruch an den Lehrer fordert dieses „erste" und „letzte" Unterrichtsprinzip, dass er die Aufgaben veranschaulichen, d. h. in ihrem Wert erlebbar machen muss. Durch geeignete → Medien trägt er dafür Sorge, dass die Schüler die Inhalte und → Ziele des Unterrichts als bedeutsam für ihre gegenwärtige und zukünftige Lebensführung erkennen können.

Erziehung im Schulunterricht hängt also insgesamt davon ab, inwieweit er ein wertorientierter Unterricht ist. Das gilt zwar als pädagogischer Anspruch grundsätzlich für alle → UNTER-RICHTSFORMEN, legt aber den fachübergreifend-projektorientierten Unterricht wegen seiner fachübergreifenden und handlungsorientierten Konzeption als besonders geeignete Form des erziehenden Unterrichts nahe. Gleichwohl fallen auch der → LEHRGANGSORIENTIERTE UNTERRICHT und die → FREI-ARBEIT nicht aus dem erzieherischen Anspruch der Unterrichtsprinzipien heraus, da kein Unterricht vom Gedanken der Erziehung abzutrennen ist.

Literatur
Herbart, J.F.: Systematische Pädagogik. Stuttgart 1986

Exemplarität

I.

Die Frage der Exemplarität (aus dem Lateinischen: beispielhaft, als Beispiel dienend) gehört in den Problemzusammenhang der → DIDAKTIK. Als Auswahlkriterium stellt sie ein didaktisches Regulativ dar: Die Auswahl der Unterrichtsinhalte soll so erfolgen, dass den Schülern „beispielhafte" Erkenntnisse, Einsichten, Wertungen und Gestaltungen möglich werden. Wegen der Fülle möglicher Unterrichtsinhalte ist das Exemplarische darüber hinaus Grundlage für deren notwendige didaktische Reduktion.

Der Anspruch der Exemplarität richtet sich an unterschiedliche Adressaten: An den Staat, der über jedes Unterrichtsfach, außerdem in Rahmenrichtlinien über die Inhalte und Ziele des Unterrichts und in Erlassen über die Stellung der Fächer in der Stundentafel entscheidet; an die → SCHULE, die im schuleigenen → LEHRPLAN die Vorgaben des Staates auf die Möglichkeiten und situativen Bedingungen der einzelnen Schule hin auslegt; an den → LEHRER, der unter diesen Vorgaben in seinen Fächern didaktische Entscheidungen fällen muss.

Die Kriterien exemplarischen Lehrens und Lernens sind in systematischer Betrachtung (erstens) die Frage nach der persönlichen Beziehung der Schüler zu der einzelnen Unterrichtsaufgabe und deren Bedeutung für sie (→ ANSCHAULICHKEIT, → MOTIVATION, → WERTORIENTIERUNG), (zweitens) die Frage nach dem jeweiligen Ziel, das die Schüler in Auseinandersetzung mit der einzelnen Unterrichtsaufgabe erreichen sollen (→ ZIELE IM UNTERRICHT), (drittens) die Frage nach der Möglichkeit selbsttätiger und handlungsorientierter Auseinandersetzung mit der einzelnen Unterrichtsaufgabe (→ Selbsttätigkeit, → HANDLUNGSORIENTIERUNG). Diese Frage schließt die nach den geeigneten und vorhandenen → MEDIEN ein; (viertens) die Frage, ob die Schüler an der Unterrichtsaufgabe bzw. -einheit die Grenzen des Faches überschreiten und mit ihr fachübergreifende Fragen verbinden können (→ KONZENTRATION).

95

Mit Hilfe dieser Kriterien wird die Frage des Exemplarischen aus der Perspektive der → METHODIK eines erziehenden Unterrichts beantwortet. Das Exemplarische verweist aber darüber hinaus auf die Beziehung der Unterrichtsaufgabe bzw. -einheit zu der ihr zugrunde liegenden Wissenschaft bzw. Kunst. Deshalb gehört (fünftens) auch die Frage nach der Struktur der Aufgabe und ihrem Zusammenhang mit vorhergehenden und folgenden Aufgaben in den Fragenkreis des Exemplarischen. In den einzelnen → UNTERRICHTSFORMEN fällt die Antwort unterschiedlich aus.

Didaktische Entscheidungen im Sinne des Exemplarischen haben fürsorglichen Charakter: Sie sollen ein Lernen im Sinne der → BILDUNG ermöglichen, wenngleich sie es nicht garantieren können. Dessen ungeachtet sind Auswahlkriterien in bildungstheoretischer Hinsicht notwendig, denn das Exemplarische markiert als Anspruch deutlich den Gegensatz zur Vielwisserei und Vielkönnerei, damit zu jeder Form eines didaktischen Materialismus.

II.

Diese Gefahr ist trotz intensiver Untersuchungen zur Exemplarität in der allgemeinen Didaktik wie in den Fachdidaktiken nicht gebannt. Die Klage, dass man „mit dem Stoff durchkommen" müsse, die Beschwörung, dass man doch endlich „den Lehrplan entrümpeln" und „Mut zur Lücke" haben solle, verrät einerseits immer noch den Hang zum Enzyklopädismus, andererseits die Hoffnung auf seine Überwindung.

Sucht man nach den Gründen, warum das exemplarische Lehren und Lernen in der Schule bisher nicht hinreichend zur Praxis geworden ist, dann stechen einige besonders hervor: Der Gedanke der Bildung wird in der Schule tendenziell durch den der Qualifikation als gesellschaftlicher Funktion des Unterrichts überlagert (→ FUNKTIONEN DER SCHULE); die Schule wird also mehr als Vorbereitung auf das sog. Leben denn als relativ eigenwertiges → SCHULLEBEN verstanden. Dem entspricht in didaktischer Hinsicht die Neigung, nicht nur möglichst alle Fächer in jedem Schuljahrgang vertreten zu sehen, sondern auch in den einzelnen Fächern sich mehr an der Lückenlosigkeit der in der Systematik der Wissenschaften vorgeordneten Unterrichtsinhalte als an der „Lückenlosigkeit des Kopfes" (PESTALOZZI) zu orientieren. Das führt unterrichts-organisatorisch zu der Konsequenz der Stundenschule, in der die genannten Kriterien des Exemplarischen nur in reduzierter oder verstümmelter Form beachtet werden können. Gerade die Vernachlässigung des Exemplarischen zeigt exemplarisch, wie sehr in der Schule eine grundlegende didaktische Forschung im Hinblick auf einen Bildungsprozess, der diesen Namen verdient, folgenlos bleibt, wenn sie nicht mit der Methodik und der Organisation des Unterrichts verbunden wird.

III.

Bei der → UNTERRICHTSVORBEREITUNG ist die Frage nach der Exemplarität der Unterrichtsinhalte ein wichtiger Aspekt der didaktischen Überlegungen. In der Unterrichtspraxis kann das exemplarische Lehren und Lernen nur in einer differen-zierten Form Profil gewinnen. Die in systematischer Absicht genannten Kriterien erfahren dabei eine unterschiedliche Ge-wichtung. Das sei exemplarisch an drei Beispielen erläutert.

1. In einem 7. Schuljahr bildet die Zeitungsmeldung „Raubüberfall auf Supermarkt" den anschaulichen Ausgangs-punkt. Der Zeitungsausschnitt verbindet die Unterrichtsaufga-be mit dem Erfahrungshorizont und der Lebenswelt der Schü-ler (1. Kriterium). Ziel ist eine möglichst genaue Personen-beschreibung (2. Kriterium). Dafür haben die Schüler den Zeitungsausschnitt vor sich; sie sollen ein Strichmännchen mit den angegebenen Kleidungsstücken zeichnen, dazu die ange-gebenen Beschreibungsmerkmale notieren und angeben, was sie darüber hinaus wissen möchten, um die gesuchte Person erkennen zu können (3. Kriterium).

An der so definierten Aufgabe sind fachübergreifende Fra-gen, z.B. nach möglichen Motiven des Täters und ihrer Beur-teilung oder nach der Diebstahl und Raubüberfälle begüns-tigenden Struktur von Supermärkten möglich, aber nicht ge-plant (4. Kriterium). Die Beschreibung hat ihren didaktischen „Ort" im Deutschunterricht und ihren definierten Stellenwert innerhalb verschiedener Formen methodischer Textproduktion (Erzählen, Schildern, Analysieren, Interpretieren usw.) (5. Kri-terium).

Exemplarisch ist diese Aufgabe unter bestimmten Aspekten: Sie steht für die Fähigkeit zur Beschreibung von Personen, Gegenständen, Vorgängen usw. Als formale Fähigkeit ist sie auf andere Inhalte übertragbar; obwohl im Deutschunterricht angesiedelt, dient sie den Schülern auch in anderen Fächern.

Die Auswahl derartig exemplarischer Aufgaben, die bestimmte Kenntnisse, Fertigkeiten und Fähigkeiten zum Ziel haben, ist dem Lehrer weitgehend abgenommen. Im Sprachbuch – in anderen Fällen in den Lehrbüchern etwa für den Mathematik- und Fremdsprachenunterricht – ist darüber hinaus die Abfolge der Beispiele so vorgeordnet, dass sie in der Regel nacheinander behandelt werden.

Diese Form exemplarischen Lehrens legt als → UNTERRICHTSFORM den → LEHRGANGSORIENTIERTEN UNTERRICHT nahe. Er ist von seiner methodischen und organisatorischen Struktur deutlich gegenüber anderen Formen des exemplarischen Lehrens und Lernens abgehoben.

2. In einem 10. Schuljahr heißt die Unterrichtseinheit „Unser Industriewerk". Am Beispiel der nahegelegenen Industrieanlage ermittelt der Lehrer die persönlichen Beziehungen seiner Schüler zum Werk und die Fragen und Aufgaben, die sie mit dem Thema verbinden (1. K.). Ziel ist zum einen die Einsicht in den Zusammenhang von Industriewirtschaft und Arbeitswelt; darin eingeschlossen sind Einsichten etwa in die Zuordnung von Industriewerk und Raum (Standortfaktoren) sowie spezielle strukturelle und funktionale Aspekte der Anlage; zum anderen geht es um die Einschätzung der Vor- und Nachteile, die unserer Stadt oder dem Umraum durch das Industriewerk entstehen, der wirtschaftlichen, kulturellen und geistigen Veränderungen unseres Lebens durch das Werk, der Verdienste des Werkes um unseren Ort, der Bemühungen der Stadt, die Ansiedlung neuer, sauberer Industrien zu fördern usw. – kurzum: um Einsichten in fachliche Zusammenhänge, die zugleich bedeutsame Lebenszusammenhänge darstellen, deren Bedeutung für das Leben und Zusammenleben der Menschen zu ermessen ist (2. und 4. Kriterium). In arbeitsteiliger Partner- oder Gruppenarbeit bearbeiten die Schüler in vielfältig methodischer Weise (gliedern, beschreiben, erklären, skizzieren, fotografieren, interviewen, werten) ihre jeweilige Auf-

gabe (3. Kriterium). Im Geographieunterricht hat das Thema Raumerschließung und Raumentwicklung durch Industrieansiedlung im Zusammenhang mit anderen Formen der Raumplanung und -nutzung durch den Menschen einen unbestreitbar wichtigen Ort (5. Kriterium).

Exemplarisch ist diese Aufgabe wiederum unter bestimmten Aspekten: Das Industriewerk als Beispiel für die Erschließung und Nutzung des Lebensraumes durch den Menschen führt nicht nur zu weiteren Beispielen von Eingriffen des Menschen in den Raum (Landnutzung in verschiedenen Klimazonen, Flussregulierung, Stadtplanung usw.); sie alle sind Beispiele für die Gestaltung des Raumes durch den Menschen. Die Aufgabenstruktur, die als Beziehung von Mensch und Raum den Geographieunterricht didaktisch kennzeichnet, ist zugleich ein Beispiel für andere Beziehungen des Menschen zur „Welt", die in anderen Fächern auftreten (Mensch/Natur im Biologie-, Mensch/Gemeinschaft/Gesellschaft im Politikunterricht usw.). Im Geographieunterricht ist die Unterrichtseinheit darüber hinaus ein Beispiel für die Vielseitigkeit von Unterrichtsaufgaben, der die Schüler methodisch entsprechend begegnen müssen, und für ihre Lebensbedeutsamkeit, die die Werturteilsfähigkeit der Schüler herausfordert.

Diese Form exemplarischen Lehrens und Lernens legt als Unterrichtsform den → FACHÜBERGREIFEND-PROJEKTORIENTIERTEN UNTERRICHT nahe. Er ist in seiner methodischen und unterrichtsorganisatorischen Struktur deutlich gegenüber dem exemplarischen Lehren und Lernen im lehrgangsorientierten Unterricht abgehoben.

3. In einem 6. Schuljahr beschäftigen sich die Schüler in der → FREIARBEIT mit unterschiedlichen Aufgaben. Die didaktischen Materialien, die im Klassenraum vorhanden sind, hat der Lehrer unter den genannten Kriterien ausgewählt.

Um den didaktischen Entscheidungen entgegenzukommen, die die Schüler in dieser Unterrichtsform selber fällen lernen sollen, gilt die Aufmerksamkeit des Lehrers zunächst den Inhalten, denen sich die Schüler besonders oft und gern zuwenden. Darüber hinaus hilft die Einführung der Schüler in neue Materialien, die Vorstellung von Ergebnissen und die ästhetische Gestaltung der Materialien, dass die Schüler auch auf andere Inhalte und andere Fächer zugehen (1. Kriterium). Schließlich trifft der Lehrer seine Auswahl auch unter dem Aspekt der Repräsentation aller Fächer und in durchgängigem Rückbezug auf seinen Lehrplan bzw. die Rahmenrichtlinien für den einzelnen Jahrgang (5. Kriterium).

Für die Schüler ist es gerade in dieser Unterrichtsform entscheidend, dass sie in den Beispielen vielseitige methodische Möglichkeiten zu selbsttätiger Auseinandersetzung finden (3. Kriterium). Sie werden den Schülern über schriftliche Alternativen oder als Vorschläge auf dem Wege der → BERATUNG vermittelt. Mit ihnen sind unterschiedliche Ziele verbunden, seien es wiederholende Übungen, weiterführende oder neue Arbeiten an komplexeren Themen (2. und 4. Kriterium). Die Legitimation exemplarischen Lernens liegt hier ausschließlich in der Lückenlosigkeit des individuellen Wissens und Könnens, die die Schüler immer wieder mit Hilfe des Lehrers überschauen und prüfen lernen sollen, um so das Lernen selbst in vielseitiger Weise zu lernen und Freude daran zu gewinnen (→ EMOTIONALITÄT).

Literatur
Klafki, W.: Neue Studien zur Bildungstheorie und Didaktik. Weinheim [5]1996

Fachübergreifend-projektorientierter Unterricht

I.

Der fachübergreifend-projektorientierte Unterricht gehört zu den → UNTERRICHTSFORMEN, die in ihrer Unterschiedlichkeit auf die zusammenhangstiftende Idee eines erziehenden Unterrichts in der Schule verweisen.

Fachübergreifend-projektorientierter Unterricht ist zunächst – wie jeder Unterricht – → FACHUNTERRICHT. Seine spezifische Form gewinnt er allerdings erst durch die beiden Adjektive fachübergreifend und projektorientiert. Das erste bezieht sich vornehmlich auf den unterrichtlichen, das zweite vor allem auf den erzieherischen Aspekt dieser Unterrichtsform. Beide lassen sich gut an ihren → ZIELEN ablesen, die darin bestehen, dass die Schüler einerseits Einsichten in fachlich bestimmte Zusammenhänge gewinnen sollen, bei denen sie auch auf Probleme und Fragestellungen anderer Fächer ausgreifen, und an sie zugleich die Frage nach der Bedeutung und dem Wert für eine ethisch begründete Lebensführung stellen. Andererseits sollen die Schüler in dieser Unterrichtsform die Entfaltung der Unterrichtsaufgaben und ihre Lösung durch ihre eigenen Fragen und Interessen, durch ihr selbsttätiges Entdecken von Methoden und Verfahren und durch eigene Zielsetzungen mitbestimmen.

Die dadurch definierte Eigenart grenzt den fachübergreifend-projektorientierten Unterricht deutlich gegenüber dem → LEHRGANGSORIENTIERTEN UNTERRICHT einerseits und der → FREIARBEIT andererseits ab. Erst der Zusammenhang dieser Unterrichtsformen rechtfertigt die Rede von einem erziehenden Unterricht in der → SCHULE. (Vgl. die Skizze im Stichwort → UNTERRICHTSFORMEN).

II.

Unter *didaktischem* Aspekt geht es im fachübergreifend-projektorientierten Unterricht um komplexe Lebenszusammenhänge, um exemplarische Fälle menschlicher Lebenspraxis, um besondere Beispiele differenzierter Gestaltung der Beziehungen zwischen Mensch und „Welt". Nicht „Die Stadt" als fachwissenschaftlich bestimmter und für die Schüler „abstrakter" Lerngegenstand, sondern „Menschen und ihre Stadt" oder „Unsere Stadt" als exemplarischer Fall – hier der Beziehung von Mensch und Raum – ist z.B. erst ein legitimes Thema für den fachübergreifend-projektorientierten Unterricht. Auswahl und didaktischer Zuschnitt solcher Unterrichtseinheiten müssen drei Bedingungen genügen:

Erstens müssen sie sich einem bestimmten Fach zuordnen lassen. Sie sind deshalb auch in ihrer Anordnung von der jeweiligen Fachdidaktik zu ermitteln (→ LEHRPLAN). Wenn die Unterrichtseinheit „Unsere Stadt" zum Beispiel im Fach Geographie erscheint, dann steht sie deshalb zunächst unter einem fachlich bestimmten und eingegrenzten (Lehr-)Ziel: Die Stadt soll als exemplarischer Fall der räumlichen Gestaltung des Lebens durch den Menschen in ihren strukturellen Elementen durchschaut und in ihren Funktionen begriffen werden (→ EXEMPLARITÄT).

Zweitens müssen solche Unterrichtseinheiten Ausgriffe auf Probleme und Fragen zulassen, die den Horizont des einen Faches überschreiten, in dem sie erscheinen. So lässt die Unterrichtseinheit „Unsere Stadt" zum Beispiel historische, v.a. morphogenetische, aber auch ästhetische und politische Fragen zu. Solche Fragen in Planung und Vorbereitung einzubeziehen, ist nicht nur deshalb notwendig, weil eine Unterrichtseinheit dadurch für die Schüler „interessant" wird (→ MOTIVATION), sondern vor allem, weil sie durch diese ausgreifenden und zugleich konzentrierenden Fragen erst jene „ganzheitliche" Qualität gewinnt, die über einen fachwissenschaftlich begrenzten Unterricht hinausgeht und so für die Schüler zu einem Beispiel der Aufklärung menschlicher Lebenspraxis werden kann (→ KONZENTRATION).

Drittens müssen Unterrichtseinheiten für diese Unterrichtsform es zulassen, dass an ihnen die moralische Frage nach der

Einstellungs- und Handlungsrelevanz der „Sache" erhoben wird. Deshalb erweitert sich zum Beispiel das (Lehr-)Ziel der Unterrichtseinheit „Unsere Stadt" dahingehend, dass die Schüler die Struktur und Funktionen der Stadt auch in ihrer Bedeutung für ein „gutes Leben" ermitteln sollen. Ein ausschließlich wissenschafts- bzw. fachorientierter Unterricht, in dem sich die methodische Aktivität der Schüler lediglich auf das Erkennen und Verstehen von Sachzusammenhängen beschränkt, kann nicht als lebensorientierend angesehen werden. Liegt der erzieherische Zweck dieser Unterrichtsform aber in einer begründeten „Anteilnahme" und in verantwortlicher „Beteiligung" der Schüler am Leben – hier: an ihrer Stadt –, dann ist die moralische Frage, d.h. der Prozess des Einschätzens und Wertens, für sie die „Brücke" zwischen ihrem fachbezogenen Lernen und ihrer Lebens- bzw. → HANDLUNGSORIENTIERUNG. Unter *unterrichtsmethodischem* Aspekt rechtfertigt diese Unterrichtsform ihren projektorientierten Charakter, wenn drei Bedingungen erfüllt sind:

Erstens muss der Lehrer den Schülern dazu verhelfen, in der ersten Phase ihre eigenen Fragen und Interessen an einer Unterrichtseinheit zu ermitteln, die dann zu Recht als Lernziele der Schüler angesehen werden können. Jeder Lehrer weiß, dass mit seiner Entscheidung über die Lehrziele noch keineswegs ausgemacht ist, dass sie zugleich auch zu Lernzielen der Schüler werden. Beide – die Lehrziele als Entscheidungen des Lehrers und die Lernziele als Entscheidungen der Schüler – wollen deshalb im projektorientierten Unterricht eigens zur Sprache gebracht und von Lehrer und Schüler in einem Dialog in eine gemeinsam ermittelte Aufgabenordnung und -folge gebracht werden (→ ZIELE IM UNTERRICHT). Die Schüler werden damit an der didaktischen Planung beteiligt und bestimmen über die Entfaltung und Gliederung der Aufgaben mit. An der dialogisch ermittelten Aufgabenstruktur weisen sich Lehrer und Schüler als spezifische Aufgabengemeinschaft aus (→ GEMEINSCHAFT). In ihr sind weder die vom Lehrer bestimmte „Sache" noch die von der Sache isolierten „Bedürfnisse" der Schüler allein maßgeblich, sondern die mit Hilfe des Lehrers sich differenzierende Beziehung der Schüler zur Sache (→ SELBSTTÄTIGKEIT).

Zweitens muss der Lehrer den Schülern ermöglichen, auch die Methoden und Medien und die Verfahren zu ermitteln, die ihnen für die Durchdringung der unterschiedlichen Aufgaben angemessen und hilfreich erscheinen, und sie bei der selbsttätigen Erarbeitung der unterschiedlichen Aufgaben beraten. In dieser Phase kann als Verfahren sowohl die Einzelarbeit wie die arbeitsgleiche und arbeitsteilige Gruppenarbeit angemessen sein; auch darüber werden die Schüler selbst – mit unterstützender Hilfe des Lehrers – entscheiden lernen müssen (→ METHODIK, SOZIALFORMEN).

Drittens muss der Lehrer die Schüler ermutigen, mit ihm und untereinander in eine Wertauseinandersetzung über ihre Einsichten und Ergebnisse einzutreten und ihre Einschätzungen und Werturteile zu veröffentlichen. Das kann an der Unterrichtseinheit „Unsere Stadt" zum Beispiel in einem Unterrichtsgespräch über die Lebensqualität der Stadt in ihren unterschiedlichen Funktionen geschehen (Wie wird zum Beispiel die Funktion „in Gemeinschaft leben" in unserer Stadt ermöglicht und vergegenwärtigt? Wie wird in unserer Stadt in formeller und informeller Weise Verantwortung für dieses „in Gemeinschaft leben" über das bloße Funktionieren dieser Siedlungsform hinaus durch Möglichkeiten der Teilnahme an Aktionen, Festen, Feiern lebendig gemacht und erhalten?). Darüber hinaus ist eine solche wertkritische Auseinandersetzung in vielen anderen Formen denkbar (z. B. Dokumentation, Wandzeitung, Ausstellung, Interview, Rollenspiel, Expertenbefragung, Besuche) (→ WERTORIENTIERUNG).

III.

Für die Organisation des Unterrichts hat der fachübergreifend-projektorientierte Unterricht – wenn er nicht in Form von vereinzelten Projekttagen oder -wochen auftritt, sondern als kontinuierliche Unterrichtsform gestaltet werden soll – bestimmte Konsequenzen. Diese Unterrichtsform braucht eine andere Zeitstruktur, wenn im Unterricht gemeinsame didaktische Planung, selbsttätige methodische Auseinandersetzung, kontemplative Besinnung und kreative Gestaltung möglich sein sollen. Deshalb muss der in 45-Minuten-Fächer-Häppchen zerlegte Schultag zugunsten einer Epochalisierung der Fächer und einer entsprechenden Vergrößerung und Zusammenfassung von Fachstundenanteilen überwunden werden. Das bedeutet zugleich ein Abschiednehmen von der Vorstellung, dass Bildung in der Schule davon abhängig sei, in jeder Jahrgangsstufe möglichst alle Fächer zu unterrichten. Diese nur schwer zu erschütternde Ansicht belegt deutlich, wie sehr die Wissenschaftsbestimmtheit des Fachunterrichts und der entsprechende Lehrgangscharakter als didaktische und methodische Monostruktur im Unterricht unserer Schulen vorherrschen (→ WISSENSCHAFTSORIENTIERUNG).

Fachübergreifend-projektorientierter Unterricht in epochalisierter Form führt notwendigerweise auch zu einer Reduktion der Fachlehrer für einen Jahrgang. Es ist vorstellbar, dass hier außer dem Klassenlehrer ein begrenztes Team von Fachgruppenlehrern für einen Schülerjahrgang verantwortlich ist. Auf jeden Fall aber ist die Bereitschaft der Lehrer zu Kooperation und Koordinierung in einem viel stärkeren Maße herausgefordert als im herkömmlichen Fachunterricht. Außerdem liegt in dieser Unterrichtsform die Chance, dass der Fachlehrer sich und seine Aufgaben neu begreift: In seinem Fach nicht nur für die Reproduktion des wissenschaftlichen und künstlerischen Lehrgutes zuständig zu sein, sondern aus Anlass seines Faches die verantwortliche Selbstbestimmung der Schüler in ihren Lebensrelationen anzubahnen, zu stärken und zu fördern. Dem korrespondiert eine neue, andersgeartete Einstellung zu den Schülern (→ LEHRER-SCHÜLER-VERHÄLTNIS). Gerade in dieser Unterrichtsform eröffnet sich dem Lehrer die Möglichkeit, die Rolle des Stoffvermittlers und Kontrolleurs zugunsten einer dialogisch aufgefassten Begleitung und Beratung der Schüler und ihrer Lernprozesse zurückzuschneiden oder aufzugeben.

Das zieht am Ende die Frage nach sich, wie im fachübergreifend-projektorientierten Unterricht die Leistungen der Schüler beurteilt werden. Greift man noch einmal das erzieherische Leitmotiv dieser Unterrichtsform – das Lernen verantwortlicher Mitbestimmung in der Lehrer-Schüler-Aufgabengemeinschaft – auf, dann gehört dazu auch die gemeinsame Erörterung von Bewertungskriterien für die Schülerleistungen. Eine normierte Zensierung, wie sie allenfalls im lehrgangsorientierten Unterricht möglich ist, müsste jedenfalls in dieser Unterrichtsform (wie in der Freiarbeit) aufgegeben werden (→ LEISTUNG, LEISTUNGSBEURTEILUNG).

Literatur

Regenbrecht, A./Pöppel, K.G. (Hg.): Moralische Erziehung im Fachunterricht, Band 7.1 u. 7.2. Münster 1990

Fachunterricht

Warum lernen Schüler in der Schule Englisch? Warum betreiben sie Physik, Latein, Musik? Warum lehren Lehrer Geschichte, aber nicht mehr Heimatkunde; Kunst, aber nicht Recht? Welche Gründe führen dazu, „Fächer" wie Sachunterricht, Arbeitslehre, Sexualerziehung, Welt- und Umweltkunde einzuführen und sie so unterschiedlich zu benennen? Warum sprechen wir vom Fachunterricht, aber auch vom fach- und fächerübergreifenden, schließlich sogar vom überfachlichen Unterricht?

Eine erste Antwort auf diese Frage soll unter bildungstheoretischem und problemgeschichtlichem Aspekt versucht werden; denn dass der → UNTERRICHT in der Schule nach Fächern gegliedert durchgeführt wird, ist – systematisch betrachtet – nicht beliebig und – geschichtlich betrachtet – nicht zufällig.

Menschen können an ihre Aufgaben nicht allgemein und unbestimmt herangehen, sondern nur in begrenzter, also „gefächerter" Weise. Deshalb gehört es zur → BILDUNG der Schüler, gerade dies zu lernen. Da die Lerninhalte die Methoden als fachspezifische Weisen des Lernens nicht determinieren, findet der Fachunterricht zunächst einmal dadurch seine Berechtigung, dass in der → SCHULE ein „Fächer" (!) unterschiedlicher und aufeinander bezogener Fragestellungen (Methoden) fürsorglich eingerichtet wird, der sich unterrichtsorganisatorisch in Stundentafeln und Stundenplänen, aber auch in Zeugnissen und in der → LEHRERBILDUNG niederschlägt.

Der Fachunterricht in der Schule verweist auf die Beziehung der einzelnen Fächer zu den entsprechenden Wissenschaftsdisziplinen. Auch sie sind zunächst nichts anderes als jeweils begrenzte Zugänge des Menschen zur „Welt". In ihnen wird jeweils auf „bestimmte" Weise und mit einem „bestimmten" Erkenntnisinteresse geforscht, und im Fachunterricht wird jeweils auf eine „bestimmte" Weise und im Hinblick auf „bestimmte" Ziele gelehrt und gelernt. Zugleich sind Wissenschaften und Schulfächer nicht identisch, denn die Aufgabe der Wissenschaften liegt darin, neues Wissen zu schaffen, die der Schulfächer, Bildung zu ermöglichen.

Die Schulfächer im → LEHRPLAN der Schule stellen zugleich keinen zufälligen Zusammenhang dar. Zwar könnte man vermuten, dass die septem artes liberales (Trivium: Grammatik, Rhetorik, Dialektik; Quadrivium: Arithmetik, Geometrie, Astronomie, Musik), die im Mittelalter als Vorstufe und Bedingung für das eigentliche wissenschaftliche Studium (der Philosophie und Theologie, später auch von Medizin und Jura) galten, Vorläufer unserer Schulfächer seien. Das gilt aber nur bedingt. Zur Entwicklung des Fachunterrichts im neuzeitlichen Sinne kam es erst, als der Religionsunterricht und der Unterricht in den sog. Realien (Geographie, Biologie, Physik, Chemie), unterstützt durch die Entwicklung des Schulbuches und die aufkommenden Landesschulordnungen, den Kanon der Schulfächer bestimmten.

Eine neue, noch bis in die Gegenwart reichende Auffassung von „Bildung" wurde vornehmlich im deutschen Neuhumanismus entworfen; sie konnte sich insbesondere im „höheren" Schulwesen mit Hilfe eines bestimmten, vorwiegend an den Sprachen orientierten Fächerkanons etablieren, gegen den sich im 19. Jahrhundert nur unter großen Erschwernissen andere, v.a. naturwissenschaftlich-technische Fächer durchsetzten. Der Fachunterricht im höheren Schulwesen wurde mit der propädeutischen Funktion für das wissenschaftliche Studium belegt; faktisch diente er als „Laufbahnvoraussetzung" für höhere Berufs- und Beamtenkarrieren. Diese Funktion ist im 20. Jahrhundert als bruchloser Übergang aufgrund der Differenzierung und Spezialisierung der Wissenschaften an den Universitäten und Hochschulen einerseits, der Skepsis gegenüber einem wissenschaftsbestimmten Unterricht als bereits „erziehendem Unterricht" andererseits immer fragwürdiger geworden. Gleichzeitig wurde der Unterricht in der Volksschule auf eine „volkstümliche Bildung" verpflichtet; er hatte einerseits nützliche Kenntnisse und Fertigkeiten v.a. für die niederen Berufe, andererseits durch einen moralisierenden Unterricht die Loyalität gegenüber der Obrigkeit in Staat, Kirche und Familie zu vermitteln und zu sichern.

In der jüngsten Vergangenheit hat sich der Kanon der Schulfächer immer wieder verändert. Neue Fächer und Fachkombinationen finden in ihm Platz, sorgen für einen neuen Stellenwert einzelner Fächer oder drängen sie ganz an den Rand. Das reicht bis zu Fächern, die keine oder nur eine teilweise wissenschaftlich-universitäre Tradition und Rückendeckung aufweisen können. Maßgeblich für ihre Einführung und Legitimation ist immer der Gedanke, die Schulfächer müssten das sog. „Leben" bzw. die „Lebenswirklichkeit" der Schüler repräsentieren. Diese Entwicklung zeigt, dass sich der Fachunterricht und der Kanon der Schulfächer immer schwerer aus sich selbst legitimieren lassen. Die Vielfalt der Fächer ist zu einer Vielheit geworden, die nach einem Wort WILLMANNs bei den Schülern nur noch durch deren „Bücherriemen" zusammengehalten wird.

Als ein verstärkendes Signal dieser Unsicherheit sind diejenigen Fächer anzusehen, die als Fachkombinationen wenigstens partiell einen Zusammenhang anmahnen (Arbeitslehre, Geschichtlich-soziale Weltkunde) oder die „-unterricht" durch „-erziehung" ersetzen. Sie weisen dadurch in betonter Weise auf das erzieherische Defizit des Fachunterrichts hin, obwohl sie natürlich auch wie andere als Fachunterricht praktiziert werden und keineswegs eine besondere erzieherische Relevanz beanspruchen können (z. B. Sexualerziehung, Umwelterziehung). Heute stellt sich deshalb verstärkt die Frage, ob und wie angesichts des nach Fächern gegliederten Unterrichts der Gedanke der Einheit der Bildung aufrechterhalten und im Fachunterricht eingelöst werden kann.

II.

Die Frage nach der Einheit der Bildung stellte sich nicht, solange die Verbindung von Lernen und Leben, von Erfahrung, Wissen/Können und Handeln einen relativ ungebrochenen Zusammenhang bildete. Didaktisch setzte die Einheit von Lernen und Leben einen ontologisch bzw. metaphysisch begründeten Zusammenhang der Fächer und ihrer Inhalte voraus. Er wurde bis zur Neuzeit zugleich als religiös bzw. theologisch gedeutete und bestimmte Ordnung begriffen. In ihr hatte jeder Lerninhalt zugleich seinen (Lebens-)Wert, Zweck und Sinn bzw.

wurde zugleich mit ihm vermittelt. Unter diesem Aspekt spannt sich der Bogen von PLATON bis zu COMENIUS.

Unterrichtsmethodisch entsprach dieser teleologisch begründeten Didaktik die „Kunde". Sie galt als mehr oder weniger geschlossener und zu vermittelnder Kanon von Kenntnissen in einem Fach im Gegensatz zur „Wissenschaft". Die Kunde konnte in den Schulfächern als unterrichtsmethodisch konstitutives Merkmal fungieren, solange sich mit ihr die Erwartung erfüllte, dass das Zur-Kenntnis-Nehmen fachlicher Inhalte zugleich lebens- und handlungsorientierend war (→ DISZIPLIN).

In der Neuzeit hat die antike und mittelalterliche, teleologisch bestimmte Didaktik ihre Geltung eingebüßt. Im Zuge der Aufklärung ist an ihre Stelle die Vielheit der Wissenschaften getreten, die sich in der Schule im wissenschaftsorientierten und mehr oder weniger zusammenhanglosen Fachunterricht spiegelt. Allerdings hat gerade die jüngste Vergangenheit gezeigt, dass die → WISSENSCHAFTSORIENTIERUNG des Fachunterrichts zwar eine notwendige, aber keineswegs eine hinreichende Bedingung für den Unterricht in der Schule darstellt; im Hinblick auf das Ziel des Fachunterrichts – die Bildung der Schüler – reicht sie nicht aus. Das hat seinen Grund im Charakter der modernen Wissenschaften, die sich ihre jeweiligen Ziele und Zwecke ohne einen vorgeordneten Zusammenhang selber setzen, ihre Gegenstände objektivieren und um der Objektivität, d. h. der intersubjektiven Nachprüfbarkeit und technischen Verwertbarkeit willen alle subjektiven Deutungen und Bedeutungen ausklammern. Je mehr sich der Fachunterricht deshalb den leitenden Kriterien moderner Wissenschaft unterwirft, umso mehr trennt er sich von der Möglichkeit – unter dem pädagogisch leitenden Interesse besser gesagt: von der Notwendigkeit –, „erziehender Unterricht" zu sein. Zu ihm kann der Fachunterricht nur werden, wenn er sich den Fragestellungen, die die Schüler an einem fachlichen Inhalt interessieren, die gleichwohl aber die Grenzen des betreffenden Faches übersteigen, öffnet und mit den Inhalten des Faches die Frage nach ihrer Bedeutung für ein gutes Leben und moralisch begründetes Handeln verbindet.

III.

Diese Kriterien führen zu einer notwendigen Neuorientierung des Fachunterrichts. Sie muss sich auf die didaktischen und unterrichtsmethodischen Grundzüge des Fachunterrichts und ihre Gestaltung in der Schulpraxis beziehen.

Unter *bildungstheoretischem* Aspekt kommt keine Reform des Unterrichts an seiner fachlichen Gliederung vorbei. Das gilt auch für Fächerkonzentrationen, z.B. für den Sachunterricht, in dem sich (wie auch in anderen Fächern) aufgrund der besonderen Bedingungen der Altersstufe unterschiedliche Frage- und Aufgabenstellungen vereinigen. Aber auch der Sachunterricht ist Fachunterricht: Jeweils eine spezifische Frage- und Aufgabenstellung leitet ihn an den jeweiligen Inhalten. Fächerkonzentrationen beziehen lediglich fallweise andere, naheliegende Fragestellungen mit ein.

An dieser Stelle steht auch das Warndreieck vor einer falsch verstandenen Ganzheitlichkeit, die oft für solche didaktischen Konzentrationen herhalten muss. Schaut man genauer zu, dann sind es entweder die sog. Bedürfnisse der Schüler oder ein lediglich durch sprachliche Assoziationen gekitteter Gesamtunterricht, die aber die „Ganzheit" von Lernen und Leben nur vortäuschen können. Jeder Unterricht, der sein → ZIEL aufgibt, Schüler zu Einsichten in fachlich definierte Zusammenhänge zu führen, betrügt deshalb die Schüler um ein unverzichtbares Moment ihrer Bildung. Das schließt zugleich die durchgängige Beziehung des Fachunterrichts zu der entsprechenden Wissenschaft ein.

Der Bildungsgedanke fordert nicht die Preisgabe des fachlich gegliederten Unterrichts, wohl aber in didaktischer Hinsicht eine Überwindung innerfachlicher Isolierung und Abschottung gegenüber Fragen, die an fachlichen Aufgaben zwar möglich, aber aus der Perspektive der → WISSENSCHAFTSORIENTIERUNG nicht notwendig sind. In unterrichtsmethodischer Hinsicht bedeutet dies die Forderung, den Fachunterricht nicht allein an den Zielen des Lehrers auszurichten und auf sie zu begrenzen. Bezieht der Fachunterricht den fachlichen Leistungsstand, vor allem aber die Erfahrungen (→ ERFAHRUNG UND LERNEN), Fragen und Interessen der Schüler ausdrücklich mit ein, dann kann es gar nicht ausbleiben, dass die Schüler – auch mit Hilfe des Lehrers – auf Probleme und Fragestellungen ausgreifen, die auf andere Fächer verweisen oder von dort herkommen. Es wäre ein Zeichen von Fachborniertheit, wenn der (Fach-)Lehrer erklärt, für solche Fragen und Interessen der Schüler grundsätzlich nicht zuständig zu sein.

In didaktischer wie in unterrichtsmethodischer Hinsicht wird der Fachunterricht deshalb notwendig zu einem fachübergreifenden Unterricht. In ihm ist das einzelne Fach mit seiner Fragestellung die Grundlage, von der aus die Ausgriffe, die von den Schülern an die fachlichen Aufgaben angeschlossen und auf sie hin konzentriert werden, ihren legitimen Ort haben (→ KONZENTRATION).

Damit reden wir keineswegs einem fächerübergreifenden, „allgemeinen" konturlosen Unterricht das Wort, schon gar nicht einem überfachlichen Unterricht, der einen Widerspruch in sich selbst darstellt. Wohl aber ist zu bedenken, dass wissenschafts- bzw. fachorientiertes Vorgehen und Wissen indifferent bleibt. Im Bildungsprozess geht es nicht um die Lückenlosigkeit der Aufgaben, sondern um die „Lückenlosigkeit des Kopfes" (PESTALOZZI). Sie wird aber erst dann ermöglicht, wenn Schüler in eigener Aktivität an den fachlich definierten Aufgaben ausgreifende und zugleich auf sie konzentrierte Fragen stellen lernen.

Dies hat schließlich eine weitere didaktische und unterrichtsmethodische Konsequenz für den fachübergreifenden Fachunterricht. Für ihn sind nur Aufgaben (besser: Unterrichtseinheiten) legitimierbar, die nicht allein „sachlich" oder „fachlich" definiert werden (z.B. „Der Wald als Ökosystem"), sondern die Beziehungsprobleme von Mensch und „Welt" beinhalten, an denen die Schüler die Gestaltung dieser Beziehungen (wieder-)entdecken, erkennen und verstehen können („Abhängigkeit des Menschen vom Wald – Abhängigkeit des Waldes vom Menschen"). Solche Unterrichtseinheiten sollen die Schüler geradezu veranlassen, z.B. von einem biologischen Thema auf wirtschaftliche und politische, theologische und ästhetische, historische und geographische Fragen auszugreifen. Die Schüler sollen diese Aspekte in der Unterrichtseinheit entfalten, sie auf das biologische Thema konzentrieren und so dessen vielseitigen Zusammenhang konstituieren. In der Aufgabengemeinschaft von Lehrer und Schülern entsteht so ein didaktischer Plan, der dann in verschiedenen → SOZIALFORMEN arbeitsteilig ausgeführt wird (→ GEMEINSCHAFT).

Die Auswahl exemplarischer Fälle menschlicher Lebenspraxis, besonderer Beispiele der nach Fächern differenzierten Gestaltung der Mensch-„Welt"-Beziehungen (zur Natur, zum Raum, zur Zeit, zum Sinn, zu Ordnungen …) ist bereits Aufgabe der Unterrichtsplanung und → UNTERRICHTSVORBEREITUNG. Zugleich dürfte hier eine (neue) eigenständige Aufgabe der einzelnen Fachdidaktiken in Forschung und Schulpraxis liegen (→ DIDAKTIK).

Die Struktur derartiger Unterrichtseinheiten ermöglicht den Schülern zugleich, ihre Aspekte auf sich selbst zu beziehen, sie in ihrer Bedeutung für ein „gutes Leben" einschätzen und sie im Hinblick auf künftiges Handeln werten zu lernen. Allein die wertende Umwendung fachlicher Gehalte im Hinblick auf ihre Handlungsrelevanz vermag die „didaktische Differenz" (DERBOLAV) von wissenschaftsorientiertem Lernen und seinem Lebenssinn zu überbrücken, Wissen mit Gewissen in einen Zusammenhang zu bringen. Das Ziel solcher Wertungsprozesse im Fachunterricht liegt darin, dass die Schüler werturteilsfähig werden; auf dieses Ziel ist um der Einheit von Lernen und Leben willen nicht zu verzichten. Wenn Moralität nach einem Wort HERBARTs nicht nur der höchste, sondern der ganze Zweck der Erziehung ist, dann ist dieses Ziel sogar das leitende in jedem Fachunterricht, der in dieser Form praktiziert wird (→ WERTORIENTIERUNG).

Damit ist am Ende angedeutet, dass der so beschriebene Fachunterricht in der Schule auch noch anderer, ergänzender → UNTERRICHTSFORMEN bedarf (→ LEHRGANGSORIENTIERTER UNTERRICHT, → FACHÜBERGREIFEND-PROJEKTORIENTIERTER UNTERRICHT, → FREIARBEIT).

Literatur

Beyer, H. (Hg.): Planungshilfen für den Fachunterricht. Die Praxisbedeutung der wichtigsten allgemein-didaktischen Konzeptionen. Hohengehren 2004

Freiarbeit

I.

Freiarbeit ist die Unterrichtsform, in der die Schüler – ihrem Alter und ihren Möglichkeiten entsprechend – eigene Verantwortung für ihr Lernen übernehmen. Das Ziel ist die wachsende Selbstständigkeit der Schüler. Neben anderen Formen des → OFFENEN UNTERRICHTS ist die Freiarbeit ein Weg, in einer heute angemessenen Weise → UNTERRICHT und → ERZIEHUNG miteinander zu verbinden und damit auf die veränderten und sich weiter verändernden Lebensbedingungen in → KINDHEIT und → JUGEND zu reagieren. Zugleich signalisiert Freiarbeit ein verändertes Verständnis von Schule und Unterricht, in dem die Schule als gestalteter Lebens- und Lernraum gesehen wird und die Schüler als Subjekte ihres Lernens ernst genommen werden (→ SELBSTTÄTIGKEIT, → HANDLUNGSORIENTIERUNG). Eigenständigkeit, → KREATIVITÄT, Verantwortungsbereitschaft, Selbstvertrauen, Lernwille, Urteilsfähigkeit und Sozialverhalten sind zur Bewältigung der komplexen Lebensaufgaben in der heutigen Welt nötig und müssen deshalb in der Schule gefördert und herausgefordert werden.

In der Freiarbeit werden (wie in den anderen Unterrichtsformen) die funktionalen Erwartungen an die Schule in neuer Form aufgefangen (→ FUNKTIONEN DER SCHULE) und in pädagogischer Absicht in den Unterricht integriert (→ ERZIEHUNG IM UNTERRICHT). Deshalb

- ist Freiarbeit weder ein Trick, um die Schüler wenigstens kurzzeitig „bei Laune zu halten", noch „freie Zeit", in der die Schüler tun und lassen können, was sie wollen;
- ist Freiarbeit weder eine neue Variante der Still- und Einzelarbeit noch eine allgemeine Förder-, Spiel- oder Hausaufgabenstunde; ersetzt Freiarbeit weder den → LEHRGANGSORIENTIERTEN UNTERRICHT noch den → FACHÜBERGREIFEND-PROJEKTORIENTIERTEN UNTERRICHT noch das → UNTERRICHTSGESPRÄCH noch den Lehrer;

- soll Freiarbeit den Schülern Gelegenheit geben, sich individuell und/oder gemeinsam mit Hilfe von geeignetem Material selbst zu unterrichten und zu bilden (→ BILDUNG);
- ist Freiarbeit eine Unterrichtsform, die durch offene Lernsituationen und eine vorbereitete Lernumgebung gekennzeichnet ist;
- muss Freiarbeit im Zusammenhang mit den anderen → UNTERRICHTSFORMEN praktiziert werden und eingebettet sein in ein → SCHULLEBEN, das insgesamt auf Selbstständigkeit, Lernfreude und soziales Engagement ausgerichtet ist (vgl. die Skizze im Stichwort → UNTERRICHTSFORMEN).

II.

In der Freiarbeit stehen die → Schüler vor der → AUFGABE, sich frei zu entscheiden über
- die Gegenstände und Ziele ihres Lernens (didaktischer Aspekt),
- die Methode ihres Lernens (methodischer Aspekt),
- die Partner für ihr Lernen (sozialer Aspekt) und
- die Zeit und den Ort für ihr Lernen (zeitlicher und räumlicher Aspekt).

Diese Entscheidungsfreiheiten sind *relativ,* d.h. sie werden durch die Mitschüler, durch das vorhandene Material, durch den Stundenplan und den Klassenraum (ggfs. durch bestimmte Fachräume) begrenzt.

Bei der *Wahl der Unterrichtsgegenstände* (didaktischer Aspekt) wird den Schülern zugetraut, dass sie sich selbstständig Aufgaben suchen, die sie sich zu eigen machen (→ MOTIVATION) und an denen sie zielgerichtet arbeiten können. Die Motive für die Wahl können unterschiedlich sein: Individuelle Neigung zu einem bestimmten Thema oder die Absicht, bereits gewonnene Einsichten aus dem → FACHUNTERRICHT zu erweitern, sind ebenso mögliche Beweggründe wie die → WIEDERHOLUNG, Anwendung und → ÜBUNG von erworbenen Kenntnissen und Fertigkeiten im Hinblick auf den eigenen Leistungsstand oder auf bevorstehende Prüfungen.

Hat ein Schüler sich für eine Aufgabe entschieden, so wird ihm allerdings zugemutet, dass er sich bis zu ihrer Lösung an sie bindet und seinen Lernprozess nicht unbegründet abbricht. Zum Überschauen und zur Selbstkontrolle ist es angebracht, dass die Schüler ihre Aufgabenwahl und -folge protokollieren.

Bei der *Wahl der Methode* (methodischer Aspekt) wird den Schülern zugetraut, dass sie selbst Mittel und Wege für die Bearbeitung und Lösung der Aufgaben finden. Die Schüler müssen z.B. überlegen, wie sie Material zu ihrem Thema beschaffen, sichten und verarbeiten können, wie sie die notwendigen Arbeitsabläufe sinnvoll planen und gliedern können und wie sie die Ergebnisse ihrer Arbeit dokumentieren wollen. Darin eingeschlossen sind Entscheidungen über → MEDIEN.

Auch die *Entscheidung über Einzel- oder Zusammenarbeit* (sozialer Aspekt) steht den Schülern grundsätzlich frei. Allerdings müssen die Schüler lernen, die Motive für ihre Aufgabenwahl nicht nur ausschließlich auf sich selbst zu begrenzen, sondern auch die Mitschüler darin einzubeziehen. Die Sozialverpflichtung des Lernens verlangt den Schülern ab zu entscheiden, wann sie für sich selbst und wann sie mit anderen (bzw. für andere) arbeiten, wann sie anderen helfen oder deren Hilfe in Anspruch nehmen müssen (→ SOZIALES LERNEN, SOZIALFORMEN).

So sehr in der Freiarbeit auch die Individualität des Schülers bestimmend ist, so vollzieht sie sich doch in der Klassengemeinschaft. Deshalb ist jeder einzelne Schüler für das Gelingen dieser Unterrichtsform mitverantwortlich. Die Verantwortung bezieht sich vor allem auf die Mitschüler (Rücksichtnahme, Arbeitsruhe, Hilfsbereitschaft) und auf die Mitfürsorge für den Klassenraum (Gestaltung, Ordnung, Sauberkeit).

Schließlich bestimmen die Schüler in der Freiarbeit auch über die *Einteilung der Zeit* und die *Wahl des Ortes* für ihre Arbeit. Mit der Entscheidung für unterschiedliche Aufgaben müssen die Schüler zugleich den Zeitraum einschätzen lernen, den sie für die Auseinandersetzung mit den Aufgaben benötigen, und den Ort auswählen, der ihnen für die Bearbeitung der gewählten Aufgabe angemessen erscheint. Die Fähigkeit zum Einschätzen, Einteilen und Ausfüllen der Zeit ist (im Hinblick darauf, dass den Menschen immer mehr „Frei"-Zeit zur Verfügung steht) weit über den Unterricht hinaus von Bedeutung. Bei länger andauernden Aufgaben kann diese Fähigkeit in besonderer Weise geübt werden und steht hier möglicherweise auch noch im Zusammenhang mit Ausdauer und Durchhaltevermögen.

Was den (Lern-)Ort der Freiarbeit angeht, so wird er in der Regel mit dem → KLASSENRAUM identisch sein; seine Gestaltung als „vorbereitete Umgebung" ist eine unverzichtbare Bedingung. Für die Vielfalt möglicher Aufgabenstellungen empfiehlt es sich, auch die Fachräume der Schule und außerschulische Lernorte in das Raumangebot einzubeziehen.

Es ist sinnvoll, mit den Schülern *Regeln für die Freiarbeit* zu erarbeiten und in wenigen, aber einprägsamen Sätzen zusammenzufassen. Zum Beispiel:

- Suche dir (vor der Freiarbeit) eine Aufgabe aus. Wenn du eine Aufgabe angefangen hast, führe sie auch zu Ende.
- Überlege, ob du die Aufgabe allein oder zusammen mit anderen Mitschülern bearbeiten willst.
- Nimm Rücksicht auf die Mitschüler und störe sie nicht bei ihrer Arbeit.
- Wenn du Hilfe brauchst, wende dich an die Mitschüler oder an den Lehrer. Wenn du Hilfe geben kannst, gib sie bereitwillig.
- Behandle das Material sorgfältig und bring es an seinen Platz zurück, wenn du es nicht mehr brauchst.

Entsprechend der Zielsetzung der Freiarbeit verändern sich auch die Aufgaben des → LEHRERS und vor allem sein Umgang mit den Schülern (→ LEHRER-SCHÜLER-VERHÄLTNIS).

Unter didaktischem Aspekt besteht seine Aufgabe darin, dafür zu sorgen, dass die Schüler die in der Freiarbeit fälligen Entscheidungen inhaltlicher Art auch tatsächlich treffen können. Dies bezieht sich vor allem auf die Sorge um das didaktische Material; es kann aus dem schuleigenen → LEHRPLAN und den Rahmenrichtlinien der Fächer entnommen sein und auch über beides hinausgehen. Entscheidend sind sowohl die Vielfalt möglicher Aufgaben und Lernbereiche als auch die Aufgabenbeschreibungen und alternativen Bearbeitungsvorschläge, die eine handelnde Auseinandersetzung einschließlich der Selbstkontrolle ermöglichen und sich in ihren Zielsetzungen unterscheiden: Aufgaben zur Wiederholung und Festigung von fachbezogenen und fachübergreifenden Kenntnissen und Fertigkeiten, Aufgaben zur Vertiefung von Einsichten und Zusammenhängen, Gestaltungsaufgaben und Aufgaben zur Förderung des Wertens und Urteilens.

Unter methodischem Aspekt muss der Lehrer seine Unterrichtsführung so differenzieren, dass allen Schülern – trotz ihrer unterschiedlichen Lernvoraussetzungen – eine selbsttätige und eigenverantwortliche Auseinandersetzung mit den Aufgaben möglich wird. Nicht alle Schüler sind in der Lage, diesen Anforderungen sofort voll zu entsprechen und brauchen deshalb eine differenzierte Hilfe in Form der → BERATUNG. Voraussetzung dafür ist eine möglichst umfassende Kenntnis der Individuallage des einzelnen Schülers und eine sensible Beobachtung während der Freiarbeit. Hilfreich sind auch gemeinsame Kreisgespräche am Beginn (zur gegenseitigen Information und Vergewisserung über die Aufgaben) und am Ende der Freiarbeit (zum Berichten über den jeweiligen Stand der Arbeit).

Während der Freiarbeit muss der Lehrer sozusagen immer als Berater abrufbereit sein, jedoch ohne sich ständig aufzudrängen. Er hilft und regt an, wo es nötig ist; er wird gefragt oder fragt selbst nach, wenn jemand nicht weiter weiß; er berät, wenn ein Schüler unschlüssig ist oder über- bzw. unterfordert erscheint. Er hilft bei der Auswahl von Aufgaben, eröffnet alternative methodische Möglichkeiten, weist auf Schwierigkeiten hin, gibt Hilfsmittel an, regt zur Zusammenarbeit an und achtet auf die Einhaltung der vereinbarten Regeln. Kurz: Er begleitet kontinuierlich die Lernprozesse der Schüler, und zwar nach dem Grundsatz: „Wir müssen die Kinder führen, indem wir sie freilassen" (Maria MONTESSORI). Dennoch kann es manchmal notwendig sein, Schülern bestimmte Aufgaben fürsorglich zuzuweisen, wenn sie selbst (noch) nicht in der Lage sind, ihre Lernfreiheit in Anspruch zu nehmen. Aber solche Anweisungen stehen immer unter dem Anspruch, die Selbsttätigkeit der Schüler in Gang zu bringen oder in Gang zu halten.

Eine weitere Aufgabe des Lehrers liegt in der → PRÜFUNG der abgeschlossenen Arbeiten. Auch sie steht unter dem erzieherischen Anspruch der Freiarbeit und muss als Hilfe zur Selbstprüfung der Schüler verstanden und praktiziert werden. Insofern geschieht auch die → LEISTUNGSBEURTEILUNG in der Freiarbeit in der Form der Beratung. Dabei rücken die Würdigung der Schülerleistungen und die Anerkennung des individuellen Lernfortschritts in den Mittelpunkt. Deshalb läuft eine bloße Zensierung der Schülerarbeiten der Sinngebung der Freiarbeit zuwider. Es soll nicht vergleichend festgestellt werden, wer besser oder schlechter ist als die anderen, sondern wie jeder einzelne Schüler entsprechend seinen Möglichkeiten gearbeitet und was er dazugelernt hat.

Unter zeitlichem und räumlichem Aspekt muss der Lehrer seine Aufmerksamkeit auf den Verlauf der individuellen Lernprozesse und auf die Gestaltung des Klassenraums richten. Störende Lernschwierigkeiten muss er bemerken, um beratend tätig werden zu können; entmutigende Fehleinschätzungen in Bezug auf die Zeit muss er überwinden helfen, z.B. durch eine Beratung im Hinblick auf eine Reduzierung der Aufgabe oder auf hilfreiche Zusammenarbeit; frustrierende Pausen („Ich weiß nicht, was ich jetzt machen soll.") muss er durch Anregungen und Hinweise auf motivierende Materialien zu überbrücken versuchen.

Die Einrichtung des Klassenraums muss z.B. viele Regale zur Aufnahme des didaktischen Materials und Schülerfächer zur Aufbewahrung der Arbeiten enthalten; die Gestaltung als anregende Lernumwelt umfasst die übersichtliche und anregende Präsentation des Materials ebenso wie die Ausstellung fertiger Arbeiten.

III.

Freiarbeit ist als Unterrichtsform gegenwärtig in der Grundschule weiter verbreitet als in der Sekundarstufe I und II, aber es gibt in allen → SCHULFORMEN Ansätze und ermutigende Beispiele für eine Veränderung des Unterrichts unter dem Anspruch der größtmöglichen Selbstständigkeit der Schüler. Im Hinblick auf die verschiedenen Schulstufen sind entsprechende Differenzierungen notwendig, zu denen es in zahlreichen Veröffentlichungen und Praxisberichten viele praktische Hinweise gibt.

Bei der Einführung der Freiarbeit ist es angeraten, sich zunächst im Kollegium gründlich mit dieser Unterrichtsform auseinanderzusetzen und nach Möglichkeit in anderen Schulen zu hospitieren und Kolleginnen oder Kollegen, die bereits entsprechende Erfahrungen haben, zu einer schulinternen Lehrerfortbildung einzuladen. Mit kollegialer Hilfe und der Bereitschaft, etwas Zeit aufzuwenden, lassen sich in relativ kurzer Zeit gute Voraussetzungen für einen behutsamen und schrittweisen Beginn schaffen.

Wichtig ist, dass Lehrer den Schülern Selbstständigkeit zutrauen und ihrer Lernbereitschaft vertrauen. Von vordergründigen „Misserfolgen" darf man sich nicht verunsichern oder entmutigen lassen, etwa wenn Schüler die neugewonnene Freiheit nicht immer als Freiheit *zum* Lernen nutzen, sondern als Freiheit *von* gewohnten Lernzwängen zum Nichtstun ausnutzen. Schon innerhalb des „normalen" Unterrichts können Phasen freien Arbeitens eingebracht und die Schüler zum Mitentscheiden aufgefordert werden. In Übungsphasen kann den Schülern die Vielfalt möglicher und interessanter Aufgabenstellungen zur Auswahl angeboten werden, wobei sie zugleich zur Einschätzung ihres Leistungsstandes und zur Auswahl angemessener und lösbarer Übungen herausgefordert sind. Es versteht sich von selbst, dass alle Merkmale und Regeln der Freiarbeit gemeinsam mit den Schülern erarbeitet und besprochen werden und dass auch die Eltern in die Information und Auseinandersetzung einbezogen werden. Schließlich muss die Freiarbeit als anspruchsvollste Unterrichtsform bei der Gestaltung des Stundenplans einen entsprechenden Stellenwert haben. Sie sollte als zweistündiger Block in der Mitte des Vormittags liegen. Damit den Schülern darüber hinaus bei ihrer Arbeit in der Person der verschiedenen Lehrer möglichst vielfältige Fachkompetenzen zur Verfügung stehen, auf die sie auf Wunsch zurückgreifen können, sollten die Freiarbeitsstunden in der Schule (wenigstens jahrgangsweise) parallel liegen.

Literatur
Montessori, M.: Grundlagen meiner Pädagogik. Wiebelsheim [11]2011

Funktionen der Schule

I.

Schule ist eine Institution *der* Gesellschaft. Sie ist auch eine *für* die Gesellschaft. Sie wird deshalb von bestimmten gesellschaftlichen Interessen bestimmt, gleich, ob es sich um eine Schule in staatlicher oder in freier Trägerschaft handelt. Als Vermittlungsinstrument dient die Schule bestimmten Zwecken, die von den vielfältigen Erwartungen und Ansprüchen des Staates und der Gesellschaft, der Eltern, der Schüler und der „Abnehmer" abhängig sind. Wegen des Mittel-Zweck-Zusammenhangs spricht man hier von Funktionen der Schule.

Der Schule werden im Wesentlichen drei Funktionen zugeschrieben:

- *die Qualifikationsfunktion:* Sie bedeutet, dass die Schüler mit Fertigkeiten, Kenntnissen und Fähigkeiten ausgestattet werden, die für das spätere Leben in Beruf und Gesellschaft erforderlich erscheinen. Dies geschieht vor allem im Unterricht. Da sich die Arbeitswelt durch kulturelle und technologische Trends rasch wandelt, ändern sich auch die Qualifikationsanforderungen an den Unterricht. Heute wird z.B. erwartet, dass neben Lesen, Schreiben und Rechnen auch Kenntnisse in wenigstens einer Fremdsprache und die Fähigkeit zum Umgang mit Computern als Teil einer „informationstechnischen Grundbildung" vermittelt werden. Ferner erwartet man je nach Schulform auch propädeutische Qualifikationen im Sinne von wissenschaftsbezogenen Grundkenntnissen. Darüber hinaus wird in letzter Zeit von der Schule auch gefordert, dass sie sog. Schlüsselqualifikationen vermittelt. Sie werden in der Regel als gewünschte Verhaltensdispositionen formuliert, wie etwa Lernfähigkeit, Kooperationsbereitschaft und Entscheidungskompetenz. Solche Erwartungen werden gelegentlich auch als „Erziehungsziele" ausgewiesen. Wegen der damit in der Regel verknüpften Verwertungsinteressen ist jedoch eine solche Bezeichnung irreführend und wenig sinnvoll.

- die *Selektionsfunktion:* Sie bedeutet, dass die Schüler im Hinblick auf verschiedene Schullaufbahnen und Lebenschancen sortiert werden. Bildlich gesprochen ist die Schule einem großen Rüttelsieb vergleichbar, das zwischen den Generationen angeordnet ist und den Zugang zu beruflichen Positionen, sozialem Prestige und materiellem Erfolg steuert. Deshalb ist in diesem Zusammenhang auch gelegentlich von der *Allokationsfunktion* die Rede. Steuerungsmittel sind in erster Linie die Zensuren und Abschlüsse, die jeweils bestimmten Öffnungen des Siebes zugeordnet sind. Die Schule ist bei der Verteilung der Lebenschancen nicht allein ausschlaggebend; neben regionaler und sozialer Herkunft, Begabung, Geschlecht, Beziehungen spielen nicht zuletzt auch Glück und Zufall eine große Rolle.
- die *Integrationsfunktion:* Sie bedeutet, dass die Schüler möglichst reibungslos in die Gesellschaft eingefügt werden. Dies geschieht durch das Einüben gesellschaftlich erwünschter Verhaltensweisen und durch die Vermittlung entsprechender Einstellungen, Überzeugungen und Haltungen. Dazu gehören beispielsweise Genauigkeit, Fleiß und Sorgfalt im Umgang mit Aufgaben, Kooperationsbereitschaft, Verlässlichkeit und Pünktlichkeit im Umgang mit Menschen und Anpassung, Loyalität und Treue gegenüber dem Staat. Weit verbreitet ist die Annahme, dass dies die eigentliche Erziehungsaufgabe der Schule sei.

Die Erfüllung der Schulfunktionen wird in erster Linie von der Bildungspolitik und der Schulverwaltung beeinflusst (→ SCHULRECHT). Aber auch gesellschaftliche Trends (z.B. das Streben nach höherwertigen Bildungsabschlüssen), schulpädagogische Einsichten (z.B. die Forderung nach veränderten → UNTERRICHTSFORMEN) und veränderte Akzente in der → LEHRERBILDUNG (z.B. Erhöhung des Anteils der Grundwissenschaften in Prüfungsordnungen) bestimmen mehr oder weniger die Art und Weise der Funktionserfüllung. Insgesamt wird die gesellschaftliche Bedeutung der Schulfunktionen so hoch eingeschätzt, dass eine allgemeine *Schulpflicht* gerechtfertigt erscheint.

II.

Institutionen regeln und sichern das Leben in einem begrenzten raum-zeitlichen Ausschnitt; sie haben einen *fürsorglichen* Charakter. Durch die Festlegung bestimmter Rollen und Tätigkeiten sichern und stabilisieren sie grundlegende Lebensvollzüge wie Arbeit, Verkehr, Religion, Kunst, Gesundheit und eben auch Bildung. Dadurch tragen sie dazu bei, dass die Existenz des einzelnen gewährleistet und der jeweils erreichte Stand einer Kulturgemeinschaft erhalten wird. Das gilt auch für die Institution Schule, in der die Rollen und die jeweiligen Tätigkeiten in didaktischer, methodischer und organisatorischer Hinsicht geregelt sind.

Die Entlastung für die Beteiligten liegt auf der Hand: Schüler brauchen sich nicht selbst um die Auswahl der richtigen Lerninhalte, um die Entscheidung für die geeigneten Methoden, die Differenzierung nach Begabungshöhe und -richtung und um die Festlegung von Räumen und Zeiten zu kümmern. Das alles ist ihnen abgenommen. Und in der Regel haben die Schüler keinen Zweifel daran, dass diese Festlegungen gut für sie sind. Auch Eltern, Lehrer und „Abnehmer" teilen diese funktionalen Erwartungen. Die Eltern schicken ihre Kinder nicht nur wegen der Schulpflicht, sondern auch zur Schule, damit sie das Richtige und möglichst viel davon lernen; die Lehrer beanspruchen für ihren Unterricht, dass die Schüler durch ihn tatsächlich hinreichend qualifiziert, gerecht selektiert und erfolgreich integriert werden; die „Abnehmer", z. B. weiterführende Schulen, Hochschulen und Arbeitgeber, erwarten ausdrücklich Qualifizierungs-, Integrations- und Selektionsleistungen von der Schule. Die aus ihren Reihen gelegentlich vorgebrachte Kritik richtet sich meistens auf die angeblich mangelhafte Erfüllung dieser Schulfunktionen.

Die pädagogische → SCHULKRITIK greift dagegen tiefer. Ihren verschiedenen „Spielarten" ist gemeinsam, dass sie ein *Erziehungsdefizit* der Schule als Folge der Funktionalisierung beklagen. Kritisiert wird, dass Schülern und Lehrern in der funktionalisierten Schule wenig Spielraum zur Selbstentscheidung und Verantwortung bleibt. So erfahren die → SCHÜLER kaum Hilfen zur Förderung ihrer Selbstständigkeit und erhalten wenig Gelegenheit zur Übernahme von Verantwortung.

Sie werden dagegen durch soziale Kontrollmechanismen auf erwünschtes Verhalten getrimmt. Das Lernen selbst geschieht im Hinblick auf verordnete Zwecke, die der eigenen Rechtfertigung und Bewertung entzogen sind. Die Legitimation der Unterrichtsinhalte erfolgt – wenn überhaupt – durch Verweise auf formale Lernzielkataloge und Rahmenrichtlinien oder durch Hinweise auf den vermeintlichen Selektionszwang.

Diese pädagogische Kritik gilt sinngemäß auch im Hinblick auf die Arbeit der → LEHRER. Die Inhalte des Unterrichts können sie selten nach Maßgabe der Realbedingungen vor Ort entscheiden; die Vorgaben des → LEHRPLANS ziehen in der Regel enge Grenzen. Unter dem Druck der Stofffülle und der Zeitknappheit muss das methodische Vorgehen weitgehend normiert werden, d.h. es wird überwiegend ein Frontalunterricht durchgeführt, der auf die Individuallage der Schüler wenig Rücksicht nehmen kann. Die Dominanz der Schulfunktionen macht die Lehrer tendenziell zu Funktionären, die ihre eigentliche pädagogische Aufgabe vernachlässigen müssen.

Die Schulkritiker stellen weiter fest, dass das → LEHRER-SCHÜLER-VERHÄLTNIS auf Grund der Funktionalisierung des Lehrerhandelns zu einer hierarchischen Rollenfixierung degeneriert, bei der der Lehrer anordnet und kontrolliert, anstatt Hilfe zur Selbsthilfe zu leisten. Die Schüler werden kaum als Subjekte ihrer Lernprozesse, sondern vorrangig als Objekte von Lehrstrategien begriffen. Da die Funktionen nicht von der Schule abzulösen sind, bezweifelt die radikalste Variante der Schulkritik jegliche Möglichkeit zur pädagogischen Reform. Aus der Perspektive der → BILDUNG ist ihrer Ansicht nach die Schule nicht krank, sondern selbst eine unheilbare Krankheit.

Lehrer mit einem ausgeprägtem *Berufsethos* geraten angesichts ihrer pädagogischen Aufgabe und der erwarteten Funktionserfüllung in einen inneren Konflikt, etwa dann, wenn sie die Schüler in der Auseinandersetzung mit den Aufgaben des Unterrichts zur Selbstständigkeit und Eigenverantwortung führen wollen, aber zugleich bestimmte Qualifikationen an vorgegebenen Inhalten in einer vorgegebenen Zeit vermitteln sollen. Der Konflikt zwischen pädagogischem Handeln und funktionaler Verrichtung ist in der Regel am größten, wenn es um Zensuren und Zeugnisse geht. Denn die Zensierung steht ganz im Dienst gesellschaftlicher Selektionserwartungen, und die herangezogenen vergleichenden und generalisierenden Kontrollnormen widersprechen dem pädagogischen Sinn des Beurteilens als individueller Führungshilfe.

III.

Auf die Schule als institutionalisierten Ort des Lehrens und Lernens kann gegenwärtig – trotz aller Kritik – nicht verzichtet werden, da ihre Funktionen für die Sicherung und Stabilisierung des einzelnen wie der Gesellschaft notwendig sind und zurzeit von keiner anderen Institution erfüllt werden können.

Vorerst bleibt es den einzelnen Lehrern und den Lehrerkollegien überlassen, in ihrem täglichen Lehrerhandeln die funktionalen Erwartungen mit den pädagogischen Aufgaben zu verbinden. Dabei gilt es zu bedenken,

- dass das Leben und die Lebensbedingungen der Schüler in die inhaltliche, methodische und organisatorische → UNTERRICHTS-VORBEREITUNG einbezogen werden sollten (→ ERFAHRUNG UND LERNEN),
- dass die erzieherische Zielsetzung des Unterrichts, nämlich zunehmende Selbstständigkeit und Eigenverantwortung, nur durch vermehrte → SELBSTTÄTIGKEIT der Schüler erreicht werden kann,
- dass → FACHÜBERGREIFEND-PROJEKTORIENTIERTER UNTERRICHT und → FREIARBEIT der erzieherischen Zielsetzung des Unterrichts besonders entgegenkommen,
- dass das Beurteilen von Leistungen in erster Linie als Hilfe für den Lernfortschritt der Schüler zu verstehen ist und dass das bloße Zensieren dieser pädagogischen Sinngebung nicht entspricht (→ LEISTUNG/LEISTUNGSBEURTEILUNG),
- dass alle Versuche zur pädagogischen Profilierung der Schule nur dann Erfolg haben, wenn sie von dem jeweiligen Kollegium einsinnig getragen werden und Elternhaus und Schule in dieser Hinsicht eng kooperieren.

Die Chancen zur Entfunktionalisierung und Pädagogisierung der Schule erscheinen günstig. Das Interesse der Gesellschaft an einer erzieherischen Profilierung der Schule nimmt zu. Die

Forderung nach der Vermittlung von sog. „Schlüsselqualifikationen" mag dafür – trotz ihres missverständlichen Charakters –
als Indiz gelten. Sofern darunter nicht bloß zweckbestimmte
(Arbeits-)Tugenden, sondern vorrangig selbstzweckbezogene,
d.h. selbsterzieherische Leistungen verstanden werden, gehören sie in der Tat zur Aufgabe der → ERZIEHUNG IM UNTER-
RICHT. Sie wird „erleichtert" durch den gegenwärtig festzu-
stellenden Trend einer Verlagerung der Selektionsfunktion auf
die der Schule nachfolgenden Institutionen.

Literatur
Fend, H.: Neue Theorie der Schule. Einführung in das Verstehen von
Bildungssystemen. Wiesbaden ²2009

Ganztagsschule

I.

Die Ganztagsschule ist eine Schulform, an der im Gegensatz zur Halbtagsschule die Schüler über den Vormittag hinaus verbleiben. Je nachdem, ob das nachmittägliche Angebot für die Schüler verbindlich ist oder nicht, spricht man von einer gebundenen oder offenen Ganztagsschule; zudem finden sich auch teilweise gebundene und teilweise offene Formen. Solche Schulformen finden sich in Frankreich und in den angelsächsischen Ländern als Regelform, in Deutschland ist die Ganztagsschule dagegen eine Angebotsschule. Sie wird im Bereich der Grundschule ebenso angeboten wie in allen Formen der Sekundarstufe, und zwar sowohl in getrennter als auch in integrierter Form (Gesamtschule).

Die Ganztagsschule ist vor allen Dingen ein Angebot für Kinder und Jugendliche von berufstätigen Eltern und von Alleinerziehenden in Regionen, in denen außerschulische Betreuungsmöglichkeiten schwach ausgeprägt oder gar nicht vorhanden sind. Die Ganztagsschule kann hier sicherstellen, dass die Schüler in Erweiterung und Ergänzung des durch die Stundentafel begrenzten Unterrichts sinnvolle (Freizeit-)Aufgaben finden können, die ihrem Anspruch auf selbstbestimmte und selbstverantwortete Lebensgestaltung sowie der Betreuungserwartung der Eltern genügen. Darüber hinaus trägt die Ganztagsschule auch zur Versorgung der Schüler bei, da sie in der Regel ein Mittagessen anbietet.

Die Formen der teilweise gebundenen oder teilweise offenen Form der Ganztagsschule sind vor allem im Sekundarbereich anzutreffen, die den begrenzten zeitlichen Umfang des lehrplanmäßigen Unterrichts ergänzen, etwa durch eine Hausaufgabenbetreuung und durch Sport-, Spiel- und musische Angebote.

II.

Hinter der Einrichtung von Ganztagsschulen stehen sozialpolitische, gesellschaftliche und zu einem geringeren Teil auch pädagogische Interessen und Entwicklungen. Sie werden durch den Wandel überkommener Lebensformen und Rollenvorstellungen veranlasst, der zu einer Veränderung der Lebenswelt von Kindern und Jugendlichen führt. Insbesondere die traditionelle Rollenteilung in der Familie, wonach nur der Vater einer Berufstätigkeit nachgeht, während sich die Mutter um die Erziehung und Betreuung der Kinder kümmert, trifft immer weniger zu. So hatten bereits im Jahre 2009 von 13,1 Millionen Kindern ca. 72% berufstätige Mütter, von denen die Hälfte sogar mehr als teilzeitbeschäftigt war. Und das Ausmaß der Berufstätigkeit von Müttern in Deutschland wird sich noch weiter vergrößern. Von der Doppelbelastung des Alleinerziehens und der Berufstätigkeit sind überwiegend die berufstätigen Mütter betroffen, und die geringe Unterrichtszeit der Halbtagsschule macht es schwer, beides miteinander zu vereinbaren. (→ JUGEND, → KINDHEIT).

Allein der erhöhte Betreuungsbedarf spricht noch nicht für die Ausweitung von Schule. Hier sind auch andere, außerschulische Betreuungsformen denkbar. Insbesondere die Träger der freien Wohlfahrtspflege, Jugendverbände sowie der gesamte Bereich der Jugendarbeit in Vereinen äußern sich äußerst skeptisch gegenüber der Ganztagsschule, da sie befürchten, dass die schulische Expansion ihre eigenen Freizeitangebote beschneidet und den Kindern und Jugendlichen außerhalb der Schule kaum noch Zeit lässt, sich für andere Aktivitäten zu engagieren. Dieses Argument lässt sich auch gegen die institutionalisierte und außerschulisch organisierte Betreuung wenden. Denn sie greift ebenso in die Freizeit von Kindern und Jugendlichen ein und verkürzt deren „Spielraum" zu Hause, in der Nachbarschaft und im Wohnviertel.

Die Sorge, dass die Schule sich ausweitet, scheint allerdings berechtigt. So lassen sich seit Bestehen der Schule eine zunehmende Schulzeit, ein Anwachsen der Fächerzahl, ein Ansteigen der Qualifikationserwartungen und eine ständige Zunahme der gesellschaftlichen → FUNKTIONEN DER SCHULE feststellen. Immer länger, immer umfassender beschult, vollzieht sich das Leben der Kinder heute zu einem großen Teil im (Schon-)Raum der Schule.

Die Kritiker der sich ausweitenden Schule fordern daher, dass sie sich auf die Vermittlung dessen beschränken solle, was sich anderswo nicht erwerben lässt. Musische, künstlerische und sportliche Betätigungen sollten ihrer Ansicht nach dem Bildungsangebot freier Träger überlassen bleiben. Werden diese Angebote dem Monopol der staatlichen Schule unterstellt, dann befürchten sie ein Übermaß an Reglementierung und Betriebskosten, vor allem aber eine Einschränkung der Möglichkeiten von selbstbestimmter und eigenverantwortlicher Lebensgestaltung, dem Kernanliegen jedes pädagogischen Handelns.

Die Befürworter dagegen weisen darauf hin, dass die Angebote der Jugendpflege und -arbeit von Verbänden und Vereinen eher zufällig erfolgen, nicht alle Bevölkerungsschichten erfassen, häufig einseitig orientiert und mit Kosten für die Nutznießer verbunden sind und letztlich diejenigen, die am meisten davon profitieren könnten, gar nicht erreichen. Deshalb komme dem Staat in dieser Hinsicht eine besondere Fürsorgepflicht zu, die er durch ein entsprechend qualifiziertes und „offenes" Angebot, das sich am ehesten mit den Ressourcen der Schule erreichen lässt, erfüllen kann.

III.

Wenn die tägliche Schulzeit auf den ganzen Tag oder auch nur auf den vollen Halbtag ausgeweitet werden soll, dann ist – abgesehen von allen gesellschafts- und sozialpolitischen Aspekten – auch die Frage nach dem pädagogischen Konzept berechtigt, wenn nicht sogar vorrangig. Eine überzeugende Antwort auf diese Frage ist jedoch gegenwärtig noch nicht auszumachen. Dieses Defizit hängt mit der Tradition der Schule zusammen, die sich überwiegend (noch) als Unterrichtsanstalt begreift und ihre wesentliche Aufgabe in der Qualifizierung der Schüler sieht. Erst allmählich beginnt sich die Schule von der Dominanz dieser Vorstellung zu lösen und sich für anders akzentuierte Aufgaben zu öffnen.

Sofern die regionale Notwendigkeit eines Ganztags- oder vollen Halbtagsangebots gegeben ist, sollte ihr ohne „ideolo-

gische Vorbehalte" entsprochen werden. Allerdings sollten die
Betroffenen, das sind in erster Linie die Eltern und Kollegien,
„pädagogische Vorbehalte" geltend machen und in ein überzeugendes Konzept „vor Ort" einzubringen versuchen.

Dabei sollte grundsätzlich davon abgesehen werden, bei
der Ausweitung der täglichen Schulzeit eine Ausdehnung des
herkömmlichen, gefächerten wissenschaftsorientierten Unterrichts vorzunehmen. Wenn die Einführung einer Ganztagsschule zu nichts anderem führt als zu einem Mehr an „Beschulung", dann wird man als Pädagoge in Umkehrung eines bekannten Buchtitels fordern dürfen: Macht die Schultür auf,
lasst die Kinder ins Leben hinaus! Denn außerhalb der Schule
finden „originale", handlungsrelevante Lernprozesse statt, die
für eine selbstbestimmte und eigenverantwortliche Lebensführung notwendig sind und nicht im gefächerten, an den Wissenschaften orientierten Unterricht der Schule vermittelt werden
können (→ ERFAHRUNG UND LERNEN).

Auch das bloße Anhängen eines Betreuungsangebots, d. h.
von Spiel- und Sportangeboten, Mal-, Koch- und Töpferkur-
sen, Theater-, Musik- und Umwelt-Arbeitsgemeinschaften an
den ansonsten unveränderten Unterricht kann pädagogisch
nicht überzeugen, weil ein solches Additionsmodell dazu ten-
diert, falsche Wertigkeiten zu vermitteln, scheinbar Wichtiges
vom scheinbar Unwichtigen abzutrennen und letztlich Lernen
und Leben voneinander abzugrenzen.

Gefordert ist vielmehr ein umfassendes pädagogisches Re-
formkonzept, das als → SCHULLEBEN die außerschulische Lebenswelt der Kinder und Jugendlichen so weit wie möglich
mit dem Leben und Lernen in der Schule verbindet und damit
die Schule zu einem Lern- und Lebensraum für die Kinder
und Jugendlichen werden lässt. Dazu gehört die Integration
von Spiel und Sport, von fakultativen Kursangeboten und
vielfältigen Arbeitsgemeinschaften in einen Tagesablauf, der
nicht mehr vom Diktat des Stundenplans und der herkömmlichen Unterrichtsfächerung und -zeit fremdbestimmt wird.

Kern der Ganztagsschule – egal ob in gebundener oder offener Form – bleibt dennoch der Unterricht, der der veränderten Aufgabe der Ganztagsschule als „Lebensschule" gerecht
werden muss. Das bedeutet zunächst eine Begrenzung des

→ LEHRGANGSORIENTIERTEN UNTERRICHTS auf das unumgänglich notwendige Maß. In dieser Begrenzung ist allerdings die Vermittlung von Kenntnissen, Fähigkeiten und Fertigkeiten, die in unserer Kultur einen hohen Stellenwert haben und als existenzsichernde Qualifikationen angesehen werden, mit aller Entschiedenheit zu betreiben. Denn es darf nicht vergessen werden, dass das Ansehen einer Schule sehr wesentlich davon abhängt, inwieweit ihr diese Qualifizierung der Schüler gelingt.

Darüber hinaus sollte aber der herkömmliche Stundenplan aufgelöst und durch flexible Unterrichtszeiten und -orte ersetzt werden, die zu einem Teil mit → FACHÜBERGREIFEND-PROJEKTORIENTIERTEM UNTERRICHT ausgefüllt werden können. Dieser sichert einen Bezug zur Lebenswelt der Schüler, indem er von lebensrelevanten und zugleich fachbezogenen Fragen der Schüler ausgeht, sie im Hinblick auf ihre Lebensbedeutsamkeit zu lösen versucht und nach Möglichkeit handlungsorientiert in die schulische und außerschulische Wirklichkeit eingreift (→ HANDLUNGSORIENTIERUNG). In der übrigen Unterrichtszeit sollten die Schüler die im Unterricht aufgeworfenen Fragen, aber auch andere Fragestellungen und Interessen, die sie für bedeutsam erachten, selbstständig und eigenverantwortlich weiter verfolgen können. Das ist am ehesten durch die Einrichtung von Zeiten und Räumen für → FREIARBEIT zu gewährleisten.

Ein entsprechendes pädagogisches Ganztagsschulkonzept mit zeitlich begrenztem lehrgangsorientierten Unterricht und ergänzenden Formen von → OFFENEM UNTERRICHT und Sport- und Spielangeboten erfordert den Einbezug bzw. die Partizipation der in einer Region maßgeblichen Gruppen, Verbände, Vereine und vor allen Dingen auch der Eltern, damit es nicht zur Isolation und Entfremdung der Schule vom Elternhaus und vom Gemeinwesen kommt. In gemeinsamen Sitzungen, Konferenzen und Ausschüssen muss ein Konsens über die didaktischen, methodischen und organisatorischen Veränderungen erzielt und getragen werden. Das dürfte wegen der unterschiedlichen Interessenlagen nicht immer ganz leicht sein. In jedem Fall sollte aber aus pädagogischer Verantwortung auf verlockende „Sparmodelle" verzichtet werden.

Schließlich bleiben die beteiligten → LEHRER für das Gelingen einer Ganztagsschule entscheidend, denn an sie werden erhöhte Anforderungen gestellt. Ihr Arbeitsrhythmus ändert sich (längere Anwesenheit, „Arbeitslücken") ebenso wie ihre Arbeitsaufgabe. Sie sind nicht mehr vorrangig „Unterrichtende", sondern Berater, Helfer, Anreger, Begleiter, kurzum: Erzieher (→ ERZIEHUNG. → ERZIEHUNG IM UNTERRICHT). Die Identifikation mit dieser veränderten Rolle kann vielen Lehrern schwerfallen. Sie sollten deshalb nur freiwillig an einer Ganztagsschule tätig werden. Die Mehrbelastung dürfte angesichts der Aussicht auf eine größere Berufszufriedenheit sicher gern von vielen in Kauf genommen werden.

Literatur

Ludwig, H.: Entstehung und Entwicklung der modernen Ganztagsschule in Deutschland, 2 Bde. Köln – Weimar – Wien 1993

Gemeinschaft

Pädagogisch betrachtet, meint Gemeinschaft immer eine Aufgabengemeinschaft. Erst die gemeinsame Auseinandersetzung mit einer → AUFGABE, mit einem Problem bzw. mit einem Unterrichtsgegenstand verbindet → LEHRER und → SCHÜLER sowie die Schüler untereinander zu einer Gemeinschaft. In diesem Sinne ist Gemeinschaftlichkeit zunächst ein Anspruch an Lehrer wie Schüler, sich gemeinsam mit einer definierten und von allen anerkannten Aufgabe zu beschäftigen. Dieser Anspruch wird von der → SCHULE dadurch eingelöst, dass in ihr die → BILDUNG der Schüler die Gemeinschaft stiftende Aufgabe darstellt. So gesehen ist jede Schule der Möglichkeit nach immer schon eine Gemeinschaftsschule. Dies gilt unbeschadet der Tatsache, dass → KINDER und → JUGENDLICHE ohne Ansehung ihrer physischen und geistigen Konstitution in die Aufgabengemeinschaft der Schule integriert sind (→ INTEGRATION/INKLUSION).

Eine Gemeinschaft im pädagogischen Verständnis ist grundsätzlich nicht an bestimmte Institutionen wie etwa die Schule gebunden. So kann jedes → LEHRER-SCHÜLER-VERHÄLTNIS als eine pädagogische Gemeinschaft bezeichnet werden. Dies trifft etwa auch in der Familie zwischen Eltern und Kindern, unter Freunden oder am Arbeitsplatz zu. Doch gerade die Schule als Institution stellt eine spezifische Aufgabengemeinschaft dar. Als gegenstandsbezogene, d.h. sachliche Aufgabengemeinschaft fordert die Schule zugleich auch die wertende Anerkennung aller Gemeinschaftsglieder. Insofern wird die gegenstandsbezogene Aufgabengemeinschaft selbst zur Aufgabe, was den sittlichen Aspekt des → SCHULLEBENS begründet. Neben der gemeinsamen Auseinandersetzung mit sachlichen Aufgaben und ihrer wertenden Stellungnahme soll diese Aufgabengemeinschaft selbst von Lehrern und Schülern gleichermaßen kritisch bewertet werden. Die Schule ist erst dann eine Gemeinschaftsschule, wenn die Aufgabengemeinschaft von allen Lehrern und Schülern auch tatsächlich anerkannt wird. Sie wird nicht schon durch die räumliche Ballung von Menschen gewährleistet. Indem Gemeinschaft selbst eine pädagogische Aufgabe darstellt, ist sie nicht die Voraussetzung für → UNTERRICHT und → ERZIEHUNG, sondern deren Ergebnis. Gemeinschaft fordert nämlich die positive Haltung gegenüber der sachlichen Auseinandersetzung.

Je nach Anzahl und Konstellation der Beteiligten kann angesichts einer gemeinsamen tätigen Auseinandersetzung mit sachlichen Aufgaben in eine Schulgemeinschaft bzw. Gemeinschaftsschule, in eine Klassengemeinschaft und in eine Lehr-Lern-Gemeinschaft unterschieden werden. Dabei stellen alle pädagogischen Gemeinschaftsarten je spezifische Ansprüche an Lehrer, Schüler und sogar an die Eltern der Schüler. Selbst Außenstehende, die vordergründig nichts mit der Schule gemeinsam haben, wie Wirtschaftsunternehmen und Betriebe, Kirchen oder Vereine können im Falle ihrer tätigen Anerkennung der Bildung als schulischer Aufgabe zur Schulgemeinschaft gerechnet werden. Dies ermöglicht zugleich eine Öffnung der Schule nach außen.

II.

In politischer Hinsicht geht man oft von der Annahme aus, Gemeinschaft könne durch die organisatorische und strukturelle Ausrichtung der Schule hergestellt werden, etwa durch eine inklusive Zusammensetzung der Schülerschaft. Damit ist die Hoffnung verbunden, die durch Elternhaus und lebensweltliches Milieu entstehende Kluft sozialer Ungleichheiten schließen zu können (→ BILDUNGSGERECHTIGKEIT). Dieser Zusammenschluss von Schülern, ungeachtet ihrer physischen, psychischen und kognitiven Konstitution, wird als demokratisches Moment verstanden, das der vermeintlichen Exklusion eines gegliederten Schulwesens entgegenstehe. Dem gegenüber steht die pädagogische Auffassung, dass → LERNEN ein exklusiver Prozess ist. Wissen ereignet sich nicht durch Gedankenübertragung oder Teamwork. Jeder Schüler kann nur in eigener Aktivität und → SELBSTTÄTIGKEIT ein Verb konjugieren, eine Funktion ableiten, historische Fakten in einen Ereignishorizont stellen oder die Gattungsspezifika eines Musikstückes erläutern lernen. Das schulische Lernen zeigt sich so vielmehr als individuelle, denn als gemeinschaftliche Tätigkeit. Ebenso kann die Anerkennung von Gemeinschaft nur durch jedes Glied der Gemeinschaft selbst geleistet werden. Die Diversität der Schülerschaft kann hierfür zwar einen Anlass bieten, indem bspw. nicht-beeinträchtigte Schüler Erfahrungen mit körperlich oder geistig beeinträchtigten Schülern machen (→ ERFAHRUNG UND LERNEN), die sie aus ihrem Alltag nicht kennen. Dennoch verbürgt dieser Anlass noch nicht den gemeinschaftlichen Umgang miteinander. Vielmehr ist eine individuelle Handlungsentscheidung bzw. Anerkennung gefordert, die jeder einzelne Schüler selbst zu leisten hat und die ihm von niemandem abgenommen werden kann.

Oftmals ist auch die Auffassung anzutreffen, bei der Schul- oder Klassengemeinschaft handle es sich um einen statischen Zusammenschluss von Menschen. Die → INTEGRATION und INKLUSION in diese bestehende Gemeinschaft wird dann als eine der → FUNKTIONEN DER SCHULE gesehen. Zugleich sieht man darin eine erzieherische Wirkung, die auf die Integration in die Gesellschaft vorbereite. Diese Sichtweise übersieht allerdings den pädagogischen Aufgabencharakter von Gemeinschaft. Da Gemeinschaft im pädagogischen Sinne immer eine Aufgabengemeinschaft darstellt, die die selbstbestimmte Anerkennung der Subjekte fordert, ist sie weniger eine Voraussetzung für Erziehung, sondern ein Ergebnis von Erziehung als Ausdruck individueller Haltung. So gesehen, gibt es keine bestehende Schul- oder Klassengemeinschaft, die nicht jederzeit die individuelle Anerkennung einer gemeinsamen Aufgabe forderte. Wer während einer Unterrichtsstunde mit seinem Handy unter der Schulbank spielt, während alle anderen eine Rechenaufgabe zu lösen versuchen, hat sich kurzfristig aus der Klassengemeinschaft verabschiedet und kann sich im nächsten Moment wieder dieser Klassengemeinschaft anschließen, indem er das Handy legt und die Denkanstrengung aufnimmt. Gemeinschaft ist immer eine Forderung für Lehrende und Lernende, die nie aufhört, sittliche Aufgabe angesichts sachlicher Auseinandersetzung zu sein.

Wie alle Gemeinschaftsformen, so ist auch die pädagogische Aufgabengemeinschaft auf etwas ‚außerhalb ihrer selbst Liegendes' bezogen bzw. gerichtet. Die Religionsgemeinschaft ist auf den gemeinsamen Glauben an Gott gerichtet, die Vertragsgemeinschaft auf ein bestimmtes Abkommen oder die Lebensgemeinschaft auf eine anerkannte gemeinsame Lebens- und Zeitgestaltung. Dabei zeigt sich die Gemeinschaft immer nur als solche in der Bezogenheit auf *einen* Aspekt. Menschen können zwar ein und derselben Religionsgemeinschaft angehören, jedoch nicht zwangsläufig derselben Lebensgemeinschaft. Sie können derselben Fangemeinschaft eines Fußballclubs anhängen, ohne derselben politischen Parteigemeinschaft zugehörig zu sein. Dadurch wird Zweierlei deutlich: Erstens ist Gemeinschaft nicht raum-zeitlich bedingt, sondern allein auf dasselbe ‚Dritte' gerichtet. Die räumliche Nähe begünstigt zwar Gemeinschaft, sie ist jedoch nicht notwendig. So können sich zwei Menschen in derselben Kirche aufhalten, ohne derselben Religionsgemeinschaft anzugehören. Zwei Menschen können eine Lebensgemeinschaft bilden, ohne Tag und Nacht die Zeit gemeinsam verbringen zu müssen. Zweitens zeigt sich Gemeinschaft in der Ausrichtung auf einen von allen anerkannten ‚Richtpunkt', auf denselben Gott, auf dasselbe Abkommen oder auf dieselbe Lebensgestaltung. Richtet sich der Mensch auf etwas anderes, kann er zumindest zeitweise einer anderen Gemeinschaft angehören. Für das pädagogische Verständnis von Gemeinschaft eröffnet dies wichtige Einsichten. Einerseits ist die räumliche Nähe zwar eine begünstigende, jedoch keine begründende Voraussetzung für Gemeinschaft. Ein Schulgebäude, Klassenraum oder eine Schulbank für alle verbrüdert noch nicht. Aus Sicht der Pädagogik ist Gemeinschaft vielmehr selbst eine sittliche Aufgabe, die in Unterrichts- und Erziehungsprozessen von Lehrern und Schülern dialogisch gebildet werden muss. Dies fordert andererseits, dass die Schule die Bildung der Schüler zum gemeinsamen Richtpunkt macht, den es von allen fortwährend anzuerkennen gilt.

III.

Lehrer haben es heute angesichts der Heterogenität der Schülerschaft, deren diversitärer sozio-kultureller Hintergründe und der Erhöhung des sog. Klassenteilers schwer, die Klasse als Aufgabengemeinschaft zu führen. Entscheidend hierbei ist die

Einsicht in die Aufgabenhaftigkeit der pädagogischen Gemeinschaft.

> Grundlegend trägt der Lehrer zur Gemeinschaftsbildung durch die Struktur seines Unterrichts bei, in der den Schülern die Unterrichtsaufgaben klar und definiert gestellt werden, so dass ihr Lernweg entlang dieser Aufgaben zu einer Gemeinschaft stiftenden Tätigkeit werden kann.

Der Grad der Gemeinschaftsstiftung ist dabei weniger eine Frage der Auswahl von bestimmten bzw. geeigneten Unterrichtsinhalten (→ DIDAKTIK), sondern liegt vielmehr in der methodischen Gestaltung des Unterrichts begründet (→ METHODIK). Sowohl das Berechnen einer Differentialgleichung und deren gemeinsame Besprechung, das Diskutieren über die politischen Hintergründe der Peloponnesischen Kriege als auch die Gestaltung einer Menschenpyramide im Sportunterricht können eine Klassengemeinschaft in der tätigen Anerkennung der jeweiligen Aufgabenstellung durch alle Schüler bilden und stärken. Großes Gewicht kommt neben der Definition klarer → ZIELE IM UNTERRICHT auch der → DIFFERENZIERUNG dieser Ziele im Hinblick auf die individuellen Begabungen und Bedingtheiten der Schüler zu. Eine Gemeinschaft wird nicht dadurch gestiftet, dass am Ende eines Lernprozesses alle Schüler das Gleiche gelernt, sondern eine identische Aufgabe bearbeitet haben. In dieser gemeinsamen Gerichtetheit auf eine Unterrichtsaufgabe gründet eine Klassengemeinschaft.

Gleichwohl sind die zeit-räumlichen Bedingtheiten so zu arrangieren und zu organisieren, dass sich eine Klassengemeinschaft entlang der Aufgaben im Unterricht bilden kann. Hierzu gehört bspw. die gemeinsam angelegte und gepflegte → KLASSENRAUMGESTALTUNG. Gemeinschaftlich angefertigte Plakate, Klassenverträge, Collagen oder Wandzeitungen tragen gerade bei unteren Jahrgangsklassen dazu bei. Aber auch eine funktionale, kommunikative und an die jeweiligen Unterrichtsaufgaben sowie → UNTERRICHTSFORMEN angepasste Sitzordnung ist gemeinschaftsfördernd. Die Vielfalt methodischer Tätigkeiten der Schüler, gerade angesichts der unterschiedlichen → SOZIALFORMEN, verlangt vom Lehrer unterrichtsmethodische Entscheidungen hinsichtlich des organisatorischen Aspekts der Unterrichtsgestaltung.

Im Hinblick auf eine Schulgemeinschaft sind alle Personen des Schulumfelds gefordert, die Bildung der Schüler als gemeinsames Richtmaß der Schule anzuerkennen. Diese Forderung kann nicht allein durch strukturell-organisatorische Maßnahmen wie der Errichtung eines gemeinsamen Schulgebäudes oder der Verordnung einer Schuluniform realisiert werden. Gerade der → SCHULLEITUNG und dem Lehrerkollegium kommt hierbei eine wichtige Funktion zu, indem sie in erzieherischer Hinsicht für eine konkrete Schule das Vorbild einer Aufgabengemeinschaft darstellen, die die Schüler zu einer begründeten Stellungnahme auffordert. Dies bedeutet keineswegs eine uniforme Auffassungshaltung innerhalb des Kollegiums, sondern vielmehr die gemeinschaftliche Ausrichtung auf die Bildung der Schüler als ganzer Zweck der pädagogischen Tätigkeit. Dazu gehört heute der Entwurf eines schuleigenen → LEHRPLANS, der das pädagogische Profil einer Schule schärft und die sachlichen Aufgaben für alle klar definiert. Auch sog. Methodencurricula, die v.a. in unteren Klassenstufen anzutreffen sind, stehen unter dieser Maßgabe. Realisiert werden kann die Gemeinschaftsbildung zudem durch die Organisation und Gestaltung von Schulfesten, die sich auch den Schülern durch deren Mitwirkung in Planung und Durchführung als Aufgabe darstellen. Klassen- und jahrgangsübergreifende Projekte, möglicherweise in Kooperation mit schulexternen Personen bzw. Institutionen oder Unternehmen, können als Gemeinschaft stiftende Aufgabe dienlich sein und Lehrer wie Schüler in eben dieser einheitlichen Aufgabenstellung binden. Dies alles sind mögliche Maßnahmen, die zu einer gemeinschaftlichen Atmosphäre beitragen und diese kultivieren können.

Literatur

Natorp, P.: Sozialpädagogik. Theorie der Willensbildung auf Grundlage der Gemeinschaft. Paderborn [7]1974

Handlungsorientierung

I.

Die Forderung nach Handlungsorientierung des Unterrichts wird in letzter Zeit vor dem Hintergrund des tiefgreifenden Wandels unserer Lebenswelt immer häufiger und eindringlicher erhoben. Begriffe wie „Praktisches Lernen", „Erfahrungsbezogenes Lernen", „Entdeckendes Lernen", „Projektorientiertes Lernen" und „Schülerorientierter Unterricht" werden im gleichen Zusammenhang verwendet und stehen für dasselbe Anliegen: Die Ausweitung des handlungs*betonten* und handlungs*bezogenen* Lernens im schulischen Unterricht, um → LERNEN und Leben sinnvoll zu verknüpfen.

Handlungsorientierung wird in der pädagogischen Theorie und in der Unterrichtspraxis sehr unterschiedlich verstanden und gehandhabt. Meist ist damit ein praxisbezogenes und praktisches Lernen in einem sehr weiten Sinne des Wortes gemeint (etwa im Sinne von Verhaltenstraining und Lernen durch Handeln). Oft trifft man auf das Missverständnis, dass mit einem bisschen mehr „Hantieren im Unterricht" der Anspruch der Handlungsorientierung bereits erfüllt sei.

„Handlungen" sind dagegen ganzheitliche, d.h. motivierte, zielgerichtete und damit bedeutungsvolle Aktivitäten eines Subjekts. Der Begriff Handlungsorientierung rückt also ein wesentliches Merkmal des Lernens in den Vordergrund, das Bedingung für jede Art von Lernen ist: Lernen ist immer zielgerichtete, bedeutungsvolle Aktivität eines Subjekts. Oder: Alles Lernen ist Handeln.

Wenn Handlungsorientierung so zum → UNTERRICHTSPRINZIP erhoben werden kann, steckt darin der Anspruch, die (Lern)Aktivität der Schüler im Unterricht ausdrücklich mitzubedenken und kontinuierlich herauszufordern. Dies gelingt umso besser, wenn zum einen der Lehrer seine eigene (Lehr-)Aktivität konsequent zurücknimmt und den Unterricht so anlegt, dass den Schülern eine selbsttätig-aktive und zielgerichtet-erfolgreiche Auseinandersetzung mit Unterrichtsinhalten bzw. -aufgaben ermöglicht wird, und wenn zum anderen den

Schülern die (Lebens-)Bedeutung der Inhalte bzw. Aufgaben einsichtig ist (→ AUFGABE). Lernen ist umso erfolgreicher, je mehr es von den Lernenden als ihr eigenes Anliegen betrachtet und in seinem Wert erkannt wird.

Unterricht ist also handlungsorientiert,

- wenn die Schüler als Subjekte an der Auswahl, Zielsetzung und Gestaltung ihrer Lernprozesse aktiv/handelnd beteiligt sind. Das heißt: → SELBSTTÄTIGKEIT ist der methodische Aspekt der Handlungsorientierung; der Lehrer hilft dabei durch → BERATUNG.
- wenn der Wert und die Bedeutung der Unterrichtsinhalte für das gegenwärtige und zukünftige Leben und Handeln der Schüler kontinuierlich erfahrbar werden. Das heißt: → WERTORIENTIERUNG ist der ‚moralische‘ Aspekt der Handlungsorientierung. Der Lehrer hilft dabei durch Veranschaulichung (→ ANSCHAULICHKEIT).

Damit eine selbsttätige (Lern-)Handlung beginnen kann, bedarf es eines (Lern-)Anlasses bzw. Anstoßes und der Lernbereitschaft der Lernenden (→ MOTIVATION); damit sie durchgehalten und erfolgreich zu Ende gebracht werden kann, müssen Ziele und Aufgaben klar sein (→ ZIELE IM UNTERRICHT) und angemessene Methoden zur Verfügung stehen (→ METHODIK, → LEHR- UND LERNTECHNIKEN, → UNTERRICHTSPHASEN); damit sie am Schluss überschaut und von den Lernenden beurteilt werden kann, müssen entsprechende Kriterien und Arbeitsformen vorhanden sein (→ LEISTUNGSBEURTEILUNG, → SYNTHESE).

II.

In der → SCHULE ist die Handlungsorientierung eingebettet in die Rahmenbedingungen des schulischen Lehrens und Lernens. Sie muss vor dem Hintergrund gesehen werden, dass die Schule eine funktionale und pädagogische Einrichtung zugleich ist (→ FUNKTIONEN DER SCHULE). Im schulischen → UNTERRICHT geht es sowohl um die Vermittlung bzw. den Erwerb notwendiger und nützlicher Kenntnisse, Fertigkeiten und Fähigkeiten zur Vorbereitung auf das Leben und Zusammenleben in der Gesellschaft als auch um die Vermittlung bzw. den Erwerb von Einsichten in Sach- und Wertzusammenhänge zur Anbahnung und Entfaltung handlungsleitender Grundsätze und moralischer Urteilsfähigkeit.

Handlungsorientierung enthält von daher den Anspruch, dass die Schüler im Unterricht und durch den Unterricht dahin gelangen, ihr Lernen in zunehmendem Maße selbst (mit) zu planen, durchzuführen und zu bewerten, um dadurch eine selbstständige und selbstverantwortliche Lebensführung zu erreichen. Dieser Anspruch kann in einem → FACHÜBERGREI-FEND-PROJEKTORIENTIERTEN UNTERRICHT, der durch → LEHR-GANGSORIENTIERTEN UNTERRICHT und → FREIARBEIT er-gänzt wird, am ehesten verwirklicht werden. Handlungsorien-tierter Unterricht ist dann ein immer neu beginnender Prozess der möglichst selbsttätigen und vom Lehrer helfend begleite-ten Auseinandersetzung der Schüler mit mitbestimmten, vor-gegebenen und selbstgewählten Aufgaben.

Wenn in zahlreichen Schulen der lehrerzentrierte, lehrziel-orientierte und verbal-abstrakte Frontalunterricht dominiert, dann liegt dies nicht nur daran, dass ein solcher Unterricht sich in funktionaler Hinsicht als besonders effektiv erwiesen hat, sondern auch daran, dass viele Lehrer sich nur schwer von einem traditionellen Verständnis ihrer Lehrerrolle befreien können und deshalb ihre Schüler von vornherein für relativ unselbstständig und allzu schnell überfordert halten. Hier müssen die Lehrer bereit sein, ihre verständlichen Unsicher-heiten zu überwinden, ihre Angst vor Disziplinproblemen ab-zulegen, das Risiko eines nur noch begrenzt planbaren Unter-richts bewusst einzugehen, offen zu sein für neue Lehr- und Lernerfahrungen und selbst in kleinen Schritten mitzulernen.

III.

Handlungsorientierung im Unterricht erkennt man zum einen daran, dass die → SCHÜLER auf vielfältige Weise und kontinu-ierlich selbsttätig lernen, und zwar sowohl für sich allein als auch gemeinsam mit anderen.

Eine Skizze soll dies veranschaulichen:

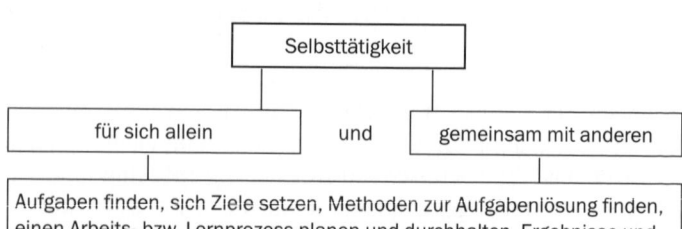

Aufgaben finden, sich Ziele setzen, Methoden zur Aufgabenlösung finden, einen Arbeits- bzw. Lernprozess planen und durchhalten, Ergebnisse und Methoden überschauen und bewerten:

(sich) Fragen stellen, über mögliche Aufgaben nachdenken, Methoden suchen, sich Material beschaffen, lernbereit sein;	sich Partner suchen und selbst Partner für andere sein, in Gruppen zusammenarbeiten, Teilaufgaben übernehmen;
Lernangebote annehmen, in vorgegebenen Aufgaben Spielräume entdecken und ausschöpfen, Vorschläge zur Aufgabenlösung machen;	mit anderen Kontakt aufnehmen und sich über Material, Arbeitsschritte, Aufgabenteilung usw. abstimmen;
etwas untersuchen, beobachten, experimentieren, sich mit einer Aufgabe auseinandersetzen;	Anregungen aufgreifen und selbst Anregungen geben; Hilfen anbieten und Hilfen annehmen;
etwas gestalten, ein Werk erstellen; Pflichten auf sich nehmen, sich in Ordnungen einfügen;	Anteil nehmen an der Arbeit anderer und andere an der eigenen Arbeit Anteil nehmen lassen;
die Arbeitszeit einteilen und nutzen; Arbeitsergebnisse bewerten; erworbene Kenntnisse und Fertigkeiten anwenden.	die eigenen Lern- und Arbeitsinteressen wahren und zugleich Rücksicht auf andere nehmen; Kritik akzeptieren und selbst konstruktiv kritisieren; erworbene Kenntnisse und Fertigkeiten weitergeben.

Handlungsorientierung im Unterricht erkennt man zum anderen daran, dass der → LEHRER den Schülern alle notwendigen Hilfen gibt, damit selbsttätiges und zielgerichtetes Lernen immer wieder angeregt wird, sich kontinuierlich entfalten kann und erfolgreich durchgehalten wird.

Das Lehrerhandeln ist insgesamt also nicht zuerst auf direkte Belehrung, die nur *nach*vollziehendes Handeln zulässt, ausgerichtet, sondern auf eine offene und kontinuierliche Zusammenarbeit mit den Schülern, die zur *Selbst*tätigkeit ermutigt und Handlungsperspektiven eröffnet. Wer handlungsorien-

142

tiert unterrichten will, muss seine eigene Aktivität zugunsten von Schüleraktivität zurücknehmen; er muss abwarten können und zum Helfen bereit sein; er muss den Unterricht in allen Formen und Phasen so führen,

- dass den Schülern viel Raum zur inhaltlichen (Mit-)Bestimmung und methodischen Selbstführung ihres Lernens bleibt;
- dass die Schüler nicht nur ihre Kenntnisse, Fertigkeiten und Fähigkeiten erweitern, sondern auch deren Wert und Bedeutung für ein verantwortliches Leben und Zusammenleben einsehen und sie mit ihren (Lebens-)Erfahrungen verbinden können.

Das heißt zum Beispiel: Der Lehrer gibt Hilfen zum Nachdenken, Erkennen, Verstehen; zum Fragen, Begründen, Strukturieren; zum Werten, Entscheiden, Sinnfinden; zum Planen, Durchführen, Überschauen; zum Entwerfen, Gestalten, Darstellen; zum Anfangen, Durchhalten, Zuendekommen; zum Einschätzen, Beurteilen, Anwenden.

Dies alles muss beim Lehrer damit beginnen, dass er zuallererst seinen Schülern Handlungs*fähigkeit* zutraut; denn Handlungsfähigkeit muss immer schon vorausgesetzt werden, um sie fördern zu können. Deshalb muss der Lehrer lernen, auf den „inneren Lehrer des Schülers" (AUGUSTINUS) zu vertrauen, der den Schüler als Subjekt seines Lernens führt; er muss auch lernen, seine Hilfe nicht zu früh anzubieten oder aufzudrängen und den Schüler immer erst auf sich selbst und seine eigene Fähigkeiten zu verweisen (→ LEHRER-SCHÜLER-VERHÄLTNIS).

Literatur

Dewey, J.: Demokratie und Erziehung. Eine Einleitung in die philosophische Pädagogik. Weinheim und Basel [5]2011

Hausaufgaben

I.

Hausaufgaben sind → AUFGABEN, die in der Schule vom Lehrer gestellt oder von Schülern (evtl. gemeinsam mit dem Lehrer) gefunden werden und zu Hause von den Schülern zu lösen sind. Sie müssen in einem für die Schüler erkennbaren und sinnvollen Zusammenhang mit dem Unterricht stehen und die → SELBSTTÄTIGKEIT der Schüler fördern.

Hausaufgaben können *nachbereitend* sein, d.h. darauf zielen, dass bereits Gelerntes geübt, eingeprägt, gefestigt, wiederholt, vertieft, ergänzt, zusammengefasst, systematisiert oder angewendet wird. Sie können auch *vorbereitend* sein, d.h. darauf zielen, dass die Schüler im Hinblick auf den künftigen Unterricht etwas lesen, erfragen, erkunden, beobachten, mitbringen oder Informationen sammeln. Insgesamt sollen Hausaufgaben den einzelnen Schüler anregen, sich außerhalb der Schule selbst weiter zu unterrichten, indem er sich über die schulische Unterrichtszeit hinaus mit den Unterrichtsinhalten beschäftigt, die im Unterricht erarbeiteten Fähigkeiten und Kenntnisse in außerschulischen Erfahrungs- und Handlungsfeldern anwendet, individuelle Lernwege erprobt und sich aktiv an der Gestaltung des künftigen Unterrichts beteiligt.

II.

In empirischen Untersuchungen über die Hausaufgabenpraxis wird immer wieder festgestellt, dass 50–70% der Hausaufgaben einfache Wiederholungs- und Übungsaufgaben sind; produktive Anwendungsaufgaben und Aufgaben zur Hinführung auf einen neuen Unterrichtsinhalt machen nur 0–5% aus. Hiermit hängt auch die Einschätzung der Bedeutung von Hausaufgaben zusammen.

Argumente, die *für* Hausaufgaben genannt werden, sind z.B.: In einer Halbtagsschule kann auf Hausaufgaben nicht verzichtet werden, wenn der Unterrichtsstoff bewältigt und gleichzeitig auf notwendiges Üben und Vertiefen nicht verzichtet werden soll; die rasche Zunahme der Wissensbestände und Leistungsanforderungen einerseits sowie der Lehrermangel und Unterrichtsausfall andererseits wirken hier noch verstärkend auf die funktionale Betrachtung von Hausaufgaben.

Allerdings werden Hausaufgaben aus lernpsychologischer Sicht für unerlässlich gehalten; sie fördern das selbstständige → LERNEN der Schüler, helfen bei der Entwicklung einer kontinuierlichen Arbeitshaltung (auch im Hinblick auf Fleiß, Ordnung, Genauigkeit, Ausdauer und Pflichtbewusstsein), gleichen individuelle Mängel der Schüler aus und heben das Selbstwertgefühl bei erfolgreicher und eigenständiger Problemlösung. Wenn sie als Lernchancen genutzt werden, können sie das Wissen und Können der Schüler erweitern helfen und die lebensbezogene Bedeutung der Unterrichtsinhalte in anderen Situationen erfahrbar werden lassen. Schließlich können Hausaufgaben auch die Beziehung zwischen Elternhaus und Schule verbessern und als eine Art sinnvoller Freizeitgestaltung betrachtet werden.

Gegen Hausaufgaben wird u. a. folgendermaßen argumentiert: In Verbindung mit der üblichen Hausaufgabenpraxis, die überwiegend von mechanischem Üben und Wiederholen geprägt ist, lassen sich kaum Leistungssteigerungen der Schüler nachweisen; vielmehr sind Hausaufgaben weitgehend als Zeitvergeudung und unzumutbare Belastung der Schüler anzusehen. Weil die Hausaufgabenstellung meist einheitlich für eine ganze Lerngruppe erfolgt und individuelle Lernvoraussetzungen der einzelnen Schüler kaum berücksichtigt werden, geht die häusliche Arbeitszeit zahlreicher Schüler weit über vorgegebene Richtzeiten hinaus; außerdem können viele Schüler die Aufgaben nicht ohne fremde Hilfe lösen, sodass entweder vermeidbare Kosten für Nachhilfe entstehen bzw. Eltern als Erfüllungsgehilfen einspringen müssen oder aber die Lernchancen derjenigen Schüler, denen nicht geholfen wird, erheblich gemindert sind.

Vielfach werden Hausaufgaben als angstmachende Disziplinierungsmittel missbraucht oder Lehrer schieben notwendige Aufgaben, die sie (auch aufgrund von Mängeln in ihrer eigenen Unterrichtsführung) in der Unterrichtszeit nicht geschafft haben, in den häuslichen Bereich der Schüler ab. Das wiederum belastet das Verhältnis zwischen Schule und Elternhaus, weil viele Eltern zwar Hausaufgaben für ihre Kinder fordern, aber zugleich die gängige Praxis als Störung ihres Familienlebens empfinden. (In einem von Eltern geführten Prozess entging der angeklagte Lehrer nur knapp einer Verurteilung wegen Hausfriedensbruchs.) Hinzu kommt noch, dass die angefertigten Hausaufgaben im Unterricht meist nur stichprobenartig kontrolliert und die individuellen Leistungen nicht entsprechend gewürdigt werden.

III.

Wenn Hausaufgaben in einem erkennbaren Zusammenhang mit dem Unterricht stehen und die Selbsttätigkeit der Schüler fördern sollen, dann lassen sich (ohne Anspruch auf Vollständigkeit) folgende Orientierungspunkte für eine sinnvolle, pädagogisch zu rechtfertigende Hausaufgabenpraxis benennen:

- Hausaufgaben erweitern die unterrichtlichen Lernprozesse der Schüler. Um eine Kontinuität des Lernens zu gewährleisten, bedürfen sie einer sorgfältigen Planung und Auswertung. Wichtige Lern- und Übungsphasen, die in den Unterricht gehören, dürfen nicht in den häuslichen Bereich verlagert werden.
- Hausaufgaben müssen eindeutig formuliert und von den Schülern verstanden sein. Ihre Bedeutung muss einsichtig sein, damit die Schüler auch zu Hause erleben können, dass Lernen sinnvoll ist und Spaß machen kann.
- Damit Hausaufgaben wirklich dem einzelnen Schüler dienen können, müssen sie nach der Jahrgangsstufe und dem individuellen Arbeitsvermögen und -tempo der Schüler differenziert werden. Vorgaben einzelner Bundesländer bestimmen den Zeitaufwand, der nicht überschritten werden darf. Regelmäßige Absprachen zwischen den beteiligten Lehrern einer Lerngruppe sind unerlässlich.
- Der Lehrer muss sicherstellen, dass die Schüler die Aufgaben ohne fremde Hilfe lösen können. Er muss Lösungswege sowie fachspezifische und fächerübergreifende Verfahren mit den Schülern erarbeiten und zu Gruppenarbeiten anregen. Auch die Bedingungen des Arbeitsplatzes und der Zeiteinteilung müssen berücksichtigt und erörtert werden.

- Um dem Anspruch einer Verknüpfung von schulischem und außerschulischem Lernen (im Sinne zusätzlicher Lernchancen) gerecht zu werden, sollte eine Akzentuierung produktiv-anwendungsbezogener Aufgaben deutlich erkennbar sein.
- Die häuslichen Arbeiten der Schüler müssen beachtet, geprüft, bewertet (aber nicht zensiert) und gewürdigt werden. Schüler müssen dem Lehrer ohne Angst mitteilen können, dass Aufgaben für sie zu schwierig waren bzw. aus bestimmten Gründen nicht angefertigt werden konnten.
- Mit den Eltern muss die Hausaufgabenpraxis ausführlich und kontinuierlich im Sinne einer Mitsprache und Rückmeldung besprochen werden.

Der Zusammenhang zwischen der Unterrichtsgestaltung, den schulischen → UNTERRICHTSFORMEN und dem jeweiligen → LEHRER-SCHÜLER-VERHÄLTNIS einerseits und dem Sinn oder Unsinn der Hausaufgaben andererseits ist offensichtlich. Eine Schule, die ausschließlich den Klassenunterricht, das Fachlehrerprinzip, die 45-Minuten-Stunde und die additive Vermittlung von Wissenshäppchen favorisiert (kurz: Die qualifizierende → FUNKTION DER SCHULE betont), wird um (frustrierende und belastende) Hausaufgaben wohl nicht herumkommen. In einer Schule, die mehr auf einen ausgewogenen Wechsel der Unterrichtsformen und auf vielfältige Formen des individuellen Lernens, auf ein gestaltetes → SCHULLEBEN und auf Fachgruppenlehrer setzt (kurz: Die → ERZIEHUNG IM UNTERRICHT und in der Schule betont), werden Hausaufgaben eher als zusätzliche, sinnvolle Lernchancen auszuweisen sein oder ganz überflüssig werden.

Literatur
Geissler, E./Schneider, H.: Hausaufgaben. Darmstadt 1982

Integration/Inklusion

I.

Im Zusammenhang mit Schule und Unterricht werden die Begriffe Integration und Inklusion mal synonym, mal unterschiedlich verwendet. Unter *funktionalem* Aspekt bezeichnet Integration die Einpassung von Individuen in einen sozialen Verband (Gruppe, Klasse, Schule, Gesellschaft) (→ FUNKTIONEN DER SCHULE). Unter *institutionellem* Aspekt meint Integration die integrative Zusammenfassung von Schulformen des Bildungswesens, z.B. in der Integrierten Gesamtschule (→ SCHULFORMEN). Bei bildungstheoretischer Betrachtung bekommt Integration einen *individuellen* Aspekt und bezeichnet die Aufgabe des Schülers, den Zusammenhang zwischen den einzelnen Erkenntnissen und Einsichten des Unterrichts herzustellen und die gelernten fachlichen Inhalte in den Zusammenhang des bisher Gelernten einzuordnen, um so seine Bildung als Einheit sicherzustellen (→ KONZENTRATION). Unter *sozialem* Aspekt wird Integration heute als Inklusion bezeichnet und meint den gemeinsamen Unterricht von behinderten und nichtbehinderten Kindern und Jugendlichen.

Integration wird vorrangig unter *funktionalem* Aspekt diskutiert. Dabei wird in kulturtheoretischer und gesellschaftstheoretischer Perspektive immer wieder betont, dass es zur Funktion der modernen Schule gehöre, die nachwachsende Generation in die vorliegenden Kultur- und Gesellschaftszusammenhänge einzugliedern. Die Schule erfüllt diese Integrationsfunktion dadurch, dass sie die Werte und Normen sowie die sozialen Verhaltensweisen, die für ein gelingendes Zusammenleben in Gruppen und Gemeinschaften erforderlich sind, gleichsam „nebenbei" vermittelt. Im Hinblick auf eine multikulturelle Erziehung und interkulturelles Lernen wird die Aufgabe, gemeinsam mit anderen zu leben und zu lernen und die Kultur und Lebenswelt ausländischer Mitschüler und Mitschülerinnen in das Schulleben einzubeziehen, zu einer spezifischen Zielsetzung (→ INTERKULTURELLE ERZIEHUNG).

Inklusion bezieht sich auf den *sozialen* Aspekt der Integration und meint heute den ausdrücklichen Einbezug bzw. die Nichtausgrenzung von Schülerinnen und Schülern mit Entwicklungsverzögerungen, Lernstörungen und Körperbehinderungen. Dabei geht es um ein gemeinsames Lernen und Zusammenleben von behinderten und nichtbehinderten Kindern und Jugendlichen in der öffentlichen Regelschule bzw. in einem integrativen Unterricht. Dadurch erhält der soziale Aspekt eine besondere Akzentuierung, die im Folgenden vertieft werden soll.

II.

Dass lernbehinderte, sprachbehinderte, entwicklungsgestörte, körperlich und/oder geistig behinderte, mehrfach- und schwerstbehinderte Kinder und Jugendliche eine öffentliche Schule besuchen und dort gemeinsam mit Nichtbehinderten unterrichtet werden, ist in Deutschland – im Gegensatz zu den skandinavischen Ländern, vor allem Schweden und Dänemark – eher ungewöhnlich. Zwar hat der Deutsche Bildungsrat schon im Jahr 1973 eine weitestmöglich gemeinsame Erziehung und eine entsprechende Schulstruktur empfohlen, aber es gab zunächst nur wenige Schulversuche, die die Nichtaussonderung Behinderter zum Ziel hatten. Zurzeit ergibt sich ein uneinheitliches Bild in den Bundesländern. Während die Möglichkeit zum gemeinsamen Unterricht behinderter und nichtbehinderter Kinder bei den einen bereits eine Regeleinrichtung in den Grundschulen ist, haben andere ein Schulgesetz, in dem bei Eigeninitiativen von betroffenen Eltern eine entsprechende Umsetzung des Elternwillens vorgesehen ist, und wieder andere kennen lediglich eigens von der Schulbehörde im Einzelfall zu genehmigende Integrationsklassen. Bei Körperbehinderten wird einer Inklusion – vor allem unter dem Aspekt des möglichen Schulerfolgs – eher zugestimmt als bei geistig Behinderten und Schwerstbehinderten.

Überwiegend aber werden Behinderte bisher in Sondereinrichtungen unterrichtet; die öffentlichen Schulen sind für sie nur schwer zugänglich, weil aufgrund der Behinderung die Voraussetzungen für einen solchen Besuch als nicht erfüllt gelten. Hingewiesen wird in diesem Zusammenhang auf die jeweils besonderen Mangelzustände und Defizite der Behinderten, die nur in speziellen Einrichtungen angemessen beachtet und individuell berücksichtigt werden können. Es gibt aber auch offensichtliche Ängste, vor allem bei Eltern nichtbehinderter Kinder, dass bei der Inklusion zwar das soziale Miteinander gefördert werde, aber der Leistungsgedanke notwendigerweise vernachlässigt werden müsse und die leistungsstarken Kinder dadurch eine ungebührliche Benachteiligung erfahren.

Einerseits ist es einsichtig, dass bei bestimmten Behinderungen (z.B. Schwerstbehinderungen, Schwerhörige) für einen erfolgreichen Schulbesuch spezielle Voraussetzungen nötig sind, die man in der Regelschule selten vorfindet; andererseits führt genau dies zu einer sozialen Isolation der Behinderten, die das Ausmaß der Behinderung oft noch verstärkt. In der Diskussion über diese Problematik tritt erst nach und nach der Gedanke in den Vordergrund, die übliche Mangelperspektive, die gewohnheitsmäßig den Blick auf die Defekte und Defizite der Behinderten richtet, durch eine eher konstruktive Perspektive zu ersetzen, die die erheblichen Einschränkungen der Behinderten nicht übersieht oder verdrängt, aber das jeweilige Anderssein positiv deutet. Auch die veränderten Bildungserwartungen von Eltern behinderter Kinder haben dabei eine wichtige Rolle gespielt.

So haben z.B. Schwerstbehinderte, die auf einem anderen Entwicklungsniveau stehen als gleichaltrige Nichtbehinderte, ein eigenes Bewusstsein von sich selbst, vom Lebenssinn, vom Glücklichsein; häufig zeichnen sie sich durch eine besondere Sensibilität der Empfindungen aus. Die inklusive Beschulung kann dazu beitragen, die jeweilige Behinderung zwar als ein wesentliches, aber nicht als das einzige beachtenswerte Merkmal des betreffenden Menschen wahrzunehmen. Die Berücksichtigung der Individuallagen macht bei der Verwirklichung dieses Anspruchs allerdings eine umfangreiche Differenzierung angesichts unterschiedlicher Behinderungen notwendig.

Ein Konzept für inklusives schulisches Lernen, das sowohl diese Grundsätze als auch die damit verbundenen Schwierigkeiten berücksichtigen will, muss die individuellen Besonderheiten von Kindern und Jugendlichen akzeptieren und zugleich versuchen, die unterschiedlichen Interessen auszubalancieren, damit allen die angemessenen Hilfen zur Lebensbewältigung zuteil werden kann (→ BILDUNGSGERECHTIGKEIT). Die Gemeinsamkeiten behinderter und nichtbehinderter Kinder und Jugendlicher in Schule und Unterricht kann nämlich eine Vielzahl von Chancen und Möglichkeiten für alle Beteiligten eröffnen, aber auch das Gegenteil bewirken.

III.

Wenn der Schule in der modernen Gesellschaft eine Integrationsaufgabe zukommt, dann muss bedacht werden, dass nicht alle Formen schulischer Integration den Ansprüchen einer menschenwürdigen Gemeinsamkeit im Lernen und Leben genügen. Ein bloßes räumliches und zeitliches Beisammensein und bloße äußerliche Gemeinsamkeiten bei manchen Lernvollzügen sind noch keine hinreichenden Bedingungen wirklicher Integration.

Vielmehr verlangt Integration die Schaffung der nötigen räumlichen und personellen Voraussetzungen durch die Schulbehörde und die Schulträger; die einzelnen Schulen – Lehrer, Schüler und Eltern – müssen sich um ein verändertes Bewusstsein und die Schaffung entsprechender Lernbedingungen bemühen. Das einzelne Kollegium muss über situativ angemessene Veränderungen beraten und realistische Formen des gemeinsamen Lernens entwickeln (→ GEMEINSCHAFT). Im Sinne einer Anregung sollen einige förderliche Rahmenbedingungen aufgezeigt werden, die im Prinzip für alle Fälle, insbesondere aber für den inklusiven, d.h. gemeinsamen Unterricht von Behinderten und Nichtbehinderten gelten.

- Verständnis für Verhaltensweisen, die auf den ersten Blick vielleicht ungewöhnlich und unverständlich sind und deshalb befremdlich wirken;
- Geduld und Gelassenheit im Umgang miteinander und die Fähigkeit, den Schulalltag sensibel und schülerzugewandt zu gestalten;
- ein soziales Netz entfalten, das jeden einzelnen Schüler, behindert oder nichtbehindert, gleichermaßen umschließt;

- den Unterricht bewusster auf Schüler mit sehr unterschiedlichen Lernvoraussetzungen einstellen;
- den Unterricht so offen organisieren, dass den Schülern ein hoher Grad an Selbstständigkeit ermöglicht wird und dem Lehrer Zeit zur Verfügung steht, um sich als individueller Lernhelfer und Berater zu betätigen;
- sich um ein ausgewogenes Verhältnis von Einzelarbeit und Formen der Zusammenarbeit (Partner- und Gruppenarbeit) bemühen;
- differenzierende Maßnahmen ergreifen, die sowohl eine individuelle Förderung als auch verstärkt kreative und soziale Fähigkeiten ausbilden helfen;
- Schülerleistungen – zumindest teilweise – aus der herkömmlichen Zensierung herausnehmen und neue Formen der individuellen Leistungswürdigung und -beurteilung finden;
- sich um die Entkoppelung des Zusammenhangs zwischen Schulerfolg und sozialer Anerkennung bemühen.

Literatur

Knauer, S./Jürgens, E. (Hg.): Integration: Inklusive Konzepte für Schule und Unterricht. Weinheim und Basel 2008

Interkulturelle Erziehung

I.

Interkulturelle Erziehung bezeichnet eine spezifische erzieherische Aufgabe der Erziehung im Hinblick auf die Schülerinnen und Schüler, die aus verschiedenen Kulturen kommen, in einer „multikulturellen Gesellschaft" leben und in der Schule zusammen lernen. Die Problematik der interkulturellen Erziehung liegt dementsprechend in der Beziehung zwischen einem pädagogisch legitimen Verständnis von → ERZIEHUNG und der Stellung von Kultur bzw. verschiedener Kulturen im Prozess der Bildung.

In der jungen Geschichte der interkulturellen Erziehung sind drei Interpretationsansätze dieser Beziehung zu erkennen: *Erstens* die „Ausländerpädagogik", die in den 1970er Jahren auf den Plan trat, von kulturellen Defiziten bei ausländischen Schülerinnen und Schülern ausging und sie zu kompensieren suchte; *zweitens* die ihr folgende und erst dann so genannte interkulturelle Erziehung, die von der faktischen Differenz prinzipiell gleichwertiger Kulturen ausgeht und als Erziehungsziele Verständnis und Toleranz einfordert; *drittens* die „transkulturelle" Erziehung (SCHILMÖLLER), die Kultur bzw. Kulturen nicht als letztgültige Wertordnung ansieht und deshalb die wert- und normkritische Auseinandersetzung mit kulturellen Gegebenheiten und deren Prüfung auf der Grundlage kulturübergreifender Prinzipien als Bildungsaufgabe ins Zentrum rückt.

II.

Gemeinsamer Ausgangspunkt aller drei Ansätze interkultureller Erziehung ist die multikulturelle Gesellschaft. Dieser Begriff wird allerdings nicht so sehr deskriptiv, sondern vielmehr präskriptiv im Sinne einer allgemeinen politischen Zielvorstellung gebraucht. Die Bewertung dieses Ziels zeigt ambivalente Züge: Die einen sehen in der multikulturellen Gesellschaft eher einen in ihrer Faktizität und ihrem europäischen und weltweiten Fortschreiten unumkehrbaren Prozess, der die eigene Kultur bereichern und eine erweiterte Solidarität herbeiführen kann bzw. muss; die anderen sehen mit ihrem Hinweis auf zu erwartende Konflikte und Grenzen der Toleranz sowie mit ihrem Zweifel an einer Gleichwertigkeit der Kulturen und ihrer Harmonisierbarkeit darin eher eine Bedrohung.

Aus pragmatischen und den Unterrichtsalltag bestimmenden Gründen etabliert sich in den 70er Jahren, als Kinder ausländischer Herkunft immer zahlreicher in die Schulen drängen, die Ausländerpädagogik. Mit ihren Bemühungen um diese Klientel unterwirft sie sich den → FUNKTIONEN DER SCHULE, vor allem ihrer Integrationsfunktion (→ INTEGRATION/INKLUSION). Gegen die verkürzende und negative Wahrnehmung der kulturellen Herkunft ausländischer Schülerinnen und Schüler richtet sich denn auch die Kritik. Sie führt zu einem Perspektivenwechsel, der allerdings einer Quadratur des Kreises gleichkommt. Denn einerseits kann beim Aufwachsen in einer fremden Kultur offenbar der Gedanke der Integration nicht aufgegeben werden; schon das Erlernen der deutschen Sprache bedeutet ja, zumindest partiell, zugleich die Übernahme kultureller Wertvorstellungen. Andererseits soll das aber nicht zur Preisgabe der eigenen kulturellen Identität führen; sie soll vielmehr ausdrücklich beibehalten, bewahrt und gepflegt werden. Damit sind aber weder die theoretischen noch die schulpraktischen Probleme gelöst: Werden die verschiedenen Kulturen als gleichwertig angesehen, dann werden nicht nur die grundlegenden und alltäglichen Probleme so gedeutet, dass ihre kulturelle Bestimmtheit nicht überschritten werden kann; ein derartiger Kulturdeterminismus kann dann auch keine moralischen Kategorien anerkennen, die kulturübergreifende Gültigkeit beanspruchen können.

In der Praxis gibt eine solche Position dem Lehrer keine Kriterien an die Hand, an denen er und seine Schülerinnen und Schüler sich orientieren und mit deren Hilfe sie in Konfliktfällen Entscheidungen treffen und begründen können. Zwar ist es die anzuerkennende Intention des Kulturalismus, ethnozentristische, v.a. eurozentristische Vorstellungen zu überwinden. Die Folge ist aber, dass ein und dasselbe Handeln von Schülerinnen und Schülern sowohl „richtig" als auch „falsch" sein kann. Damit aber ist einer „interkulturellen Erziehung" der Boden entzogen, es sei denn, man verkürzt eine solche „Erziehung" auf ein unverbindliches Verstehen und eine grenzenlose Toleranz.

So bleibt „am Ende" einer interkulturellen Erziehung nur die Möglichkeit, dass angesichts kultureller Differenzen, Probleme und Konflikte die Frage nach kulturübergreifenden Prinzipien aufgeworfen und diese als handlungsorientierender Begründungs- und Entscheidungsmaßstab gesucht werden. Menschenrechte, Grundrechte der Verfassung, Prinzipien der Moral sind zwar kulturbezogen, zugleich aber über Kulturen hinausgehend. Sie ermöglichen erst eine Kritik kulturspezifischer Werte, Normen, Regeln und Verhaltensweisen, sind also für die Bildung einer nicht durch die jeweilige Kultur determinierten Identität unverzichtbar.

Dass die Wurzeln kulturübergreifender Prinzipien im Christentum und im europäischen, v.a. im aufklärerischen Denken liegen, mag sie aus kulturalistischer Sicht zu ethnozentrischen Überzeugungen abstempeln. Damit wird aber die Frage nach kulturüberschreitenden Bedingungen eines humanen Lebens und Zusammenlebens nicht überflüssig; sie stellt sich vielmehr angesichts der „einen" Welt und eines anzustrebenden „Weltethos" (KÜNG) sowohl als Bildungs- wie als politische Ordnungsaufgabe heute und in Zukunft radikaler als je zuvor.

III.

Für den Lehrer ist es entscheidend, welchen Stellenwert er in seinem unterrichtlichen und erzieherischen Handeln der Kultur sowohl seiner einheimischen wie seiner ausländischen Schüler beimisst. Bedenkt er deren Einstellung und Verhalten als durch die jeweilige Kultur determiniert, betrachtet er die kulturellen Differenzen in Sitten und Bräuchen, in Regeln und in religiösen Überzeugungen als unveränderbare Sozialisation, dann bleibt ihm keine darüber hinausgehende, erzieherische Handlungsmöglichkeit. Erachtet er dagegen sowohl den einheimischen wie den ausländischen Schüler vor aller kulturbedingten Differenz als *Menschen,* dem das selbstbestimmte Denken und Urteilen zugemutet werden darf und für die Herausbildung eigener Identität auch zugemutet werden muss, dann eröffnet sich ihm eine besondere Aufgabe der Erziehung. Sie liegt darin, die Schüler bei kulturbedingten Problemen und Konflikten sowohl zwischen einheimischen wie zwischen diesen und ausländischen Schülern zu einer Auseinandersetzung mit dem Sinn und der Bedeutung kulturspezifischer Werte und Normen herauszufordern, zu deren Verständnis anzuleiten und deren Gültigkeitsansprüche prüfen zu lernen. Dieser Prozess steht unter der Denk- und Urteilsvoraussetzung eines gelingenden Lebens als Maßstab. Er ermöglicht erst die Überwindung von Fremdheit zugunsten einer gemeinsamen Aufgabe, in der jeder Schüler durch eigenes Denken und Urteilen zu sich selbst und zu seinen Mitschülern als Mit-Menschen findet. Ein solcher Dialog wird Schülern helfen können, bleibende Unterschiede ertragen und aushalten zu lernen und sich trotzdem gegenseitig zu akzeptieren. In keinem Falle bleibt einer interkulturellen Erziehung, wenn sie sich nicht auf folkloristische Aktivitäten verkürzen will, diese → ERZIEHUNG IM UNTERRICHT erspart.

Literatur
Auernheimer, G.: Einführung in die interkulturelle Pädagogik. Darmstadt [6]2010

Jugend

I.

Jugend bezeichnet den Lebensabschnitt, der auf die → KIND-HEIT folgt und von der beginnenden Geschlechtsreife bis zum Erwachsensein reicht. Obwohl diese Zeitspanne altersmäßig nicht genau festlegbar und im Einzelfall von unterschiedlicher Dauer ist, hat sie doch spezifische Merkmale, die unter den Begriffen Pubertät und Adoleszenz zusammengefasst werden. Als Zwischenstadium zwischen Kindheit und Erwachsensein ist die Jugend die Zeit der Orientierung und bewussten „Selbstwerdung". Wer sich in dieser Phase befindet, wird Jugendlicher oder Heranwachsender genannt.

In der Pubertät, die bei Mädchen meist eher einsetzt als bei Jungen, machen die Heranwachsenden wesentliche körperliche Entwicklungen durch, die mit psychisch-emotionalen und sozialen Veränderungen verbunden sind. Da diese Veränderungen häufig noch andauern, wenn die Zeit der eigentlichen Geschlechtsreife schon beendet ist, bezeichnet man mit Adoleszenz einen längeren Zeitraum, der die Pubertät umfasst und über sie hinausgeht.

Trotz mancher Differenzierungen, die sich durch die Unterschiedlichkeit der Herkunft, des Bildungsstands, der Schulform, des Wohn- und Aufenthaltsorts ergeben, gelten für die Rahmenbedingungen heutiger Jugend dieselben Tendenzen wie für die veränderte → KINDHEIT. Weil Jugendliche heute weitgehend in einen offenen, ungesicherten Lebensraum hineinwachsen, ist das Bewusstsein von der Unsicherheit der Zukunft und der fehlenden Orientierung besonders stark ausgeprägt. Verstärkend wirkt dabei noch, dass die Pluralität tolerierter Lebensmuster-Angebote eine Erweiterung der Möglichkeiten für Lebensentwürfe und damit eine Fülle von verwirrenden Entscheidungssituationen zur Folge hat.

Rechtlich endet die Jugend mit der Vollendung des 18. Lebensjahres; die Grenzen zwischen Jugend und Erwachsensein sind jedoch fließend und unscharf. Aufgrund verlängerter Schul- und Ausbildungszeiten und dem damit meist verbundenen Ferngehaltensein von wirklicher Lebensverantwortung sind viele, die dem Alter und der Entwicklung nach bereits Erwachsene sind, gezwungen, dennoch weiter als „Jugendliche" zu leben. Da zugleich der Zugang zu Erwachsenenerfahrungen fast uneingeschränkt möglich ist, kann eine psychische Situation entstehen, in der die Herausbildung einer sinnstiftenden und tragenden Zukunftserwartung sehr schwierig wird oder gar unmöglich erscheint.

II.

Die → AUFGABEN, vor denen die Heranwachsenden in der Pubertät und Adoleszenz stehen, sind bedeutungsvoll und grundlegend für das Erwachsenenleben. Sie lassen sich in verschiedene, miteinander verknüpfte Aspekte entfalten:

- Die Veränderungen in der körperlichen Erscheinung akzeptieren, mit der eigenen Sexualität umgehen lernen und eine unverwechselbare Identität gewinnen;
- selbstständig und eigenverantwortlich handeln lernen;
- einen Platz für sich finden in der Gesellschaft, in den Beziehungen zu den Mitmenschen und im Berufsleben;
- ein neues, eigenes Bild von der Welt und sich selbst entwerfen;
- in die Verantwortung für das eigene Leben hineinwachsen und sie bewusst übernehmen,
- nach einer Antwort auf Sinnfragen und nach verbindlichen Werten als Lebensgrundlage suchen.

Die Prozesse des Erwachsenwerdens, die durch diese Aufgaben gekennzeichnet sind, werden von den Jugendlichen als krisenhaft, konfliktgeladen und widersprüchlich erlebt. Sie erfolgen als Ablösung von Personen, die in der Kindheit maßgeblich waren, vor allem von den Eltern, und als Hinwendung zu neuen Freundschaften und Partnerschaften, zunächst meist in der Gruppe der Gleichaltrigen. Das oft widersprüchliche Verhalten ist gleichzeitig von folgenden Merkmalen bestimmt:

- von starken Selbstzweifeln und vom kämpferischen Behaupten eines eigenen Standpunktes,
- von großer Verletzlichkeit und von Aggressivität in der Auseinandersetzung mit anderen,

- von Lebensfreude und von unerklärlicher Traurigkeit, von Freiheitsstreben und vom Abhängigmachen von der Akzeptanz der Gruppe,
- von einem neuen Ich-Gefühl und vom Angewiesensein auf Vorbilder,
- von bewusster Abgrenzung von vertrauten Personen und von ausgeprägten Wünschen nach intensiven neuen Beziehungen, vom Drang nach Freiheit von bisherigen Bindungen und vom Wunsch nach neuer Geborgenheit außerhalb der Familie,
- von öffentlichem Engagement für Frieden und Gerechtigkeit und von einem Rückzug in eine eifersüchtig verteidigte Privatsphäre,
- von Protest gegen Fremdbestimmung und von der Forderung nach Entscheidungsfreiheit und Selbstbestimmung,
- von der Ablehnung „bürgerlicher Tugenden" und von der Erwartung von Toleranz gegenüber den eigenen Lebensformen.

Jugendliche brauchen in dieser krisenhaften Zeit tragfähige Zukunftsperspektiven und überzeugende Sinnerfahrungen. Vor allem aber brauchen sie verständige und zugleich standfeste Erwachsene,

- die ihnen ein sinnvolles Leben vorleben, ohne sich als „Vorbilder" aufzudrängen;
- die einen eigenen Standpunkt vertreten und zugleich andere Meinungen anerkennen und herausfordern;
- die sich durch widersprüchliches Verhalten nicht verunsichern lassen, sondern sich um solidarische Formen des Umgangs bemühen;
- die dabei helfen wollen, die individuellen Ordnungen im Denken, Fühlen und Handeln aufzubauen und zu sichern;
- die das Wechselspiel von Lösen und Binden geduldig ertragen und verständnisvoll begleiten und fähig sind, die Jugendlichen aufzuklären über das, was mit ihnen geschieht;
- die nicht auf Bekundung von Abhängigkeit bestehen, sondern Partnerschaft zulassen;
- die fähig und bereit sind, Jugendliche freizulassen, ohne sie allein oder fallen zu lassen;

- die helfen, die notwendigen Veränderungen als Chancen zu sehen und zu nutzen;
- die die Jugend nicht als Problemgruppe ansehen, an der sich gesellschaftliche Verfallssymptome besonders deutlich zeigen, sondern als Hoffnungsträger für die Gestaltung zukünftiger Lebensbedingungen;
- die auf Stimmungen eingehen können und eine Atmosphäre des Vertrauens und Zutrauens schaffen, in der Selbstvertrauen wachsen kann;
- die sich als Menschen anbieten, an denen man sich reiben und mit denen man sich zugleich verbunden fühlen kann.

III.

Für die meisten Jugendlichen ist die Jugendzeit als Schul- und Ausbildungszeit definiert. Deshalb kommt der Schule bzw. den Lehrern eine bedeutsame Aufgabe im Prozess des Erwachsenwerdens zu. Wenn viele heutige Erwachsene dagegen feststellen, dass sie die für das Leben wichtigen Dinge vorrangig außerhalb der Schule erfahren und erlebt haben, dann ist dies vielleicht ein Zeichen dafür, dass die jeweiligen Schulen ihre pädagogischen Möglichkeiten nicht hinreichend genutzt und ihre entsprechenden Aufgaben nur unzureichend erfüllt haben. Tatsächlich empfinden viele Jugendliche ihren Schulalltag als belastend und ihre Schuljahre als eine wenig sinnvoll gefüllte Zeit, die aber notwendigerweise „überlebt" werden muss, um später in Beruf, Familie und Gesellschaft mit dem wirklichen Leben beginnen zu können. Insofern bleiben Schule und schulisches Lernen den Jugendlichen vielfach rein „äußerlich".

Damit die → SCHULE die Jugendlichen in den Orientierungs- und Lernprozessen des Heranwachsens unterstützend und helfend begleiten kann, darf sie nicht den größten Teil der Probleme Jugendlicher aus Angst oder falsch verstandenem Selbstschutz ausblenden, sondern muss sich als Lern- und Erfahrungsraum verstehen, in dem Heranwachsende sich als junge Menschen ernst- und angenommen fühlen können. Das bedeutet u.a.,

- dass die Schulzeit nicht nur als Vorbereitungszeit angesehen, sondern als gegenwärtige Lebenszeit gestaltet wird

(→ SCHULLEBEN); dass der starre Rahmen des verplanten Schultags durchbrochen, die Lehrplan- und Zeitzwänge reduziert und die Wahlmöglichkeiten vergrößert werden (→ OFFENER UNTERRICHT, → FACHÜBERGREIFEND-PRO-JEKTORIENTIERTER UNTERRICHT, → FREIARBEIT);

- dass die rollenmäßige Trennung von Lehrern und Schülern schrittweise zugunsten eines gemeinsamen Lernens aufgegeben wird (→ LEHRER-SCHÜLER-VERHÄLTNIS);
- dass eine informelle Gruppenbildung und kooperatives Lernen nicht nur zugelassen, sondern gefördert werden (→ SOZIALES LERNEN),
- dass nicht nur die → WISSENSCHAFTSORIENTIERUNG beachtet, sondern zugleich der Lebensbezug des Lernens einsichtig wird, damit die Schüler erfahren können, dass es beim Lernen nicht nur um Sachverhalte, sondern zugleich immer um deren Bewertung geht (→ WERTORIENTIE-RUNG).

Vom → LEHRER verlangt dies eine Reihe von pädagogischen Kompetenzen und Handlungsbereitschaften für → UNTER-RICHT und → ERZIEHUNG in der Schule (→ ERZIEHUNG IM UNTERRICHT). Er sollte

- Jugendlichen zutrauen, dass sie ihren Lebens- und Lernweg in hohem Maße selbstständig finden, und sie zu diesem eigenen Weg ermutigen (→ SELBSTTÄTIGKEIT);
- sich den Fragen und Problemen öffnen, die für Jugendliche von Bedeutung sind, und sich dabei bewusst und flexibel auf die Gratwanderung zwischen Führen und Freigeben, Abwarten und Eingreifen einlassen (→ BERATUNG);
- Schüler zu verstehen suchen, auch wenn er mit ihrem Verhalten nicht einverstanden ist, und solidarische Formen des Umgangs pflegen, die ein möglichst kooperatives Aushandeln der Ziele, Inhalte und Methoden des Unterrichts einschließen;
- den Jugendlichen nicht nur als Rollenträger, sondern als Erwachsener begegnen, der in glaubwürdiger Form Lebenserfahrungen vermittelt und die notwendigen Hilfen zum eigenständigen Werten, Entscheiden und Handeln gibt (→ HANDLUNGSORIENTIERUNG);

161

- mit den Jugendlichen menschenwürdig (d.h. dialogisch) umgehen und nicht eine selbstverständliche Autorität aufgrund des Alters-, Erfahrungs- und Wissensvorsprungs beanspruchen, sondern glaubhaft machen, dass es ihm in allem um Hilfe zur Selbsthilfe geht ($\rightarrow$ AUTORITÄT);
- Bereitschaft zeigen, Handlungsspielräume für Mit- und Selbstbestimmung zu nutzen, und dadurch die Entwicklung von Individualität und sozialer Verantwortung unterstützen.

> „Die Jugend von heute liebt den Luxus, hat schlechte Manieren und verachtet die Autorität. Sie widersprechen ihren Eltern, legen die Beine übereinander und tyrannisieren ihre Lehrer."
> (SOKRATES, 470–399 v. Chr.)

Literatur
Petzelt, A.: Kindheit – Jugend – Reifezeit. Freiburg 1958

Kindheit

Kindheit ist ein Sammelbegriff für die Lebenszeit des Menschen von der Geburt bis zur einsetzenden Pubertät (→ JUGEND). Eine bewusste Hinwendung zu den besonderen Bedingungen dieses Lebensabschnitts entstand erst sehr spät in der Geschichte der Menschheit (etwa im 18. Jahrhundert). Erst ab dem 20. Jahrhundert setzten sich in Erziehung und Unterricht Ansätze einer Akzeptanz eigener kindlicher Lebensformen und einer ausdrücklichen Unterstützung der spezifischen Eigenheiten, Bedürfnisse und Aneignungsformen von Kindern mehr und mehr durch.

Da die Bedingungen des Kindseins in einem ständigen Wandel begriffen sind und es *die* Kindheit bzw. *die* Kinder nicht gibt, lässt sich nicht definitiv sagen, was Kindheit ist oder sein soll. Dennoch sind in den Lebensbedingungen heutiger Kinder Tendenzen festzustellen, die sich – in Anlehnung an die Fülle neuerer Literatur zu diesem Thema – aspekthaft beschreiben lassen. (Auf die große Anzahl psychologisch oder soziologisch orientierter Untersuchungen zur Entwicklung von Intelligenz, Sprache, Leistungsmotivation, Sozialverhalten, Einstellungen und Werthaltungen von Kindern sowie auf entsprechende Phasenmodelle wird hier nicht eingegangen.)

1. Kinder leben in zunehmender Vereinzelung. Mehr als die Hälfte aller Haushalte in Deutschland ist kinderlos; von den übrigen Familien sind 51,9% Einkindfamilien, 35,6% haben zwei Kinder, 9,7% drei Kinder und nur 2,8% vier und mehr Kinder. Der Anteil der alleinerziehenden Mütter oder Väter beträgt 17%. Dies bedeutet für viele Kinder mehr Aufmerksamkeit und Zuwendung, aber auch höhere Erwartungen und Hoffnungen von Seiten der Eltern; zugleich nehmen die Möglichkeit sozialer Erfahrungen und die Notwendigkeit von sozialer Auseinandersetzung in den Familien ab. Oft führt die Vereinzelung zu einem Gefühl der Vereinsamung, das dann entweder ein ständiges In-Sich-Gekehrt-Sein zur Folge hat oder aber mit hektischer Betriebsamkeit überspielt wird. Ein „partnerschaftlicher Erziehungsstil" bewirkt, dass Kinder „selbstbewusster" werden und ihren Anspruch, als Individuen an- und ernstgenommen zu werden, in vielfältiger Weise deutlich zur Geltung bringen.

Zum Aspekt der Vereinzelung gehört auch die sog. „Verinselung des Lebensraums". Das heißt, dass sich das Leben zunehmend mehr in Häusern und Wohnungen abspielt und freie Plätze zum gemeinsamen Spielen und Herumstreifen selten sind. Kinder suchen zur Erledigung ihrer Pflichten und Befriedigung ihrer Bedürfnisse jeweils spezielle Orte („Inseln") auf, wo sie dann für sich allein oder in wechselnden Gruppierungen spielen, lernen, Aufgaben erfüllen oder ihre Freizeit verbringen.

2. *Kinder leben ein „Leben aus zweiter Hand".* Im Zusammenhang mit dem Leben in Wohnungen und der Entwicklung elektronischer Medien erleben Kinder zunehmend mehr eine „mediatisierte Wirklichkeit". Fernsehen und Computerspiele sind heute die dominierenden Freizeittätigkeiten bei Kindern. Das bedeutet ein radikales Abnehmen originaler Begegnungen beim Erkunden und Entdecken der Welt, eine starke Reduktion der produktiven Aktivität zugunsten des Konsumierens sowie die Gefahr einer Reizüberflutung und einer Verstärkung der Vereinzelung. Zugleich bedeutet es die Möglichkeit eines umfassenden Zugangs zu Informationen und einer schonungslosen Aufklärung über Lebensvollzüge. Eine Erweiterung der Kommunikations*möglichkeiten* geht häufig einher mit einer deutlichen Verarmung der Kommunikations*fähigkeit.*

3. *Kinder leben mit wachsender Verplanung.* Kinder erleben schon sehr früh, dass Zeit knapp ist und planvoll genutzt werden muss. Fürsorgliche und ehrgeizige Eltern sorgen dafür, dass die von Schulunterricht freie Zeit für vielfältige organisierte Aktivitäten und häufig für weiteren Unterricht verwendet wird. Dazu gehören vor allem Angebote aus den Bereichen Musik, Sport und Umgang mit Tieren, die für sich genommen alle sinnvoll sind, aber in ihrer Häufung zu einer Verplanung des Alltags führen können, die ohne Terminkalender kaum noch zu bewältigen ist.

4. *Kinder leben ohne feste Orientierung.* Für viele Kinder

ist die Familie kein Lebensort mehr, an dem im Zusammenleben mit Erwachsenen und anderen Kindern lebensgestaltende Werte erfahren und erlebt werden können. Häufig müssen Kinder mit Extremen im Verhalten der Eltern fertig werden: Totale Liberalisierung und Nachgiebigkeit gegenüber wechselnden Bedürfnissen oder Verbote und Beschränkungen ohne Einsicht, fehlende Gesprächsbereitschaft oder zu viel Gerede, Überbehütung oder Wohlstandsverwahrlosung. Hinzu kommt, dass es auch außerhalb der Familie kaum noch geschlossene Überzeugungsgruppen gibt, die sich für eine Auseinandersetzung über Sinnfragen und Lebensorientierung anbieten; stattdessen leben die Kinder mit schnell wechselnden Einzelfreundschaften. Dies macht es ihnen schwer, eine tragfähige Werturteils- und Normentscheidungsfähigkeit zu entwickeln und auf Sinnfragen überzeugende Antworten zu finden.

5. *Kinder leben angesichts einer bedrohlich empfundenen Zukunft.* Hochrüstung und Krieg, Energiekrise und ökologischer Raubbau, Müllproblem und Umweltverschmutzung, aber auch Arbeitslosigkeit und Armut und das Gefühl der Ohnmacht sind hier die Stichworte, mit denen eine „bedrohliche" Beeinflussung des Lebensgefühls von Kindern markiert werden kann. Wenn die Grunderfahrung, dass Kindsein wesentlich ein „Noch-nicht-Sein" ist, durch eine vermittelte Perspektivlosigkeit und Lebensangst verstärkt wird, kann dies langfristig sowohl zu lähmender Resignation als auch zu bedenkenlosem Sich-Ausleben führen.

6. *Kinder leben in einer multikulturellen Gesellschaft.* Die Zahl ausländischer Familien und ausländischer Kinder, die in Deutschland leben, ist in den letzten Jahren ständig gestiegen; hinzu kommen deutschstämmige Aussiedlerfamilien und Asylbewerber aus zahlreichen Ländern. Dies führt dazu, dass Kinder heute ganz selbstverständlich mit Menschen anderer Nationen und Kulturen zusammentreffen und mit deren unterschiedlichen Werthaltungen, Religionen und Lebensstilen in Berührung kommen; es bedeutet auch, dass Kinder die unterschiedlichen Einstellungen ihrer Eltern und anderer erwachsener Bezugspersonen zu diesen Menschen und Kulturen unmittelbar erfahren und erleben.

7. *Kinder leben als begehrte Objekte von Wirtschaft und*

Werbung. Seitdem die Kinder als lukrative Zielgruppe und als wirkungsvolles Mittel zur Erwachsenenbeeinflussung entdeckt worden sind, versucht die wirtschaftliche Werbung in einem vorher nicht gekannten Ausmaß, in ihnen immer neue Konsumwünsche zu wecken. Dies hat ein Überangebot an materieller Ausstattung in vielen Kinderzimmern und einen ausgedehnten Freizeitmarkt zur Folge. Wenn Kinder mit dieser verwirrenden Fülle alleingelassen werden, kann die Vereinzelung verstärkt und zugleich eine latente Angst, trotz allem zu kurz zu kommen, bewirkt werden.

II.

Die Bewertung der veränderten Bedingungen der Kindheit und ihrer Auswirkungen auf Verhalten und Haltung der Kinder hat sowohl in Buchveröffentlichungen und Zeitschriftenaufsätzen als auch auf Lehrerfortbildungsveranstaltungen und bei Gesprächen in Lehrerkollegien häufig eine negativ-klagende Tendenz. Der Wandel wird vorrangig als Verarmung (für die Kinder) und als Erschwerung (für die Arbeit der Lehrer) empfunden.

Kinder lernen insgesamt schwerer und nachlässiger, haben vor allem Schwierigkeiten mit vorgegebener Sprache in Büchern und Texten, können nicht zuhören und sich nicht konzentrieren, sind unpünktlich, vergesslich, nervös und ständig in unruhiger Bewegung, sind materiell überfüttert, bei Misserfolgserlebnissen nicht belastbar und schnell bereit, Gewalt anzuwenden. Sie sind in extremer Weise auf sich selbst bezogen, überaus sensibel für „ungerechte" Behandlungen und oft gar nicht gemeinschaftsfähig. Sie wollen ständig etwas geboten bekommen und haben eine stark ausgeprägte Abneigung gegen sog. „Pflichtwerte" wie Ordnung, Pünktlichkeit, Fleiß, Disziplin und Gehorsam; sie können nicht warten und Bedürfnisse nicht zurückstellen. Selbstentfaltung und Freiheit stehen an erster Stelle der Werteskala, Bescheidenheit und Hilfsbereitschaft an letzter Stelle.

Werden die Auswirkungen einer veränderten Kindheit als positiv-chancenreich bewertet, dann wird herausgestellt, dass Kinder heute in größerem Maße aktiv, kreativ, spontan, selbstständig und offen für neue Erfahrungen sind. Sie entwickeln eigene Ideen, haben Fantasie und Mut zum Widersprechen und sind begeisterungsfähig für Aufgaben, deren Sinn ihnen einsichtig ist. Was sie vor allem brauchen, ist Zuwendung und emotionale Geborgenheit, Vertrauen und Verständnis, Sinnerfahrung und menschenwürdiges Zusammenleben.

III.

Von der → SCHULE kann nicht erwartet werden, dass sie alle tatsächlichen oder vermeintlichen Defizite des außerschulischen Lebens aufarbeitet und ausgleicht und auf alle Bedürfnisse der Kinder in entsprechender Weise eingeht. Aber weil jedes pädagogische Bemühen die Lernenden „dort abholen muss, wo sie stehen" (d.h. die jeweilige Individuallage einzurechnen hat), muss die Schule doch aus den veränderten Kindheitsbedingungen Konsequenzen ziehen und sich von daher immer neu auf ihren Bildungsauftrag besinnen (→ BILDUNG).

Dies wird nicht geleistet, wenn der Unterricht primär als institutionalisierte Belehrung angelegt ist und die Gestaltung der Unterrichtszeit den Produktionsabläufen bei industrieller Fertigung gleicht (z.B. Dominanz des lehrgangsorientierten Fachunterrichts, 45-Minuten-Stunden als genormter Zeittakt, willkürliche Aufeinanderfolge der Fächer im Stundenplan, Fachlehrerprinzip, Jahrgangsklassen als Gruppierungsprinzip).

Vielmehr muss die Schule als Lern- und Lebensraum um eine stetig zunehmende Selbstständigkeit und Eigenverantwortlichkeit der Schüler bemüht sein und dabei die Fähigkeit und Bereitschaft zu individuellem und gemeinsamem Lernen fördern (→ SELBSTTÄTIGKEIT). In Unterricht und Erziehung hat die Schule den Schülern Einsichten, Kenntnisse und Fertigkeiten zu vermitteln, durch die sie zum Erwerb von sachlich und moralisch begründeten Einstellungen, Haltungen und Sinngebungen, zum Herausbilden einer eigenen „Weltanschauung" und zu verantwortlicher Selbstbestimmung in einer ethisch begründeten Lebensführung befähigt werden (→ HANDLUNGSORIENTIERUNG, → WERTORIENTIERUNG).

Die Kinder müssen in der Schule vor allem stabile menschliche Beziehungen und anregende Lernbedingungen erleben. Der Erfolg hängt deshalb nicht von der Organisationsform der Schule ab (→ SCHULFORMEN), sondern in erster Linie von den dort handelnden Menschen und ihrem vertrauensvollen Umgang miteinander (→ LEHRER-SCHÜLER-VERHÄLTNIS) und vom sinnvollen Wechsel miteinander verbundener → UNTERRICHTSFORMEN. Zudem muss die Schule geprägt sein von einem Zusammenleben, das vielfältige Sozialerfahrungen ermöglicht (→ SOZIALES LERNEN), und von einer Atmosphäre, in der das Lernen Freude macht.

Literatur

Ariès, Ph.: Geschichte der Kindheit. München [16]2007

Klassenraumgestaltung

I

Unterrichts- und Erziehungsprozesse sind – wie menschliches Leben und Handeln insgesamt – an Raum und Zeit gebunden. Die Schule als staatlich beaufsichtigte und verwaltete Institution unterliegt mit ihren Räumlichkeiten und Stundenplänen zunächst zweckrationalen Normen, die auch für die architektonische Gestalt und zeitliche Planung verbindlich sind. Sie dienen insbesondere dazu, die Erfüllung der → FUNKTIONEN DER SCHULE zu sichern; eine pädagogische Qualität kommt ihnen deshalb nicht ohne weiteres zu. Nur zu oft erweisen sie sich im Hinblick auf pädagogische und sich verändernde Erwartungen und Ansprüche als beschränkend, wenn nicht gar hinderlich.

Auf die bauliche *Gestalt* der Schule haben das Kollegium und der einzelne Lehrer – wenn überhaupt – nur geringen Einfluss.

Anders verhält es sich, wenn der Raum der → SCHULE in pädagogischer Perspektive als Lebens- und Handlungsraum für Lehrer und Schüler begriffen wird. Dann wird er zur Aufgabe weiterer *Gestaltung*. Das gilt für den Eingang der Schule, den Schulhof und die Pausenhalle (→ PAUSE) ebenso wie für die Treppenaufgänge und Flure, für die Fach- und Funktionsräume, vor allem aber für den Klassenraum. Er ist jener Raum, der im gegenwärtigen Schulsystem gewährleistet, dass Lehrer und Schüler in kontinuierlicher Form eine Aufgabengemeinschaft (→ GEMEINSCHAFT) bilden können, die sich in ihrer Kontinuität in der Mehrzahl der Unterrichtsfächer und -formen auch räumlich dokumentiert.

Darüber hinaus kann die Gestaltung der Schule und der Klassenräume für die Schüler exemplarische Bedeutung im Hinblick auf die Gestaltung von (Lebens-)Räumen haben und die Identifikation mit der Schule als (Lern-)Raum erleichtern oder erschweren. Zugleich trägt ein Klassenraum, der als anregende „Lernumwelt" gestaltet ist, entscheidend dazu bei, eine lernfreundliche Atmosphäre zu schaffen.

II.

Die Gestaltungsaufgabe im Schul-Raum hat zwei Aspekte: einen ästhetisch-erzieherischen und einen unterrichtlich-erzieherischen. Während der erste die Schule insgesamt betrifft, bezieht sich der zweite eher auf den Klassenraum.

Unter ästhetisch-erzieherischem Aspekt ist es immer wieder erstaunlich, in welch unterschiedlicher Weise diese Aufgabe von den einzelnen Schulen wahrgenommen wird. Unabhängig vom Alter und der architektonischen Struktur des Gebäudes gibt es in vielen Schulen einen schmucklosen Eingang, sterile Treppenaufgänge, ungestaltete Schulhöfe, leere Wände – Ausdruck einer bestimmten Mentalität, die den funktionalen Charakter der Schule nicht durchbricht, sondern nur verstärkt. Während andere Schulen durch eine phantasievolle ästhetische Gestaltung auffallen, die Eintritt und Aufenthalt einladend begleiten – Ausdruck eines Bewusstseins, dass Lehrer und Schüler sich nur in einem wohlgestalteten Schulraum wohlfühlen können. Zeichen und Symbole, freundliche Farben, eine bildhafte Darstellung des Namens der Schule, ein der Pädagogik dieser Schule zugrunde liegender Leitgedanke, Auszeichnungen bei sportlichen Veranstaltungen, Anregungen für die Pausenzeit, Schülerarbeiten an Wänden und in Vitrinen, ein Schwarzes Brett für Aktivitäten im → SCHULLEBEN, jahreszeitlich geschmückte Fenster, eine Fotocollage vom letzten Schulfest, – die Möglichkeiten ästhetisch-erzieherischer Gestaltung sind vielfältig und können hier nur beispielhaft angedeutet werden. Auch der Klassenraum ist vom Aspekt ästhetischer Gestaltung nicht ausgenommen. Es wäre in vielen Fällen sogar ein Gewinn, wenn bei einer mehr oder weniger normierten Klassenraumeinrichtung eine vielgestaltigere ästhetische Ergänzung anzutreffen wäre.

Unter unterrichtlich-erzieherischem Aspekt meint Klassenraumgestaltung jedoch mehr. Die Gestaltung des Raumes, in dem das → LERNEN und Zusammenleben einer Lerngruppe überwiegend stattfindet, ist eine wichtige Bedingung für eine bereitwillige und erfolgreiche Auseinandersetzung der Schüler mit ihren wechselnden → AUFGABEN. Der Klassenraum muss deshalb so bemessen und gestaltet sein, dass in ihm die unterschiedlichen Aufgabenformen bewältigt, die darauf hingeordneten → UNTERRICHTSFORMEN durchgeführt und die Beziehung von Lehrern und Schülern zu den Aufgaben und zueinander sich entsprechend entfalten können. Umgekehrt gilt, dass an der Einrichtung und Gestaltung des Klassenraumes ablesbar ist, welche Unterrichtsformen und welche Beziehungskonstellationen (→ SOZIALFORMEN) in ihm vorherrschen.

III.

So lässt ein Klassenraum mit herkömmlicher Ausstattung und allseits bekannten Vermittlungsinstrumenten – z.B. Zweiertische und Stühle, immer noch so angeordnet wie die ehemaligen Viererbänke („Herbartianische Bildungsbalken"), Schiebe-/Klapptafel, Kreide und Schwamm, Lehrerschreibtisch, Schrank, Klemmleiste, Kartenständer, Lineal, Zirkel und Winkelmesser, Stunden- und Raumplan – die Vermutung zu, dass in ihm der → LEHRGANGSORIENTIERTE UNTERRICHT, meist in der Kombination von Frontalunterricht und Einzelarbeit, die vorherrschende Unterrichtsform ist. Eine solche Einrichtung, die den anspruchsvolleren Ausdruck „Gestaltung" kaum verdient, korrespondiert hier nur den funktionalen Ziel- und Zwecksetzungen des Unterrichts. Ein solcher Klassenraum macht deshalb auch einen indifferenten Eindruck; er ist nicht der Raum einer bestimmten, sondern einer beliebigen Lerngruppe.

Daran ändert sich im Grunde auch nichts, wenn man seine schablonenartige Indifferenz durch ästhetische Gestaltungselemente abzuschwächen versucht. Das ist deutlich erkennbar, wenn Bilder, Poster, Plakate, Karten, eine Zeitleiste, ein Kalender, in der Grundschule das Buchstabenhaus, Großaufnahmen zu Themen des Sachunterrichts und an verschiedene Jahreszeiten und Höhepunkte des Kirchenjahres erinnernde Zeichen und Darstellungen die sterile Einrichtung überdecken sollen. Zwar hat auch die Unterrichtsform des lehrgangsorientierten Unterrichts ihr Recht, aber eben nur in Verbindung mit den anderen Unterrichtsformen, wenn der Unterricht in der Schule in differenzierter Weise mit der Erziehung verbunden werden soll (→ ERZIEHUNG IM UNTERRICHT).

Anders sieht ein Klassenraum aus, wenn in ihm vorwiegend mitbestimmte und situativ vereinbarte Aufgaben im

→ Fachübergreifend-projektorientierten Unterricht bearbeitet bzw. entsprechende erzieherische Elemente im → Fachunterricht berücksichtigt werden. Im Klassenraum ist das an der Entfaltung und Präsentation einer oder mehrerer Unterrichtseinheiten erkennbar. Zu sehen sind dann am Beispiel „Unser Wald als Ökosystem" der von Lehrer und Schülern gemeinsam entwickelte didaktische Plan auf einer Wandzeitung, Ergebnisse der Gruppenarbeiten in Form von Bildern und Fotos, Zeitungs- und Zeitschriftenausschnitten, Tabellen, Graphiken, Modellen, Thesen und Stellungnahmen.

Eine solche Klassenraumgestaltung hat im Gegensatz zu einer statischen Einrichtung einen prozessualen Charakter; sie ist in ständigem Wandel begriffen und gleichermaßen auf individuelles und gemeinsames Lernen hingeordnet. Es ist kein Zufall, dass man in solchen Klassenräumen auch auf eine differenziertere Sammlung von → Medien trifft.

Noch anders präsentiert sich ein Klassenraum, wenn in ihm die Unterrichtsform → Freiarbeit praktiziert wird. Da in ihr die Wiederholung, Übung und Erweiterung der Ziele des lehrgangsorientierten Unterrichts ebenso ihr Recht haben wie frei gewählte, an den Fachunterricht anschließende oder über ihn hinausgehende Aufgaben, liegt im didaktischen Material und seiner Ordnung ein grundlegendes Gestaltungsmoment für den Klassenraum. Die Vielfalt methodischer Tätigkeiten bei den Schülern und ihre eigene Entscheidungsfreiheit zur Einzel-, Partner- und Gruppenarbeit verlangen darüber hinaus eine möglichst reibungslose Zusammenstellung der Tische innerhalb des Klassenraumes. Der Einzeltisch, der mit einem oder mehreren anderen nahtlos zusammengestellt werden kann, ist hier ebenso angebracht wie der Fußbodenteppich für einen begrenzten Teil des Klassenraums, auf dem bestimmte (Gruppen-)Arbeiten möglichst geräuscharm durchgeführt werden können. Zur Gestaltung des Klassenraums für die Freiarbeit gehört schließlich notwendig ein eigenes Fach für jeden Schüler, in dem er seine Arbeiten und Arbeitsmittel unterbringen kann.

Literatur
Freinet, C.: Pädagogische Werke. 2 Bände. Paderborn 1998 und 2000

Kompetenz

Der Ausdruck „Kompetenz" bezeichnet, was eine Person in bestimmter Weise kann und wie sie sich zu diesem Können positiv stellt. So wird beispielsweise von der Kompetenz eines Arztes gesprochen, der stets bereit ist, seine diagnostischen Fähigkeiten bei allen möglichen Krankheiten einzusetzen. Man spricht etwa von der Kompetenz von Führungspersonen, wenn sie über die Fähigkeit verfügen, Richtlinien festzulegen und auch bereit sind, diese durchzusetzen. Im Falle von Klassenfahrten ins Ausland zeigen sich zum Beispiel die fremdsprachlichen Kompetenzen von Schülern darin, dass sie es sich zutrauen, mit Hilfe der erworbenen Sprachfähigkeiten nach dem Weg zu einem Besichtigungsort zu fragen. Kompetenzen sind demnach Satzsysteme, die bestimmte *Fähigkeiten* und dazugehörige *Bereitschaften* einer Person beschreiben. Sie werden als Fähigkeit und Bereitschaft zu einer Handlungsweise formuliert, deren Ausprägungsgrad am Ende einer Lernsequenz evaluiert werden kann.

In Ausbildungsinstitutionen dienen Kompetenzformulierungen dazu, die Lehrveranstaltungen ergebnisorientiert auszurichten. Zu diesem Zweck werden die angestrebten Kompetenzen so formuliert, dass sie durch entsprechende Tests nachweis- und überprüfbar sind und eine Aussage über den Erfolg des Unterrichts ermöglichen. Kompetenzorientierte Curricula werden deshalb als evidenzbasierte Weiterentwicklung von Bildungsplänen angesehen, die sich bloß am Lehrstoff orientieren und in ihrem Erfolg kaum kontrollierbar sind.

In neueren deutschen Schullehrplänen werden domänenspezifische Kompetenzen zu → BILDUNGSSTANDARDS zusammengefasst. Darüber hinaus weisen neuere Lehr- und Bildungspläne auch domänenüberschreitende bzw. fachübergreifende Kompetenzen aus, die oft als Kern- oder Schlüsselkompetenzen bezeichnet werden. Diese werden ihrerseits je nach Dominanz des Gegenstands-, Gemeinschafts- oder Selbstbezuges als Sachkompetenzen, Sozialkompetenzen oder personale Kompetenzen ausgewiesen. Dabei handelt es sich um eine analytische Unterscheidung und keine praktische Trennung, da Personen immer gegenstandsorientiert und gemeinschaftsbezogen handeln und insofern immer alle drei Aspekte in jeder Kompetenz enthalten sind.

II.

In *pragmatischer* (politischer, ökonomischer) Hinsicht erscheint die Kompetenzorientierung des Lehrens und Lernens als äußerst zweckmäßig. Sowohl Lehrende als auch Lernende wissen dabei, was als Outcome der jeweiligen Anstrengung intendiert und erwartet wird und können so den Ertrag ihrer diesbezüglichen Bemühungen eindeutig feststellen. Weder Lehrer und Schüler als Prozessbeteiligte noch weiterführende Bildungsinstitutionen und Arbeitgeber als Abnehmer müssen über das, was am Ende eines Bildungsabschnitts erreicht wurde, herumrätseln.

Mit der Kompetenzorientierung wird die bisherige Zieldimension des Unterrichts erweitert. Nicht mehr nur das, was jemand weiß oder kann, gilt schon als Lernerfolg, sondern erst die damit verbundene *Bereitwilligkeit,* seine Fähigkeiten in der gewünschten Form zu präsentieren. Damit ist zugleich die Voraussetzung für internationale und transkulturelle Vergleiche von Ausbildungsleistungen gewährleistet. Denn die intendierten Handlungsbereitschaften werden prinzipiell als gegenstandsgleichgültig gedacht. So führt etwa die Beschäftigung mit Aristoteles hier oder mit Konfuzius dort zu regional unterschiedlichen, kaum vergleichbaren und nicht messbaren Bildungseffekten. Die Fähigkeit und Bereitschaft jedoch, textgebundene Handlungsanweisungen in operationale Aktionen zu überführen, lässt sich an unterschiedlichen Texten erweisen, etwa an vorgegebenen Handy-Bedienungsanleitungen. Diese Art von Lesekompetenz (literacy) lässt sich demonstrieren, messen und vergleichen. Je stärker diese messbaren Unterrichtseffekte zuvor trainiert werden, desto größer wird die Wahrscheinlichkeit, einen höheren Rangplatz im Ländervergleich einzunehmen. Die kompetenzbasierten Schul- und Hochschulreformen der letzten Jahre haben auf diese Weise messbare Erfolge gezeigt. Ob dieser Aufstieg um den Preis des Abstiegs in anderer Hinsicht erkauft worden ist, lässt sich empirisch nicht reliabel und valide feststellen.

Die *pädagogische* Sicht auf die Verhältnisse rückt allerdings in den Fokus, was sich der empirischen Feststellung entzieht. Auf den ersten Blick scheint die Kompetenzorientierung des Lehrens und Lernens die stets problematische Differenz von Wissen und Handeln aufzuheben. Es ist bekannt, dass Wissen nicht gleichbedeutend mit Tugend ist. So führt die Beherrschung von Verkehrsregeln noch nicht dazu, sie auch tatsächlich einzuhalten. Zwischen Wissen und Handeln herrscht eine „didaktischer Differenz" ($\rightarrow$ DIDAKTIK). Mit der Formulierung von Kompetenzen als kontextgebundene Fähigkeiten und Bereitschaften verschwindet scheinbar das Problem der Differenz von Wissen und Handeln, weil die für den Umgang mit dem erworbenen Wissen erforderlichen Handlungsmotive bereits in der Lehr-Lern-Situation mitgeliefert werden.

So wird etwa in den von der Deutschen Kultusministerkonferenz am 15. Juli 2004 beschlossenen Bildungsstandards für den Fremdsprachenunterricht in der Hauptschule für das Ende der Jahrgangstufe 9 postuliert (S. 14 f.): „Die Schülerinnen und Schüler kennen elementare spezifische Kommunikations- und Interaktionsregeln ausgewählter englisch- bzw. französischsprachiger Länder und können in vertrauten Situationen sprachlich angemessen handeln (gewünschter Fähigkeitsaspekt der Kompetenz, Verf.), [...] sind neugierig auf Fremdes, aufgeschlossen für andere Kulturen und akzeptieren kulturelle Vielfalt ohne Angst und Vorbehalte (Bereitschaftsaspekt der Kompetenz, Verf.)." An diesem Beispiel wird deutlich, wie die Kompetenzorientierung über die Fachlichkeit des Unterrichts hinaus offenbar auch eine erzieherische Absicht verfolgt: Die Schüler mit Hilfe des Fremdsprachunterrichts zu kultureller Aufgeschlossenheit und angstfreier und vorbehaltloser Akzeptanz kultureller Vielfalt zu führen.

$\rightarrow$ UNTERRICHT und $\rightarrow$ ERZIEHUNG fallen deshalb im Kompetenzkonzept scheinbar zwanglos zusammen, ohne dass es weiterer erziehungstheoretischer Überlegungen bedarf, wie sie seit Jahrhunderten in der Geschichte der Pädagogik vorliegen. Kompetenzbasierter Unterricht ist nicht nur darauf angelegt, dass eine bestimmte Fähigkeit von den Lernenden er-

worben wird, sondern auch darauf, dass die Bereitschaft indu-
ziert wird, die Fähigkeit in gewünschter Weise zu präsentieren. Wissen und Handeln werden als vermeintlich korrespon-
dierender Zusammenhang vermittelt, aus dem heraus sich das
vermittelnde motivationale Bindeglied gleichsam von selbst
ergibt. So evident diese Kette von Wissen, Haltung und Handeln auch scheint, einen Deduktionszusammenhang stellt sie
in keinem Falle dar. Aus Kommunikationsregeln folgen nicht
schon Aufgeschlossenheit und Toleranz. Aus der Kenntnis der
Funktionsweise von Atombomben folgen weder Aggression
noch Friedfertigkeit noch sonst irgendeine Einstellung. Aus
richtigem Wissen folgt nicht die gute Haltung. Sittlichkeit
geht nicht aus Sachlichkeit hervor. Das Gelenkstück zwischen
Rationalität und Moralität, nämlich das selbstbestimmte
(Wert-)Urteil, gerät bei der Kompetenzorientierung offenbar
aus dem Blick.

Tendenziell besteht deshalb die Gefahr, dass kompetenzbasierte Lehr-Lern-Konzepte den Prozess der autonomen, d.h.
unabhängigen Urteilsbildung nicht anregen, sondern unge-
wollt manipulieren und/oder indoktrinieren. Denn das Aus-
wahl- bzw. Entscheidungskriterium für die Ausbildungsinhalte
ist am Ende nicht mehr – wie in den früheren stofforientierten
Bildungsplänen – die Bedeutung der Sache im Kontext von
Wissenschaft und Gesellschaft, auch nicht mehr die Bedeutsamkeit der Sache für die Anregung der persönlichen Urteils-
und Handlungsfähigkeit, sondern ihre Eignung als Mittel zur
Erzeugung der gewünschten Handlungsmotivationen. Nicht
Individualität lautet dann das Ausbildungsziel, sondern Kon-
formität, nicht Urteilsfähigkeit, sondern Affirmation, nicht
Kreativität, sondern Funktionalität.

III.

Die Kompetenzorientierung des Lehrens und Lernens ist für
sich genommen technologisch effizient, aber pädagogisch de-
fizient. Wer heute zur Bildung seiner Schüler in dem Sinne
beitragen will, dass sie ihre Zukunft selbst gestalten können,
der muss beide Aspekte berücksichtigen.

Dabei helfen zunächst einmal überprüfbare Kompetenzen. Sie stellen die Ausbildungsziele von Bildungsinstitutio-

nen in präziser Form dar und helfen den Lehrenden, realistische Erwartungen an ihre eigenen Lehrleistungen zu richten. Sie schützen auf diese Weise auch vor falschen Erwartungen und Selbstüberforderungen. Wer so unterrichtet, dass er am Ende auch sieht, was dabei herauskommt, arbeitet nicht nur effektiver, sondern ist auch zufriedener. Unbestimmte und kaum überprüfbare Bildungshoffnungen führen häufig zu Enttäuschungen. Dagegen führen bescheidene, aber klar beschriebene Output-Erwartungen zu Erfolgssituationen. Das gilt vor allen Dingen für die pragmatischen Ausbildungsziele der Schule, die einen Großteil der Lernzeit beanspruchen. Dazu zählen insbesondere Fähigkeiten und Fertigkeiten in Mathematik, in Rechtschreibung und Grammatik, in basalen Fremdsprachenfertigkeiten, im naturwissenschaftlichen Regelwissen usw.

Grundsätzlich macht das Kompetenzkonzept aber auch darauf aufmerksam, dass es kein Wissen ohne eine dazugehörige Haltung gibt. Wer etwas weiß, verhält sich immer auch zu seinem Wissen. Und umgekehrt wird Wissen immer nur angestrebt, wenn es einem vorab bedeutsam erscheint. Wissen und Werturteil gehören zusammen, wobei das Werturteil dem Wissen zwar logisch nachfolgt, aber zeitlich vorausgeht.

Diese Zusammengehörigkeit von Wissen und Haltung wird in Lehr-Lern-Situationen von der Lehrperson fürsorglich vorgestellt. Das ist der eigentliche Sinn des Kompetenz-Konzepts. Wer einem Kind hilft, das Radfahren zu erlernen, möchte auch, dass ihm das Radfahren Spaß macht. Wer seinen Schülern beim Lesenlernen hilft, möchte auch, dass sie gerne lesen. Wer seinen Schülern zur Einsicht in die Ordnung der Wirbeltiere verhilft, möchte auch, dass sie die Schöpfung wertschätzen. Kompetenzbasierte Unterrichtskonzepte fordern eine Lehr-Lern-Gestaltung ein, die gewährleistet, dass die Lernenden immer auch positive Handlungsbereitschaften mit den zu erwerbenden Fähigkeiten verbinden können. Unterrichtsstunden, die bloß den Wissensaspekt des → LERNENs betonen, ohne den entsprechenden Haltungs- und Einstellungsaspekt mitzubedenken, sind langweilig, weil sie gewissermaßen den Schüler ohne den Schüler unterrichten wollen. Das Kompetenzkonzept bringt also die → MOTIVATION als eigene Lernaufgabe ins Spiel.

Aber wer Radfahren kann, muss jedoch selber entscheiden dürfen, wann, wohin und wozu er fährt. Wer lesen kann, muss selber entscheiden dürfen, was und zu welchem Zweck er liest. Wer die Ordnung der Wirbeltiere beherrscht, muss selber entscheiden, wie er sich in Fragen der Nutztierhaltung verhält. Die Frage, wie mit dem eigenen Wissen umgegangen wird, gehört nicht mehr zum Lehr-Lernprozess, sondern allein in den Verantwortungsbereich des Wissenden. Deshalb gehören die möglichen Handlungsentscheidungen, die aus dem Wissen und seiner Bewertung folgen, nicht zur Zielsetzung des Unterrichts, wohl aber noch zum Unterrichtsthema. Bei der Thematisierung möglicher Handlungsentscheidungen geht es nicht mehr um die Vermittlung von Kompetenzen, sondern um die Bildung persönlicher Urteils- und Entscheidungsfähigkeit, die notwendig ist, um das eigene Kompetenz-Repertoire in einen vernünftigen Verantwortungszusammenhang zu bringen.

In pädagogischer Perspektive wird man schließlich nur von einer Kern- oder Schlüsselkompetenz sprechen wollen, die man als Handlungskompetenz bezeichnen kann. Sie meint nicht die Bereitschaft, seine Fähigkeiten allzeit wunschgemäß präsentieren zu können, sondern das Vermögen, mit Hilfe seiner Fähigkeiten in den vielfältigen unvorhersehbaren Situationen des Lebens richtige und gute Handlungsentscheidungen treffen und verantworten zu können.

Literatur

Löwisch, D.-J.: Kompetentes Handeln. Bausteine für eine lebensweltbezogene Bildung. Darmstadt 2000

Konzentration

I.

Der Begriff der Konzentration beinhaltet den Anspruch, die Bildung des Subjekts als Einheit sicherzustellen und sie im pädagogischen Handeln durch → ERZIEHUNG IM UNTERRICHT zu ermöglichen. Zwar erfolgt der → UNTERRICHT in der Schule „gefächert", aber in dieser Gliederung soll er nicht nur zur fachlichen Ausbildung, sondern zur → BILDUNG des „ganzen" Menschen beitragen. Das heißt: Die gelernten fachlichen Einzelheiten sollen in ihrer Relation zu einem gedachten „Ganzen" überschaut werden. Die Frage nach dem Zusammenhang von Einzelerkenntnissen und -einsichten mit dem „Ganzen" stellt sich allerdings nicht von selbst ein, sondern muss ausdrücklich immer wieder gestellt und vom Schüler beantwortet werden. Wegen der Unabschließbarkeit dieser → AUFGABE und wegen der damit verknüpften Notwendigkeit, die Relationsfrage im Unterricht immer wieder zu stellen, ist es gerechtfertigt, Konzentration als ein → UNTERRICHTS-PRINZIP zu bezeichnen.

II.

Der Begriff der Konzentration wird gelegentlich psychologisch interpretiert und bezieht sich dann auf das psychische Phänomen der Aufmerksamkeit. Die gerichtete Aufmerksamkeit („konzentriertes Arbeiten") ist in der Tat eine notwendige empirische Bedingung für den Unterricht, ohne die der Prozess des Lernens nicht zustande kommen kann. Sie stellt sich umso leichter ein, je stärker die → MOTIVATION der Schüler ist, und diese ist wiederum von der → ANSCHAULICHKEIT der Aufgaben abhängig.

Aber wenn von Konzentration im *pädagogischen* Sinne die Rede ist, dann ist damit nicht eine psychologische Kategorie gemeint. Ohne die Bedeutung des psychischen Phänomens der gerichteten Aufmerksamkeit, des angespannten, „konzentrierten" Nachdenkens schmälern zu wollen, muss doch darauf hingewiesen werden, dass der Konzentrationsbegriff in der pädagogischen Tradition durchgängig eine andere Bedeutung aufweist.

Der Konzentrationsgedanke entstand aus der Sorge, dass die im Zuge der Wissenschaftsentwicklung eingetretene Ausdifferenzierung der Fächer und des Lehrstoffs die Einheit der Bildung gefährden könnte. Otto WILLMANN brachte diese Sorge auf den Punkt, als er karikierend formulierte: „Für den Schüler ist allermeist der Bücherriemen das einzige Band, welches für ihn die Lehrfächer zusammenhält."

Verschiedene Ansätze zur Konzentration der Fächer und der Unterrichtsinhalte lassen sich in der Problemgeschichte der Pädagogik aufspüren und unterscheiden:

Die *zeitliche* Konzentration ist der Versuch, die Vielfalt der Fächer zwar zu belassen, sie aber unter dem Gesichtspunkt ihrer zeitlichen Verteilung zu „Epochen" oder „Blöcken" zusammenzufassen. Heute wird die Bezeichnung „Epochenunterricht" meistens mit den Waldorfschulen assoziiert. Ihr geistiger Vater, Rudolf STEINER, empfahl die Einführung eines Epochenunterrichts, bei dem die Schüler sich im Rahmen einer blockmäßig zusammengefassten Unterrichtseinheit länger mit einem Aufgabenzusammenhang beschäftigen. Auch in anderen Schularten und -formen ist gelegentlich ein Epochalunterricht anzutreffen, bei dem ein bestimmtes Fach „geblockt" anstatt über das Schuljahr verteilt unterrichtet wird. Hier ist oft weniger die Sorge um die ganzheitliche Bildung der Schüler als vielmehr die Stundenplanorganisation (zu wenig Fachlehrer, zu wenig Fachräume) das ausschlaggebende Motiv.

Dagegen versucht die *thematische* Konzentration, die Inhalte der verschiedenen Fächer auf ein gemeinsames Thema zu konzentrieren. Das ist etwa bei Projektwochen in Schulen, beim sogenannten fächerverbindenden Unterricht oder bei Ringvorlesungen an Universitäten der Fall. Dabei bildet die Auswahl des zentrierenden Themas ein entscheidendes Kriterium für den „Erfolg" der Konzentration. Oftmals wird das verbindende Thema auf einem hohen Abstraktionsniveau formuliert, damit sich jedes Fach beteiligen kann und bezüglich seines Beitrages relativ offen bleibt. „Leben in Deutschland", „Dritte Welt", „Drogen" sind solche Rahmenthemen, die ohne weitere Spezifizierung zu einer verwirrenden Vielfalt an fachlichen Bezügen und Bedeutungen führen können. Eine solche thematische Offenheit erschwert daher oftmals den Blick auf das „Ganze", d.h. auf den Zusammenhang der vielfältigen Fragen.

Wegen dieser Problematik hat es nicht an Versuchen gefehlt, konzentrierende Themen zu finden, die deutlicher auf einen bestimmten Zusammenhang verweisen. Erich WENIGER hat in seiner Theorie des → LEHRPLANS dafür die Bezeichnung „existentielle Konzentration" geprägt und meinte damit die Konzentration, die in einem geistig-geschichtlichen Lebenszusammenhang immer schon gegeben und gefordert und so auf einen situativ-geschichtlichen Kontext begrenzt ist. Eine solche *didaktische* Konzentration (→ DIDAKTIK) wird heute oftmals mit Hilfe aktueller Themen, wie etwa „Schutz der Umwelt", „Sicherung des Friedens" oder „Vereintes Europa", versucht. Sie werden als zentrierende existentielle Aufgaben und als Schlüsselprobleme verstanden.

Ein anderer Ansatz, die zentrierende Mitte der thematischen Konzentration zu finden, ist der Versuch, sie an einer transzendenten oder weltanschaulichen Orientierung festzumachen. Auch dieser Gedanke einer *ethischen* Konzentration ist nicht neu. Schon in der Antike bildete die Dialektik, die Ideenlehre des PLATON den Schlussstein für das Zustandekommen des Bogens der Bildung. Im Mittelalter und bis in die Neuzeit hinein nahm der christliche Glaube seine Stelle ein. Alles inhaltliche Lernen erhielt dadurch eine verbindende Sinnperspektive. Aber solche transzendenten Perspektiven sind in der modernen pluralistischen Gesellschaft verloren gegangen, und alle Versuche, das Lernen wieder auf „höhere" Sinngebungen zu konzentrieren, sind bisher gescheitert. Das gilt auch für die Versuche von totalitären Staaten, einen ideologischen Ersatz für die entfallene religiöse Perspektive einzuführen, etwa den „Dienst am Volkstum und Staat im nationalsozialistischen Geist" oder den „Aufbau der sozialistischen Gesellschaft". Der Zerfall totalitärer Herrschaftssysteme zeigt, dass auch eine politische Konzentration nicht die erwünschten „Bildungswirkungen" zeigt.

Ein weiterer Ansatz, eine zentrierende Mitte der thematischen Konzentration zu finden, nahm die Person des → LEH-

RERS in den Blick. Denn man ging davon aus, dass er als gebildeter Mensch bereits eine verwirklichte Konzentration der Bildungsinhalte repräsentiert, und er sollte deshalb durch seine Fragen, Hinweise und Querverweise für seine Schüler der eigentliche Anlass sein, selbst nach solchen fachübergreifenden Bezügen zu suchen.

Der Idee einer fachlichen Konzentration in der Person des Lehrers korrespondierte der *Gesamtunterricht.* Er galt lange Zeit als die angemessene Form des konzentrierten Unterrichts. Im Anschluss an Berthold OTTO ist die Idee des Gesamtunterrichts in zahlreichen didaktischen Konzeptionen variiert worden. Allen gemeinsam war der Gedanke, dass Kinder noch nicht in „gefächerter" Weise denken und deshalb die → WISSENSCHAFTSORIENTIERUNG für sie weniger geeignet erschien. Der Gesamtunterricht sollte dem Kind und seiner komplexen, ganzheitlichen Erlebnisweise gerecht werden, indem verschiedene Phänomene der Lebenswelt als zusammenhängende Ganzheit vorgestellt wurden. Bei der Aufhebung der Fächergrenzen und der Anordnung von Unterrichtseinheiten im Sinne von „Lebenskreisen" ging es allerdings meist weniger um eine fachliche als um eine ethische Konzentration. Dies wird etwa an einem Unterrichtsbeispiel von Wilhelm ALBERT deutlich, wenn er das Thema „Die Nacht" auf die Frage des Rhythmus von Arbeit und Ruhe, auf die Betrachtung des Pflanzenlebens unter diesem Rhythmus, auf den Lebenssinn von Tages- und Nachttieren, auf die Würdigung des Menschen als Besieger, aber auch als Überwältigter der Nacht, auf die Bedeutung der physikalischen Phänomene der Erddrehung, Wärmestrahlung, Abkühlung und Kondensation, auf das Erlebnis der Nacht im Volkslied, im Kunstlied, in der Dichtung und in der Malerei konzentrieren will.

Dem Anliegen des Gesamtunterrichts folgend, aber gewissermaßen mit geringerer Reichweite ist die fachliche Konzentration in *Lernbereichen.* Die frühere Heimatkunde, der neuere Sachunterricht, die Welt- und Umweltkunde, oder auch die Arbeitslehre stellen solche Versuche dar, enger zusammengehörige Fächer zusammenzufassen und gewissermaßen in einem „Überfach" zu unterrichten. Dieser Konzentrationsansatz kann als Kompromiss zwischen dem ausdifferenzierten, wis-

senschaftsorientierten Fachunterricht und dem vereinnahmen-
den, harmonisierenden Gesamtunterricht angesehen werden.

Überschaut man die verschiedenen Versuche zur Konzentration des aufgefächerten Unterrichts, so darf man feststellen,
dass sie allesamt von einer Einheit des Wissens und der Bildung ausgehen und die einzelnen Fächer als Vereinzelungen
eines Ganzen ansehen. Eine solche ganzheitliche Voraussetzung
ist heute jedoch keineswegs mehr selbstverständlich anzunehmen. Es darf bezweifelt werden, ob für irgendeine Gestalt von
objektiver oder subjektiver Einheit (wie etwa die bestehende
Kultur oder ein Menschenbild) der Beweis allgemeiner Geltung erbracht werden kann. Darüber hinaus hat jede „Vorordnung" das Missliche bei sich, dass keine Sache mehr um ihrer
selbst willen betrieben, sondern nur noch im Hinblick auf einen vorgeordneten, möglicherweise fragwürdigen Horizont
betrachtet wird.

III.

Wenn heute mit der Verabschiedung teleologischer Weltbilder
eine einheitsstiftende didaktische Vorgabe nicht mehr möglich
ist und wenn Bildung dennoch als Einheit des vielfältigen
Wissens und Urteilens gedacht werden kann und soll, dann
bedeutet das Prinzip der Konzentration in pädagogischer Konsequenz, dass „am Ende" nur der → SCHÜLER selbst sein Lernen „konzentrieren" kann. Der Schüler als Subjekt ist selbst
der „letzte" Bezugspunkt allen Wissens, Urteilens und Handelns und erweist sich damit auch als einheitsstiftendes „Prinzip" seiner Bildung. Die Konzentration kann deshalb zunächst
keine Frage einer besonderen Unterrichtsform oder -organisa-
tion sein. Prinzipiell ist jeder Unterricht gefordert, den für die
Bildung des Schülers notwendigen Konzentrationsprozess zu
ermöglichen und zu unterstützen.

Wenn der Schüler selbst der Aufgabe der Konzentration
nachkommen soll, dann bedeutet das für seinen methodischen
Lernprozess, dass er zwar den methodologischen Bedingungen der jeweiligen Fächer folgen muss, wenn er zu eindeuti-
gen Ergebnissen gelangen will. Schüler müssen experimentieren, wenn sie Physik lernen, Quellen studieren, wenn sie Geschichte lernen, und Texte interpretieren, wenn sie Deutsch

lernen wollen. Aber darüber hinaus werden sie auch nach der Grenze dieses methodischen Vorgehens fragen müssen, wenn das dabei Erlernte nicht nur zur „Vielwisserei", sondern auch zu ihrer Bildung beitragen soll. Schüler werden unter diesem Anspruch daher immer danach fragen müssen, welche anderen methodischen Zugänge und Lösungswege im Zusammenhang mit der Aufgabe möglich und notwendig sind. Denn die Bedeutung eines Sachverhalts für die eigene Lebensführung lässt sich erst dann begründet einschätzen, wenn die Sache aus verschiedenen, d.h. fachübergreifenden Perspektiven betrachtet wird. Die methodische Vielfalt der Fragen, die auf ein Thema konzentriert werden, führt so „am Ende" zu einer differenzierten Sach- und Werturteilsfähigkeit, d.h. zur Bildung.

Ein Unterricht, der dem Prinzip der Konzentration gerecht werden will, muss deshalb ein → FACHUNTERRICHT sein, der unter dem pädagogischen Anspruch steht, die verschiedenen bezugswissenschaftlichen Aspekte eines Themas zu konzentrieren. Das heißt: Konzentration soll von der im jeweiligen Fach vorherrschenden fachwissenschaftlichen Fragestellung ausgehen, andersgeartete Fragestellungen einbeziehen und dadurch den Blick für einen Bedeutungszusammenhang öffnen, der für das Leben und Handeln der Schüler ausschlaggebend ist (→ HANDLUNGSORIENTIERUNG). Konzentration wäre allerdings gründlich missverstanden, wenn man z.B. mit Hilfe der Sprache als gegenstandsfremdem „Kitt" an einem Thema die verschiedensten Fächer zusammenkleistern würde. So lassen sich z.B. auf die Unterrichtseinheit „Wasser" im naturwissenschaftlichen Unterricht wirtschaftliche, geographische und technische Aspekte und Fragen beziehen; ein lyrisches Gedicht dagegen sperrt sich gegen eine solche „Konzentration".

Die unterrichtsmethodische Aufgabe des Lehrers besteht deshalb darin, den Konzentrationsprozess der *Schüler* durch fachübergreifendes → BERATEN anzuregen und zu begleiten. Dazu wird er sich bei der → UNTERRICHTSVORBEREITUNG darauf einstellen und während des Unterrichtsprozesses darauf gefasst sein müssen, dass die Schüler die methodischen Grenzen des Faches überschreiten und zu ganz anders gearteten Zugängen gelangen. Unter dem Aspekt der Konzentration wird er sich auch überlegen, welche Ausgriffe notwendig sind, um das vorgesehene Thema „vollständig", d. h. möglichst vielseitig und von verschiedenen methodischen Zugängen her zu behandeln. Er wird entsprechende Hinweise auf solche fachübergreifenden Aspekte geben, wenn die Schüler nicht von selbst darauf kommen. Bei aller notwendigen Orientierung an seiner eigenen fachlichen Kompetenz wird er dennoch bemüht sein müssen, seine Schüler zu einer mehrperspektivischen Betrachtungsweise zu führen und ihre fachübergreifenden Fragen und Interessen anzuregen (vgl. die Skizze im Stichwort → METHODIK).

Wenngleich die Aufgabe der Konzentration Schüler und Lehrer in jedem Unterricht bindet, so kommen doch die verschiedenen möglichen → UNTERRICHTSFORMEN dieser Aufgabe in unterschiedlicher Weise entgegen. Der → FACHÜBERGREIFEND-PROJEKTORIENTIERTE UNTERRICHT erscheint besonders geeignet, den pädagogischen Anspruch der Konzentration einzulösen.

Literatur

Lammers, A.: Bildung und Konzentration. Problemgeschichtliche und schulpädagogische Untersuchungen. Hildesheim – Zürich – New York 1998

Kreativität

I.

Das Wort Kreativität ist aus einer Zusammenfügung von zwei lateinischen Wörtern entstanden: creare (schaffen, erschaffen, hervorbringen) + vis (Kraft, Gewalt, Stärke) = Kreativität (die Schöpferkraft, das Schöpferische).

Heute verbinden wir mit dem Begriff der Kreativität die Vorstellung von menschlicher Schöpferkraft. In Abgrenzung zu der Fähigkeit und Notwendigkeit des Menschen, seine „Welt" zu begreifen und zur Sprache zu bringen, meint Kreativität den anderen Aspekt seiner Aktivität, diese „Welt" unter raum-zeitlichen, also „ästhetischen" Bedingungen zu gestalten.

II.

In begriffsgeschichtlicher Hinsicht hat der Ausdruck Kreativität den der Genialität abgelöst. Dieser Prozess hat zugleich zu tiefgreifenden Änderungen im Sinnverständnis geführt. Das hängt damit zusammen, dass die Frage nach der Kreativität nach dem Zweiten Weltkrieg von der anglo-amerikanischen Psychologie aufgenommen wurde, während sie früher vornehmlich in der Theologie, Philosophie und Literaturwissenschaft thematisiert wurde. Als Auslöser dafür darf man die Ankurbelung des wissenschaftlichen, technischen, ökonomischen und nationalen Fortschritts im Anschluss an den sog. „Sputnikschock" Ende der 50er Jahre ansehen.

Der Wechsel des Sinnverständnisses liegt darin, dass Kreativität

- nicht mehr als persönlichkeitsbestimmte Begabung, sondern als Prozess verstanden wurde;
- nicht mehr nur auf besonders begabte, sondern auf alle Menschen bezogen wurde; nicht mehr nur die schöpferischen bzw. gestalterischen Fähigkeiten meinte, sondern auf alle möglichen Denk- und Handlungsformen ausgeweitet wurde;

- nicht mehr als Selbstzweck angesehen, sondern in den Dienst individuellen und gesellschaftlichen Fortschritts gestellt wurde.

Diese inhaltliche Entgrenzung und begriffliche Ausweitung der Kreativität hat zu einem hohen Maß an Unschärfe geführt. Wenn Kreativität alle Weisen und Formen menschlicher Aktivität umfasst, verliert sie ihr spezifisches Profil und ihre besondere Aussagekraft. Der Begriff wird zu einer beliebig verwertbaren Worthülse und damit für pädagogische Praxis unbrauchbar.

Wenn Kreativität darüber hinaus dafür in Anspruch genommen wird, dem individuellen und gesellschaftlichen Fortschritt zweckdienlich zu sein, wird sie funktionalisiert. Einem creativity-training für bestimmte Bereiche – etwa der Werbung, der Technik, der Politik, des sozialen Umgangs – ist dann Tür und Tor geöffnet. Mit der Reduktion auf ihre pragmatische, vor allem politische und ökonomische Effektivität verliert die Kreativität ihren ästhetischen Charakter. Mit dem Verlust der Zweckfreiheit büßt sie zugleich ihre Verbindung zum Gedanken der → BILDUNG ein.

Den Vorwurf einer Instrumentalisierung und Funktionalisierung der Kreativität müssen sich aber auch jene pädagogischen Positionen gefallen lassen, die mit Hilfe der Kreativität den Gedanken der Kulturveränderung gegenüber der Kulturtradition einen Vorrang einräumen, oder die vor allem den Kunstunterricht dem Gedanken der Emanzipation bzw. der Selbstverwirklichung als affirmativer Norm unterstellten, wie es im Programm der sog. „Visuellen" bzw. „Ästhetischen Kommunikation" geschehen ist.

Eine mögliche Rechtfertigung der Kreativität kann innerhalb pädagogischer Theorie und Praxis nur dann gelingen, wenn ihre besondere Eigenart innerhalb der Lernaktivität ausfindig gemacht werden kann. Diese Lernaktivität entfaltet sich unter den Aspekten des Erkennens, Gestaltens und Wertens. Sie sind zwar unterscheidbar, gehören aber zugleich immer zusammen. Die Aspekte des Erkennens und Gestaltens verweisen auf die Notwendigkeit aufgabenhafter und fachlich bzw. methodisch gegliederter Auseinandersetzung (→ AUFGA-

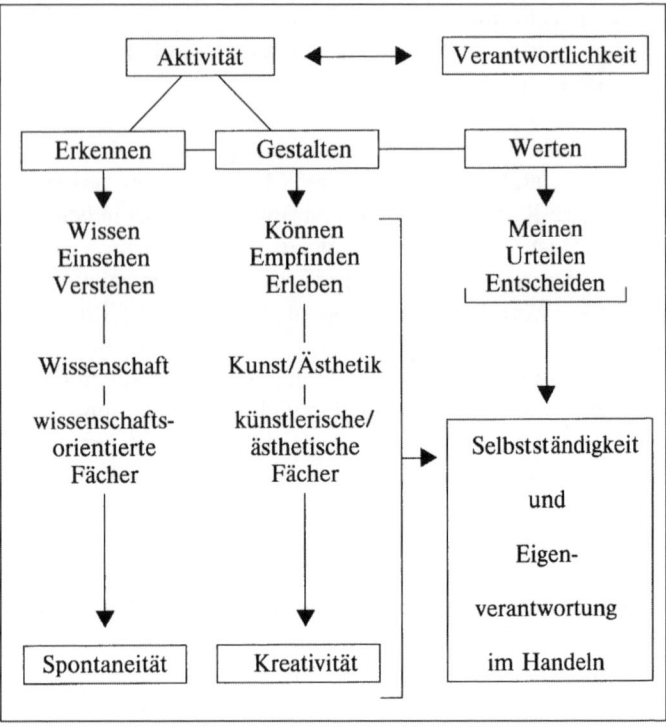

BE); sie differenziert sich in den wissenschaftsorientierten Fächern einerseits, in den künstlerischen Fächern andererseits. Der Aspekt des Wertens verweist darauf, dass die Schüler im Hinblick auf ihr (selbst-)verantwortliches Handeln lernen müssen, ihre Leistungen, die sie in den Prozessen des Erkennens und Gestaltens erbracht haben, in moralischer, d.h. handlungsorientierender Absicht einzuschätzen (→ WERTORIENTIERUNG).

Eine Skizze soll dies verdeutlichen.

III.

Im pädagogischen Verständnis hat Unterricht immer die Entfaltung der menschlichen Aktivität zum Ziel; d.h. er ist – unabhängig von den einzelnen Fächern oder Unterrichtsinhalten – hingeordnet auf die zunehmende Selbstständigkeit und Eigenverantwortung der Schüler. Angestrebt wird dieses Ziel durch

eine kontinuierliche Herausforderung der → SELBSTTÄTIG-
KEIT und Mitverantwortung (→ HANDLUNGSORIENTIERUNG).

Förderung der Kreativität bedeutet dann nichts anderes als
- den Anspruch an die → SCHÜLER, ihre gestalterischen
  Kräfte auf unverwechselbare Weise zu entfalten und eine
  eigenständige ästhetische Urteilskraft herauszubilden,
- den Anspruch an die → LEHRER, in Schule und Unterricht
  die Bedingungen dafür zu schaffen, dass dieser Anspruch
  von den Schülern selbsttätig und verantwortlich eingelöst
  werden kann.

Da die → SCHULE eine Institution zur Ermöglichung und Sicherung von organisiertem und planvollem Lehren und Lernen darstellt, geht es im schulischen → UNTERRICHT vorrangig um die Vermittlung bzw. den Erwerb von Qualifikationen,
die für das Leben und Zusammenleben in der Gesellschaft als
notwendig erachtet werden, um die Vermittlung bzw. den Erwerb von förderlichen Einstellungen und wünschenswerten
Verhaltensweisen und um die Sortierung der Schüler entsprechend den erbrachten und beurteilten Leistungen (→ FUNK-
TIONEN DER SCHULE).

Dies bedeutet zumeist, dass in der Schule Spontaneität im
Denken und Kreativität im Gestalten eher als Störfaktoren
empfunden und deshalb vernachlässigt oder bestenfalls in den
sog. „musischen" Fächern geduldet werden, in denen es „nicht
so drauf ankommt". So ist es nicht verwunderlich, dass die
hohen Ansprüche, deren Einlösung schon unter günstigen Bedingungen immer nur stückwerkhaft gelingt, in den meisten
Schulen auf der Strecke bleiben.

Hinzu kommt, dass Schüler manchmal unbeholfen oder
nicht bereit sind, sich dem Anspruch eigener Gestaltung ihrer
Unterrichtsaufgaben zu stellen, und dass Lehrer oft ängstlich
auf die Erfüllung des Lehrplans fixiert sind oder den Schülern
Selbsttätigkeit und Mitverantwortung nicht zutrauen und zumuten wollen. Oft behindern auch die organisatorischen, personellen und atmosphärischen Voraussetzungen in der Schule
die Fähigkeiten und guten Absichten kreativer Lehrerinnen
und Lehrer, Schülerinnen und Schüler.

Zu fordern ist deshalb, dass die Lehrer sich um eine phantasievolle Schul- und Unterrichtsgestaltung bemühen und mutig genug sind, ihre pädagogische Freiheit entsprechend zu nutzen und vorgegebene Erlasse in diesem Sinne kreativ auszulegen. Unverzichtbar sind ein größeres Zutrauen zu den kreativen Fähigkeiten der Schüler und ein stärkeres Vertrauen in ihre Selbstständigkeit und Lernbereitschaft (→ LEHRER-SCHÜLER-VERHÄLTNIS).

Hilfreich ist auch, wenn der Lehrer sich immer wieder klar macht, dass seine Unterrichtsfächer in erster Linie nicht als Ansammlung von bestimmten Unterrichtsinhalten aufzufassen sind, sondern als spezifische Methoden der Auseinandersetzung mit Unterrichtsinhalten (→ METHODIK). Bei dieser Auseinandersetzung werden immer alle Dimensionen der menschlichen Aktivität beansprucht. Wenngleich die Schwerpunktsetzung unterschiedlich sein kann, darf keine Dimension vernachlässigt werden. Im jeweiligen (Fach-)Rahmen müssen den Schülern eigene methodische Wege des wissenschaftlichen Denkens und des schöpferischen Gestaltens eröffnet und durch (fach-)methodische Beratung ermutigend begleitet werden. Ein sinnvolles Gesamtkonzept von miteinander verbundenen → UNTERRICHTSFORMEN, in dem die vorrangig auf Selbsttätigkeit und Mitverantwortung ausgerichteten Formen ihren angemessenen Stellenwert haben (→ FACHÜBERGREIFEND-PROJEKTORIENTIERTER UNTERRICHT und → FREIARBEIT), unterstützt sowohl die Erfüllung der Funktionen der Schule als auch die Förderung der Kreativität.

Literatur

Joas, H.: Die Kreativität des Handelns. Frankfurt a.M. 1996

Lehrer

I.

Lehrer ist jeder, der das Lernen eines anderen Menschen anregt, unterstützt und führt. Da man sich auch selbst zum Lernen anregt und beim Lernen unterstützt und führt, kann man sagen, dass jeder Mensch sein eigener Lehrer ist und sein soll.

Bei der Bezeichnung „Lehrer" denkt man jedoch meistens an den Beruf des Lehrers in der Schule. Der Lehrer gilt dann als Fachmann für → UNTERRICHT und → ERZIEHUNG in der → SCHULE. Seine „Professionalität", die zugleich Grundlage für seine → AUTORITÄT ist, besteht darin, mit Hilfe seiner methodischen, didaktischen und fachlichen Kompetenz die → SCHÜLER bei ihrer Auseinandersetzung mit den → AUFGABEN des Unterrichts helfend zu begleiten und diese Führung in einem differenzierten Lehrerhandeln zum Ausdruck zu bringen (→ ERZIEHUNG IM UNTERRICHT).

In der Institution Schule als Ort organisierten, planvollen und zielgerichteten Lernens bestehen die funktionalen Aufgaben des Lehrers vorrangig in der Vermittlung von Kenntnissen, Fertigkeiten, Fähigkeiten und Handlungsbereitschaften, die für den Fortbestand und die Weiterentwicklung der Kultur und Gesellschaft unabdingbar erscheinen (→ FUNKTIONEN DER SCHULE); dazu gehört auch die Beurteilung und Zensierung von → LEISTUNGEN. Demgegenüber liegt die pädagogische Aufgabe des Lehrers in der Führung der Schüler zur Selbstständigkeit und Verantwortlichkeit im Lernen und Leben (→ SELBSTTÄTIGKEIT). Die funktionalen Aufgaben auf eine Weise zu erfüllen, die von der pädagogischen Aufgabe geleitet ist, ist deshalb die grundlegende Aufgabe des Lehrerberufs. Mit anderen Worten: Das Ziel des Lehrerhandelns ist die → BILDUNG der Schüler angesichts der gesellschaftlichen Erwartungen.

Dieses Aufgabenverständnis bedeutet für den Unterricht, dass der Lehrer die Schüler zum Lernen freisetzen und sie bei ihren Lernprozessen helfend begleiten muss (→ BERATUNG). Bei der → UNTERRICHTSVORBEREITUNG und -durchführung müssen seine unterrichtsmethodischen Entscheidungen darauf ausgerichtet sein, die methodische Kompetenz der Schüler zu fördern, ihr Interesse an der eigenen Bildung zu wecken und in dialogischem Verhalten glaubhaft zu machen, dass es ihm in allem um Hilfe zur Selbsthilfe geht (→ METHODIK, → UNTERRICHTSPRINZIPIEN). Diesem Aspekt müssen auch die didaktischen Entscheidungen des Lehrers entsprechen (→ DIDAKTIK, → EXEMPLARITÄT).

Unter erzieherischem Aspekt muss der Lehrer um ein → LEHRER-SCHÜLER-VERHÄLTNIS bemüht sein, das von gegenseitigem Vertrauen und von Zutrauen in die Lernbereitschaft und -fähigkeit der Schüler getragen wird. Die Zuwendung des Lehrers zu den Schülern und die Teilhabe der Schüler am Wert- und Sinnhorizont des Lehrers müssen dazu führen, dass bei den Schülern kontinuierlich die eigene Verantwortung angemahnt, dass wertende Stellungnahmen herausgefordert und die handlungsleitende Urteilsfähigkeit gefördert werden (→ WERTORIENTIERUNG).

Diese Ansprüche machen das sog. „Paradox pädagogischer Führung" deutlich: Dass von den Schülern Leistungen erbracht werden müssen, die sie nur selbst erbringen können, und dass sie diese Leistungen zugleich nicht ohne die herausfordernde und anleitende Hilfe des Lehrers zustande bringen können. In der Schule verschärft sich diese Schwierigkeit pädagogischer Führung: Schüler dürfen hier nicht zu bloßen Objekten der Beschulung gemacht werden; zugleich können Lehrer und Schüler aber „bestimmte" unterrichtliche Zielsetzungen nicht leugnen, die von ihnen ein hohes Maß an Aufgabendisziplin fordern (→ DISZIPLIN, → ZIELE IM UNTERRICHT).

Die genannten Qualifikationsmerkmale des Lehrerhandelns werden meist in den Stichworten „Unterrichten", „Erziehen", „Beraten", „Beurteilen", „Mitwirken" und „Innovieren" zusammengefasst. Ohne eine entsprechende Bereitschaft zur Zusammenarbeit im Kollegium kann der einzelne Lehrer diesen Ansprüchen seines Berufes heute wohl nicht mehr hinreichend genügen. Deshalb ist die Kooperationsfähigkeit ein unverzichtbares Merkmal heutiger Lehrerprofessionalität und ihre Förderung eine wichtige Aufgabe der → LEHRERBILDUNG.

II.

Das Lehrersein war in früheren Zeiten kein eigenständiger Beruf; das Lehren der lebensnotwendigen Dinge wurde vielmehr nebenher von Eltern, Geistlichen, Handwerksmeistern und anderen Personen aus der unmittelbaren Lebenswelt der Kinder und Jugendlichen ausgeübt. Erst im Laufe des 18. Jahrhunderts wurde im Zusammenhang mit dem beginnenden Industriezeitalter, dem Emanzipationsstreben des Bürgertums und der Ablösung der Standesgesellschaft die allgemeine Schulpflicht eingeführt. Die Schule erhielt eine Monopolstellung für Unterricht und Erziehung und wurde eine staatliche Veranstaltung zur Vermittlung notwendiger Qualifikationen und bürgerlicher Tugenden, die durch bloßes Mittun in Familie und Gesellschaft nicht mehr erworben werden konnten.

In diesem Zusammenhang wurde es notwendig, Lehrer zu finden, die den staatlichen Bildungswillen in einer funktionalisierten Schule umsetzen konnten und dadurch sowohl für die systematische und methodisch geordnete Vermittlung der geforderten Qualifikationen sorgten als auch an einer leistungsgerechten Neuverteilung der sozialen Ränge mitwirkten. Soziales Ansehen, Bildung und Bezahlung waren vor allem für „Volksschullehrer" zunächst sehr gering. Die Entwicklung des Berufsstandes „Lehrer" wird deshalb gelegentlich mit Formulierungen wie „Vom armen Schulmeister zum gutsituierten Beamten" und „Vom unausgebildet Lehrenden zum spezialisierten Fachlehrer" beschrieben. Besser erging es den Gymnasiallehrern, denen es schon früh gelang, ein Standesbewusstsein als Philologen und ein entsprechendes Ansehen auszuprägen.

Geblieben sind bis heute – trotz vielfältiger Reformbestrebungen – die weitgehende Funktionalisierung der Schule und die formalisierte Monostruktur des Unterrichts (→ SCHULRECHT). Erst in jüngster Zeit sind fast überall im staatlichen Schulbereich Anzeichen für eine Öffnung von Schule und Unterricht (→ OFFENER UNTERRICHT) und für eine intensivere Nutzung der pädagogischen Freiheit des Lehrers festzustellen (→ SCHULKRITIK).

Im Schulalltag fühlen sich heute viele Lehrer unzufrieden und gestresst. Einer der Gründe dafür mag darin zu sehen sein, dass der Lehrer im Mittelpunkt eines vielschichtigen Spannungsfeldes steht, in dem er sich einer großen Anzahl verschiedener und z. T. widersprüchlicher Ansprüche stellen muss. Da ist es nicht verwunderlich, wenn der einzelne Lehrer sich in seinem Beruf „verzweckt" vorkommt und seine Aufgaben auf ein funktionales Vermitteln, Beurteilen, Disziplinieren und Beaufsichtigen reduziert sieht. Im Unterricht erweisen viele Lehrer ihre Kompetenz vor allem darin, dass sie künstliche Lernsituationen inszenieren und den nach Fächern und Lehrplänen geordneten Lehrstoff in kleinen Häppchen weitervermitteln können sowie imstande sind, die Unterrichtsinhalte entsprechend dem 45-Minuten-Zeittakt entweder künstlich in die Länge zu ziehen oder aber zusammenzudrücken; die Erziehungstätigkeit beschränkt sich häufig auf unterrichtsstützende Disziplinierung und sozialisierende Einpassung.

Diese Alltagserfahrung macht es vielen Lehrern schwer, ihre „pädagogische Selbstrolle" (MOLLENHAUER) zu finden. Sie fühlen sich stattdessen einem umfassenden Angestrengtsein ausgesetzt, das zudem gelegentlich mit einem starkem Sinnlosigkeitsverdacht behaftet ist. Vorstellungen von einer idealen Verbindung der logotropen (= sachbezogenen/funktionalen) mit der paidotropen (= schülerbezogenen/pädagogischen) Lehrertätigkeit, die nicht entsprechend umgesetzt werden können, führen zu Enttäuschungen; fehlende Anerkennung der Unterrichts- und Erziehungsarbeit durch Schüler und Eltern bewirkt emotionale Erschöpfung. Ein verändertes Schülerverhalten aufgrund veränderter Bedingungen von → KINDHEIT und → JUGEND und das wachsende Anspruchsdenken vieler Eltern werden vielfach als Überforderung empfunden. Ohnmachtsgefühle gegenüber dem Schulleiter, das immer wieder beklagte Fehlen einer wirksamen Unterstützung durch die Schulaufsicht und das Öffentlichkeitsbild eines desinteressierten, freizeitbedachten Lehrers erschweren die Alltagsbelastungen noch zusätzlich.

Viele Lehrer spüren auch, dass sie sich mit zunehmendem Alter immer mehr von den gleichbleibend jungen Schülern entfernen und dass sie bei abnehmender Kraft heute zunehmenden Schwierigkeiten gegenüberstehen. Hinzu kommt, dass Lehrer nie sicher sein können, das Richtige zu tun oder genug getan zu haben, so dass der Selbstzweifel zu einer zentralen Erfahrung werden kann. Schließlich sind Innovationen schwierig, wenn junge Lehrer nicht mehr eingestellt werden und Kollegien deshalb der Gefahr der „Vergreisung" ausgesetzt sind.

Das hieraus resultierende Gefühl des Gestresst- und Ausgebranntseins ist neuerdings unter dem Kennwort „Burn-Out-Syndrom" in die Fachliteratur eingegangen; die einzelnen Phasen dieses Prozesses werden mit Enthusiasmus, Stagnation, Frustration, Resignation und Burnout beschrieben. Am Ende gibt es dann neben den Lehrern, die sich bis zur Schmerzgrenze engagieren, zunehmend mehr, die in eine Langzeiterkrankung flüchten, den Rückzug ins Private antreten oder sich als frustrierte Idealisten hinter einer unnahbaren Rollendistanz verschanzen und zu autoritären Leistungsforderern werden.

III.

Wer sich entscheidet, Lehrer zu sein, muss wissen und einverstanden sein, dass sich sein pädagogisches Handeln in einer Institution mit all ihren Möglichkeiten, aber auch ihren Mängeln, Belastungen und Grenzen vollzieht. Er muss in und mit der Institution und zugleich in Distanz zu ihr „leben". Da viele Lehrer in Selbstbestimmung und Selbstkontrolle nicht geübt sind und deshalb ein großes Absicherungsbedürfnis und eine ebenso große Angst vor Spontaneität haben, sind sie eher misserfolgsängstlich als erfolgszuversichtlich (→ SCHULANGST), nutzen ihre pädagogische Freiheit nicht oder nur unzureichend und entlasten sich nicht hinreichend von institutionellen Zwängen und uneinlösbaren Erwartungen. Deshalb fällt es ihnen schwer, sich neben der Realitätswahrnehmung noch einen „Möglichkeitssinn" (MUSIL) zu bewahren und die Bereitschaft zu einem berufsspezifischen Lehrerethos auch durch die Fähigkeit zu aufgabenbezogener Selbstständigkeit und schülerbezogener Selbstverantwortung zu dokumentieren.

Der Lehrer muss wissen, dass pädagogisches Handeln sich weitgehend der Standardisierung und Normierung entzieht und dass es ohne die Grundlage einer positiven Einstellung zu sich selbst und den Schülern, zur Schule und ihren Aufgaben nicht denkbar ist. Deshalb ist es notwendig, im Schulalltag dem begründeten Pessimismus kontinuierlich mit praktiziertem Optimismus zu begegnen. Nur so kann der Lehrer sein Unterrichts- und Erziehungshandeln in der Schule als Ermöglichung von verantwortungsvoller Selbstbestimmung, als Herausforderung von Eigenverantwortung für das Lernen und als Ermutigung zur Selbstführung des Lebens profilieren.

Hilfreiche Schritte auf diesem Weg können sein:
- Um eine Atmosphäre des Vertrauens und Zutrauens bemüht sein und geduldig versuchen, die Schüler selbsttätig lernen zu lassen, auch gegen die Einflüsse aus der eigenen Sozialisation und Ausbildung und gegen Widerstände der Schüler, Eltern und vieler Kollegen;
- in den Schülern eine Fragehaltung gegenüber sich selbst und der Welt wecken und sie beim Lernen einer verantworteten Selbstständigkeit im Denken, Urteilen, Entscheiden und Handeln unterstützen;
- sich um ein richtiges Verhältnis von Nähe und Distanz, Ordnung und Freiheit bemühen und Partizipation an Entscheidungen über Ziele, Inhalte und Methoden des Unterrichts zulassen und herausfordern;
- die Haltung des aktiven Zuhörens kultivieren, Dialogfähigkeit beweisen, einen Umgangston pflegen, der von Takt und persönlicher Wertschätzung geprägt ist, und die Schüler ermuntern, sich in allem gegenseitig zu helfen;
- den Widerspruch aushalten, Zwänge ausüben und ihnen zugleich entgegenwirken zu müssen, und Einfallsreichtum im Anwenden und Auslegen der unterrichts- und schulformrelevanten Erlasse entwickeln;
- mutig sein, Zeitordnungen, Stundenpläne und Stoffpläne zu durchbrechen, um Zeit zu gewinnen – für einzelne Schüler, für die Klassengemeinschaft, für Beratungsgespräche, für Gelegenheitsunterricht;
- mit den Kräften ökonomisch umgehen, kollegial zusammenrücken, das Anderssein der anderen akzeptieren, Einsicht in die Notwendigkeit von Kooperation zu gewinnen suchen;

Literatur
Augustinus: De magistro/Über den Lehrer (Lat./Dt.). Stuttgart 1998

Lehrerbildung

Im Zusammenhang mit der Vorbereitung auf den Lehrerberuf ist wie bei anderen Berufen, die – wenngleich unter einem jeweils bestimmten Aspekt – unmittelbar mit Menschen zu tun haben (z. B. dem des Juristen/Richters, Theologen/Geistlichen, Mediziners/Arztes), in der Regel von *Ausbildung* die Rede. Beim → LEHRER hingegen konkurrieren die Bezeichnungen Lehrer*bildung* und Lehrer*ausbildung.*

Die Rede von der *Lehrerausbildung* mag für die mit diesem Beruf notwendig verbundene Professionalisierung stehen und sie zugleich anmahnen. Das ist insofern gerechtfertigt, als die öffentliche Aufmerksamkeit und gesellschaftliche Wertschätzung des Lehrers immer wieder erheblichen Schwankungen unterliegt. Unbestritten sind in diesem Zusammenhang für den gegenwärtigen Stand der Lehrerausbildung, dass sie in ihrer ersten Phase für alle → SCHULFORMEN in akademischer Form an wissenschaftlichen Hochschulen erfolgt, dass Form und Ort der Ausbildung alle Fächer des Lehramtsstudiums umgreifen, dass sie schulform- und schulstufenbezogen angelegt ist und dass die sog. Grundwissenschaften, die Didaktiken der Unterrichtsfächer mit ihren Bezugsdisziplinen und die Schulpraktischen Studien einen Zusammenhang bilden. Lehrerausbildung in professionalisierender Absicht wird durch die Frage geleitet, welches Wissen, welche Einstellungen und welche Handlungskompetenzen Lehrer (heute) brauchen, um ihre Unterrichts- und Erziehungsaufgaben in der Institution Schule erfüllen zu können.

Die Rede von der *Lehrerbildung* erinnert daran, dass der Lehrer in der → SCHULE grundsätzlich Heranwachsende vor sich hat, deren gesamte Lebensbedingungen sein Denken und Handeln (mit-)bestimmen (→ KINDHEIT, → JUGEND). Dem entsprechen eine besondere Art von Verantwortlichkeit und ein berufsspezifisches Ethos. Mit dem Bildungsauftrag gegenüber den Schülern verbindet sich des Weiteren die Kontinuität des → LEHRER-SCHÜLER-VERHÄLTNISSES, die eine bloß gelegentliche Beziehung ausschließt. Dem entspricht die Wertschätzung des Klassenlehrers, die Reduktion der Fachlehrer für einen Jahrgang, die tägliche Schulzeit, der eigene → KLASSENRAUM, die Verbindung zu den Eltern. Schließlich ist zu bedenken, dass sich der Lehrer nicht allein als Fachmann für → UNTERRICHT verstehen kann. Ist Moralität nicht nur der höchste, sondern „der ganze Zweck der Erziehung" (HERBART), dann ist ihr nicht nur der Unterricht, sondern das gesamte → SCHULLEBEN unterworfen und auf das „ganze" Leben der Schüler bezogen. Dem entspricht der Gedanke der Vorbildlichkeit des Lehrers, die in der Art und Weise seiner Unterrichtsgestaltung (→ METHODIK) und in seiner persönlichen Haltung konkrete Gestalt annimmt (→ ERZIEHUNG). Schließlich rechtfertigt sich die Rede von der Lehrerbildung dadurch, dass die Praxis des Lehrers sich nicht auf seine Berufstätigkeit beschränken lässt, sondern einen Aspekt gesellschaftlicher Praxis überhaupt darstellt. Der Lehrer wird seine berufliche Tätigkeit deshalb immer wieder als Institutionalisierung einer grundlegenden und umfassenden Praxis menschlicher Interaktion ansehen und sein unterrichts- und erziehungspraktisches Handeln darauf beziehen und an ihren Forderungen messen müssen.

II.

Unter diesen Voraussetzungen müssen die jüngste Entwicklung und der gegenwärtige Stand als ambivalentes Beispiel für die grundlegenden und zeitbedingten Anforderungen an die Lehrerbildung eingeschätzt werden. Darüber hinaus erscheinen sie im Hinblick auf neue Bildungsaufgaben der Schule keineswegs als befriedigend abgeschlossener Prozess:

Durch ihre Integration in die Universität ist die Akademisierung der Lehrerbildung bis auf wenige Ausnahmen zwar strukturell abgeschlossen; die unterschiedlichen Wege haben aber durchweg zu einer völligen Auflösung des Zusammenhangs der Disziplinen geführt, wie er in der Pädagogischen Hochschule noch gegenwärtig war. Die Folge ist ein zersplittertes Studium, das von den Studierenden nur noch als additives Fächerstudium wahrgenommen wird bzw. werden kann. Hinzu kommt, dass es kaum institutionalisierte Zusammenhänge zwischen den einzelnen Phasen gibt, so dass vielerorts durch die Zuordnung 1. Phase/Theorie – 2. Phase/Schulpraxis die Zersplitterung noch verschärft wird.

Gravierender ist die damit verbundene Reduktion der Berufsbezogenheit des Lehramtsstudiums. Sie ist zwar an allen Disziplinen ablesbar, zeigt sich in eklatanter Weise jedoch in den Bezugsdisziplinen der Fachdidaktiken. Faktisch haben sie ihren Bezugscharakter eingebüßt und sind für die Studierenden zum reinen Fachstudium geworden. Die Folge ist eine weitgehende Begrenzung des Studiums auf die Fachwissenschaften, in denen die Verbindung zwischen fachwissenschaftlichen Inhalten und fachdidaktischen Aufgaben kaum mehr vermittelt wird.

Die mit den strukturellen Veränderungen verbundene Aufwertung der fachwissenschaftlichen Ausbildung, die die Didaktiken in eine Randposition gedrängt hat, macht sich unter dem Aspekt der schulstufenbezogenen bzw. -bestimmten Ausbildung noch einmal als Verkürzung der Berufsbezogenheit bemerkbar.

Angesichts neuer Bildungsaufgaben der Schule, die sich an den Leitlinien

- der → ERZIEHUNG IM UNTERRICHT in einer Schule, die als spezifischer (Teilzeit-)Lebensraum für Kinder und Jugendliche verstanden wird,
- der → BERATUNG,
- der → WERTORIENTIERUNG und
- der Differenzierung der → UNTERRICHTSFORMEN

ablesen lassen, muss es darüber hinaus problematisch erscheinen, wenn die Anteile der grundwissenschaftlichen Studienfächer zugunsten des Fachstudiums in den Unterrichtsfächern zurückgestuft werden.

Am schärfsten müssen Entwicklung und Stand der Lehrerausbildung schließlich unter dem Aspekt der Theorie-Praxis-Gestaltung in den sog. Schulpraktischen Studien kritisiert werden. Ihre Reduktion bis zum gänzlichen Ausfall dieses Lehrerausbildungselementes dürfte in der 1. Phase die einschneidendste Maßnahme und für die Studierenden die empfindlichste Einbuße eines berufsbezogenen Studiums sein.

Der Zusammenhang von grundwissenschaftlichen, fachdidaktischen und -wissenschaftlichen sowie schulpraktischen Studien wird gegenwärtig an den Universitäten in äußerst divergierender Weise wahrgenommen und kaum noch als spezifische Aufgabe der Lehrerausbildung begriffen. Es nimmt deshalb nicht wunder, wenn Studierende sich in der 2. Phase ihrer Ausbildung dem sog. Praxisschock ausgesetzt fühlen und diese Phase nicht als notwendige Erweiterung, Ergänzung und Vertiefung ihres Studiums erkennen können.

Insgesamt gesehen hat die strukturelle Veränderung der Lehrerausbildung die Tendenz zu einer Integration des Studiums der verschiedenen Lehrämter verstärkt. Damit ist der Prozess auf *ein* Lehramt bei notwendiger Differenzierung im Hinblick auf die verschiedenen Schulstufen eingeleitet. Allerdings sind durch den Sog universitärer Ausbildung, die im Wesentlichen auf den Gymnasiallehrer zugeschnitten ist, entscheidende pädagogische Akzentuierungen des ehemaligen Volksschullehrerstudiums auf der Strecke geblieben.

III.

Lehramtsstudierende, Lehreranwärter/Referendare und Lehrer sind durch Eigeninitiative, über ihre Zusammenschlüsse in den Hochschulen und Ausbildungsseminaren und über ihre Berufsverbände auch immer mitbestimmende Faktoren ihrer Aus- und Fortbildung. Gegenwärtig und zukünftig wird ihre Aufmerksamkeit, auch im Hinblick auf notwendige bildungspolitische Entscheidungen, verstärkt folgenden Forderungen gelten müssen:

- Weiterentwicklung eines Ausbildungsganges für das *eine* Lehramt an allgemeinbildenden Schulen bei angemessener Differenzierung im Hinblick auf die einzelnen Schulstufen. (Damit ist auch die Forderung nach gleicher Ausbildungsdauer verbunden.)

- Zusammenführung der gegenwärtig getrennten Grundwissenschaften, Fachdidaktiken und ihrer Bezugswissenschaften unter dem Leitgedanken der Bildung bzw. des Bildungsauftrags. (Dies schließt ein, dass ein neuer, gemeinsamer „Ort" für eine professionelle Lehrerausbildung möglicherweise erst noch gefunden werden muss.)

- Verbindung und Verzahnung der Phasen der Lehrerausbildung mit einem durchgängigen, wenn auch unterschiedlich akzentuierten Theorie-Praxis-Bezug. (Dazu gehört, dass die Schulpraktischen Studien und Praktika in der 1. Phase einen angemessenen Stellenwert haben und dass die schulpraktische Ausbildung der 2. Phase nicht ohne orientierende Theorie-Reflexionen vonstattengeht.)
- Entwurf eines handlungsorientierten Ausbildungskonzepts, das die Handlungsfelder des Lehrers (Unterrichten, Erziehen, Beraten, Beurteilen, Mitbestimmen, Innovieren) gleichwertig berücksichtigt. (Zugleich muss in der Ausbildungsstruktur und -methodik auch der Zusammenhang der Handlungsfelder thematisiert und erfahrbar gemacht werden.)
- Ausrichtung der Ausbildung auf die Befähigung zu selbstständigem und eigenverantwortlichem Denken und Handeln bei der Erarbeitung eines spezifischen Berufsbildes und entsprechender Sinn- und Zielperspektiven sowie bei der Bewältigung der sich wandelnden Berufsaufgaben. (Hierin ist die Forderung nach einem Abbau hinderlicher Reglementierungen und bürokratischer Hemmnisse zugunsten verantwortlicher Mitbestimmung eingeschlossen.)
- Förderung eines Lehrerfortbildungskonzeptes, das den Lehrern bei der Erfüllung ihrer funktionalen und pädagogischen Aufgaben kontinuierliche Hilfe anbietet und sie vor dem Hintergrund veränderter Bedingungen der Kindheit und Jugend befähigt, das Leben und Lernen in der Schule mehr als bisher unter den Gedanken der Erziehung und des Lebensbezugs zu stellen. (Dies erfordert zugleich eine größere Handlungsautonomie der Lehrerkollegien und eine stärkere Verknüpfung der Lehreraus- und -fortbildung.)

Literatur

Salzmann, C. G.: Ameisenbüchlein. Oder Anweisung zu einer vernünftigen Erziehung der Erzieher. Hamburg 2011

Lehrer-Schüler-Verhältnis

I.

Das Lehrer-Schüler-Verhältnis stellt einen zentralen Grundbegriff der Pädagogik dar. Mit ihm ist die Beziehung zwischen zwei Personen gemeint, die sich gemeinsam, aber mit unterschiedlichen Aktivitätsformen dem pädagogischen Prozess des → UNTERRICHTS zuwenden. Da der Prozess des Unterrichts immer mit → ERZIEHUNG verknüpft ist, wird das Lehrer-Schüler-Verhältnis unter diesem Aspekt auch als Verhältnis von Erzieher und Edukand bezeichnet. Gelegentlich findet sich in diesem Zusammenhang der Ausdruck „Pädagogisches Verhältnis", in dem beide Aspekte aufgehoben sind.

Das Lehrer-Schüler-Verhältnis ist nicht an bestimmte Einrichtungen (wie etwa die Schule) gebunden, sondern kann sich überall dort ergeben, wo Menschen miteinander und voneinander lernen. Über das Zustandekommen eines Lehrer-Schüler-Verhältnisses entscheidet die zwischen den Personen herrschende Differenz an Wissen, an Haltung und/oder an Handlungskompetenz; sie entscheidet auch darüber, wer in der aktuellen pädagogischen Situation Lehrer bzw. Erzieher und wer Schüler bzw. Edukand ist. Grundsätzlich kann jeder Mensch sowohl Lehrer bzw. Erzieher als auch Schüler bzw. Edukand sein.

II.

Die formale Bestimmung des Lehrer-Schüler-Verhältnisses beinhaltet noch keine nähere Bestimmung der damit verbundenen → AUFGABEN von Unterricht und Erziehung. Immer wieder ist in der Geschichte der Pädagogik eine genauere Kennzeichnung dieses Verhältnisses versucht worden.

Bereits in der Antike findet sich bei PLATON eine bestimmte Auffassung von der Aufgabe des Lehrer-Schüler-Verhältnisses: Sokrates führt den Sklaven Menon nur durch geschicktes Fragen zur Erkenntnis des geometrischen Verfahrens der Quadratverdopplung. Durch dieses heute auch als sokratische Methode bezeichnete Verfahren hilft der Lehrer dem Schüler, seinen eigenen Weg zur Lösung der Aufgabe zu gehen. Im „Höhlengleichnis" tritt zugleich der politische Aspekt des Lehrer-Schüler-Verhältnisses hervor.

Zur Zeit der Aufklärung sieht PESTALOZZI die Aufgabe des Lehrer-Schüler-Verhältnisses in der „Handbietung" dem jungen Menschen gegenüber, damit er sich zum „Werk seiner selbst" machen kann. Als Grundbedingungen für die Möglichkeit der Selbsttätigkeit im Unterrichts- und Erziehungsprozess gelten Glaube, Liebe und Vertrauen.

In der geisteswissenschaftlichen Pädagogik, die die bildungstheoretische Diskussion der fünfziger und sechziger Jahre in der Bundesrepublik bestimmt hat, kommt ein Lehrer-Schüler-Verhältnis dann zustande, wenn zwischen einem „reifen" Erzieher, der die Inhalte des Unterrichts als Bildungswerte einer geistig-kulturellen Epoche repräsentiert, und einem unmündigen Zögling ein „pädagogischer Bezug" (NOHL) gestiftet wird, wenn – mit anderen Worten – die Ausstrahlung der Lehrerpersönlichkeit eine Bindung des Schülers an seine Person ermöglicht.

Nüchterner sind die Grundlegungen des Lehrer-Schüler-Verhältnisses, die auf einer empirischen Sichtweise beruhen und die die pädagogische Diskussion in den siebziger Jahren beherrschen. In Anlehnung an das behavioristische Denkmodell der Psychologie wird das Schülerverhalten in reaktiver Abhängigkeit vom stimulierenden Lehrerverhalten gesehen (u. a. BREZINKA). Durch die genaue Beobachtung und Messung unterrichtlicher und erzieherischer Praktiken glaubt man, optimale Lehrstrategien entwickeln zu können, die die Effektivität des Lehrer-Schüler-Verhältnisses im Sinne eines Input-Output-Modells erhöhen.

Auch die Soziologie hat in den letzten Jahren durch verschiedene Rollenmodelle (PARSONS; KRAPPMANN) zu einer bestimmten Auffassung vom Lehrer-Schüler-Verhältnis beigetragen. Lehrer und Schüler werden als Rollen begriffen, die im gemeinsamen „Spiel" von Interaktion und Kommunikation zur Imitation und Internalisierung von bestimmten Rollenmerkmalen und -erwartungen führen.

Einen Anspruch auf zeitunabhängige Geltung erhebt PETZELT, wenn er das Lehrer-Schüler-Verhältnis als *Dialog* kennzeichnet und damit Lehrer und Schüler an den „Logos" bindet. Beide Partner sind dann im Lehren und Lernen prinzipiell an die Vernunft gebunden; sie versuchen, sich in sachlicher *Argumentation* und ethisch begründeter *Motivation* an die Wahrheit und an das Gute zu binden und es „stückwerkhaft" hervortreten zu lassen. Wenn das pädagogische Verhältnis sich in dieser Weise als Dialog vollzieht, schließt es eine subjektivistische, ideologische oder instrumentalistische Überfremdung der Lehr- und Lernaufgabe aus.

Die verschiedenen konkurrierenden Auffassungen vom Lehrer-Schüler-Verhältnis haben in der Vergangenheit zu bestimmten Einseitigkeiten des Lebens und Lernens in der Schule (→ SCHULLEBEN) geführt. Zu kritisieren ist hier vor allen Dingen:

- Die Vorstellung, dass Alter, Geschlecht oder Position eine bestimmte „pädagogische" Rollenverteilung festschreiben. Auch der ältere Mensch kann vom jüngeren, der Erwachsene vom Kind und der Vorgesetzte vom Untergebenen lernen. Erst ein nicht von vornherein festgelegtes Lehrer-Schüler-Verhältnis ermöglicht ein universelles → SOZIALES LERNEN.

- Die Vorstellung, dass es im Lehrer-Schüler-Verhältnis darauf ankäme, durch geeignete Verfahren dem anderen eine geforderte Sache beizubringen oder gar „einzutrichtern" bzw. ein erwünschtes Verhalten anzutrainieren oder zu erzeugen. Wenn der subjektspezifische Zusammenhang von Wissen, Haltung und Handeln zur Person gehört und die einmalige Individualität des Menschen ausmacht, dann kann er im strengen Sinne gar nicht vermittelt, sondern nur in eigener Aktivität selbst konstituiert werden.

III.

In grundlegender, aber auch in praktisch orientierender Absicht können heute die folgenden Aspekte zur Gestaltung des Lehrer-Schüler-Verhältnisses angegeben werden:

Wenn gegenwärtig die Autonomie des Subjekts als Maßgabe für pädagogische Prozesse nicht mehr ernsthaft bezweifelt wird und wenn jeder Mensch sowohl Lehrer als auch Schüler sein kann, dann liegt es nahe, das Lehrer-Schüler-Verhältnis zunächst als *intra*personales Selbstverhältnis zu begreifen: Jeder Mensch ist Lehrer und Schüler zugleich. In dieser Perspektive hat der → SCHÜLER die Aufgabe, sich als sein eigener Lehrer in selbstunterrichtlichen und selbsterzieherischen Prozessen zu Wissen, Haltung und Handeln zu führen (→ SELBSTTÄTIGKEIT).

Dem *inter*personalen Lehrer-Schüler-Verhältnis als spezifische Bezeichnung zwischen unterschiedlichen Personen fällt dann die korrespondierende Aufgabe zu, die Schüleraktivität, die sich im selbstständigen und selbstverantworteten Argumentieren, Werten und Entscheiden des Schülers dokumentiert, zu unterstützen, d.h. Hilfe zu leisten, damit sich die Aktivität im Prozess des Unterrichts und der Erziehung real entfalten und der Schüler sein eigener Lehrer sein kann.

Diese Hilfe geschieht durch die Lehreraktivität. Sie besteht konkret in der sorgfältigen → UNTERRICHTSVORBEREITUNG, in der Gewährleistung notwendiger → UNTERRICHTSPHASEN, in der Berücksichtigung der den Lernprozess konstituierenden → UNTERRICHTSPRINZIPIEN der → ANSCHAULICHKEIT, → SELBSTTÄTIGKEIT, → KONZENTRATION und → SYNTHESE, in der Anwendung bestimmter → LEHR- UND LERNTECHNIKEN und in der durchgängigen Präsenz, um den Lernfortschritt der Schüler durch → BERATUNG und → LEISTUNGS-BEURTEILUNG zu sichern.

Die Fähigkeiten und Fertigkeiten des Lehrers, das Lernen der Schüler im Unterricht zu gewährleisten, seine unterrichtsmethodischen Kompetenzen machen seine → AUTORITÄT aus. Die Art und Weise, wie er dazu beiträgt, dass sich die Schüler auf den methodischen Weg zu richtigem Wissen begeben, wie er ihnen beim Wertenlernen hilft, damit sie das Gute erkennen und anerkennen und eine darauf bezogene Haltung ausprägen können (→ METHODIK), und wie er durch sein Vorbild das Bemühen der Schüler unterstützt, sich im Handeln gut und richtig zu entscheiden, ist zugleich konstitutiv für den korrelativen Prozess der → ERZIEHUNG IM UNTERRICHT.

Die Art und Weise, wie der Lehrer den Unterrichtsprozess führt, die erzieherische Valenz des Unterrichts ist nicht bloß eine Frage der Lehrtechniken, sondern auch eine Frage der Haltung und Einstellung des Lehrers zu den Schülern. Je stärker es ihm gelingt, eine Atmosphäre des gegenseitigen Vertrauens zu schaffen, desto ausgeprägter wird das erzieherische Profil seines Unterrichts sein. Selbstachtung und Selbstsicherheit wachsen beim Schüler erst, wenn der Lehrer ihm etwas zutraut. Wenn der Schüler aber Zutrauen erfährt, das ihm der Lehrer mit der Aufgabenstellung entgegenbringt, und die Gewissheit spürt, dass der Lehrer ihm die Lösung der Aufgabe selbstständig zutraut, dann kann sich auch das *Selbstvertrauen* zunehmend herausbilden, das die grundlegende Voraussetzung für jeden Unterrichtsprozess ist. Viele Auffälligkeiten von Schülern, ihr penetrantes Stören, ihr „Ausflippen" sind oftmals der Versuch, ihr mangelndes Selbstvertrauen und ihre Unsicherheit zu überspielen (→ DISZIPLIN; → UNTERRICHTS-STÖRUNGEN). Unterrichtsmethodische Kompetenz und eine ausgeprägte Haltung des bereitwilligen Zutrauens und Vertrauens sind deshalb die grundlegenden Bedingungen für ein pädagogisches Lehrer-Schüler-Verhältnis.

Literatur
Petzelt, A.: Grundzüge systematischer Pädagogik. Freiburg [3]1964

Lehrgangsorientierter Unterricht

I.

Auch der lehrgangsorientierte Unterricht ist eine Unterrichts-form, in der die Idee der → ERZIEHUNG IM UNTERRICHT ver-wirklicht werden kann und soll. Das mag überraschen, weil der Aspekt der → ERZIEHUNG in dieser Unterrichtsform of-fenbar kaum Bedeutung hat und weniger in Erscheinung tritt als in den anderen Formen des → FACHÜBERGREIFEND-PRO-JEKTORIENTIERTEN UNTERRICHTS und der → FREIARBEIT (vgl. die Skizze im Stichwort → UNTERRICHTSFORMEN). Er-härtet wird dieser Eindruck, wenn man sich die Zielsetzung dieser Unterrichtsform vergegenwärtigt. Sie liegt in der Ver-mittlung bzw. im Erwerb von Kenntnissen (z. B. Umschrei-bung mit ‚to do'), Fertigkeiten (z. B. Kunstschrift) und Fähig-keiten (z. B. Multiplikation von Brüchen) (→ ZIELE IM UNTERRICHT). Das alles hat im Bildungsprozess „nur" einen instrumentellen Wert bzw. einen pragmatischen Charakter.

Es ist zwar nicht falsch, wenn man mit diesem Ziel vor-nehmlich das Motiv der Ausbildung bzw. der Verwertbarkeit verbindet, was sich wiederum ohne weiteres mit den → FUNKTIONEN DER SCHULE verknüpfen lässt, die sich in dem generellen Zweck der Vorbereitung auf weitere Ausbil-dung, auf Berufstätigkeit und auf das sog. „Leben" zusam-menfassen lassen.

Es wäre aber bedenklich, diese Zielsetzung der → BIL-DUNG der Schüler entgegenzusetzen oder sie gar davon zu trennen. Denn ohne Kenntnisse, Fertigkeiten und Fähigkeiten sind nun einmal weder Einsichten in komplexe Sach- und Wertzusammenhänge noch ihre Gestaltung oder ihre Beurtei-lung möglich. Ein Film über die geschichtlich-kulturelle und wirtschaftliche Bedeutung der Insel Reichenau wird didak-tisch und methodisch fragwürdig, wenn die Schüler nichts mit einem benediktinischen Kloster verbinden können, wenn sie nicht wissen, welche besonderen klimatischen Bedingungen in dieser Landschaft herrschen, geschweige denn, wo die Insel liegt. Deshalb wird man als Lehrer seinen Schülern unter erzieherischem Aspekt diesen Zusammenhang immer wieder verdeutlichen, die eingeschränkten Ziele des Wissens und Könnens in den Zusammenhang mit weiter reichenden Aufgaben stellen und so ihren Stellenwert aufklären müssen. Darüber hinaus merken die Schüler am Beispiel des Lehrers sehr genau, wie ernst es ihm mit dem Stand ihrer Kenntnisse und Fertigkeiten ist und welche Sinngebung er selbst damit verbindet.

II.

Unter *didaktischem Aspekt* treffen wir im lehrgangsorientierten Unterricht zunächst auf die Kulturtechniken. Ihr Spektrum reicht von den Lehrgängen des Lesens, Schreibens und Rechnens im → ERSTUNTERRICHT und die weitere Entfaltung im muttersprachlichen (z.B. stilistische Übungen) und mathematischen Unterricht (z.B. Zinsrechnung) über die Fremdsprachen (jedenfalls in ihren Anfängen) bis hin zur informationstechnischen Grundbildung. Zwar sind diese Aufgaben traditionell bestimmten Fächern zugeordnet; aber sie sind weitgehend fachübergreifend: Mathematische Kenntnisse und Fähigkeiten sind im Physikunterricht gegebenenfalls ebenso notwendig wie im Musikunterricht. Darüber hinaus sind lehrgangsorientierte Phasen auch in allen anderen Fächern immer dann legitim, wenn der instrumentelle bzw. pragmatische Charakter ihrer Zielsetzung ausschlaggebend ist.

Das zeigt an, dass die Vermittlung und der Erwerb von Kenntnissen, Fertigkeiten und Fähigkeiten nicht auf den Erstunterricht bzw. die Grundschule beschränkt sind. Aber auch hier müssen die Schüler bereits erleben können, dass sich die Unterrichtsformen unterscheiden, je nachdem, ob es sich um die Kenntnis des Verbs und der Leistung dieser Wortart oder um die Entfaltung und Durchdringung des Themas „Unser Wochenmarkt" handelt.

Unter *unterrichtsmethodischem Aspekt* hat der lehrgangsorientierte Unterricht kursorischen Charakter. Er unterscheidet sich damit nicht von außerschulischen Veranstaltungen, z.B. einem Tanz-, Koch-, Gitarren-, Fahrschul- oder Italienischkurs. Kurse sind zeitlich begrenzt; das hängt wiederum mit ihrer Zielsetzung zusammen. Im Hinblick auf die Schüler ist deshalb in bestimmten Fächern, v.a. in den Sprachen und der Mathematik, auch eine → DIFFERENZIERUNG nach ihrer Leistungsfähigkeit pädagogisch legitim und sinnvoll.

Konsequenterweise finden wir im lehrgangsorientierten Unterricht eine bestimmte Gliederung der Aufgaben. Man kann die Abfolge der Aufgaben als „linear" bezeichnen. Sie ist mehr oder weniger „zwingend": Im Lateinunterricht kann man den a.c.i. erst behandeln, wenn den Schülern klar ist, was ein Akkusativ und was ein Infinitiv ist. Hier „baut das eine auf dem anderen auf". Damit hängt zusammen, dass die einzelnen Ziele im lehrgangsorientierten Unterricht relativ genau festzulegen sind. Je präziser sie beschrieben und den Schülern bekannt gemacht werden, umso eher lässt sich auch die → LEISTUNG in dieser Unterrichtsform beurteilen.

Daran werden weitere Merkmale des lehrgangsorientierten Unterrichts klar: Einmal herrscht hier die Vorstellung, dass die einzelnen Stadien und Stufen des Lehrgangs von allen Schülern nach Möglichkeit in gleicher Zeit und in gleichem Zeitmaß mitgegangen werden, so dass am Ende alle die gleiche Kompetenz erreichen. Zum anderen legt der instrumentelle und pragmatische Charakter der Ziele es nahe, diesen Unterricht vornehmlich unter dem Gesichtspunkt der Effektivität zu sehen. Deshalb spielt in dieser Unterrichtsform der Frontalunterricht und die Einzelarbeit (oder die Arbeit in Gruppen) eine vorherrschende Rolle (→ SOZIALFORMEN).

Die besondere Zielsetzung dieser Unterrichtsform verlangt schließlich, dass die für den übrigen und weiterführenden Unterricht notwendigen Kenntnisse, Fertigkeiten und Fähigkeiten kontinuierlich wiederholt und geübt werden (→ WIEDERHOLUNG, → ÜBUNG). Wenn auch vieles davon im Laufe des Unterrichts „by the way" wiederholt oder gewonnen wird, bedarf es doch des übenden Lernens in gesonderter Weise. Gerade dieses Lernen ist für Schüler oft ärgerlich und lästig; man denke etwa an Vokabeln und grammatische Übungen. Umso wichtiger ist es hier, dass der Lehrer diese Last durch phantasievolle methodische Variationen, durch Lernspiele und partnerschaftliches Arbeiten ein wenig auffängt und dem Ärger durch seinen Humor die Spitze nimmt.

III.

In der Schule ist die Unterrichtsform des lehrgangsorientierten Unterrichts im Vergleich zu den anderen Unterrichtsformen immer noch vorherrschend und in ihrer Struktur auch in den Fächern zu finden, deren Ziele über die des lehrgangsorientierten Unterrichts weit hinausgehen (→ SCHULKRITIK). Das hat seine Ursache im geschichtlich bedingten Aufgabenverständnis der → SCHULE als vornehmlich funktional-vorbereitender Einrichtung. Da sich dieses Verständnis heute grundlegend wandelt, ist damit auch die Monostruktur des lehrgangsorientierten Unterrichts hinfällig. Das zeigt sich nicht nur im fachübergreifend-projektorientierten Unterricht und der Freiarbeit, sondern greift auch in die Organisation des lehrgangsorientierten Unterrichts selbst ein. Er wandelt sich bereits an vielen Stellen zur → WOCHENPLANARBEIT. Entscheidend ist dabei der erzieherische Aspekt, der dieser Veränderung zugrunde liegt. Zwar werden auch hier lehrgangsbestimmte Aufgaben vom Lehrer ausgewählt, vorgegeben und vorgestellt; er kümmert sich darüber hinaus um entsprechende Erarbeitungs- und Übungsmaterialien für die Einzelarbeit und für die Arbeit in Gruppen; schließlich werden von ihm auch hier die Ergebnisse der Schüler kontrolliert. Aber die Schüler haben doch einen begrenzten Raum der Selbstbestimmung in Bezug auf die Reihenfolge, in der sie die Aufgaben lösen, in Bezug auf die Zeit, die sie aufwenden, und in Bezug auf die Sozialform, in der sie arbeiten wollen. Hier sind zwar deutlich einige Merkmale der Freiarbeit wiederzuerkennen, aber dennoch bleibt die Wochenplanarbeit eine Variante des lehrgangsorientierten Unterrichts. An ihrer Zielsetzung ändert sich nichts Grundlegendes.

Allerdings gibt es eine gewissermaßen umgekehrte Verbindung des traditionellen lehrgangsorientierten Unterrichts mit der Freiarbeit. Diese Unterrichtsform gestattet nämlich den Schülern nicht nur, sondern legt ihnen geradezu auf, die Verantwortung für den Stand ihrer Kenntnisse, Fertigkeiten und Fähigkeiten in entsprechenden selbstgewählten Aufgaben wahrzunehmen. Das mag schließlich noch einmal ein Hinweis auf die notwendige Verknüpfung der unterschiedlichen Unterrichtsformen sein, in denen die institutionellen Anforderungen durch eine erzieherisch gedachte und praktische Differenzierung des Lehrens und Lernens eingelöst werden sollen.

Literatur

Gudjons, H.: Frontalunterricht neu entdeckt. Integration in offene Unterrichtsformen. Stuttgart ²2007

Lehrplan

„Lehrplan" ist die Bezeichnung für die ausgewählten und vorgegebenen Inhalte und → ZIELE DES UNTERRICHTS, mit denen sich Schüler und Lehrer im institutionalisierten Unterricht im Hinblick auf bestimmte Zwecke (→ FUNKTIONEN DER SCHULE) in einem vorgegebenen Zeitraum auseinandersetzen sollen. In der Regel erstellen die Kultusminister(ien) als oberste Schulbehörden die Lehrpläne für die öffentlichen Schulen der jeweiligen Bundesländer; es gibt aber auch Lehrpläne an Schulen in freier Trägerschaft, die vom jeweiligen Schulträger vorgegeben und verantwortet werden. Auf der „unteren" Ebene sind auch regionalspezifische und schuleigene Lehrpläne anzutreffen.

Die Entscheidung über die jeweiligen Inhalte, Ziele und Zeiträume eines Lehrplans ist im Wesentlichen eine politische. In diktatorischen Staatsformen werden sie entsprechend dem herrschenden Staatszweck „einfach" dekretiert. In demokratischen Staatsformen nehmen verschiedene Interessensgruppen Einfluss auf die Lehrpläne der öffentlichen Schulen. Schüler- und Elternvertreter bzw. -verbände, Lehrer und ihre Berufsverbände, Arbeitnehmer- und Arbeitgeberverbände, Vertreter der Kirchen, der Wissenschaft und der politischen Parteien ringen um einen Konsens bezüglich der Auswahl und Anordnung der Unterrichtsfächer und -zeiten (Stundentafel), der Unterrichtsinhalte und -ziele. An der Erstellung von Lehrplänen für Schulen in freier Trägerschaft wird die Partizipation der Betroffenen in unterschiedlicher Art und Weise geregelt. Schuleigene Lehrpläne werden in der Regel von den Fachkonferenzen erarbeitet und von den Gesamtkonferenzen beschlossen.

Lehrpläne haben für den Lehrer einen mehr oder weniger ausgeprägten Anweisungscharakter. Sie wollen einerseits den jeweiligen Zweck der Schule inhaltlich definieren und andererseits durch die Vorgabe einheitlicher Unterrichtsanforderungen die Vergleichbarkeit der Lernergebnisse und Schulabschlüsse an verschiedenen Schulen und Schulformen sichern. Sie können dabei eine sehr direktive Form aufweisen und zahlreiche Momente des Unterrichts festlegen (Curricula) oder sie definieren nur einen „Rahmen", innerhalb dessen der Unterricht erfolgen soll, wobei den Schülern und Lehrern ein Interpretationsspielraum zur Ausfüllung belassen bleibt. Solche weitgefassten *Rahmenrichtlinien* ermöglichen bzw. erfordern häufig die Erstellung schuleigener Lehrpläne durch die entsprechenden (Fach-)Konferenzen. Sie versuchen, die regionalen sozio-kulturellen und schulspezifischen Bedingungen zu berücksichtigen und mit dem Auftrag der Schule zu verbinden.

II.

Wegen des politischen Charakters von Lehrplanentscheidungen unterliegen Lehrpläne einem historischen und gesellschaftlichen Wandel.

Im Mittelalter war der Lehrplan durch die „artes liberales", die „freien Künste" des gebildeten Mannes bestimmt. Sie umfassten die Fächer des „Trivium" mit Grammatik, Rhetorik und Dialektik, und die Fächer des „Quadrivium" mit Arithmetik, Geometrie, Musikkunde und Astronomie. Die Fächer wurden nacheinander durchlaufen. Der Zweck der Ausbildung bestand in der Vorbereitung einer ausgewählten Minderheit auf das Studium der Theologie, der Jurisprudenz oder der Medizin.

In der Neuzeit beginnt sich die Idee einer umfassenden → BILDUNG für alle Menschen durchzusetzen. Die Vielfalt der dafür erforderlichen Unterrichtsinhalte, u.a. auch die in diesem Zusammenhang „aufgewertete" deutsche Muttersprache, erfordert eine erhebliche Ausdehnung der gesamten Unterrichtszeit, so dass es nicht mehr sinnvoll erscheint, die verschiedenen Inhalte hintereinander zu lehren. COMENIUS entwickelt deshalb um die Mitte des 17. Jahrhunderts einen „Lehrplan", mit dessen Hilfe alle alles lernen sollen (omnes omnia omnino). Er enthält eine Vielzahl von Fächern, die „nebeneinander" unterrichtet werden und deren Inhalte vom „Einfachen" zum „Schweren" gegliedert sind.

Eine systematische „Theorie des Lehrplans" im engeren Sinne wird erst in der geisteswissenschaftlichen Pädagogik der zwanziger Jahre unseres Jahrhunderts entwickelt und ist u. a. mit dem Namen Erich WENIGER verbunden. Er stellte insbesondere die Geschichtlichkeit, d. h. Zeitgebundenheit und Wandelbarkeit aller Lehrplaninhalte heraus und machte auf ihren politischen Kompromisscharakter aufmerksam.

Die mit den Lehrplankompromissen oft einhergehende leerformelhafte Sprache (z. B. Liebe zur Natur, Ehrfurcht vor dem Leben, Pflege der Dichtung) und die Befürchtung, die in der Schule erworbenen Qualifikationen könnten im internationalen Vergleich nicht konkurrieren, führten mit Beginn der sechziger Jahre zur Lehrplankritik und zum Versuch einer Bildungsreform durch eine „Revision des Curriculum" (ROBINSOHN). Der Begriff Curriculum verstand sich dabei als „wissenschaftliche" Ersatzvokabel für den Lehrplanbegriff. Anders als die traditionellen Lehrpläne sollten die Curricula „objektiv" die Inhalte und Ziele, die Verfahren und Medien und vor allen Dingen die Mittel der Erfolgskontrolle und -sicherung festlegen. Im Gefolge der Curriculumdiskussion sind zahlreiche Modelle der → DIDAKTIK entstanden, die die in der Curriculumdiskussion nahegelegte Intention einer möglichst exakten Steuerung und Kontrolle des Unterrichts entfalteten (u. a. Kybernetische Didaktik, Lernzielorientierte Didaktik, Curriculare Didaktik).

Heute ist der anfängliche Optimismus über die Möglichkeiten der Curriculumrevision einer gewissen Ernüchterung gewichen. Man hat die unerwünschten „Nebenwirkungen" von engführenden Curricula (u. a. Unselbstständigkeit, Angepasstheit, Kritikunfähigkeit der Schüler) erkannt und unter der Bezeichnung „heimlicher Lehrplan" zusammengefasst. Lehrpläne werden heute deshalb in der Regel nicht mehr in Form einengender Curricula, sondern als Rahmenrichtlinien erlassen, die Lehrern wie Schülern einen Freiraum zur selbstständigen Gestaltung überlassen. In der Praxis sind es dann aber oft nicht mehr die Richtlinien, sondern die vom Kultusministerium bzw. vom freien Schulträger genehmigten und an der Schule eingeführten Lehrbücher, die die Inhalte und Ziele des Unterrichts mehr oder weniger bestimmen.

III.

Wenn Schüler nicht bloß Mittel zu politisch gesetzten Zwecken, sondern immer auch Zweck und Werk ihrer selbst sein sollen, dann ist eine pädagogische Kritik der Lehrpläne, in welcher Gestalt sie auch auftreten (Curricula, Rahmenrichtlinien, Lehrbücher), erforderlich. Maßstab dieser Kritik ist der Anspruch der Schüler auf zunehmende Selbstbestimmung, d. h. auf den Fortschritt ihrer Erziehung (→ ERZIEHUNG IM UNTERRICHT). An Lehrpläne ist die pädagogische Frage zu richten, ob ihre inhaltlichen, intentionalen und temporalen Ansprüche die Selbstbestimmung der Schüler fördern oder verhindern.

Dabei darf nicht übersehen werden, dass die Verselbstständigung der Schüler immer nur in einem konkreten historischen und gesellschaftlichen Kontext erfolgen kann. In dieser Hinsicht sind alle lehrplanartigen Vorgaben als fürsorgliche Hilfe aufzufassen, die das hier und heute kulturell Bedeutsame aufzeigen. Diese Vorgaben darf der Lehrer nicht leichtfertig beiseite tun. Denn sie bestimmen die fachlichen Erkenntnisse, Fähigkeiten, Kenntnisse und Fertigkeiten, die in einer bestimmten historischen und gesellschaftlichen Situation als (Lehr-)Güter angesehen werden müssen und die zur Sicherung der gegenwärtigen wie zukünftigen Kultur und der individuellen wie sozialen Existenz des Menschen notwendig erscheinen.

Bei der → UNTERRICHTSVORBEREITUNG wird der Lehrer deshalb konkret fragen, ob die für den beabsichtigten Unterricht maßgeblichen Rahmenrichtlinien und schuleigenen Lehrpläne, Jahrgangslehrpläne und Klassenlehrpläne, Lehrbücher und Lehrerhandbücher, Lern- und Arbeitsmittel den Schülern den Weg zu selbsttätigem Erkennen und Gestalten, zu eigenem Urteil und eigenen Handlungsentscheidungen eröffnen oder verbauen; mit anderen Worten: Ob sie → SELBST-TÄTIGKEIT der Schüler ermöglichen oder verhindern. Zugleich wird der Lehrer unter dem Aspekt der Fürsorge fragen müssen, welchen Wert die Vorgaben für das gegenwärtige und künftige Leben der Schüler haben können. Eine diesbezügliche Prüfung der Lehrplanvorgaben unter pädagogischem wie fürsorglichem Aspekt und eine situationsbezogene Entscheidung über ihre unterrichtliche Relevanz gehören zu den Kernaufgaben der *Didaktischen Analyse*. Nur wenn der sich vorbereitende Lehrer die Vorgaben in diesem Sinne kritisch und nicht naiv-affirmativ prüft, kann er der Gefahr vorbeugen, dass der Lehrplan zur „Zwangsjacke" wird, die alle Schüleraktivität und Lehreraktivität in einen normierten und normierenden Rahmen zwängt.

Allerdings lassen sich die beiden Aspekte, die pädagogische Hilfe zur Erziehung und die fürsorgliche Daseins- und Kultursicherung, nicht immer ohne weiteres im Unterricht vereinbaren. Entscheidend für die pädagogische Qualität des Unterrichts kann deshalb weder allein das Maß der Schülerselbstbestimmung noch allein das Maß der Lehrplanerfüllung, sondern nur die Art und Weise sein, wie die Lehrplanvorgaben in die Gestaltung des Unterrichts (→ METHODIK) eingehen. Durch den Einsatz von verschiedenen → UNTERRICHTSFORMEN (z.B. lehrgangs-, projekt- und freiarbeitsorientierte Formen) ist es dem Lehrer noch am ehesten möglich, das befreiende Motiv der Erziehung mit dem sichernden Motiv des Lehrplans zu verbinden.

Literatur

Weniger, E.: Didaktik als Bildungslehre. Teil 1: Theorie der Bildungsinhalte und des Lehrplans. Weinheim [8]1965

Lehr- und Lerntechniken

I.

An der Lehrer- und Schüleraktivität lässt sich ein Aspekt unterscheiden, der einen merkwürdig ambivalenten Charakter besitzt: die Techniken oder Fertigkeiten des Lehrens und Lernens. Sie sind auf der einen Seite für die Gültigkeit der → ZIELE des Unterrichts selbst überhaupt nicht maßgeblich; auf der anderen Seite entscheiden diese instrumentellen Voraussetzungen aber mit darüber, ob und in welchem Maß die Ziele im Unterricht erreicht werden. Lehrtechniken, z.B. das Überschauen der Schüler durch den Lehrer, und Lerntechniken, z.B. die Lesefertigkeit der Schüler, sind mit den methodischen Aufgaben des Lehrers und der Schüler unmittelbar verbunden; sie werden in jedem Lehr- und Lernprozess „fällig" (→ METHODIK). Sie gehen „beiläufig" als spezifische Aufgaben mit in den Prozess des Lehrens und Lernens ein und werden in ihm immer wieder ohne besonderes Augenmerk wiederholt, angewandt und geübt.

Zugleich besitzen sie aber im Hinblick auf die → AUFGABEN des Unterrichts eine lediglich subsidiäre Funktion. Denn der „selbstverständliche" Besitz von Lehr- und Lerntechniken und das „fraglose" Verfügenkönnen über sie hat seinen Wert allein darin, dass sie den Lehrer in seiner Unterrichtsführung und die Schüler in ihren produktiven und kreativen Erkenntnis- und Gestaltungsleistungen entlasten und so zum Gelingen des → UNTERRICHTS beitragen. Die Interpretation eines Gedichtes zum Beispiel hängt entschieden von der Lesefertigkeit des Vortragenden ab. Analoges gilt für alle Fachleistungen.

Trotzdem wird der Wert der Lehr- und Lerntechniken oft unterschätzt. Solange Lehrer und Schüler sie leidlich beherrschen und über sie ohne besondere Schwierigkeiten verfügen, erscheinen solche Fertigkeiten nicht der Rede wert. Ihre Bedeutung wird in der Regel erst dann bewusst, wenn der Unterrichtsprozess seine Kontinuität verliert oder sogar unterbrochen werden muss, um sich der notwendigen Fertigkeiten neu zu vergewissern. Nicht selten kommt es auch zu mehr oder weniger empfindlichen → UNTERRICHTSSTÖRUNGEN, die sich auf ein Defizit in den Lehr- und Lerntechniken zurückführen lassen (→ DISZIPLIN).

II.

Bei den Lehrtechniken lassen sich fachübergreifende und fachspezifische unterscheiden. Zu den fachübergreifenden Lehrtechniken zählen

- das *Sehen* und *Hören:* das Überschauen des → KLASSENRAUMS, der Sitzordnung, der Tafel, der Stellung von Landkarte und OHP; die Aufmerksamkeit für die Schüler im → UNTERRICHTSGESPRÄCH und auch, wenn der Lehrer an der Tafel, an einem Gerät oder an der Karte tätig ist; das Unterscheiden von Arbeitsunruhe und Unterrichtsstörungen;
- das *Sprechen:* Da die Stimme des Lehrers sein wichtigstes Instrument ist, wird er sie haushälterisch einsetzen; außerdem steckt in ihr eine Fülle von Variationsmöglichkeiten, mit der er seine Unterrichtsführung unterstützen kann;
- die *Mimik* und die *Gebärden:* Mit ihnen unterstützt der Lehrer sein Sehen, Hören und Sprechen; Gesichtsausdruck, Hände und Arme sind für ihn zugleich instrumentelle Möglichkeiten, um seine unterrichtsmethodischen Intentionen zu profilieren;
- das *Stehen, Sitzen* und *Sich-Bewegen:* Damit versucht der Lehrer sich den unterschiedlichen Aufgaben beim Unterrichten anzupassen;
- das *Schreiben:* z.B. die Beherrschung der Ausgangsschrift in der Grundschule, der Umgang mit Tafel- und OHP-Fläche zum Zwecke der Sichtbarkeit und Überschaubarkeit von Tafelbildern und Folien für die Schüler, die Lesbarkeit von Anmerkungen zu Schülerarbeiten;
- die *Bedienungssicherheit* im Umgang mit → MEDIEN;
- das *Überblicken der Lernorganisation:* z.B. im Hinblick auf Partner- und Gruppenarbeit, auf experimentelle und gestalterische Arbeiten (→ SOZIALFORMEN).

Darüber hinaus gibt es in jedem Unterrichtsfach Lehrtechniken, die einen fachspezifischen Charakter haben, z.B. das Skizzieren, das Mikroskopieren, das Experimentieren, das Dirigieren, der Umgang mit Maschinen. Über sie wird sich der Fachlehrer im Klaren sein und sie sich aneignen müssen.

Auch bei den *Lerntechniken* treffen wir auf fachübergreifende und fachspezifische. Die allgemeinen Fertigkeiten fassen wir herkömmlich unter dem Begriff der *Kulturtechniken* zusammen. Sie werden zwar überwiegend in den Fächern Deutsch und Mathematik vermittelt, lassen sich aber nicht auf diese Fächer begrenzen. Aus diesem Grunde sind grundsätzlich alle (Fach-)Lehrer für diese Techniken verantwortlich.

Sowohl die fachübergreifenden Kulturtechniken wie die facheigenen Lerntechniken differenzieren sich; sie begleiten die Schüler als Aufgaben durch die gesamte Schulzeit.

In diesem Zusammenhang ist noch auf eine Besonderheit aufmerksam zu machen. Lernprozesse wollen deshalb gelegentlich nicht gelingen, weil bei einzelnen Schülern eine physiologisch bedingte Störung bzw. ein Defizit ihres Seh- und Hörvermögens vorliegt. Auch das Sprechen- und Sich-bewegen-Können kann unter diesem Aspekt zum Gegenstand besonderer Aufmerksamkeit und Fürsorge des Lehrers werden.

III.

Dem erfahrenen Lehrer sind seine Lehrtechniken gewissermaßen zur zweiten Natur geworden; dennoch wird er sie immer wieder selbstkritisch betrachten oder für korrigierende Hinweise seiner Schüler sensibel bleiben müssen. Besondere Aufmerksamkeit verlangen diese Techniken deshalb in der Lehrerausbildung (→ LEHRERBILDUNG).

Obwohl die Lerntechniken für die Schüler keinen Selbstwert besitzen, muss der Lehrer sie zu eigenen Unterrichtsaufgaben machen und dafür begrenzte, aber doch kontinuierlich wiederkehrende Zeiträume vorsehen. Sowohl → ÜBUNGEN im Schreiben, Farbenmischen und fremdsprachlichen Artikulieren als auch die → WIEDERHOLUNG instrumenteller Wissensbestände (z.B. Vokabeln, Formeln, Regeln) sind Schülern allerdings oft lästig. Aber man darf sie ihnen auch nicht ersparen, wenn man sie nicht um die notwendigen Voraussetzungen betrügen will, die sie für die methodische Bearbeitung ihrer fachspezifischen Aufgaben brauchen. Umso wichtiger ist es, die Vermittlung, Wiederholung und Anwendung von Lernfertigkeiten didaktisch und zeitlich zu begrenzen, auf ihren jeweiligen Stellenwert aufmerksam zu machen, sie gelegentlich sogar in den Sinnhorizont des Lernens überhaupt einzuordnen. Bei der → UNTERRICHTSVORBEREITUNG muss dies alles mitbedacht werden.

In solchen Formen ausdrücklicher Begrenzung und Aufklärung liegt die Brücke für die Schüler, sich letzten Endes für ihre Lerntechniken selber verantwortlich zu wissen. Dem muss allerdings die Unterrichtsorganisation entsprechen, damit die Schüler diese Verantwortung auch wahrnehmen und weiterentwickeln können, z.B. in der Unterrichtsform der → FREIARBEIT.

Literatur
Peterßen, W.H.: Kleines Methoden-Lexikon. München ³2009

Leistung/Leistungsbeurteilung

I.

Immer wenn der Mensch handelt, d. h. wenn sich seine Aktivität in konkreten Akten intentional auf „etwas" richtet, erbringt er eine Leistung. Dabei kann sein leistendes Handeln auf die Entfaltung und Gestaltung seiner selbst (z. B. im Spiel) oder auf die Herstellung eines Gegenstands gerichtet sein (z. B. beim Konstruieren). Je nach Betrachtungsweise kann die menschliche Leistung zum einen unter dem Aspekt des Handlungsprozesses (z. B. intensives Spielen, aufwendiges Konstruieren) und zum anderen unter dem Aspekt des Handlungsergebnisses (z. B. große Spielfreude, gelungene Konstruktion) in den Blick genommen werden. Es erscheint daher sinnvoll, einen *prozess*orientierten und einen *produkt*orientierten Leistungsbegriff zu unterscheiden.

In der Schule werden in beiderlei Hinsicht vielfältige und verschiedenartige Leistungen erbracht: Im Sportunterricht üben die Schüler immer wieder den Felgaufschwung, im Rechtschreibunterricht sammeln die Schüler Wörter mit Konsonantenverdopplungen, im Mathematikunterricht suchen die Schüler nach Lösungen für Gleichungen mit zwei Unbekannten, auf dem Schulhof versuchen die Schüler, Streit zu vermeiden. Sofern sich die Schüler diese → AUFGABEN zu eigen machen und mit mehr oder weniger großer Anstrengung verfolgen, erbringen sie in *prozess*orientierter Hinsicht in jedem Fall eine mehr oder weniger große Leistung. Das gilt im Sportunterricht für einen unbeweglichen Schüler, der den Felgaufschwung am Ende immer noch nicht schafft, genauso wie für einen Schüler, der im Sportverein schon für Olympia trainiert; das gilt im Rechtschreibunterricht für einen ausländischen Schüler, der beim Diktat immer noch nicht klarkommt, genauso wie für einen deutschen Schüler, der mühelos fehlerfrei mitschreiben kann; das gilt im Mathematikunterricht für den „schwachen" Rechner, der am Ende zu keinem Ergebnis kommt, wie für den „starken" Rechner, der die Gleichung rasch gelöst hat; das gilt in der Pause für den Streitsüchtigen, dessen Selbstbeherrschung am Pausenende doch versagt, genauso wie für den Friedfertigen, der sich nur selten streitet.

Die Schüler erbringen auch in *produkt*orientierter Perspektive in allen Beispielen eine mehr oder weniger große Leistung: hier der Felgaufschwung im Ansatz, dort seine vollendete Ausführung, hier 30 Fehler im Diktat, dort fehlerfrei, hier die falsche Rechnung, dort die richtige Lösung, hier der nicht vermiedene Streit, dort die Harmonie.

Offenbar stimmt das Ergebnis einer Handlungsleistung nicht immer mit der im Leistungsprozess aufgebrachten Mühe überein. Eine hohe Leistungsanstrengung kann zum Erfolg führen, aber letztlich auch erfolglos bleiben, eine geringe Anstrengung kann ein Versagen, aber auch ein überzeugendes Ergebnis zur Folge haben. Erst die Differenz von prozess- und produktorientierter Betrachtungsweise macht die Leistungsbeurteilung in der Schule zum Problem.

II.

In der erziehungswissenschaftlichen Literatur herrscht kein einheitliches Verständnis von „Leistung" vor. So reicht die Spannweite der Auffassungen von der physikalischen Sichtweise (Leistung = Arbeit : Zeit) bis zur ethisch geprägten Vorstellung (einen Dienst leisten). Entsprechend werden die Aufgabe und das Verfahren der Leistungsbeurteilung unterschiedlich verstanden. Die Extremvorstellungen reichen von der Forderung nach exakt überprüfbaren, objektiven Leistungsmessungen bis zur Verklärung der Urteilsfähigkeit von „erfahrenen" Lehrern, die ihre „Pappenheimer" stets zu kennen glauben.

In problemgeschichtlicher Perspektive ist das Problem der Leistung und der Leistungsbeurteilung in der Schule vergleichsweise jung. Im Altertum und Mittelalter stand die „Schule" nur einer „ausgewählten" Minderheit zur Verfügung, um sie auf bestimmte Ämter in Staat und Kirche vorzubereiten. Unabhängig von ihren konkreten Leistungen wurden sie nach der Schulzeit in diese Ämter eingeführt. Erst in der Epoche der Aufklärung löste sich der Bildungsgedanke von ständischen Eingrenzungen und die Schule wurde als zweckfreie Bildungsstätte des Subjekts gedacht. Die damit geforderte vielseitige Entfaltung des Interesses (HERBART) und der individuellen Kräfte des Menschen sollte es ermöglichen, dass jedes Individuum nach der Schulzeit einen angemessenen Platz in der Gesellschaft finden und einnehmen konnte. Dafür waren die konkrete Schulleistung und ihre Beurteilung noch relativ unmaßgeblich, zumindest der Idee nach.

Im Laufe des 19. und 20. Jh. entdeckt jedoch der merkantilistisch orientierte Staat die Bedeutung der schulischen Ausbildung für seine Zwecke. So wird in der Schule die idealistische Idee zweckfreier Bildung durch die Übertragung von konkret vorgegebenen Qualifikations-, Selektions- bzw. Allokations- und Integrationsfunktionen zunehmend verdrängt (→ FUNKTIONEN DER SCHULE). Das (industrie-)gesellschaftliche Verteilungsprinzip, das sich überwiegend an den Ergebnissen individueller Leistungen orientiert, wird auch zum vorherrschenden Organisationsprinzip der Schule.

Heute prägt die Vorstellung, dass sich im Leben Erfolg und Glück durch eine möglichst hochwertige schulische Qualifikation erzielen lassen, weitgehend auch das Leben in der Schule. Diese Erwartung hat inzwischen zu einem starken Wettbewerb der Schüler um gute *Zensuren, Zeugnisse* und *Schulabschlüsse* geführt. Lernleistungen werden deshalb meist nicht mehr in gemeinsamer Anstrengung von Schülern und Lehrern, sondern häufig in gegenseitiger Konkurrenz erbracht. Eltern und Schüler achten dabei genau auf die Einhaltung der „Spielregeln", weil in ihrer Sicht nicht nur *Versetzungen* und *Schullaufbahnen,* sondern auch das Lebensglück davon abhängen.

Unter einem einseitigen Verständnis von „Gerechtigkeit" als Gleichheit wird dann der Versuch unternommen, die individuellen Leistungen möglichst „objektiv" festzustellen. Da die zur Erbringung einer Leistung erforderliche individuelle Anstrengung kaum messbar und vergleichbar ist, wird vorrangig nur das Produkt eines Lernprozesses nach vorher festgelegten Kriterien bewertet. Die Leistungskontrolle und -beurteilung scheint dann „objektiv" nachprüfbar, sie lässt sich notfalls sogar vor dem Verwaltungsgericht überprüfen.

Gegenüber diesen Vorstellungen und Verfahren lässt sich eine Reihe von Einwänden formulieren. So lässt sich feststellen und mit Forschungsergebnissen der Soziologie untermauern, dass für den Lebenserfolg häufig andere als schulische Leistungen ausschlaggebend sind: Haltungen und Einstellungen, die mit dem Aufwachsen in der Familie angebahnt werden; die Fähigkeit, die verfügbaren Qualifikationen zur rechten Zeit zu „verkaufen"; extrafunktionale Rollenelemente der Zuverlässigkeit, Pünktlichkeit, Höflichkeit, Loyalität und Flexibilität. Darüber hinaus muss festgehalten werden, dass die fortwährende produktorientierte Leistungsfeststellung in der Schule, die keine Rücksicht auf das Ausmaß individueller Anstrengung nimmt, zu einem Anwachsen des Potentials an → SCHULANGST führt. Das betrifft in extremer Weise die Schüler, die sich auf dem Grenzwert „4" befinden, wie Untersuchungen der Psychologie deutlich machen. Das Bewusstsein, ständig höhere Leistungen erbringen zu müssen, führt zum Dauerstress und zur generellen Angst, das Leben nicht bewältigen zu können. In diesem Zusammenhang verzeichnet die Kinderheilkunde in den letzten Jahren ein ständiges Ansteigen von psychosomatischen Erkrankungen, die zu einem großen Teil auf den Druck schulischer Leistungsanforderungen und Versagensängste zurückgeführt werden. Die Zahl der Kinder, die deswegen regelmäßig Medikamente einnehmen, ist erschreckend hoch.

III.

Hält man sich vor Augen, dass jede menschliche Handlung bereits eine mehr oder weniger große Leistung darstellt, dann wird deutlich, dass alle Schüler in Schule und Unterricht vielfältige Leistungen erbringen. Allerdings wird wegen des Übergewichts des Funktionalen häufig nur ein geringer Teil davon honoriert.

Die ausdrückliche Anerkennung und Würdigung der vielfältigen und verschiedenartigen Schülerleistungen ist jedoch deshalb wichtig, weil sie nur unter der Bedingung von Selbstvertrauen zustande kommen. Dieses ist aber nicht „grenzenlos" präsent; es „wächst" in dem Maße, wie der „Erfolg" der eigenen Leistungsanstrengungen erfahren wird. Dies gilt umso mehr in den Fällen, in denen die Anstrengung nicht zum erwarteten oder erhofften Ergebnis führt. Hier muss der Schüler darauf vertrauen dürfen, dass der Lehrer den individuellen

Leistungsprozess anerkennt und würdigt. Das setzt eine eingehende Kenntnis der Individuallage des Schülers voraus, die sich wohl nur in einem kontinuierlichen → LEHRER-SCHÜLER-VERHÄLTNIS herausbilden kann. Dem steht allerdings häufig ein unter funktionalem Aspekt begründetes Fachlehrersystem entgegen.

In diesem Zusammenhang darf nicht vergessen werden, dass auch das Verhältnis der Schüler zueinander individuelle Leistungen befördern oder behindern kann. In der Verbundenheit einer Aufgabengemeinschaft (→ GEMEINSCHAFT), in der die individuellen Beiträge gegenseitig anerkannt und gewürdigt werden, lassen sich Leistungen leichter erbringen (→ SOZIALES LERNEN) als in Konkurrenzsituationen. In dieser Hinsicht lässt sich kritisch anmerken, dass das gegenwärtige System der Leistungskontrolle und -beurteilung die Schüler in konkurrierende Individualisten trennt, die nicht mehr miteinander, sondern gegeneinander arbeiten und am Ende weniger leisten, als es ihrem Vermögen entspricht.

Da Leistungen immer an handelnde Personen gebunden sind, kommen sie nur zustande, wenn sich die Schüler mit der jeweiligen Aufgabe identifizieren (→ ANSCHAULICHKEIT) und selbstständig eigene Lösungswege einschlagen können (→ SELBSTTÄTIGKEIT, → KONZENTRATION). Die sogenannte „Abbilddidaktik", die Inhalte und Verfahren aus den Systematiken der Fachwissenschaften in den Unterricht „ungefiltert" transponiert (→ DIDAKTIK), verhindert tendenziell die Annahme der Aufgaben als eigene, da sie von der kindlichen Lebenswelt abstrahiert und somit die → MOTIVATION zur Leistung erschwert. Es ist deshalb nicht überraschend, dass im → FACHÜBERGREIFEND PROJEKTORIENTIERTEN UNTERRICHT und noch deutlicher in der → FREIARBEIT die Leistungsbereitschaft in der Regel sehr hoch ist.

In pädagogischer Hinsicht erscheint das Problem der Leistungsbeurteilung in einem anderen Licht, wenn man sich vergegenwärtigt, dass es auch zur Aufgabe des Schülers gehört, sein eigenes Leistungsvermögen und seine tatsächlich erbrachten Leistungen zu überschauen. Er soll unter der Maßgabe des erzieherischen Ziels zunehmender Selbstständigkeit den Prozess und das Produkt seiner Leistung einschätzen lernen, damit er sich die Lösung weiterer und neuer Aufgaben auch außerhalb der Schule zutrauen kann. Da die Leistungsbeurteilung somit vorrangig dem Schüler selbst obliegt, kann in dieser Sicht die Beurteilung des Lehrers nur als Hilfe zur Selbstbeurteilung verstanden werden. Diese Hilfe wird insbesondere dann gewährleistet, wenn der individuelle Leistungsfortschritt eines Schülers gewürdigt wird. Dabei lässt sich das Ergebnis des Leistungsprozesses nur in Relation zur aufgewendeten und individuell möglichen Anstrengung beurteilen. Die bloße Feststellung eines Endergebnisses und seine Zensierung im Vergleich zu den Leistungsprodukten der Mitschüler werden dem pädagogischen Anspruch der Leistungsbeurteilung nicht gerecht.

Darüber hinaus sind auch die häufig vorgebrachten Argumente für eine Zensierung der Schülerleistungen aus pädagogischer Perspektive skeptisch zu beurteilen. Denn die den Zensuren oft zugesprochenen Funktionen der Motivation, Disziplinierung, Orientierung, Prognose und Selektion unterstellen einen Ursache-Wirkungszusammenhang, d. h. ein belohnungs- bzw. bestrafungsabhängiges Verhalten, das bei selbstständig und eigenverantwortlich handelnden Subjekten streng genommen gar nicht gegeben ist.

In der Frage der Leistungsbeurteilung kollidieren die funktionalen Erwartungen der Gesellschaft und die pädagogische Aufgabe des → LEHRERS. Da von ihm erwartet wird, dass er seine Schüler selektiert, d. h. zensiert, ob es sein pädagogisches „Gewissen" zulässt oder nicht, muss er versuchen, diese Funktion mit der pädagogischen Aufgabe des *Beurteilens* zu verbinden. Das ist nicht immer leicht und birgt einigen Konfliktstoff.

Im Sinne einer Handlungsorientierung werden deshalb abschließend folgende pädagogische „Leitlinien" vorgeschlagen, die helfen können, beide Seiten zu „versöhnen":

- Auf Zensuren sollte, wo es nur irgend möglich ist, verzichtet werden. Eine ausführliche, erläuternde Leistungsbeurteilung ist einer bloßen Benotung vorzuziehen. Dafür können nichtzensierte Lernzielkontrollen (im lehrgangsorientierten Unterricht) hilfreich sein.

- Da die Schule (heute noch) nicht ganz ohne Zensuren auskommt, ist die Anzahl der dafür erforderlichen Leistungskontrollen auf das unumgängliche Maß zurückzuschneiden. Die in den Rahmenrichtlinien und Erlassen vorgegebenen Spielräume sind zugunsten der Schüler auszulegen.
- Wenn schon zensierte Tests und Arbeiten geschrieben werden müssen, dann sollten in jedem Fall die Prüfungsnormen als Hilfe zur Selbsteinschätzung transparent gemacht werden. Dies ist nicht nur zur Reduktion von Angst erforderlich, sondern ermöglicht auch eine Kooperation von Lehrern und Schülern bei der Beurteilung. Eine solche Zusammenarbeit ist auch deswegen sinnvoll, weil die → PRÜFUNG nicht nur dem Schüler, sondern auch dem Lehrer eine Einschätzung seines „Unterrichtserfolgs" erlaubt und Ansatzpunkte zur weiteren Arbeit liefert.
- Der Fachlehreranteil mit geringer Stundenzahl in einer Klasse sollte abgebaut werden, um die Kontinuität des Lehrer-Schüler-Verhältnisses und damit die Möglichkeit subjektbezogener Leistungsbeurteilungen zu gewährleisten. So können das gegenseitige Vertrauen und am Ende das Selbstvertrauen der Schüler wachsen.
- Schüler, Eltern, Kollegen und „Abnehmer" sollten bei jeder sich bietenden Gelegenheit über die pädagogische Sinngebung der Leistungsbeurteilung und die diesbezügliche Fragwürdigkeit von Zensierungen aufgeklärt werden.

Literatur

Bohl, Th.: Leistungsbeurteilung in der Reformpädagogik. Gehalt und Analyse der Beurteilungskonzeptionen. Weinheim und Basel 2004

Lernen

I.

Unter Lernen versteht man den Prozess der Aneignung und Differenzierung von Wissen. Es bezeichnet somit die grundlegende → AUFGABE des → SCHÜLERS im → UNTERRICHT. Als spezifische Schüleraktivität fordert das Lernen die Führung durch einen → LEHRER. Aus pädagogischer Sicht gibt es daher kein Lernen ohne Lehren. Beide Aktivitäten begründen ein → LEHRER-SCHÜLER-VERHÄLTNIS.

Lernprozesse ereignen sich nicht nur in der Schule, sondern prinzipiell in allen Lebenskontexten und -situationen wie etwa in der Familie, im Beruf oder in der Freizeit. Dabei ist es gleichgültig, ob das Lernen unter einer interpersonalen oder intrapersonalen Führung steht. Der Mensch lernt sowohl durch die Erklärungen, Hinweise und Belehrungen anderer als auch durch eigene Überlegungen und reflektierte Erfahrungen (→ ERFAHRUNG UND LERNEN). Beide Beziehungsverhältnisse setzen jedoch die → SELBSTTÄTIGKEIT im Lernen voraus, die dem Lernenden von niemandem abgenommen werden kann. Dies verweist auf eine weitere grundlegende Voraussetzung jeden Lernaktes, auf das Lernen*wollen* (→ MOTIVATION). Wo der Mensch nicht gewillt ist zu lernen, bleiben alle Erklärungs- und Belehrungsversuche anderer sowie die eigenen Gedanken und Erfahrungen ungewusst.

Lernen ist immer gegenstandsbezogen. „Gegenstand" ist dabei als allgemeine Bezeichnung für alle Repräsentationen zu verstehen, die sich der Mensch mittels der Wahrnehmung oder des Denkens gegenüberstellen kann. Somit ist prinzipiell alles, was der Mensch erfahren und denken kann auch erlernbar, und umgekehrt kann man alles lernen, was sich erfahren und denken lässt. Als Prozess bezeichnet das Lernen den Weg des Schülers zu einem Gegenstand. Wie dieser Lernweg geführt werden soll, ist die grundlegende Fragestellung der → METHODIK (gr. méthodos = der Weg). In der → SCHULE als Sonderfall institutionalisierten Unterrichts vollzieht sich das Lernen stets methodisch, was bereits durch die Differenzierung der einzelnen Schulfächer vorgegeben ist. Zugleich ist das Lernen auf → Ziele im Unterricht gerichtet. Da die Ziele einerseits vom Lehrenden normativ festgelegt, andererseits vom Lernenden selbstbestimmt gesetzt werden, kann zwischen Lehrzielen und Lernzielen unterschieden werden. Vor dem Hintergrund des prinzipiellen Lernenwollens und dem Regulativ der Selbsttätigkeit jeden Lernens kann das Lehren nur als Führung und Begleitung des Lernprozesses hin zu den selbstbestimmten Zielen des Schülers verstanden werden.

Wenn das Lernen den Weg der Aneignung eines Gegenstandes bezeichnet, der zu einem „Wissensbesitz" führt, ist damit die sachliche Dimension des Lernens angesprochen. Zugleich geht damit auch eine sittliche Dimension einher, sofern der Lernende in Bezug auf sein Wissen urteilen und handeln können muss. Dies verweist neben dem Unterricht auf die → Erziehung als dessen untrennbares Komplement des pädagogischen Prozesses. Auch das begründete sittliche Urteilen, Beurteilen und Handeln muss der Mensch lernen, es zeigt sich weder als natürliche Anlage noch als umweltbedingter Effekt. Neben dem Erwerb und der Differenzierung sachlicher Kenntnisse, Fertigkeiten und Fähigkeiten versteht man unter Lernen daher ebenso die Herausbildung und Differenzierung von sittlichen Haltungen, Einstellungen und Handlungsdispositionen.

II.

Mit dem Begriff des Lernens beschäftigen sich neben der Pädagogik mehrere wissenschaftliche Disziplinen der heute so bezeichneten „Humanities", wie etwa die Psychologie, die Soziologie, die Sprachwissenschaften oder die Humangeographie. Gerade in neuerer Zeit treten auch verstärkt naturwissenschaftliche Zweige wie die Neurobiologie, die Neurophysiologie, die Neurodidaktik, die Hirnforschung und sogar die Robotik in die wissenschaftliche Auseinandersetzung mit dem Thema ein. Dies liegt daran, dass das Lernen als eine menschliche und auch animalische Grundtätigkeit der Anpassung an Lebens- und Umweltbedingtheiten angesehen wird, die mehrere Untersuchungsperspektiven bietet. Was all diesen Zugängen jedoch gemeinsam ist, ist eine Verengung des Blicks auf das wahrnehmbare Prozessphänomen „Lernen", sei dies äußerlich durch die Erhebung und Ermittlung der Lernergebnisse und -produkte oder innerlich durch die Darstellung und Beobachtung der bio-chemischen Prozesse des Körpers. Diese Formen der Forschung beschäftigen sich ausschließlich mit der empirisch nachweisbaren Tatsache des Lernens. Dies führt gerade in der pädagogischen Praxis zu Missverständnissen.

Häufig ist die Vorstellung anzutreffen, Lernen sei ein quasi-mechanischer Prozess und bemesse sich folglich allein am Ergebnis. Gelernt hat derjenige, der den zuvor behandelten, besprochenen und geübten Lerngegenstand in möglichst deckungsgleicher Weise wiedergeben, niederschreiben oder demonstrieren kann, was sich mittels operationalisierter und standardisierter → PRÜFUNGEN erheben lässt. So wichtig eine Überprüfung des Lernens zum Zweck der eigenen sowie fremden → LEISTUNGSBEURTEILUNG sein mag, so sehr wird der Prozesscharakter des Lernens als selbsttätiger Weg des Schülers zur Aneignung und Differenzierung des eigenen Wissens und der eigenen Haltung verkürzt. Lehr- und Lernziele werden durcheinander gebracht, das Lehrziel wird zum alleinigen Gradmesser über Erfolg und Misserfolg erhoben. Das Lernen im Hinblick auf die Eigenverantwortlichkeit und Selbständigkeit des Schülers findet keine Beachtung. Was er anhand der Aufgabe gelernt, welche Haltung und Einstellung er gegenüber der Aufgabe gewonnen und eingenommen hat, bleibt unberücksichtigt. Letztere Lernergebnisse lassen sich nicht operational überprüfen, sondern können selbst nochmals zu einem eigenen Lerngegenstand gemacht werden, was im Unterricht in der Phase der → SYNTHESE einen Platz findet.

In unserem Informationszeitalter, in dem die „Halbwertszeit" des Wissens immer geringer wird, ist auch die Vorstellung eines Erlernens von → KOMPETENZEN, d.h. formaler Fertigkeiten und Fähigkeiten, weit verbreitet. Man geht davon aus, dass bspw. die Lesekompetenz ebenso gut anhand der Lektüre von Goethes „Faust" als auch anhand einer Handy-Gebrauchsanweisung eingeübt bzw. erlernt werden könne. So verständlich das Erfordernis inhaltsunabhängiger Fertigkeiten und Fähigkeiten auch sein mag, so sehr verfehlt es den pädagogischen Anspruch an das Lernen. Da sich Lernen immer an Gegenständen vollzieht, ist es pädagogisch betrachtet niemals egal, anhand welcher Gegenstände eine Fertigkeit oder Fähigkeit erlernt wird. Gerade die sittliche Kehrseite sachlicher Aufgabenstellungen verlangt eine begründete Auswahl des Lerngegenstandes (→ DIDAKTIK), die neben dem formalen Lernaspekt immer auch die inhaltliche Seite im Hinblick auf die Ermöglichung eines selbständigen und eigenverantwortlichen Handelns berücksichtigt.

Das größte Missverständnis begründet sich in der Auffassung, Heranwachsende müssten das „Lernen lernen", um sich angesichts des stets im Wandel befindlichen Wissens schnell immer wieder neue Inhalte aneignen zu können. Allein schon logisch macht diese Forderung wenig Sinn, weil man sich in eine unendliche Kette begibt. Denn wenn man das Lernen lernen könnte, kann man auch das Lernen lernen *lernen* oder wiederum dieses lernen, d.h. das Lernen lernen lernen *lernen?* Auch dieses Verständnis ignoriert, dass sich Lernen stets an Gegenständen vollzieht, weil es immer „etwas" ist, was der Mensch lernt. Es geht nicht darum, wie Platon schon in seinem Höhlengleichnis schreibt, dem Blinden Augen einzusetzen, sondern ihn den Gebrauch des Sehvermögens zu lehren. Dass der Mensch lernen kann, d.h. seine prinzipielle Lernfähigkeit, ist eine Bedingung des Lernens, die selbst nicht erlernt werden kann.

Die faktische Lernfähigkeit jedes Menschen ist begrenzt. Als Kriterium hilft sie bei der Beurteilung und Einstufung des Lernprozesses, so kann sie beispielsweise als Maßstab für die Schulfähigkeit angesehen werden. An ihr bemisst sich die Eignung sowohl für die Einschulung als auch für die Versetzung in die nächste Klassenstufe.

III.

Der Prozess des Lernens, wenn man ihn nicht bloß als die Anpassung an Lebens- und Umweltbedingtheiten, sondern als den Erwerb von Kenntnissen, Fertigkeiten, Fähigkeiten und Beurteilungsmaßstäben zur freiheitlichen und eigenverantwortlichen Lebensgestaltung versteht, kann unter methodischer Perspektive in → LERNTECHNIKEN und Lernmethoden unterschieden werden. Diese Differenzierung bietet sich angesichts der Frage an, *wie* sich der Lernprozess vollzieht. Stellt man die didaktische Frage, *was* gelernt wird bzw. gelernt werden soll, können zugleich drei Dimensionen des Lernens unterschieden werden, die v.a. bei der → UNTERRICHTSVORBEREITUNG zu berücksichtigen sind:

1. Dimension	Kenntnisse
	Fertigkeiten
	Fähigkeiten
2. Dimension	Erkenntnisse
	Einsichten
	Gestaltungen
3. Dimension	Anerkenntnisse
	Einstellungen
	Handlungsdispositionen

Im schulischen Unterricht begegnen wir oftmals allen drei Dimensionen: Im Deutschunterricht einer 5. Klasse lernen die Schüler, das Präteritum sowie seine Konjugationsreihen zu bilden; sie unterscheiden zwischen dem Präteritum und Perfekt als Vergangenheitstempora und lernen, beide Tempora in mündlichen und schriftlichen Erzählsituationen gezielt einzusetzen. Im Biologieunterricht einer 8. Klassenstufe lernen die Schüler, die Wortgleichung der Fotosynthese zu nennen; sie sehen die Bedeutung der fotosynthetischen Umwandlung von Licht- in chemische Energie für das Ökosystem ein und sie lernen, begründet zur Abholzung des Regenwaldes Stellung zu nehmen. Im Geschichtskurs der Sekundarstufe II analysieren die Schüler eine Goebbels-Rede und nennen die zentralen ideologischen Thesen, sie stellen diese dem realen historischen Lebenskontext gegenüber und beurteilen vergleichbare ideologische Tendenzen in der heutigen Gesellschaft. Neben dem Erwerb und der Aneignung von Kenntnissen, Fertigkeiten und Fähigkeiten führt der Unterricht immer auch zur → KONZENTRATION des Gelernten, zur Herstellung von fachspezifischen und überfachlichen Zusammenhängen, ebenso zu deren begründeter Beurteilung und der Herausbildung einer sittlichen Handlungsdisposition.

Wenn der Unterricht alle drei Dimensionen umfasst und berücksichtigt, kann neben der Aneignung von sachlichen Kenntnissen und Einsichten zu Recht von einer → ERZIEHUNG IM UNTERRICHT gesprochen werden. Lernen trägt so sowohl der → WISSENSCHAFTSORIENTIERUNG als auch dem sittlichen Aspekt der → WERTORIENTIERUNG Rechnung.

Die → UNTERRICHTSFORMEN akzentuieren diese drei Dimensionen: Im → LEHRGANGSORIENTIERTEN UNTERRICHT liegt der Schwerpunkt auf dem Erwerb von Kenntnisse, Fertigkeiten und Fähigkeiten, während im → FACHÜBERGREIFEND-PROJEKTORIENTIERTEN UNTERRICHT zusammenhängende Erkenntnisse, Einsichten und Gestaltungen im Vordergrund stehen. Die → FREIARBEIT schließlich bietet den breitesten Raum für die Herausbildung und Differenzierung von Anerkenntnissen, Einstellungen und Handlungsdispositionen. Gleichwohl unterstehen die Lerndimensionen immer schon dem Anspruch der → UNTERRICHTSPRINZIPIEN und bedürfen nicht einer je eigenen Unterrichtsform.

Im Sinne der → SCHULKRITIK kann angemerkt werden, dass das Lernen in der gegenwärtigen Diskussion einen sehr breiten Raum einnimmt, während das Lehren als Kehrseite pädagogischen Handelns mehr und mehr aus dem Blick gerät. Auch wenn diese Entwicklung vor dem Hintergrund der positiven Absicht zu verstehen ist, das präfigurierte Rollenverhältnis von Lehrern und Schülern nicht noch stärker zu zementieren, wird die Schule ihrem Bildungsauftrag nicht gerecht, wenn plötzlich alle in der Schule zu Lernenden degradiert werden und das Lehren keinen Platz mehr findet. Das Lernen, wenn es sich nicht willkürlich und zufällig, sondern planmäßig und zielgerichtet vollziehen soll, bedarf der interpersonalen Führung und Beratung durch einen Lehrenden, der lehrt.

Literatur
Koch, L.: Logik des Lernens. Weinheim 1991

Medien im Unterricht

Erfolgreiches Lernen und Unterrichten sind ohne Medien nicht vorstellbar. Die Bedeutung eines begleitenden Tafelbildes, einer Tageslichtprojektion oder eines Arbeitsblattes – um nur einige Beispiele für Medien im Unterricht zu nennen – sind jedem Lehrer aus eigener Erfahrung unmittelbar einsichtig. Unterrichtsmedien sind unverzichtbare „Mittel" zur Unterstützung des Lehrens und Lernens; entsprechend unterscheidet man zwischen Lehrmitteln und Lernmitteln.

„Unterrichtsmedien" ist ein Sammelbegriff für alle „Objekte", die den Schülern im Unterricht begegnen und dabei eine unterrichtliche Funktion erfüllen. Kein Objekt ist von sich aus immer schon ein „Medium", sondern Objekte werden erst zu Medien durch ihren aufgabenbezogenen Einsatz in Lernprozessen. Der Begriff „Medien" ist deshalb kein Materialbegriff, sondern ein Funktionsbegriff.

Ein Beispiel für einen Versuch, die Medienvielfalt zu ordnen, zeigt die nachfolgende Skizze.

Die Bedeutung der Medien im Unterricht liegt darin begründet, dass sie „Mittler" zwischen Schüler und → AUFGABE sind. Dies gilt für alle → UNTERRICHTSPHASEN und → UNTERRICHTSFORMEN.

So können Medien in der Einstiegsphase helfen, dass die Schüler anschaulich zu einem Unterrichtsthema hingeführt werden, klare Aufgaben finden und die Bedeutung dieser Aufgaben einsehen (→ WERTORIENTIERUNG), sodass → MOTIVATION für ein zielgerichtetes Lernen aufkommt. In der Erarbeitungsphase tragen sie dazu bei, dass die Schüler die Aufgaben (einheitlich oder differenziert) lösen können, einzeln oder in Gruppen zusammenarbeiten und ihre Lernprozesse erfolgreich zu Ende bringen. In der Schlussphase helfen sie, das Gelernte zu überschauen, zu festigen, zu wiederholen, zu vertiefen, anzuwenden oder zu prüfen (→ SYNTHESE).

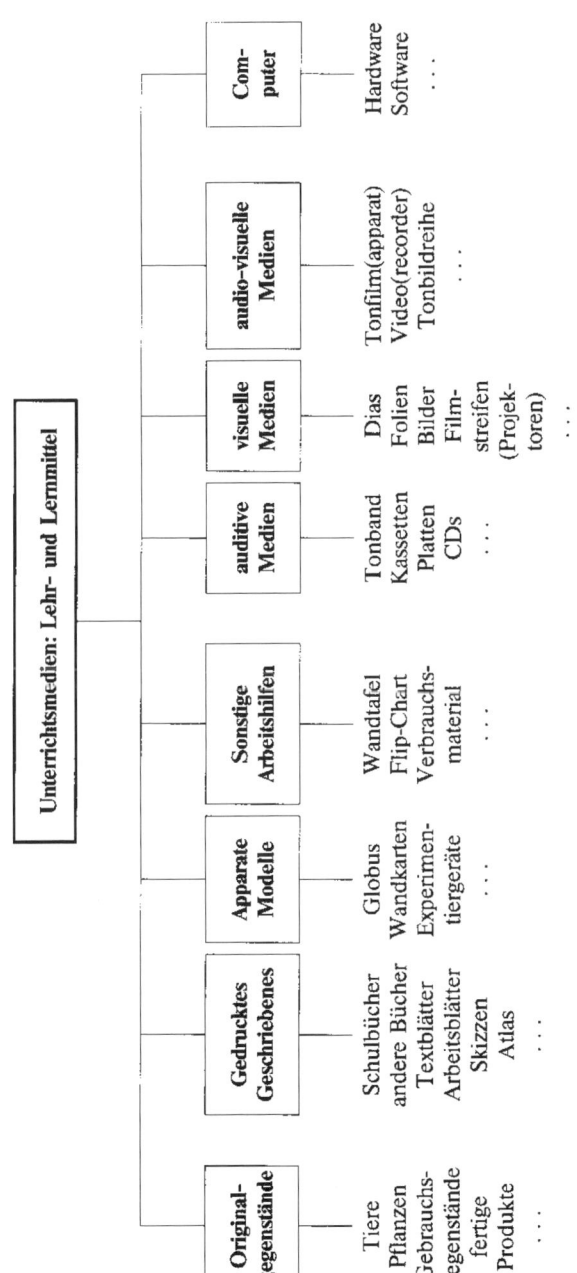

Unterrichtsmedien: Lehr- und Lernmittel

Original-gegenstände	Gedrucktes Geschriebenes	Apparate Modelle	Sonstige Arbeitshilfen	auditive Medien	visuelle Medien	audio-visuelle Medien	Com-puter
Tiere Pflanzen Gebrauchs-gegenstände fertige Produkte ...	Schulbücher andere Bücher Textblätter Arbeitsblätter Skizzen Atlas ...	Globus Wandkarten Experimen-tiergeräte ...	Wandtafel Flip-Chart Verbrauchs-material ...	Tonband Kassetten Platten CDs ...	Dias Folien Bilder Film-streifen (Projek-toren) ...	Tonfilm(apparat) Video(recorder) Tonbildreihe ...	Hardware Software ...

235

Medien haben in allen Unterrichtsformen eine gleich große Bedeutung; in der → FREIARBEIT haben sie jedoch als Didaktisches Material eine besonders herausgehobene Funktion.

II.

Die Frage nach „guten" Unterrichtsmedien und ihrem erfolgreichen Einsatz im → UNTERRICHT kann nur innerhalb der Fragestellung „Was ist guter Unterricht und wie mache ich ihn unter den Bedingungen von Schule?" beantwortet werden.

Entsprechend muss die Funktion der Medien jeweils unterschiedlich gesehen werden. Auf der einen Seite sollen Medien dem → LEHRER bei der Steuerung der Lernenden und der Präsentation des Lehrstoffes helfen, sodass er effektive Lernprozesse planen und organisieren kann. Auf der anderen Seite sollen Medien dazu beitragen, die → SCHÜLER bei ihrer selbsttätigen Auseinandersetzung mit den jeweiligen Aufgaben zu unterstützen, sodass sie ihre Lernprozesse motiviert beginnen, erfolgreich durchhalten und am Ende wertend überschauen können.

Insofern das Selbstvertrauen der Schüler und das Zutrauen des Lehrers – beides manifestiert im → LEHRER-SCHÜLER-VERHÄLTNIS – die „ersten" Bedingungen für erfolgreiche Unterrichtsprozesse sind, gilt der Grundsatz, dass der *Lehrer* das wichtigste „Medium" für das Lernen der Schüler ist. Seine Ausstrahlung, sein pädagogischer Optimismus, sein Einstehen für seine Fächer und für die Unterrichtsaufgaben, seine Überzeugungskraft, seine helfende Begleitung bei der Aufgabenfindung und -lösung, seine Beratungskompetenz (→ BERATUNG) und Dialogfähigkeit sind die entscheidenden „Mittler" für die Schüler.

Eine zu große Vielfalt von Medien (der sogenannte „Medienrausch") birgt von daher die Gefahren in sich, dass sowohl die Person des Lehrers zu sehr in den Hintergrund tritt als auch Verwirrung in Bezug auf die Aufgaben auftreten kann.

III.

Die Entscheidung für den konkreten Einsatz von Medien muss im Hinblick auf die Zielsetzung des Unterrichts, die Situation der Lerngruppe, die → SOZIALFORMEN des Unterrichts, die einzelnen Unterrichtsphasen und die → ANSCHAULICHKEIT für die Lerngruppe getroffen werden.

Um zu einer Entscheidung über den Medieneinsatz im Unterricht zu kommen, kann sich der Lehrer folgende *Leitfragen* stellen:

- Welche Medien stehen mir zur Verfügung?
- Was können bzw. sollen die Medien in den einzelnen Unterrichtsphasen/in den verschiedenen Unterrichtsformen leisten?
- Wobei sollen sie mir und/oder den Schülern helfen?
- Welche Medien möchte ich ständig im Klassenraum haben, damit er für die Schüler ein „vorbereiteter Lernraum" ist (→ KLASSENRAUMGESTALTUNG)?

*Unterrichts*bezogene Kriterien für die Auswahl und den Einsatz von Medien können z. B. sein: einen Unterrichtsinhalt präsentieren, eine Aufgabe veranschaulichen, in ein Thema einführen, über einen Sachverhalt informieren, beim Üben helfen, Ergebnisse festigen und vorstellen, Kenntnisse und Fertigkeiten überprüfen. *Erziehungs*bezogene Kriterien können sein: für eine Aufgabe motivieren, Selbsttätigkeit fördern, Lernen individualisieren, Lernen erleichtern, Lernwiderstände überwinden, Probleme lösen helfen, Gruppenarbeit ermöglichen. *Institutions*bezogene Kriterien können sein: verfügbare Zeit, Altersstufe der Schüler, Größe und Einrichtung des Klassenraums, Ausstattung der Schule.

Literatur
v. Martial, I./Ladenthin, V.: Medien im Unterricht. Grundlagen und Praxis der Mediendidaktik. Hohengehren ²2005

Methodik

Während sich die → DIDAKTIK auf die Inhalte des Lehrens und Lernens, auf ihre Auswahl (→ EXEMPLARITÄT) und Anordnung im → LEHRPLAN konzentriert, bezieht sich die Methodik auf die Vermittlung bzw. den Erwerb der Inhalte im Unterrichtsprozess. Die Frage nach dem *Was* und die Frage nach dem *Wie* kann man allerdings – gerade als Lehrer – nicht trennen. Denn diese beiden Fragen interferieren im entscheidenden Punkt: In der Frage nach den → ZIELEN DES UNTERRICHTS. Deren Unterschiedlichkeit lässt sich weder bloß didaktisch noch bloß methodisch, sondern nur durch das grundlegende Prinzip der → BILDUNG erklären und legitimieren. Alle didaktischen und methodischen Entscheidungen verweisen darauf bzw. hängen davon ab, ob man im praktischen Vollzug des Lehrens und Lernens darum weiß oder nicht. Damit ist ein Verständnis von Methodik als bloßem technologischem Instrumentarium in der Hand des Lehrers abgewehrt. Die Frage nach dem *Wozu* ist jener „letzte" Bezugspunkt, dem auch die methodischen Entscheidungen nicht widersprechen dürfen. Man kann sie vom Bildungsprinzip auch nicht einfach ableiten; andernfalls würde man in einer normativen Methodik, am Ende womöglich noch bei *Unterrichtsrezepten* landen.

Akte des Lehrens und Lernens haben jeweils eine spezifische Eigenart und sind deshalb zu unterscheiden. Jeder → LEHRER weiß aus Erfahrung, dass seine Unterrichtsführung nicht notwendig dem Lernprozess seiner → SCHÜLER entspricht (→ MOTIVATION). Fragen, Hinweise, Impulse, Aufforderungen seitens des Lehrers sind nicht als Ursache für die Lernleistung der Schüler zu verstehen; die Lernleistungen ihrerseits nicht als Reaktionen auf die Lehreraktivität, sondern als selbstbestimmte Tätigkeiten, zu denen der Lehrer nur Hilfe leisten kann. Deshalb ist es sinnvoll, beides auch begrifflich zu unterscheiden und im Hinblick auf den Lehrer von seiner *Unterrichtsmethode* und seinem unterrichtsmethodischen Handeln, im Hinblick auf den Schüler von seiner (Lern-)*Me-*

thode und seinem methodischem Weg zu sprechen. Diese Unterscheidung respektiert bei aller korrelativen Verbindung von Unterrichtsmethode und Methode die spezifischen Aufgaben des Lehrers und des Schülers im Vermittlungsprozess.

II.

Das die Methodik des Unterrichts leitende und umfassende Prinzip ist die Bildung der Schüler. Dies führt zu der Frage, ob nicht jeder Unterricht unverzichtbaren Forderungen unterliegt, die dieses Prinzip weiter entfalten und konkretisieren. Anders gefragt: Wie gelingt „guter" Unterricht, der sich nicht fremden Interessen, sondern eben diesem Prinzip unterwirft und aus seiner Perspektive gestaltet ist?

Analysiert man einen Unterrichtsprozess mit diesem kritischen Blick, dann mag „zuerst" auffallen, dass er immer dann „lebendig" und „interessant" wird, wenn Schüler eine persönliche Beziehung zu den jeweiligen Aufgaben gewinnen können bzw. wenn der Lehrer ihnen die Bedeutung der Aufgaben für ihr Wissen und Können, für weiteres Lernen, für ihr Verhalten und Handeln, für ihr Leben vermitteln kann. Zwar muss den Schülern die jeweilige Aufgabe auch lösbar erscheinen; aber dieser Aspekt steht doch nicht an erster Stelle, weil das Wissen um Wert und Bedeutung der Aufgaben manche Schwierigkeit überwinden hilft. Diese „erste" Forderung an einen guten Unterricht belegen wir aus methodischer Sicht mit dem Begriff der → ANSCHAULICHKEIT, aus unterrichtsmethodischer Sicht mit der Notwendigkeit der Veranschaulichung der Aufgaben durch den Lehrer. Anschaulichkeit ist das „erste" → UNTERRICHTSPRINZIP, auf das kein Unterricht verzichten kann, ohne das er gar nicht anfangen könnte. (Andere Begriffe wie z.B. „Lebensbezug", „Erfahrungsorientierung" meinen dasselbe Prinzip.)

In diesem ersten methodischen Prinzip steckt bereits ein weiteres: Die → SELBSTTÄTIGKEIT der Schüler, denn auch die persönliche Beziehung zu den Aufgaben müssen die Schüler in eigener Tätigkeit herstellen. Selbsttätigkeit meint aber für den Unterrichtsprozess darüber hinaus, den eigenen Weg zur Lösung der jeweiligen Aufgabe in fachlich differenzierter Weise suchen und gehen zu müssen. Selbsttätiges Lernen im

→ FACHUNTERRICHT ist deshalb grundsätzlich methodisches Lernen. In einem wissenschaftsorientierten Unterricht sind die Schüler deshalb gut beraten, wenn sie „bei der Sache bleiben". Im Biologieunterricht spielt z. B. historisches Quellenstudium zunächst keine Rolle, wohl aber das eigene Beobachten; im Geschichtsunterricht dagegen ist nicht diese Art der Beobachtung eine spezifische Aufgabe, sondern die selbsttätige Quellenanalyse. Der methodisch differenzierten Selbsttätigkeit der Schüler entspricht auf Seiten des Lehrers die fachmethodische Beratung der Schüler. Sie muss darauf gerichtet sein, dass die Schüler nicht nur Fachliches, sondern am Fachlichen zugleich das Lernen lernen.

In den beiden Unterrichtsprinzipien der Anschaulichkeit und Selbsttätigkeit steckt ein drittes: das der → KONZENTRATION. Der Lehrer unterstützt dies durch seine fachübergreifende Beratung. Schüler werden z. B. bei der Ermittlung und Beschreibung der Strukturen einer Stadt im Geographieunterricht auch auf Fragen stoßen, die ästhetischer oder politischer, wirtschaftlicher oder historischer Natur sind. Eine gute unterrichtsmethodische Führung wird diese Ausgriffe in jedem Unterricht nicht nur zulassen, sondern um der Bildung der Schüler willen geradezu herausfordern.

Schließlich sind alle Lernprozesse am „Ende" auf das Überschauen angewiesen. Jeder methodische „Fortschritt" beruht – ob man als Schüler darum weiß oder nicht – auf einer → SYNTHESE des schon Erreichten, auf einer „Wiederholung" des Wissens oder Könnens, bereits vollzogener Sach- und Werturteile. Hierbei sind die Schüler notwendig auf die → LEISTUNGSBEURTEILUNG durch den Lehrer angewiesen.

III.

Methodische Prinzipien treten in der → UNTERRICHTSVORBEREITUNG des Lehrers und im Unterrichtsprozess der Schüler als → UNTERRICHTSPHASEN auf. Sie verlieren dabei nicht ihren prinzipiellen Charakter, erfahren aber in den einzelnen Phasen jeweils eine besondere Akzentuierung. So steht z. B. die Anschaulichkeit bzw. die Veranschaulichung in der Regel am Beginn eines Unterrichtsprozesses, der zu einer neuen Aufgabe oder Unterrichtseinheit hinführt. Aber auch hier gilt, dass die formale Gliederung der methodischen bzw. unterrichtsmethodischen Prinzipien keine zwingende Reihenfolge für die Unterrichtsphasen in einer Unterrichtsstunde oder in einer größeren zeitlichen Einheit darstellt. Im Anschluss an die Phase der Veranschaulichung kann in einem Fall eine Wiederholung notwendig sein, im anderen Falle kann ein Unterricht sofort mit der Erarbeitung eines Unterrichtsinhalts beginnen. Entscheidend ist allein, dass der methodische Prozess konsistent bleibt, d.h. dass es der unterrichtsmethodischen Führung des Lehrers gelingt, ihn in seiner Artikulation aus der Perspektive der Schüler zu planen bzw. im konkreten Verlauf neu zu ordnen.

Der Lehrer kann darüber hinaus die methodische Aktivität seiner Schüler und sein unterrichtsmethodisches Handeln durch bestimmte → UNTERRICHTSFORMEN differenzieren und durch eine Reihe von Unterrichtsverfahren unterstützen. Sie orientieren sich einerseits an den Zielen des Unterrichts, andererseits an den → FUNKTIONEN DER SCHULE. So werden im → LEHRGANGSORIENTIERTEN UNTERRICHT der Frontalunterricht, die Einzelarbeit und die Arbeit in Gruppen, im → FACH-ÜBERGREIFEND-PROJEKTORIENTIERTEN UNTERRICHT das Unterrichtsgespräch, der Lehrervortrag, die Partner- und Gruppenarbeit, in der → FREIARBEIT die freie Entscheidung der Schüler über die → SOZIALFORMEN des Lernens im Vordergrund stehen.

Pädagogische Prinzipien des Lernens und Lehrens

methodische Schülerperspektive	unterrichtsmethodische Lehrerperspektive
Anschaulichkeit Welchen Wert und welche Bedeutung hat die Aufgabe für mich?	*Veranschaulichung* Wie kann ich den Wert und die Bedeutung der Aufgabe vergegenwärtigen und einsichtig machen?
Selbsttätigkeit Kann ich die Aufgabe lösen?	*Fachmethodische Beratung* Wie kann ich zur Klarheit der Aufgabe beitragen und die Komplexität der Aufgabe reduzieren?

241

Welches ist der richtige Weg, der mich zur Lösung führt?

Welchen Rat, Hinweis, Vorschlag, Impuls kann ich den Schülern geben, damit sie den nächsten methodischen Schritt selbst tun können?

Welche Hilfsmittel benötige ich, um zum Ziel zu kommen?

Welche Hilfsmittel/Medien muss ich bereithalten/bereitstellen? Zu welchen Sozialformen kann ich anregen?

Konzentration
In welchem Zusammenhang steht die Aufgabe mit anderen Fragen, die mir wichtig erscheinen?

Fachübergreifende Beratung
Auf welche Fragen, Ausgriffe, Fachüberschreitungen muss ich gefasst sein? Welche fachübergreifenden Hinweise kann ich selber geben?

Synthese
Kann ich das, was ich erlebt, erkannt, verstanden habe, „am Ende" selber überschauen, einschätzen und beurteilen? Welchen Wert hat das für mich? Wie soll ich mich in diesem Zusammenhang entscheiden und handeln?

Beurteilung
Wie kann ich den Schülern helfen, ihre Lernergebnisse und -wege zu überschauen? Welche Anstöße fördern das Werten und Entscheiden der Schüler? Sind die Urteile und Entscheidungen begründet? Welche Argumentationshilfen sind noch nötig?

Was muss ich noch genauer prüfen? Was kann ich anwenden? Was muss ich noch üben, festigen und wiederholen?

Welche Prüfungsaufgaben helfen den Schülern, ihren Lernstand selbst zu beurteilen? Welche Aufgaben erlauben eine Festigung, Vertiefung und Anwendung des Gelernten?

Literatur
Pestalozzi, J. H.: Wie Gertrud ihre Kinder lehrt. Bad Schwartau 2006

Motivation

I.

Motivation bezeichnet die Haltung des Lehrers und der Schüler im Unterricht, und zwar unter einem besonderen Aspekt: Gemeint sind ihre persönliche Einstellung zum Lehr- und Lernprozess und ihr Wille, sich auf die Unterrichtsaufgaben einzulassen und sich mit ihnen auseinander zu setzen. Für diese Haltung wie auch für das konkrete Verhalten sind die Motive grundlegend, aus denen heraus sich Lehrer und Schüler ihren unterschiedlichen Aufgaben zuwenden.

Motive sind also „Beweg"-Gründe (lat.: movere = bewegen). In ihnen steckt zum einen als rationale Grundlage ein Wissen um den Wert und die Bedeutung der jeweiligen Aufgaben. Dieses Wertwissen wird für den Lehrer und für die Schüler zum „bewegenden" Grund ihres Lehrens und Lernens.

Zum anderen sind mit der Motivation unlösbar Emotionen verbunden (→ EMOTIONALITÄT). Das heißt: die Art und Weise, wie Lehrer und Schüler sich jeweils selbst und gegenseitig erleben, wenn sie sich im Unterricht begegnen, beeinflusst den Grad der Lehr- und Lernbereitschaft.

In psychologischem Verständnis wird häufig zwischen intrinsischer und extrinsischer oder zwischen primärer und sekundärer Motivation unterschieden; in pädagogischem Verständnis ist Motivation dagegen immer intrinsisch zu verstehen. Das heißt: Motivation ist immer eine von persönlichen Wertungen bestimmte Entscheidungshaltung eines Individuums. So wie Lehrer und Schüler nur selbsttätig lehren und lernen können, so sind ihre Motive für den Unterricht und für ihre Hinwendung zu den Aufgaben immer Ausdruck und Ergebnis der Aktivität von Subjekten (→ SELBSTTÄTIGKEIT). Die Gründe des individuellen „Bewegt-Seins" haben deshalb eine unterschiedliche Intensität und Wertigkeit. Die Anlässe, die im konkreten Unterricht zur Aufgabenfindung und -lösung und zu einer entsprechenden Motivation auffordern, kommen allerdings von „außen" (z.B. aus dem → LEHRPLAN oder aus dem „Leben" und Zusammenleben).

II.

Von der Motivation des Lehrers und der Schüler muss man in unterschiedlicher Weise sprechen. Der → LEHRER kann die Beweggründe seines Handelns aus seinen Fächern beziehen, die er für wichtig und notwendig erachtet, auch aus den Erwartungen, die von der Gesellschaft an ihn gestellt werden und die er in sein pädagogisches Denken und Handeln immer mit einschließen muss (→ FUNKTIONEN DER SCHULE). Weitere Beweggründe können die „Liebe zu Kindern und Jugendlichen", die persönliche Lebenserfüllung durch den Lehrberuf oder die Sicherheit durch den Beamtenstatus sein. Letztlich kann die Motivation für das Unterrichten des Lehrers aber nur darin liegen, dass er von der Aufgabe der → BILDUNG seiner Schüler „bewegt" ist. Dieses Überzeugtsein von der Bildungsaufgabe konkretisiert sich in seinem Lehrer-Ethos, in seiner Haltung gegenüber den Schülern und in seinem Bemühen um die Kenntnis und vorurteilsfreie Anerkennung ihrer Individuallage, schließlich auch in der Art seiner Unterrichtsführung (→ METHODIK).

Auch für die → SCHÜLER können die Motive vielfältig sein, durch die sie dazu „bewegt" werden, sich für das Lernen bzw. für einen bestimmten Lerngegenstand oder eine konkrete → AUFGABE zu entscheiden. Interesse an der Sache, allgemeine Lernfreude, Leistungswille, Neugier und Einsicht in Notwendigkeiten sind ebenso denkbar wie Zuneigung zum Lehrer und Freundschaft zu den Mitschülern, aber auch Zwang, Gewohnheit und Gleichgültigkeit, der Wunsch nach Belohnung und Anerkennung und die Angst vor Strafe und Bloßstellung oder auch Geltungssucht und Wettbewerbskonkurrenz. Lernen mit einem Nullpunkt an Motivation kann es nicht geben, denn mit einer wirklichen „Null-Bock-Mentalität" könnte ein Lernprozess gar nicht erst anfangen.

Für das Lernen sind die Beweggründe deshalb so entscheidend, weil es erzieherisch bedeutsam ist, dass die Schüler sich darüber klar werden, aus welchen Motiven heraus sie lernen. Unklarheit über die Motive und Unsicherheit hinsichtlich ihrer Tragfähigkeit und Wertigkeit dürften nämlich Gründe dafür sein, dass gegenwärtig das Motivationsproblem für Schüler (und für Lehrer) so bedrängend, oft bedrückend ist (→ MOTI-

VATIONSSTÖRUNGEN). Die Auswirkungen dieses erzieherischen Defizits sind deutlich an den Disziplinschwierigkeiten der Schüler abzulesen (→ DISZIPLIN).

Die Ursachen für diese Situation sind vermutlich eher in der außerschulischen Lebenswelt der Schüler zu suchen als in der Schule selbst, wenngleich sich die Schule von hausgemachten Defiziten nicht lossprechen kann. Hier ist nicht nur die Zugänglichkeit der Kinder und Jugendlichen zu allem und jedem und der damit oft verbundene und zugelassene, übermäßige Konsum zu nennen, sondern auch zu Recht das Wort „vom allmählichen Verschwinden der Kindheit" (Neil POSTMAN) angebracht. Eine altersangemessene und wertbezogene Auswahl aus dem Überangebot bedeutet für die Heranwachsenden ohne fürsorgliche Hilfe häufig eine Überforderung, die ihre Lern- und Leistungsmotivation in der Schule lähmen und überlagern kann.

In geschichtlich-gesellschaftlicher Perspektive ist hier auch an die veränderte Lebenssituation der Kinder und Jugendlichen zu erinnern, die oft dazu führt, dass man aufgrund von Orientierungslosigkeit verunsichert ist, mit den gewährten Freiheiten wenig oder gar nichts anzufangen weiß und sich deshalb der augenblicklichen Lust und Laune überlässt (→ KINDHEIT, → JUGEND). Schließlich gehört zu diesem Gedankenkreis noch die vielfältige Erfahrung von Sinnlosigkeit, die heute schon vielen Kindern und Jugendlichen nicht erspart bleibt und die von unsicheren Berufsaussichten über instabile menschliche Beziehungen bis zu fehlenden Lebensperspektiven reicht und zugleich mit Zukunftsängsten angesichts einer bedrohten Lebenswelt besetzt ist.

III.

Im Unterricht sind dem Lehrer im Hinblick auf die Motivation der Schüler immer wieder deutliche Grenzen gesetzt. Es ist zwar verständlich, aber pädagogisch unzureichend und nur aus den funktionalen Erwartungen an den Unterricht zu rechtfertigen, wenn der Lehrer angesichts von Schulmüdigkeit und Lernunlust in seine „Trickkiste" greift und seine „Motivationsschleuder" einsetzt, um die Aufmerksamkeit der Schüler wenigstens kurzfristig auf die Unterrichtsinhalte und die damit verbundenen Lehr- und Lernziele zu lenken. Ebenso verständlich ist es, wenn sich die Auffassung breit macht, die Schüler könnten nur durch den Lehrer „motiviert" werden. Dies ist aber streng genommen gar nicht möglich; denn da die Schüler Subjekte ihres Lernens sind, motivieren sie sich entweder selbst oder sie bleiben unmotiviert.

Dennoch ist das Motivieren im Sinne des Hilfeleistens und Auf-den-Weg-Bringens eine wichtige Aufgabe des Lehrers. Denn wer sich hierüber gar keine Gedanken macht und die Motivation der Schüler immer schon voraussetzt (etwa nach dem Motto „Wenn ich reinkomme, ist das Motivation genug"), der missversteht gründlich die Tatsache, dass Schüler sich immer selbst motivieren müssen.

Die Fragen, die der Lehrer sich vor dem Unterricht und während des Unterrichts stellen muss, lauten:

- Wie motiviere ich mich selbst immer wieder für meine Aufgabe, für die Unterrichtsinhalte, für die Schüler?
- Wie schaffe ich Voraussetzungen und Bedingungen dafür, dass Schüler sich selbst zum Lernen motivieren können?

Wenn die Bereitschaft zur Auseinandersetzung mit Aufgaben nicht nur von deren Lösbarkeit, sondern vor allem von der Einsicht in ihren Wert und ihre Bedeutung abhängt, dann gehört die Klärung dieser persönlichen Beziehung des einzelnen Schülers zu den Aufgaben an den Anfang jedes Unterrichts. Diesen Klärungsprozess, in dem für den Schüler die Unterrichtsinhalte zu „Aufgaben für mich" werden, unterstützt der Lehrer durch die Veranschaulichung der Inhalte und Aufgaben (→ ANSCHAULICHKEIT). Ob die Lernbereitschaft, die der Schüler am Anfang zeigt, auch als „Verlaufsmotivation" während des Lernprozesses durchgehalten wird, hängt von der Beratungskompetenz des Lehrers (→ BERATUNG) und von der Möglichkeit ab, dass Schüler im Unterricht „operativ" lernen, d.h. an den Unterrichtsaufgaben in methodischer Vielfalt selbsttätig arbeiten können (→ HANDLUNGSORIENTIERUNG).

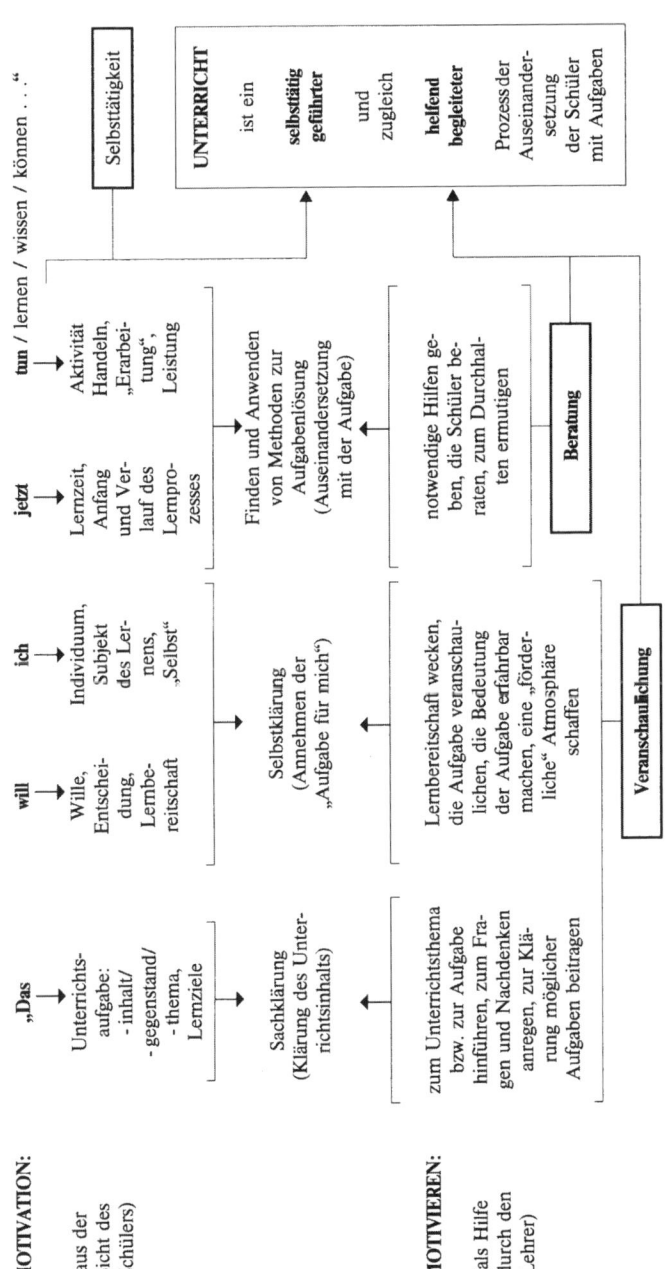

Dieser Aspekt wird im → FACHÜBERGREIFEND-PROJEKTORI-ENTIERTEN UNTERRICHT und in der → FREIARBEIT besonders in den Vordergrund gestellt. Mit den Prinzipien der Anschaulichkeit und Selbsttätigkeit verbinden sich auch die Fragen nach den → SOZIALFORMEN und den → MEDIEN und ihrem sinnvollen Einsatz im Unterricht.

Schließlich darf nicht vergessen werden, dass über die unterrichtsmethodischen Bedingungen und die Differenzierung der Unterrichtsformen hinaus immer auch die menschliche und räumliche Atmosphäre und der Lehrer selbst wichtige Beweggründe (oder Hindernisgründe) für das Lernen der Schüler darstellen. Letzteres wird z.B. deutlich, wenn bei einem Lehrerwechsel ein Rückgang oder ein Zunehmen der Lern- und Leistungsmotivation eintritt. In der Grundschule hat dies ein anderes, von entwicklungspsychologischen Bedingungen bestimmtes Gewicht als in den anderen Schulstufen, aber das → LEHRER-SCHÜLER-VERHÄLTNIS ist für die Motivation der Schüler doch immer von großer Bedeutung. Einen besonderen Stellenwert hat die Unterstützung der Lernbereitschaft durch den Lehrer gegenüber schwachen Schülern, bei Misserfolgserlebnissen, bei außerschulischen (z.B. familiären) Lebensproblemen und bei → SCHULANGST.

Deshalb sind die Anerkennung und Würdigung einer noch so geringen Anstrengung und Leistung wirksame Möglichkeiten zum Wiedergewinnen und zur Stärkung des Selbstvertrauens (→ LEISTUNGSBEURTEILUNG). Dazu gehört auch, dass die Lehrer versuchen, den Motivationshemmnissen im Schulalltag (z.B. Stofffülle und Zeitknappheit, Leistungsdruck und Zensierungsstress, Konkurrenzdenken und Entfremdung) in kollegialer Gemeinsamkeit entgegenzuwirken.

Literatur

Schiefele, H.: Lernmotivation und Motivlernen. Grundzüge einer erziehungswissenschaftlichen Motivationslehre. München 1974

Offener Unterricht

I.

Unter der Sammelbezeichnung „offener Unterricht" können alle → UNTERRICHTSFORMEN gefasst werden, die den Anspruch erheben, die in der Schule vorherrschende Form des → LEHRGANGSORIENTIERTEN UNTERRICHTS für handlungsrelevante Aspekte zu öffnen. Solche Formen „offenen Unterrichts" beziehen die Herausforderungen der außerschulischen Lebenswelt der Lernenden in den Unterricht ein oder sind darauf bezogen, wobei die Auseinandersetzung selbsttätig und handlungsorientiert erfolgen soll (→ SELBSTTÄTIGKEIT, → HANDLUNGSORIENTIERUNG). Bezeichnungen wie „Praktisches Lernen", „Erfahrungsorientiertes Lernen", „Projektorientiertes Lernen", „Handlungsorientiertes Lernen", „Freies Arbeiten" usw. signalisieren bestimmte Formen der Unterrichtsöffnung.

In systematischer Hinsicht lassen sich alle Formen „offenen Unterrichts" als neuzeitliche Versuche lesen, die Einheit von Unterricht und Erziehung in der Schule (wieder) herzustellen (→ ERZIEHUNG IM UNTERRICHT). Dabei wird einerseits jedes eigenständige (Lern-)Handeln der Schüler ausdrücklich unter den Anspruch ihrer (zunehmenden) Selbstständigkeit und Eigenverantwortung gestellt. Da andererseits alle didaktischen, methodischen und organisatorischen Entscheidungen, die von Lehrern und Schülern im Unterricht getroffen werden, immer auch auf Werte und Normen bezogen sind, wird deren ausdrückliche Reflexion im „offenen Unterricht" angestrebt. Insofern müssen sich alle Formen „offenen Unterrichts" wertorientiert und wertorientierend verstehen (→ WERTORIENTIERUNG).

II.

Sieht man einmal von den zahlreichen eher rezeptologischen Beiträgen in pädagogischen Magazinen für die Schulpraxis ab, tauchen die Forderung nach Öffnung des Unterrichts und der Begriff „Offener Unterricht" in einem anspruchsvolleren Theorierahmen erstmals im Jahre 1977 auf. Zu dieser Zeit knüpft RAMSEGER ausdrücklich an die Gedanken der „Emanzipationspädagogik" an und entwickelt ein emanzipatorisches Konzept offenen Unterrichts. In seiner Sicht stellt sich der herkömmliche Unterricht als „geschlossene" Veranstaltung dar, in der allein die Zweckrationalität herrscht. Denn in ihr werden sämtliche Aktivitäten im Voraus festgelegt. Der Lehrer bestimmt nach Maßgabe der Lehrpläne, wie gelernt wird, was gelernt wird und in welchen Zeiten und Räumen gelernt wird. Eine solche methodische, thematische und organisatorische Fremdbestimmung der Schüler hat unweigerlich ein Konfliktpotential zur Folge. Im Gegensatz zum herkömmlichen, „geschlossenen" Unterricht wird demgegenüber „offener" Unterricht als ein Beitrag zur Reduktion von Konflikten und zur Einlösung des Emanzipationsideals verstanden. Offener Unterricht in diesem Sinne hat also eine dezidiert *politische* Legitimation.

Eine genuin *pädagogische* Legitimation des offenen Unterrichts erfolgt erst zehn Jahre später durch Dietrich BENNER. Er entwickelt einen bildungstheoretischen Rahmen des „offenen Unterrichts", der ausdrücklich auf die Einheit von Unterricht und Erziehung bezogen ist und den Anspruch erhebt, sie für die Neuzeit zu interpretieren.

Kennzeichnend für die Situation der Moderne ist die Verselbstständigung des Wissens, d.h. die Ablösung des Wissens von seinen Handlungskontexten. Deshalb taucht die Frage nach der Handlungsrelevanz des Wissens nunmehr als eigenständige Frage auf. Die Bedeutung des Wissens für das Handeln ist nicht mehr durch den geschlossenen Kontext der Lebenswelt vorgegeben, sondern bedarf einer eigenständigen Beurteilung. Hinzu kommt, dass durch die Aufhebung der ständischen Ordnung und die zunehmende Auflösung von orientierenden sozialen Strukturen, etwa der Gemeinde und der Familie, nunmehr jeder einzelne zur Beantwortung der Frage nach gutem (moralischen) Handeln aufgefordert ist. „Geschlossener" Unterricht, der ausschließlich auf die Vermittlung von Wissen zielt, reicht in dieser Situation allein nicht mehr hin, um auch der gewonnenen Entscheidungsautonomie im Umgang mit dem Wissen gerecht zu werden. Erziehung, in früheren Epochen identisch mit Unterricht, wird erst in der Moderne zu einer eigenständigen Aufgabe, die der Wissensvermittlung korrespondieren muss. Deshalb muss sich der Unterricht für den erzieherischen Aspekt heute ausdrücklich „öffnen".

Im Rückgriff auf die Systematik HERBARTs wird von BENNER gefordert, dass sich der Unterricht unter dem Aspekt der Erziehung in drei Dimensionen öffnen soll: in *methodischer,* in *thematischer* und in *institutioneller* Hinsicht.

- Die *methodische Öffnung* des Unterrichts zielt darauf ab, dass die Lernenden ein Selbstverhältnis zum Lerngegenstand gestalten können, über dessen Gestalt nicht von vornherein durch den Lehrer verfügt wird. Die Grundfrage offenen Unterrichts in methodischer Hinsicht lautet demnach nicht: Wie kann jemandem etwas beigebracht werden? Sondern: Wie lässt sich die Auseinandersetzung mit einem Gegenstand so anregen, dass das Ergebnis der Auseinandersetzung keine Wirkung der Anregung, sondern ein selbstinitiierter und -gestalteter, ein selbsttätiger Prozess ist?
- Die *thematische Öffnung* des Unterrichts zielt auf eine Vielseitigkeit der Welt- und Selbsterfahrung der Lernenden. Sie schließt zwar fachliche Schwerpunktsetzungen ein, aber nur in dem Sinne, dass die Schüler in der Auseinandersetzung mit neuzeitlicher Wissenschaft *Erfahrung* und *Umgang* erweitern und hierdurch fähig zu selbstverantwortetem individuellem und gemeinsamem Handeln werden (→ ERFAHRUNG UND LERNEN).
- Die *institutionelle Öffnung* des Unterrichts zielt darauf ab, dass die in der Schule vorgegebene Rollenverteilung von Lehrer und Schüler tendenziell aufgehoben wird (→ Lehrer-SCHÜLER-VERHÄLTNIS). Die Schüler gelten demnach nicht als Adressaten von Lehrstrategien, sondern werden als Fragende anerkannt, die ihre außerschulischen Erfahrungen in den Unterricht einbringen, wie sie auch die in der Schule gewonnenen Erfahrungen in die außerschulische Lebenswelt einbringen. Es geht darum, die Schüler bereits als in den außerunterrichtlichen Bereichen menschlicher Praxis denkende und handelnde Personen anzuerkennen.

Offener Unterricht ist demnach in pädagogisch-systematischer Hinsicht etwas anderes als emanzipatorischer Machtabbau. Er ist auch mehr als nur eine interessens- und bedürfnisorientierte Aufweichung des Unterrichts, dessen rigide Formen einem in einer permissiven Gesellschaft nicht mehr behagen und tendenziell als lästig empfunden werden. Es geht auch nicht, jedenfalls nicht vorrangig, um mehr Lust und Spaß am Lernen, es geht nicht darum, die Schüler mit Hilfe von attraktivem Lernmaterial „auszutricksen" und ihnen am Ende doch den Lehrplan unterzuschieben. Und schließlich geht es auch nicht darum, den herkömmlichen (Lehrgangs- und Frontal-)Unterricht lediglich durch eine andere Unterrichtsorganisation zu überdecken und zu verschleiern. Offener Unterricht stellt vielmehr eine zeitgemäße unterrichts- und erziehungstheoretische Antwort auf die Situation der modernen offenen Gesellschaft und Wissenschaft dar.

III.

Bezieht man die drei Aspekte der Offenheit auf den Unterricht in der Schule und versucht, ihn entsprechend zu „öffnen", gelangt man zu mehr oder weniger freien Formen. Zu denken ist hier etwa an die verschiedenen Formen der → FREIARBEIT, der → WOCHENPLANARBEIT und des → FACHÜBERGREIFEND-PROJEKTORIENTIERTEN UNTERRICHTS, in denen die Schüler in einem umfassenden Sinne selbst tätig werden. In all diesen „offenen" Formen des Unterrichts bestimmen die Schüler selbst die methodischen, thematischen und organisatorischen Aspekte des Unterrichts mit; sie treffen wertorientierte Entscheidungen und tragen die (Mit-)Verantwortung für ihr Lernen.

Allerdings dürfen die Grenzen des offenen Unterrichts nicht übersehen werden. Sie liegen vorzugsweise in der Vermittlung von Fertigkeiten und Kenntnissen, die einen begrenzten linearen, mehr oder weniger fremdbestimmten, d.h. → LEHRGANGSORIENTIERTEN UNTERRICHT erfordert. Denn die Schule hat, ohne den Bildungsanspruch des Subjekts unterlaufen zu dürfen, auch eine kultursichernde und qualifizierende Funktion (→ FUNKTIONEN DER SCHULE). Bei aller notwendigen „Öffnung" des Unterrichts wäre es wohl in der Tat töricht, wenn das in der Geschichte erreichte Niveau an konkreten Bildungsmöglichkeiten durch überzogene „Öffnungen" leichtfertig aufs Spiel gesetzt würde.

Deshalb erscheint es sinnvoll, statt von „offenem Unterricht" besser von „Offenheit im Unterricht" zu sprechen; denn erst in der Verbindung der verschiedenen Unterrichtsformen ergibt sich ein tragfähiges, schüler- und bildungsorientiertes Gesamtkonzept von Unterricht (→ BILDUNG). Eine solche Offenheit in allen Unterrichtsformen – wenn auch mit unterschiedlicher Akzentsetzung – anzustreben, erfordert beim Lehrer, dass er sich von festgefahrenen (und vielleicht „liebgewordenen") Gewohnheiten löst und selbst „offen" für neue Lernsituationen wird, die er gemeinsam mit den Schülern plant und „durchlebt". Dabei werden die Schüler an den unterrichtlichen Entscheidungen beteiligt und als Subjekte ihres Lernens ernstgenommen. In einem → KLASSENRAUM, der als anregende Lernumwelt gestaltet ist, wird sich in einer solchen offenen Lernsituation auch eine Atmosphäre einstellen, in der die Würdigung von Schülerleistungen als gemeinsame Aufgabe verstanden wird (→ LEISTUNG/LEISTUNGSBEURTEILUNG).

Literatur
Regenbrecht, A./Pöppel, K.G. (Hg.): Erfahrung und schulisches Lernen. Zum Problem der Öffnung von Schule und Unterricht. Münster 1995

Pädagogik

I.

Das Wort Pädagogik bezeichnet im Wesentlichen zwei unterscheidbare Praxen: Zum einen ist mit Pädagogik eine Unterrichts- und Erziehungspraxis gemeint, in der eine pädagogisch handelnde Person den Prozess des Wissenserwerbs und der Einstellungs-/Haltungsverbesserung einer anderen Person führt. Da eine bewusst geführte pädagogische Praxis nicht theorielos erfolgen kann, bezeichnet Pädagogik zum anderen auch den Prozess der wissenschaftlichen Theoriebildung, d.h. eine Wissenschaftspraxis. Mit Pädagogik ist in dieser Hinsicht die theoretische Analyse und orientierende Synthese von praktischer pädagogischer Führung angesprochen. Was mit der Verwendung der Bezeichnung Pädagogik jeweils gemeint ist, erschließt sich oft erst aus dem Verwendungszusammenhang. Das wiederum verweist darauf, dass (pädagogische) Theorie und Praxis wohl unterschieden, aber nicht getrennt werden können.

II.

Wer heute von „Pädagogik" spricht, meint in der Regel die erzieherische Praxis in typischen pädagogischen Kontexten: in der Familie, im Kindergarten, in der Schule, seltener in der Hochschule oder in der Gesellschaft. Für den Prozess der Theoriebildung wird oft der Ausdruck „Erziehungswissenschaft" verwendet, neuerdings ist auch von „Bildungswissenschaft" die Rede, wobei beide Bezeichnungen auch im Plural anzutreffen sind und Methodenpluralität signalisieren sollen.

Unabhängig von der Bezeichnung stellen der Begriff der Pädagogik und die korrespondiere Wissenschaft kein Konglomerat von Einzelerkenntnissen, sondern einen systematischen Zusammenhang dar. Es gibt allerdings nicht *die* Pädagogik, sondern verschiedene pädagogische Positionen, die jeweils einen mehr oder weniger systematisch begründeten Zusammenhang darstellen. An jeder Einzelfrage innerhalb des jeweiligen Systems hängt immer das Ganze der jeweiligen pädagogischen Position. Denn jedes Problem innerhalb der Pädagogik ist nur als Vereinzelung eines Gesamtproblems zu verstehen, also als eine Besonderung eines Allgemeinen, und deshalb nur in der Relationalität zum Ganzen zu fassen. Das ist im Grunde genommen eine metaphysische Sicht der Verhältnisse, die orthodoxe Empiriker ablehnen würden. Aber wenn man sich z.B. fragt, ob es theoretische Grundsätze für die Gestaltung von Unterrichtsprozessen gibt, ob sich überhaupt Grundsätze formulieren lassen, an die sich Lehrpersonen generell halten müssten, d.h. unabhängig von der Einzelperson des Lehrers, unabhängig vom Fach, unabhängig von der Klassenstufe usw., erscheinen eine solche Frage und korrespondierende Antwort nur sinnvoll, wenn man voraussetzt, dass sich ein Gesamtzusammenhang aller einzelpädagogischen Aspekte ausmachen lässt. Anderenfalls wäre pädagogisches Handeln bloß die Summe von akzidentiellen Einzelentscheidungen und kaum wissenschaftlich begründbar.

Wenn also ein zusammenhangsstiftendes Moment vorausgesetzt werden muss, damit man überhaupt von Pädagogik sprechen kann, gleich ob Theorie oder Praxis und unbeschadet ihrer möglichen Gliederung und Differenzierung, dann ist man auf eine Grundfrage verwiesen, die maßgeblich über die Zugehörigkeit von möglichen Einzelfragen zur Pädagogik urteilen hilft:

> Die Grundfrage der Pädagogik:
> Wie kann der Mensch sich und andere dazu führen, sich selbst und die Welt zu verstehen und zu gestalten?

Wie auch immer man die vielen Teildisziplinen der heutigen Pädagogik gliedert, ob in Sparten, in Aspekte, in Problemstellungen oder nach anderen Gesichtspunkten, alle Gliederungen sind als spezifische Antworten auf die Grundfrage der Pädagogik anzusehen und darin verbunden.

Unter *personalem* Aspekt finden sich eine Reihe von Forschungen und Analysen, die man der Bildungstheorie zuordnen kann. Was heißt Bildung? Unter welchen Bedingungen vollzieht sich Bildung? Welche Voraussetzungen müssen gegeben sein, damit sich das Subjekt tatsächlich bilden kann?

Diese und weitere Fragen werden unter personalen Aspekten beantwortet und führen zu bildungstheoretischen Aussagen.

Davon lässt sich der *soziale* Aspekt der Pädagogik unterscheiden, der z.B. in der Sozialpädagogik verfolgt wird. Sie betrachtet den Menschen nicht als Einzelwesen und fragt nach seiner individuellen Bildung, sondern hat den Menschen als Sozialwesen im Blick und fragt nach seiner → INTEGRATION/ INKLUSION in verschiedenen Gruppenkontexten. Familienintegration, gesellschaftliche Integration, Reintegration, Rehabilitation, Inklusion sind die Stichwörter, unter denen in pädagogischer Perspektive das Individuum als Mitglied eines Sozialverbandes in den Blick genommen wird. Sozialpädagogik, Integrationspädagogik, die frühere Ausländerpädagogik (→ INTERKULTURELLE ERZIEHUNG) usw. stellen Entfaltungen des sozialen Aspekts dar.

Es gibt ferner das weite Feld der *institutionellen* Unterscheidungen und Ausdifferenzierungen. Familienpädagogik, Schulpädagogik, Museumspädagogik, Theaterpädagogik, Hochschuldidaktik stellen entsprechende Bereichspädagogiken dar, bei denen die Orte, an denen sich das pädagogische Handeln vollzieht, den Namen liefern.

Davon zu unterscheiden sind die *Fach- bzw. fachbereichsspezifischen* Antwortaspekte, die sich teilweise mit den Institutionen überlappen: Sportpädagogik, Religionspädagogik, Kunstpädagogik, Medienpädagogik, Kulturpädagogik, Freizeitpädagogik usw.

Die Antworten, die auf die pädagogische Grundfrage gegeben werden, können auch nach *methodologischen* Aspekten unterschieden werden. In dieser Hinsicht wird man das breite Spektrum der erfahrungsorientierten Pädagogiken zuerst nennen. Dazu gehört zum einen die empirische Pädagogik, die versucht, unter kontrollierten Bedingungen Erfahrungen über die Wirklichkeit als sog. Evidenz zu gewinnen, und zum anderen die hermeneutische Pädagogik und die sich selbst als Geisteswissenschaftliche Pädagogik bezeichnende Theorierichtung. Sie versucht in Erfahrung zu bringen und zu verstehen, welchen Lebenssinn die Phänomene der Pädagogik in sich tragen. Diesen Sinn kann man nicht unter kontrollierten Bedingungen erfragen, sondern nur zu verstehen suchen, indem man sich auch auf die Erziehungswirklichkeit einlässt.

Als weitere Ausdifferenzierung lassen sich geschichtsorientierte Pädagogiken antreffen, die die in der Geschichte erreichte Wertigkeit der pädagogischen Theorie sichern wollen, damit sie nicht leichtfertig verloren geht oder unterboten wird.

Normativ orientierte Pädagogiken schließlich gibt es viele und vermutlich würde jeder Vertreter dieser Position es weit von sich weisen, normativ zu sein. Normativ gilt bisweilen immer noch als wissenschaftliche Diskreditierung. Denn normativ ist das Gegenteil von empirisch, also nur argumentierbar, aber eben nicht mit Daten nachprüfbar. Bei Lichte besehen sind aber alle Pädagogiken mehr oder weniger normativ, da sie Aussagen über das, was sein soll und noch nicht ist, machen müssen, wenn sie eine Antwort auf die Grundfrage der Pädagogik liefern wollen. Streng davon zu unterscheiden sind normierende Konzepte, die keine Antwort auf die Frage geben, wie der Mensch geführt werden kann, sondern bestimmen, wohin er geführt werden soll. Dazu gehören alle Konzepte, die zu einer (vorab) bestimmten Glaubensüberzeugung oder Ideologie (ver-)führen wollen. Sie sind aus diesem Grunde eigentlich keine Pädagogiken, obwohl sie sich selbst so bezeichnen, und müssten eher als Indoktrinationsversuche charakterisiert werden.

III.

Wie auch immer im Einzelnen der Begriff der Pädagogik in den verschiedenen Ansätzen und Konzepten gefasst wird, es geht der Pädagogik als Wissenschaft darum, das Subjektivistische möglichst auszuschließen und zu begründbaren Aussagen über pädagogisches Handeln zu gelangen. Es geht also um Erkenntnisse mit allgemeiner Geltung und nicht um bloßes Meinen. Pädagogik als Wissenschaft will die selbständige und eigenverantwortliche Welt- und Lebensgestaltung der Menschen befördern. Mit diesem theoretischen und praktischen Interesse reiht sich die Pädagogik in den Zusammenhang moderner Wissenschaftsauffassungen ein, die sich von anderen Auffassungen unterscheiden, die metaphysischer und spekulativer

Art sind. Es geht hier nicht um Wesens- und Seinsbestimmungen, sondern um das praktische Interesse, dem Menschen zu helfen, sein Leben und die Welt unter dem Aspekt des richtigen und guten Handelns zu ordnen. → UNTERRICHT und → ERZIEHUNG sind daher die einzig möglichen Modi pädagogischen Handelns. Nur wer richtiges Wissen von der Welt und über sich selbst hat und nur wer in der Lage ist, sittlich angemessene Entscheidungen zu treffen, ist im pädagogischen Sinne gebildet (→ BILDUNG). Der Vollzug dieser Aufgabe ist in anthropologischer Hinsicht nicht voraussetzungslos und bedarf auch heute noch der weiteren Erforschung.

Aber anders als in manchen anderen modernen Wissenschaftsauffassungen darf festgehalten werden, dass der Gedanke der Machbarkeit der Pädagogik fremd ist. Pädagogen können in der Tat nichts machen. Sie sind buchstäblich machtlos, wenn es um ihr pädagogisches Geschäft geht. Denn es handelt sich beim → LEHRER-SCHÜLER-VERHÄLTNIS nicht um einen Kausalnexus, sondern um einen Aufgabenzusammenhang. Es geht der Pädagogik als Wissenschaft also nicht um die Aufklärung von Ursache-Wirkungs-Zusammenhängen, sondern um einen Beitrag zur Klärung und zum Vollzug der pädagogischen Aufgabe, nämlich reflektiert und entschieden handeln zu lernen, statt sich fortwährend nur unreflektiert und willenlos zu verhalten.

Literatur
Hönigswald, R.: Über die Grundlagen der Pädagogik. München [2]1927

Pause

I.

„Das schönste an der Schule sind die Pausen." Diesem Satz aus einem alten Schlagertext muss nicht unbedingt eine negative Einschätzung des Unterrichts und des sonstigen Schulgeschehens zugrunde liegen. Er bringt einfach zum Ausdruck, dass die Aktivität als Lebensprinzip des Menschen nicht bedeutet, der Mensch müsse pausenlos tätig sein. Er braucht immer wieder Zeiten der Ruhe und Muße, in denen er „Atem holen", „gelöst sein" und „zu sich selbst kommen" kann. (Bemerkenswert ist in diesem Zusammenhang, dass das lateinische Wort „schola", von dem das Wort „Schule" abgeleitet ist, ursprünglich „Muße" bedeutet.) Der Verzicht auf ausreichende Pausen würde letztlich eine Minderung der Lern- und Lebenskräfte, eine Gefährdung der körperlichen und seelischen Gesundheit und ein Aufs-Spiel-Setzen zufriedenstellender Arbeitsergebnisse bedeuten. Gerade das subjektive Gefühl der Überforderung kann bei manchen Lehrern und Schülern zu einer vorübergehenden Flucht in längere Krankheitspausen führen (→ SCHULANGST).

Die Schulpause zwischen den Unterrichtsstunden ist ein fester Bestandteil der Rhythmisierung des Schul(vormit)tags. Unterricht und Pausen wechseln einander ab; in den meisten Schulen folgt auf eine kleine (5-Minuten-)Pause nach der ersten, dritten und fünften 45-Minuten-Stunde jeweils eine größere (15-, 20- oder 30-Minuten-)Pause nach der zweiten und vierten Stunde. Vielerorts wird die erste große Pause für ein gemeinsames Frühstück genutzt; in → GANZTAGSSCHULEN wird der Vormittags- und Nachmittagsunterricht zusätzlich durch die Mittagspause unterbrochen.

II.

Die Notwendigkeit, dass das Lehren und Lernen in der Institution Schule organisiert werden und funktionieren muss, führt in der Regel dazu, dass die Zeitstruktur des Wechsels von Arbeit und Pause für alle Lehrer und Schüler einheitlich festgelegt wird. Geregelt sind darüber hinaus meist auch die Räume, wo man sich während der Pausen aufhalten darf, und die Möglichkeiten der Betätigung. Wenn die Schüler im Unterricht überwiegend zum (Still-)Sitzen verpflichtet sind und ein hohes Maß an Konzentration und Anstrengung aufbringen müssen, sind sie in den Pausen eher auf Bewegung, Herumtoben und Spielen als auf Entspannung und Ruhe ausgerichtet.

Diesem Bewegungsbedürfnis und dem Wunsch nach einer positiven Wirkung für den jeweils nachfolgenden Unterricht, versucht man unter den Stichworten „aktive Pause" und „schöpferische Pause" Rechnung zu tragen. Die → AUF-SICHTSPFLICHT der Schulleiter und Lehrer und die zunehmende Angst vor Gewalttätigkeiten führen allerdings oft dazu, dass der verständliche Bewegungsdrang der Schüler durch einen übertriebenen Ordnungsrahmen und ein über alles gestelltes Sicherheitsbedürfnis so reglementiert und eingeschränkt wird, dass von einer ausgleichenden Wirkung der Pause kaum noch gesprochen werden kann.

Bei Befragungen ist festgestellt worden, dass Schüler sich generell „mehr Freiraum" wünschen: mehr Platz zum Laufen und Bewegen, mehr Gelegenheiten für Gruppenspiele, mehr Anregungen für sinnvolle Ausgleichsbeschäftigungen, mehr Möglichkeiten für die Verwirklichung eigener Pausenideen, aber auch mehr Freiräume für eine individuelle Rhythmisierung der Lern- und Pausenzeiten.

Auch Lehrer sind mit der Regelung ihrer Pausen häufig unzufrieden. Sie beklagen vor allem funktionalisierte Lehrerzimmer, die wenig gestaltet und zur Entspannung ungeeignet sind, und ein Zunehmen der außerunterrichtlichen Arbeitsbelastungen, die die Zeit zwischen den Unterrichtsstunden ausfüllen und keine wirklichen Pausen zustande kommen lassen.

III.

Im Bewusstsein der Schulleiter und → LEHRER verdient die Gestaltung der Pausenzeiten und -räume eine größere Aufmerksamkeit, damit die Pausen bei Schülern eine wirkliche Entspannung vom Lernen, einen sinnvollen Abbau aufgestauter Aggressivität und eine Förderung des Sozialverhaltens bewirken können. Dafür stehen innerhalb des Rahmens, der durch Grundstücksgröße und -lage, Bebauung, Raumzahl, Finanzgrenzen und Aufsichtspflicht gesteckt ist, vielfältige Möglichkeiten offen. Eine ausgewogene Mischung von Aktivzonen und Ruheplätzen im Schulgebäude und auf dem Schulhof, von Gelegenheiten zu Gemeinsamkeit und zum Alleinsein ist hier sicher sinnvoll. Auch über eine flexible Regelung der Pausenzeiten entsprechend dem Verlauf individueller Lernprozesse und/oder des Klassenunterrichts sollte nachgedacht werden. Auf diese Weise können die Schüler auch Einsichten in die Bedeutung des Wechsels von Arbeit und Erholung, von Tätigsein und Ruhe gewinnen.

Konkret können sich z.B. in einer Fragebogenaktion alle zu grundlegenden Pausenfragen äußern:

- Was möchte ich in den Pausen am liebsten machen?
- Wo halte ich mich in den Pausen am liebsten auf?
- Welche Wünsche habe ich für die Gestaltung des Schulhofs und der Pausenräume im Schulgebäude?
- Welche Spielregeln sollen für Schüler und Lehrer in den Pausen gelten?

Im Unterricht oder in Arbeitsgemeinschaften wird dann zunächst eine Bestandsaufnahme der Wünsche und Möglichkeiten gemacht, danach werden die Ergebnisse dem Lehrerkollegium und den Eltern vorgestellt; schließlich wird in kleinen Schritten mit der Gestaltung der ausgewählten Möglichkeiten begonnen. Entsprechendes gilt auch für die Gestaltung der Lehrerpausenräume und -zeiten.

Literatur
Pieper, J.: Muße und Kult. München 1955

Prüfung

I.

Pädagogisch betrachtet sind Prüfungen ein Sonderfall von → WIEDERHOLUNG. Sie finden ihren unterrichtlichen Sinn darin, dass Schüler sich mit Hilfe des Lehrers angesichts von Gelerntem selbst prüfen lernen. Subjektgerichtet, auf vergangene Lernprozesse bezogen, sollen sie den Blick auf zukünftige Aufgaben freimachen. Sie führen Schüler, aber auch Lehrer dazu, sich über die Leistungen des Lernens und Lehrens klar zu werden, und sie klären beide über mögliche Fortschritte und notwendige Wiederholungen auf. In diesem Sinne sind Prüfungen notwendig und es wäre widersinnig, sie abschaffen zu wollen. Inhaltlich beziehen sie sich sowohl auf Kenntnisse und Erkenntnisse, Fertigkeiten und Fähigkeiten der Schüler als auch auf ihr Verhalten.

Einerseits kann niemand dem einzelnen Schüler das Überschauen abnehmen; er muss es selbst vollziehen lernen. Andererseits kann er es nicht allein. Prüfungen wollen deshalb in pädagogischer Absicht vorbereitet und durchgeführt werden, ob es sich um schriftliche oder mündliche Formen handelt. Diese Hilfen haben den Sinn, dass Schüler das Ziel der Prüfung erreichen. Pädagogisch gesehen besteht es in nichts anderem, als dass Schüler sich selbst einschätzen und beurteilen können. Das sind Aspekte ihrer → BILDUNG, ihrer Selbstständigkeit und Selbstverantwortung.

Werden Prüfungen von Schülern so aufgefasst oder wird ihnen von Erwachsenen vermittelt, dass sie sie in Abgrenzung und Konkurrenz zu anderen Schülern möglichst gut bestehen, mag dieser Weg zwar der Selektionsfunktion der Schule entsprechen, aber eine sozialethische Dignität kommt ihm nicht zu. Unter erzieherischem Aspekt unterstehen Prüfungsleistungen und -ergebnisse auch dem Anspruch der Sozialverpflichtung.

In der → SCHULE als gesellschaftlicher Institution dienen Prüfungen immer auch der Leistungskontrolle im Sinne der Qualifikation und damit der Selektion der Schüler. Als Abschlussprüfungen sind sie Grundlage für Berechtigungen und

mitentscheidend für die Zuteilung von Berufs- und Lebenschancen (→ FUNKTIONEN DER SCHULE).

Die Schule untersteht jedoch – auch von Staats wegen – einem Bildungsauftrag, der ihre Existenz legitimiert und ihre
Praxis bestimmen soll. Deshalb ist das pädagogische Sinnverständnis der Prüfung als kritisches Instrument notwendig, um
der Funktionalisierung von Prüfungen als Kontrollen und
Festschreibungen entgegenzutreten, die im Unterrichtsalltag
tendenziell und faktisch dominant sind. Das führt zu der Frage, welche pädagogischen Kriterien Prüfungen bestimmen
und die Prüfungspraxis leiten sollen.

II.

Sind Prüfungen eine spezifische Form der Wiederholung,
dann wird ihr Sinn verfehlt, wenn in ihnen inhaltlich neue
Aufgaben gestellt werden. Um diese Abgrenzung müssen
Schüler wissen und sich darauf verlassen können. Besteht der
besondere Anspruch der Prüfungen darin, sich selbst im Über-
schauenkönnen des Gelernten mündlich oder schriftlich dar-
zustellen, dann darf allerdings die zeitliche Reihenfolge der
Aufgaben im vorangegangenen Unterricht nicht mehr maßgeblich sein.

Deshalb darf ein Prüfer, der zum selbstprüfenden Überschauen helfen will, in seiner Frage- und Aufgabenstellung
auch „springen". So erweckt z.B. ein Prüfungsgespräch oft
den Eindruck eines ungeordneten Ablaufs. Das hat seinen legitimen Grund darin, dass der Prüfer nicht auf inhaltliche Lü-
cken hinaus will, um den Prüfling „hereinzulegen"; er muss
den Prüfling vielmehr so führen, dass dieser die Verfügungs-
fähigkeit über sein Können demonstrieren kann. Nicht das
Ausbreiten und „Abprüfen" der Menge des Wissens oder der
Perfektion des Könnens ist Prüfungsziel und Maßstab der Beurteilung, sondern wie über das Wissen verfügt wird, wie weit
die Argumentationsfähigkeit reicht, wie konsistent die Be-
gründungs- und Bewertungsfähigkeit in schriftlicher Aufgabe
und in mündlichem Dialog nachgewiesen wird.

Prüfungen gestalten sich unterschiedlich, je nachdem, welche → ZIELE IM UNTERRICHT erreicht sein sollten. Kenntnisse
und Fertigkeiten, im → LEHRGANGSORIENTIERTEN UNTER-

RICHT als Ziele gestellt und erreicht, gestatten am ehesten gleiche Aufgabenstellungen und vergleichbare Ergebnisse. Hier können die Erwartungen weitgehend normiert (und deshalb auch am ehesten zensiert) werden. Derartige Prüfungen werden meistens als Tests bezeichnet. Es empfiehlt sich jedoch, in pädagogischer Argumentation diesen Begriff zu vermeiden, denn im Test werden Lehrer und Schüler künstlich getrennt. Das pädagogische Moment der Führung wird in ihm ausgeschlossen. In der Prüfung wird dagegen das → LEHRER-SCHÜLER-VERHÄLTNIS gegenüber dem Unterricht zwar modifiziert, aber nicht aufgehoben. Pädagogisch qualifiziert bleibt eine Prüfungssituation, auch wenn es „nur" um den Nachweis von Kenntnissen und Fertigkeiten geht, nur dann, wenn der Lehrer durch seine zutrauende Präsenz und durch gelegentliche Hilfen, die er auch in einer Prüfungssituation gegenüber der Individualität des einzelnen Schülers rechtfertigen und verantworten kann, hilft, sich in dieser Situation zu bewähren.

Das gilt vor allem für die Prüfungen, in denen es in den verschiedenen Fächern und → UNTERRICHTSFORMEN um die Darstellung und Darlegung von Sach- und Wertzusammenhängen geht. Für Prüfling und Prüfer stellen sich hier in besonderer Weise Probleme des Verstehens: Für den Prüfling, insofern er sich schriftlich oder mündlich gegenüber dem Prüfer so verständlich machen muss, dass der Prüfer erkennen kann, wie er seine Aufgabe aufgefasst hat und entfaltet; für den Prüfer, insofern er die Aufgabenstellung durch seinen Unterricht so vorbereitet, dass der Schüler sie bestehen und der Prüfer dessen Prüfungsleistung verstehen und würdigen kann.

Das führt zu einer weiteren Bedingung. Sollen Schüler sich gute Prüfungsleistungen zutrauen, müssen ihnen die Ansprüche vertraut sein. Die Transparenz der Inhalte und Ziele ist deshalb für die Schüler eine entscheidende pädagogische Hilfe, um sich entsprechend vorbereiten und die Prüfungsangst eindämmen zu können.

Schließlich sind die Zeitstrecken zu beachten, die zwischen Aufgaben und Prüfung liegen. Wie alle Wiederholungen unterliegen auch Prüfungen dem Gebot der Kontinuität. Eine Prüfung, die sich nicht mehr auf einen dem Alter entsprechenden überschaubaren Zeitraum bezieht, ist unsinnig.

III.

Wegen ihres ambivalenten Charakters sind Prüfungen in der Schule fast durchgängig von Angst begleitet (→ SCHUL-ANGST). Lehrer weisen immer wieder darauf hin und Eltern bestätigen, dass ihre Kinder außerhalb der Prüfungssituation die erwartete Leistung „schaffen", in der Prüfung dann trotzdem versagen. Der Grund dafür liegt in der Verkoppelung von pädagogischer Aufgabe und funktionaler Wirkung der Prüfungsergebnisse.

Diese Spannung kann in der Schule nicht aufgehoben werden. Damit sie aber von den Schülern und auch vom Lehrer ausgehalten werden kann, ist vor allen anderen eine erste Bedingung vom Lehrer einzulösen: Er muss seinen Schülern überzeugend vermitteln, dass er ihnen zutraut, die anstehenden Prüfungsleistungen zu erbringen, und dass er dies auch selbst wünscht. Das kann er glaubwürdig nur dann, wenn er sich an die eben genannten pädagogischen Bedingungen der Prüfung bindet und die Schüler zugleich, ihrem Alter entsprechend, über sie aufklärt.

Darüber hinaus prüft der Lehrer sich selbst und die Schüler informell in jeder Unterrichtsstunde, oft ohne es eigens zu reflektieren. Wenn informelle Formen des Prüfens kontinuierlich in den Unterricht integriert werden, so dass sie zur pädagogischen Selbstverständlichkeit werden, wird den formellen Prüfungen das Odium des Außergewöhnlichen zwar nicht gänzlich genommen, aber das Wissen um die Sinnhaftigkeit des Prüfens bei den Schülern geweckt. Das kann ihre Leistungsfähigkeit stärken und ihre Angst verringern.

Abschließend: Prüfungen, als Überraschungen angesetzt, vermitteln den Schülern einen fatalen Beigeschmack; sie werden oft zu Recht als Disziplinierungsmittel in der Hand des Lehrers interpretiert. Es ist nur legitim, wenn diese Form der Prüfungen als apädagogisch abgelehnt wird.

Literatur

Petzelt, A.: Von der Frage. Eine Untersuchung zum Begriff der Bildung. Freiburg ²1962

Schüler

I.

Schüler ist jeder, der sich in lernender Absicht mit einer → AUFGABE auseinandersetzt und dabei von einem → LEHRER angeleitet, unterstützt und geführt wird. Da Lernen nur selbsttätig vollzogen werden kann und immer als Aktivität eines Subjekts angesehen werden muss, ist jeder, der lernt, zugleich sein eigener Lehrer.

Obwohl der Schüler Subjekt seiner Lernprozesse ist, ist er zugleich auf die Hilfe anderer Lehrer angewiesen. Maria MONTESSORI hat dies in der Aufforderung zusammengefasst, die der Schüler in allen Phasen seinen Lernens unausgesprochen an den Lehrer richtet: „Hilf mir, es selbst zu tun!"

Schüler müssen und wollen im Unterricht geführt werden. Das heißt: Sie müssen und wollen Orientierungen, Verbindlichkeiten und Grenzen erfahren. Aber sie dürfen nicht um die Aufgabe der Selbstführung betrogen werden. Die erzieherische Aufgabe des Lehrers besteht deshalb darin, den Schülern Hilfen zu geben zum eigenständigen Lernen. Dazu ist es erforderlich, dass der Lehrer von einer → DIDAKTIK und → METHODIK Abschied nimmt, in deren Verständnis die Schüler weitgehend Objekte der Beschulung und Adressaten von Lehrprozessen sind.

Der Schüler hat bei seiner Auseinandersetzung mit den Unterrichtsaufgaben letztlich nicht dem Lehrer zu folgen, sondern sich selbst. Der Anfang des Lernens besteht deshalb darin, dass der Schüler sich eine Aufgabe zutraut. Ohne dieses Selbstvertrauen ist Lernen unmöglich. Da das Selbstvertrauen des Schülers zuerst vom Zutrauen des Lehrers abhängig ist, hat jeder Schüler Anspruch auf dieses Zutrauen in seine Lernbereitschaft und -fähigkeit. Mit seinem Zutrauen erkennt der Lehrer den Schüler als Lernsubjekt an. Dies wiederum bedeutet den Anspruch an den Schüler, seinen methodischen Weg in der Bindung an die Aufgaben und Ziele des Unterrichts selbst zu finden. So wird das → LEHRER-SCHÜLER-VERHÄLTNIS durch die Aufgaben konstituiert; die gemeinsame Bindung an die Aufgaben macht Lehrer und Schüler im Unterricht zu einer Aufgabengemeinschaft (→ GEMEINSCHAFT). Vor dem Hintergrund veränderter Bedingungen von → KINDHEIT und → JUGEND brauchen die Schüler zudem in erster Linie nicht Fachleute für irgendetwas, sondern erwachsene *Menschen,* die ihnen Orientierung geben und sie auf ihren (Lern-)Wegen dialogisch begleiten (→ AUTORITÄT).

Die Beziehung zu den Aufgaben verbindet den Schüler zugleich mit den Mitschülern. Das Selbstvertrauen des Schülers hat deshalb auch einen sozialen Aspekt (→ SOZIALES LERNEN). In dem Maße, wie Schüler sich selbst etwas zutrauen, sind sie auch bereit, mit ihren Mitschülern zusammenzuarbeiten, ihnen zu helfen und sich selbst helfen zu lassen. Für die Gestaltung der Schüler-Schüler-Beziehung hat das Selbstvertrauen deshalb eine große Bedeutung; es ist die Voraussetzung dafür, dass Schüler untereinander Lehrer ihrer Mitschüler sein können.

II.

Bei der Bezeichnung „Schüler" denkt man allerdings meistens an Kinder und Jugendliche, die zur → SCHULE gehen und dort unter Anleitung der Lehrer etwas lernen sollen. Der Begriff „Schüler" abstrahiert dabei von allen individuellen Personmerkmalen und reduziert die Bezeichneten auf das Merkmal „Lernende in der Institution Schule". Auf diese Weise werden Kinder und Jugendliche zu „Lernkörpern", die in der Schule auf erwachsene „Lehrkörper" treffen. Sie sind Menschen, die eine bestimmte „Rolle" zugewiesen bekommen, diese für einen begrenzten Teil ihrer Lebenszeit auch einnehmen und möglichst erfolgreich zu spielen versuchen.

Da Schüler in der Schule zudem vorrangig nicht als Einzelpersonen, sondern als Lerngruppen in Erscheinung treten, unterliegt ihre „Beschulung" tendenziell der Uniformierung. Das heißt: Der in der Schulpraxis vielfach noch dominante, lehrer- und lehrzielorientierte → FACHUNTERRICHT folgt weitgehend dem Grundsatz der Gleichbehandlung; die Beurteilung der Schülerleistungen ist auf Vergleichbarkeit hin angelegt (→ LEISTUNG/LEISTUNGSBEURTEILUNG). Schüler werden in Jahrgangsklassen, zur selben Zeit, am selben Ort, im selben

Fach, mit denselben Inhalten, denselben Zielen und denselben Verfahren auf dieselben Beurteilungsmaßstäbe hin unterrichtet. Das „Lernen" der Schüler reduziert sich hierbei meist auf die Übernahme und überprüfbare Aneignung vorgegebener Kenntnisse, Fertigkeiten und Handlungsbereitschaften. Gefordert werden vor allem Gedächtnisleistungen, die auf Abruf reproduzierbar sind (was in der → SCHULKRITIK mit „Verkopfung" bezeichnet wird). In einem solchen Schulbetrieb kommen diejenigen Schüler am besten zurecht, die verhaltensunauffällig, an eine „sitzende Lebensweise" gewöhnt und zu andauernder Aufmerksamkeit fähig sind.

Geht man allerdings davon aus, dass das Ziel der Schule und des Lehrerhandelns die → BILDUNG der Schüler ist, gilt das Wort HERBARTs, dass die Nichtbeachtung der Verschiedenheit der Köpfe das entscheidende Hindernis aller Schulbildung ist. Betrachtet man diese Verschiedenheit der Köpfe genauer, ist damit nicht nur die Individualität der Schüler im Hinblick die jeweils unterschiedlichen Eigenschaften, Interessen, Fähigkeiten, Neigungen und Defizite gemeint, sondern vor allem die Einmaligkeit der Beziehung des einzelnen Schülers zu seinen Aufgaben.

Denn wenn Schüler lernen, setzen sie sich einzeln und gemeinsam erkennend, gestaltend und wertend, wiederholend und übend mit einer Aufgabe auseinander. Die methodisch gestaltete Beziehung zwischen Schüler und Aufgabe begründet das, was wir Lernen nennen, und ist deshalb die grundlegende Beziehung im → UNTERRICHT. Dafür zu sorgen, dass diese Beziehung immer wieder hergestellt und durchgehalten wird, ist die Hauptaufgabe des Lehrers.

Deshalb muss der Lehrer seinen Unterricht so gestalten, dass die Schüler
- selbst nachdenken und nicht nur Vorgedachtes übernehmen;
- selbst entscheiden und nicht nur den Entscheidungen anderer gehorchen;
- selbst lernen und nicht nur belehrt werden;
- selbst urteilen und nicht nur beurteilt werden;

- selbst Sinn finden und nicht nur in vorgegebene Sinnhorizonte eingefädelt werden;
- sich selbst einordnen und nicht immer schon eingeordnet sind;
- sich selbst an Aufgaben binden und nicht immer nur angebunden werden.

Manche Teilnahmslosigkeit von Schülern gegenüber dem, was Lehrer ihnen zu vermitteln versuchen, ist darauf zurückzuführen, dass Schüler die Unterrichtsinhalte subjektiv als belanglos empfinden, weil ihnen zu wenig geholfen wird, die von außen an sie herangetragenen Ansprüche, Erwartungen, Normen, Wertvorstellungen, Sinngebungsleistungen und Qualifikationsanforderungen in Ansprüche an sich selbst umzukehren. Lehrer müssen deshalb einsehen, dass die Vorordnung der Unterrichtsinhalte im → LEHRPLAN nicht mehr und nicht weniger ist als eine fürsorgliche Hilfe zur Selbstordnung des Schülers.

Als weitere Ursachen für zeitweilige oder grundsätzliche Schulunlust und Schulverdrossenheit können das standardisierte Lernen in Form des Speicherns und Reproduzierens sowie die formalisierte Leistungsbeurteilung genannt werden. Wenn die strukturellen Gegebenheiten der Schule die Schüler von ihrem Lernen entfremden und der Unterricht zu einer institutionalisierten Lernstörung wird, die ein konstruktives Einbringen von Aktivität unmöglich erscheinen lässt, dann kann dies bei Schülern entweder zu Aggressivität (als einzigem verbleibendem Mittel zur Behauptung von Eigenständigkeit), zu resignativem Verhalten (als Fluchtmöglichkeit aus der entmutigenden Realität) oder zur Entwicklung von „Überlebensstrategien" führen, mit deren Hilfe die Schüler lernen, mit der Schule und ihren Strukturen zu leben und sie zu benutzen, statt unter ihnen zu leiden (→ SCHULANGST).

III.

Wenn Unterricht vom Schüler her gedacht wird, muss der Lehrer bei seiner → UNTERRICHTSVORBEREITUNG und -durchführung kontinuierlich und konsequent berücksichtigen, dass Lernen immer Aktivität eines Subjekts ist. Das bedeutet, dass die Schüler – im Rahmen ihrer altersgemäßen Möglichkeiten und Grenzen – als Subjekte an der Auswahl, Gestaltung und Bewertung ihres Lernens aktiv/handelnd beteiligt werden müssen und ihnen die Bedeutung des Lernens für ihr gegenwärtiges und zukünftiges Leben stärker erfahrbar gemacht werden muss (→ HANDLUNGSORIENTIERUNG). Indem bei der Auseinandersetzung mit Aufgaben konsequent → SELBSTTÄTIGKEIT ermöglicht und herausgefordert wird, eröffnet man den Schülern den Weg zu Selbstständigkeit und Eigenverantwortung. Dies gilt für alle → UNTERRICHTSFORMEN; in der → FREIARBEIT wird Selbsttätigkeit zum vorherrschenden → UNTERRICHTSPRINZIP.

Unter dem Anspruch der Selbstführung darf die Hilfe, die Lehrer den Schülern schuldig sind, nicht Überwältigung von Freiheit sein, nicht Brechung des eigenen Willens, nicht Außerkraftsetzen der eigenen Vernunft, nicht Verhinderung von Eigenverantwortung. Es kann nicht darum gehen, junge Menschen möglichst effektiv zu einem vorgegebenen Ziel zu steuern, wobei die Erwachsenen sowohl das Ziel als auch den Weg festlegen und die Mittel bestimmen; es kann nicht um die bloße Weitergabe von Wissen, Fertigkeiten und Kulturbeständen gehen, auch nicht um die unkritische Übermittlung von Verhaltensnormen.

Den Schülern muss vielmehr zugetraut und ermöglicht werden, in der Aufgabengemeinschaft mit dem Lehrer und den Mitschülern ihr Lernen selbsttätig zu vollziehen (→ GEMEINSCHAFT). Der Lehrer muss in seinem unterrichtsmethodischen Handeln die Lernprozesse der Schüler mit qualifizierten Hilfen begleiten. Er unterstützt das Lernen*wollen,* indem er den Schülern Selbstführung zutraut (→ MOTIVATION); er ermöglicht selbstverantwortliches Lernen*können,* indem er mit ihnen die notwendigen Lernfertigkeiten erarbeitet und übt (→ LEHR- UND LERNTECHNIKEN, → ÜBUNG). Durch sein Fragen, Veranschaulichen, Konzentrieren von Fragestellungen und Herausfordern des überschauenden Wertens leitet er im Respekt vor der Individualität des methodischen Weges zugleich zur begründeten Selbstprüfung an (→ ANSCHAULICHKEIT, → KONZENTRATION, → PRÜFUNG).

Letztlich sollen die Schüler „das Lernen lernen". Das heißt: Sie sollen lernen,

- selbst Aufgaben zu finden;
- sich selbst Ziele zu setzen;
- selbst Wege und Methoden zu finden, um sich mit den Aufgaben auseinander zu setzen und sie zu lösen;
- auf dem Weg zur Erreichung der gesetzten Ziele durchzuhalten;
- ihre Lernergebnisse selbst einzuschätzen, zu prüfen und zu werten;
- Hilfen zu geben und Hilfen zu suchen, wenn sie gebraucht werden.

Aktive Mitwirkung und partielle Mitverantwortung der Schüler in Schule und Unterricht gehören zur Erfüllung des Bildungsauftrags der Schule. Da viele Schüler aus unterschiedlichen Gründen zu Mitwirkung und Mitverantwortung nicht bereit sind und viele Lehrer sich schwer tun, den Schülern eine wirkliche Mitbestimmung zuzutrauen, ist hier ein gemeinsamer Lernprozess für Lehrer und Schüler nötig.

Literatur

Pöppel, K.G.: Lehrer – Schüler – Schule. Grundzüge einer Schulpädagogik. Hildesheim – Zürich – New York 2007

271

Schulanfang

I.

Der Begriff des Schulanfangs wird häufig mit dem des → ERSTUNTERRICHTS bzw. des Anfangsunterrichts gleichgesetzt. Es erscheint jedoch sinnvoll, den Schulanfang als eigenständige Aufgabe zu betrachten. Sie umfasst in zeitlicher Hinsicht den Zeitraum der *Einschulung* und die ersten (in der Regel sechs) Unterrichtswochen.

Aus der Schülerperspektive beinhaltet die Aufgabe des Schulanfangs eine Neuorientierung im Hinblick auf den Raum, die Zeit, die sozialen Beziehungen und die unterrichtlich bestimmten Leistungsanforderungen. Für den Lehrer beinhaltet die Aufgabe des Schulanfangs die Notwendigkeit einer der Altersphase der Kinder angemessenen Gestaltung des Raumes, der Zeit, der sozialen Gruppierungen und der Leistungsansprüche.

Zur besonderen Aufgabe des Lehrers am Schulanfang gehört auch die eingehende Beobachtung der Schüler im Hinblick auf ihre *Schulfähigkeit,* da in der Regel zunächst alle Kinder in die Schule aufgenommen werden, die schulpflichtig geworden sind.

II.

Im Großteil der Literatur und auch z.T. in der Schulpraxis herrscht eine „zirzensische" Vorstellung über die Einschulung vor. Die Vorschläge zum Schulanfang haben oft den Charakter eines „Kinderfestes" mit Tänzen, Spielen, Aufführungen und Kasperletheater. Dahinter steckt der an sich richtige Gedanke eines „gleitenden" Übergangs von den Formen vorschulischen Lebens und Erlebens zu den „strengeren", d.h. stärker reglementierten Formen des Schullebens. Dadurch soll möglichen Ängsten der Kinder vorgebeugt werden.

Entsprechendes wird auch für die ersten Schulwochen nahegelegt. Hier sollen die Kinder „gleitend" in den Schulalltag eingeführt werden. Dazu wird vorgeschlagen, die Kinder zunächst „gleitend" zur Schule kommen zu lassen, die Kernphase der Unterrichtszeit mit Spielphasen zu beginnen und zu beenden und zwischendurch den Rückzug in die einzurichtenden „Aktivitäts- und Schmuseecken" zu gestatten, wozu das vertraute Kuscheltier mitgebracht werden darf. All dies dient dazu, die Kinder allmählich an den → UNTERRICHT heranzuführen.

Dem Grundanliegen solcher Vorstellungen ist zuzustimmen. Denn Schulfähigkeit stellt sich nicht gleichsam automatisch mit der Einschulung ein. Sie stellt einen Prozess dar, der sich in den ersten Schulwochen weiterentwickelt und dem durch eine entsprechende Gestaltung des Erstunterrichts Entfaltungschancen eingeräumt werden müssen. Insofern ist in der Tat ein „harter" Bruch zwischen vorschulischen und schulischen Formen des Lernens zu vermeiden.

Heute ist eine allzu große Behutsamkeit fehl am Platz. Soziokulturelle und entwicklungspsychologische Überlegungen sprechen gegen einen „kindertümelnden" Schulanfang (→ KINDHEIT). Denn zum einen wird oft übersehen, dass Kinder heute schon recht genaue Vorstellungen über die „Arbeit" in der Schule haben und die damit verknüpften Anforderungen ausdrücklich erwarten. Sie werden durch ältere Geschwister, Spielfreunde und nicht zuletzt durch das Fernsehen auf die Ansprüche der Schule eingestimmt und wollen sie nun mit dem neuen Bewusstsein eines Schulkindes endlich erleben. Auch die Eltern von Schulanfängern, deren eigene Schulerfahrungen in die postbildungsreformerische Zeit fallen, geben ihren Kindern heute ein mehr oder weniger realistisches Bild von der Schule. Die Zeiten, in denen den Kindern mit dem Schulanfang als Ende des schönen Lebens gedroht wurde, gehören wohl der Vergangenheit an.

Zum anderen wird auch oft übersehen, dass die in dieser Altersphase vorherrschende Haltung nach → AUFGABEN verlangt, die sich vom Spiel deutlich unterscheiden, die einen Ernst- und Zweckcharakter haben und die die eigene Leistungsfähigkeit unter Beweis stellen sollen (was nicht ausschließt, dass sie trotzdem „spielerisch" sein können → SPIEL).

Wird der Schulanfang allzu sehr „verniedlicht", besteht die Gefahr, dass die (Aufgaben-)Erwartungen der Kinder enttäuscht werden und sich frühzeitig ein Nachlassen der → MO-TIVATION bemerkbar macht. Darüber hinaus kann der Lehrer durch eine solche falsch verstandene „Pädagogik vom Kinde aus" seiner Aufgabe der Beobachtung nicht gerecht werden. Diese zielt auf eine Einschätzung der sich noch entwickelnden Schulfähigkeit des einzelnen Kindes, die heute im Gegensatz zu früher generell nicht mehr durch Schulreifetests festgestellt wird. Sie kommen allenfalls noch in Ausnahme- und Zweifelsfällen im Sinne eines die Lehrerbeobachtung ergänzenden diagnostischen Verfahrens zum Einsatz. In der Regel erkennt der Erstklassenlehrer durch die Beobachtung der Art und Weise, wie sich ein Schüler in den ersten Wochen den Aufgaben des Unterrichts zuwendet und sie zu Ende führt, ob die Voraussetzungen für einen erfolgreichen Besuch der Schule schon in hinreichender Weise vorliegen oder erst noch behutsam abgewartet bzw. „geweckt" werden müssen.

III.

Wenn Schulanfänger eingeschult werden, dann verbinden wir dies mit der berechtigten Erwartung, dass sie nun nicht mehr nur spielen, sondern auch lernen wollen. Die Gestaltung der Einschulung sollte diese Erwartung nicht enttäuschen und den Kindern bereits am ersten Tag eine (kleine) Lernaufgabe zumuten. Diese kann beispielsweise in der Kennzeichnung des künftigen Platzes in der Klasse durch eine selbstgestaltete „Platzkarte" bestehen, vielleicht auch schon im „Schreiben" des eigenen Namens, so gut es eben geht. Der Ranzen kann aus- und eingepackt werden, und zwischendurch wollen die mitgebrachten Bücher angeguckt und „systematisiert" werden. Auch eine erste → HAUSAUFGABE dürften die Kinder in der Regel erwarten und auch gern annehmen.

Darüber hinaus unterstreicht eine *Einschulungsfeier* die Bedeutung des Tages im Leben der Kinder und ihrer Eltern und gehört zu den Höhepunkten des → SCHULLEBENS. Sie sollte deshalb zu einen diesem Anlass einen würdigen Rahmen geben und zum anderen durch eine entsprechende Gestaltung die Aufnahme der Kinder in die Schülergemeinschaft und auch die Aufnahme der Erziehungsberechtigten in die Schulelterngemeinschaft anbahnen. Das setzt eine Beteiligung der

übrigen Schüler und nach Möglichkeit auch der anderen Eltern voraus. Von den vielfältigen Formen, die in diesem Zusammenhang denkbar sind, sei nur jene der „Patenschaften"
erwähnt, die am ersten Schultag zwischen den Schulanfängern
und älteren Schülern (auch Schulanfängereltern und „schul-
erfahrenen" Eltern) vermittelt und in den ersten Wochen als
„Begleitung" zur Klärung der anfallenden Fragen durchgehalten werden können (→ SCHULFEIER/SCHULFEST).

Die Gestaltung des *Unterrichts* in den Wochen des Schulanfangs erfordert Lernaufgaben von kürzerer Zeitdauer, die
sich mit Rekreationsphasen abwechseln. In dieser Hinsicht ist
der sonst übliche 45-Minuten-Rhythmus äußerst lästig, und
die Schulklingel sollte – wenn möglich – nicht beachtet oder
gar ganz abgeschaltet werden. Dem Wechsel von Lernen und
notwendiger Rekreation muss die → KLASSENRAUMGESTAL-
TUNG gerecht werden. Hier bieten sich verschiedene räumliche Aktivitätsecken mit entsprechendem Material an, die eine
Gestaltung der Zeit nach eigener Entscheidung ermöglichen,
etwa lesen, malen, spielen und erste Ansätze von → FREI-
ARBEIT und → WOCHENPLANARBEIT.

Zu den ersten Lernaufgaben gehören die Orientierung im
Raum (Klassenraum: Garderobe, Sitzplatz, Eigentumsfächer,
Waschbecken, Ecken; Schule: Toiletten, Schulhof, Turnhalle,
Milchverkauf; Schulweg: Bushaltestelle, Zebrastreifen, Fuß-
gängerampeln, Schülerlotsen, Gefahrenpunkte), die Orientierung in der Zeit (Weckzeit, Busfahrzeiten, Wegzeiten, Schul-
beginn, Pausenzeiten, Schulende), die Orientierung im Hinblick auf neue *Sozialbeziehungen* (Tischnachbar, Mitschüler,
Klassenlehrer, ggf. Fachlehrer, Schulleitung, Hausmeister)
und die Orientierung über die erwarteten vielfältigen fachlichen *Leistungen*. An die Schulanfänger werden in jedem Fall
große Erwartungen gerichtet, die sie erst allmählich erfüllen
können.

In organisatorischer Hinsicht kann eine vorübergehende
Teilung sehr großer Klassen die ersten Orientierungsleistun-
gen erleichtern. Wegen der großen Differenz der Schulanfänger bezüglich ihrer Lernvoraussetzungen ist in unterrichtsmethodischer Hinsicht eine *Individualisierung des Lernens*
anzustreben (was durchaus als Gemeinschaftsaufgabe gesehen

und praktiziert werden kann). Individuelle Formen des Lernens gewährleisten ein Höchstmaß an eigenverantwortlicher → SELBSTTÄTIGKEIT, die als Voraussetzung für alles weitere erfolgreiche Lernen angesehen werden muss. Darüber hinaus erlauben gerade individualisierte Lernformen eine Beobachtung des einzelnen Schülers und eine begründete Einschätzung seiner Individuallage im Hinblick auf seine tatsächliche Schulfähigkeit.

An den Erstklassenlehrer werden insgesamt große Erwartungen gerichtet. Die größte besteht wohl darin, dass er allen Schülern das Vertrauen in das eigene Leistungsvermögen vermittelt. Das erfordert die stetige Ermunterung zu neuen Anstrengungen, das Würdigen erbrachter Leistungen (so „gering" sie auch scheinen mögen) und das nachsichtige Übersehen unerheblicher Mängel. Nur in der Lehrerhaltung des Vertrauens und Zutrauens können die Schüler lernen, Schulleistungen zu erbringen und dadurch ihr Selbstvertrauen zu erweitern (→ LEHRER-SCHÜLER-VERHÄLTNIS).

Schließlich muss noch darauf hingewiesen werden, dass der Begriff „Schulanfang" auch für andere schulische Anfangssituationen seine Berechtigung hat: z.B. für den Beginn eines neuen Schuljahres, den Wiederbeginn nach längeren Ferien und (vor allem) für den Neuanfang nach einem Schulwechsel bzw. nach dem Übergang in eine weiterführende Schule. Gerade solche Übergänge bedeuten für Schüler oft angstbesetzte Situationen (→ SCHULANGST) mit Umstellungsschwierigkeiten und „Brüchen" in den Raum- und Zeitorientierungen, in den Sozialbeziehungen, Lernformen und Leistungserwartungen. Deshalb ist auch hier wie beim Schulanfang im ersten Schuljahr vom Lehrer die Bereitschaft zu besonderer Zuwendung, sensibler Aufmerksamkeit und „entlastender" Gestaltung der Anfangszeit gefordert.

Literatur
Lichtenstein-Rother, I.: Schulanfang. Pädagogik und Didaktik der ersten beiden Schuljahre. Frankfurt a.M. [7]1986

Schulangst

Angst hat jeder schon einmal selbst erlebt. Angst ist (zumindest unterschwellig) immer da. Angst gehört zu unserem Leben.

Angst entsteht, wenn jemand sich durch eine äußere oder innere Gefahr bedroht fühlt. Der Organismus reagiert, indem er bestimmte Körperfunktionen aktiviert: Das Herz beginnt schneller zu schlagen, der Puls wird beschleunigt, der Blutdruck steigt, man fängt an zu schwitzen, die Pupillen weiten sich, man spürt eine Flauheit im Magen. Dadurch kommt es zu einem Gefühl der Aufregung, Spannung, inneren Unruhe und Beengung. (Das deutsche Wort Angst stammt von dem lateinischen Wort „angustus" = „eng" ab.) In der Körpersprache wird Angst nach außen sichtbar, z. B. durch eine erstarrte Haltung, eine zitternde Stimme und unsichere Blicke.

Angst ist lebensnotwendig, weil sie uns vor echten Gefahren warnt und dadurch unsere Überlebenschancen erhöht. Sie ist eine Kraft, die uns warnt und in erhöhte Aufmerksamkeit versetzt. Weil wir der Gefahr entgehen und die Drosselung unseres Wohlbefindens beenden möchten, werden wir geradezu gedrängt, entweder zu entfliehen oder die Situation so zu verändern, dass sie ihre Bedrohlichkeit verliert („Flüchten oder Standhalten"). Die Angst sagt uns auch, dass es gefährlich sein kann, vor anderen Menschen gleich unseren „Schutzschild" abzulegen und uns ohne Prüfung zu öffnen. Gerade das aber ermöglicht es uns, Beziehungen einzugehen, ohne dass wir uns bedroht fühlen müssen.

Wenn bei angstauslösenden Situationen weder Flucht noch Vermeidung, weder Veränderung noch Gegenangriff möglich sind, dann fühlen wir uns wie in einer unentrinnbaren Falle; die Angst wird lähmend und kann zu Depressionen und Verzweiflung führen. Dies ist besonders dann der Fall, wenn eine persönliche Disposition besteht, in bestimmten Situationen ängstlich zu reagieren. Weil jedes Individuum ein kompliziertes seelisches Gleichgewicht hat, kann es vorkommen, dass

277

einzelne Menschen (scheinbar ohne dass es dafür erkennbare Gründe gibt) von einer „irrationalen (Lebens)Angst" befallen sind, die sie immer wieder dazu treibt, aktuelle Situationen subjektiv als angsterregend zu empfinden. Die aktuelle Angst ist dann oft ein Symptom für tieferliegende Probleme. Da zwischen Angstentstehung und Angstverhalten eine Wechselwirkung besteht, geraten solche Menschen leicht in einen „Teufelskreis der Angst".

Wird Angst durch Situationen ausgelöst, die in der Schule vorkommen oder mit der → SCHULE zusammenhängen, spricht man von Schulangst. Auch wenn man bei der Schulangst wohl vor allem an die Schüler denkt, muss man auch die Lehrer und Eltern einbeziehen. Denn Schulangst kann bei allen auftreten, die mit der Schule zu tun haben. Die entscheidenden Angstauslöser in der Schule sind ohne Frage Beziehungsprobleme und Bewertungssituationen.

Auch bei der Schulangst unterscheidet man zwischen der jeweils aktuellen Angst und einer individuellen Disposition, in bestimmten Situationen ängstlich zu reagieren. Eine solche „Schulängstlichkeit" kann als Spielart der „irrationalen (Lebens)Angst" angesehen werden.

II.

Bei einer Umfrage gaben 70% der → SCHÜLER an, in der Schule oder vor der Schule gelegentlich oder immer Angst zu haben. Als Beispiele wurden genannt:

- Angst vor dem Schulversagen und vor schlechten Zensuren,
- Angst vor Prüfungen und Klassenarbeiten,
- Angst vor den Lehrern und vor bestimmten Mitschülern,
- Angst, vor anderen bloßgestellt und ironisch lächerlich gemacht zu werden,
- Angst, allein gelassen zu werden bzw. allein zu sein,
- Angst vor Strafen,
- Angst, die Erwartungen der Eltern zu enttäuschen,
- Angst vor ständiger Beobachtung und Kontrolle,
- Angst, ungerecht behandelt zu werden,
- Angst vor der eigenen Angst.

Bei vielen Schülern kommen die Ängste daher, dass sie Misserfolge erleben und dann von vornherein erwarten, dass sich dies wiederholt. Sie gehen an Aufgaben schon mit der Befürchtung heran, das Geforderte wieder nicht leisten zu können. Sie zittern ständig vor einer negativen sozialen Bewertung durch Lehrer und Mitschüler. Sie leiden darunter, dass sie kontinuierlich mit anderen und deren Leistungen verglichen werden. Sie haben Schuldgefühle gegenüber ihren Eltern, weil sie deren Erwartungen nicht entsprechen. Ihr ganzes Leben in der Schule kann von Angstbereitschaft geprägt sein.

Dabei gibt es eine Reihe äußerer Faktoren, die das Entstehen von Schulangst fördern. Lange und anstrengende Schulwege wirken ermüdend, ständig wechselnde Lehrer behindern ein gutes → LEHRER-SCHÜLER-VERHÄLTNIS, gewandelte Familienstrukturen fördern das Alleinsein, die Arbeitsmarktsituation verstärkt den elterlichen Erwartungsdruck und den Erfolgszwang, übertriebene Leistungsanforderungen und -kontrollen lassen die Schule vor allem als Selektionsanstalt erscheinen (→ FUNKTIONEN DER SCHULE), die didaktisierte Scheinwelt der Unterrichtsstunden signalisiert Lebensfremdheit, die Abwertung der unteren Bildungsabschlüsse begünstigt Resignation und Hilflosigkeit, die Reizüberflutung behindert die Aufmerksamkeit, große Schulen und große Klassen stören das individuelle Lernen, die steigende Zahl der Freizeitaktivitäten erzeugt unnötigen Stress, die Ungewissheit der Zukunfts- und Lebenschancen wirkt verunsichernd und fördert die Existenzangst. So ist es in der heutigen komplexen und anstrengenden Welt oft schwierig, als Mensch zu bestehen; und die Veränderungen in den Bedingungen von → KINDHEIT und → JUGEND können das Aufwachsen in unserer Zeit in der Tat als große Belastung für Kinder und Jugendliche erscheinen lassen.

Wenn Angst auch im Einzelfall stimulierend wirken kann und die Leistungen eines Menschen zu steigern vermag, so hat sie doch in den meisten Fällen (vor allem bei Überschreitung des individuell erträglichen Maßes) negative Auswirkungen auf die Leistungsbereitschaft und das Leistungsvermögen der Schüler. Angst macht unkonzentriert, anpassungsbereit und krank. Angst verhindert Neugierde. Angst führt zu Leistungsabfall, Selbstentmündigung und Schulverdrossenheit. Oder sie bewirkt Fluchtversuche (vorgetäuschte Vergesslichkeit, Schulschwänzen, Krankheit, Selbstmord) oder entlädt sich in Gegenangriffen (aggressives Verhalten gegen Personen und Sachen).

Auch die Angst der → LEHRER zeigt sich in vielfältigen Formen, bei denen ein hoher Grad der Übereinstimmung mit den Schülerängsten auffällt. Lehrer haben

- Angst, in ihrem Unterricht zu versagen und mit Schwierigkeiten nicht fertig zu werden,
- Angst vor einschüchternden Vorgesetzten, schadenfrohen Kollegen, disziplinlosen Schülern,
- Angst, sich Blößen zu geben und von Kollegen und Schülern nicht anerkannt zu werden,
- Angst vor dem inneren Konflikt, sich anders verhalten zu müssen, als sie eigentlich wollen,
- Angst vor der Einmischung „aufmüpfiger" Eltern,
- Angst vor der eigenen Emotionalität gegenüber Kollegen und Schülern,
- Angst vor Enttäuschung und Isolation,
- Angst vor Ungerechtigkeiten, Schikanen und Repressalien,
- Angst vor pädagogischen und fachlichen Fehlentscheidungen mit unabsehbaren Folgen,
- Angst vor der eigenen Angst.

Auch beim Lehrer kann die Angst eine anregende Wirkung haben und Antrieb zu Leistungen sein, die er sonst nicht erbringen würde. Darüber hinaus kann die Angst ein Zeichen dafür sein, dass der Lehrer über das wichtige Stück Empfindsamkeit verfügt, dass er für einen sensiblen Umgang mit Schülern braucht. Aber in den meisten Fällen hat die Angst (vor allem, wenn sie das persönlich erträgliche Maß überschreitet) auch bei Lehrern eine hemmende und frustrierende Wirkung.

Viele Lehrer müssen sich ehrlicherweise eingestehen, dass sie verdrängte Ängste aus der eigenen Schulzeit nicht hinreichend verarbeitet haben oder mit unangemessenen Berufswahlmotiven und einem unrealistischen Bild vom Lehrerberuf in die Schulen gekommen sind. Sie treffen auf eine bürokratische Schulorganisation, die entfremdend wirkt (→ SCHULRECHT); sie können nicht davon ausgehen, dass sie wohlgesonnene Schüler haben, die ihre Lehranstrengungen honorieren; sie können vielfach nicht ihren eigenen Neigungen folgen, weil volle Lehrpläne, unzureichende Materialien, große Lerngruppen und ständiger Zeitdruck, aber auch verhaltensauffällige Schüler, ehrgeizige Eltern und missgünstige Kollegen sie daran hindern. Sie wollen vielleicht Selbstständigkeit im Denken und Handeln erreichen und treffen auf Schüler, die möglichst reibungslos und angepasst über die Runden kommen wollen; sie sind von Ungerechtigkeit und Unsinnigkeit der Zensurengebung überzeugt und müssen doch ständig zensieren; sie wollen Partner ihrer Schüler sein und erleben, dass Strenge und klare Anweisungen gewünscht werden. Sie wollen in Ruhe unterrichten und erleben Unruhe und Desinteresse. Sie möchten, dass die Schüler sich auf den Unterrichtsstoff konzentrieren, und erleben immer wieder → UNTERRICHTSSTÖRUNGEN, weil manche Lebensprobleme der Schüler in den Unterricht hineinwirken. Wenn die Differenz zwischen Wunsch und Wirklichkeit als unüberwindbar empfunden wird, macht dies zusätzlich müde, wirkt lähmend und verstärkt die Angst. Da Schüler die Angst des Lehrers zu „wittern" scheinen und sie dann (häufig schonungslos) ausnutzen, kann sich auch hier ein „Teufelskreis der Angst" ergeben.

Die möglichen Reaktionen der Lehrer auf angstauslösende Situationen und Umstände sind im Grunde dieselben wie bei den Schülern. Und doch gibt es für Lehrer ganz spezifische Spielarten, die den Schülern verwehrt sind.

Das „Morgengrauen" (d.h. dass schon frühmorgens der Gedanke an die Schule, an die Kollegen oder die Schüler Missmut und Angst auslöst) kann zu verschiedenen Ausweich- und Fluchthandlungen führen (z.B. zu Krankheit, innerer Emigration oder zum Phänomen der „streunenden Lehrer", die vor jeder Unterrichtsstunde noch mit irgendwelchen Vorwänden durch das Schulgebäude laufen, um den Unterrichtsbeginn hinauszuzögern).

Der Drang zum Gegenangriff kann Lehrer veranlassen, sich die Angst vom Leibe zu halten, indem sie sie den Schülern einflößen (z. B. durch verstärkten Zensurendruck, ständiges Schimpfen, willkürliche Strenge, Zurückhalten von Informationen vor Klassenarbeiten, demütigende Rituale bei der Rückgabe). Es besteht der Verdacht, dass viele Lehrer wegen ihrer eigenen Ängste gar nicht daran interessiert sind, die Schülerangst zu mindern, weil die Angst der Schüler ihnen die Disziplinierung und Auslese erleichtert.

Wenn aber alles Flüchten und alle Gegenangriffe keine dauerhaften Lösungen bringen, dann können Schulverdrossenheit, Schulmüdigkeit und ein verletztes Selbstwertgefühl zu einem Zustand des „Ausgebranntseins" führen („Burnout-Syndrom"), das in letzter Zeit bei immer mehr Lehrern festzustellen ist und handlungsunfähig machen kann.

Abschließend bleibt noch die Angst der *Eltern* vor der Schule. Eltern haben

- Angst, dass ihre Kinder sich in der Schule nicht zurechtfinden,
- Angst, dass ihre Kinder über- oder unterfordert werden,
- Angst, dass ihre Kinder nicht die Schulabschlüsse erreichen, die sie sich wünschen,
- Angst, dass ihre Kinder bei Leistungsanforderungen versagen und am Ende scheitern,
- Angst, dass ihre Kinder in der Schule „verbogen", unterdrückt und zu wenig gefördert werden,
- Angst vor schädlichen Einflüssen und Drogenkonsum,
- Angst vor Schikanen unverständiger und arroganter Lehrer und Schulleiter gegenüber ihren Kindern,
- Angst, dass sie selbst im Umgang mit ihren Kindern versagen,
- Angst vor Beschämung und Isolierung,
- Angst vor ihrer eigenen Angst.

Solche Ängste können ihre Ursache in den Erfahrungen aus der eigenen Schulzeit der Eltern haben oder auch aus dem Gefühl stammen, den (Fach-)Lehrern der Kinder in Schul- und Unterrichtsfragen unterlegen zu sein. Die (im Vergleich zur eigenen Schulzeit) veränderten Unterrichtsinhalte, Unterrichtsmethoden und Schulstrukturen tragen zu weiterer Verunsicherung bei und verstärken das Gefühl der Fremdheit.

Die Ängste der Eltern vor der Schule können sich unterschiedlich auswirken. In vielen Fällen führen sie zu einer Abwehrhaltung gegenüber allem, was mit der Schule zusammenhängt: Den Lehrern traut man alles (Schlechte) zu; im Freundeskreis wird über Schule und Lehrer kräftig geschimpft; bei Elternabenden verhält man sich entweder aggressiv oder man schweigt, weil man sonst nachteilige Folgen für die Kinder erwartet. Oft finden sich Elternängste gebündelt in der sog. „Schwellenangst": Man traut sich nicht, die Türschwelle der Schule zu übertreten und sich in den undurchschaubaren Schulbetrieb hineinzuwagen; man unterdrückt den Wunsch nach Kontakten und Gesprächen; an Elternabenden, die in der Schule stattfinden, nimmt man nicht teil oder hält sich beim Meinungsaustausch zurück. Insgesamt behindern Ängste die notwendige Zusammenarbeit zwischen Eltern und Lehrern.

III.

Angst kann man nicht beseitigen. Mit Angst muss man umgehen lernen. Das heißt: Wenn Ängste da sind, muss man sie (bei sich selbst und bei anderen) zulassen; denn es nützt nichts zu sagen „Du brauchst doch keine Angst zu haben". Wenn man sich selbst zugesteht, dass man Angst haben darf, und dies auch anderen zu verstehen gibt, entsteht schon ein Stück Vertrauen. Erwachsenen fällt das aber besonders schwer, weil sie häufig meinen, sie hätten „stark" zu sein und dürften ihre Angst nicht zeigen. Deshalb tun sie so, als gäbe es die Angst nicht. Andererseits ist Lehrern, die überhaupt keine Angst verspüren, möglicherweise ein notwendiges Stück Empfindsamkeit verloren gegangen.

Günstige Bedingungen für den angstfreien Umgang mit der Angst sind Eigenschaften wie Mut, Besonnenheit, Fantasie, Leistungsfreude, Humor und die Fähigkeit zur Selbstkritik. Da die subjektive Einschätzung, ein erwartetes Leistungsergebnis zu verfehlen, eine der Hauptursachen der Schulangst ist, kommt der Neubesinnung auf die Professionalität und → AUTORITÄT des Lehrers hier eine große Bedeutung zu. Anregungen für ein Kollegium können sein: mehr miteinander sprechen, persönlich und fachlich; für eine bessere gemeinsame (Fach-)Planung sorgen, damit die (fachliche) Unsicherheit verringert wird; Misstrauen zwischen Kollegen durch „vertrauensbildende Maßnahmen" abbauen, damit vertrauensvolle Gespräche möglich werden. Viele Ängste können durch kollegiale Zusammenarbeit verringert und abgebaut werden.

Es kann hilfreich sein, wenn Lehrer sich folgende Fragen stellen:

- Wie erlebe ich meinen Schulalltag: meinen Unterricht, die Unterrichtsorganisation an meiner Schule, meine Kollegen, meine Schüler, die Eltern meiner Schüler, die Räume? Welche Freiräume habe ich in der funktionalisierten Schule? Trägt mein Verhalten dazu bei, Angst zu erzeugen bzw. zu verstärken?
- Was finde ich gut an meinem Schulalltag, worunter leide ich? Nutze ich meine Freiräume, bejahe ich die Begrenzungen? Schöpfe ich Zufriedenheit aus meinem Beruf? Wie sehen mich die anderen: Akzeptieren sie mich, bemerken sie meine Stärken, tolerieren sie meine Schwächen? Wie beurteile ich die Angst der anderen: Finde ich sie nützlich für mich?
- Wie würde ich meinen Schulalltag gestalten, wenn ich ihn so gestalten könnte, wie ich es für sinnvoll halte? Wie kann ich lernen, mit meiner Angst umzugehen, und anderen helfen, ihre Ängste abzubauen? Wie kann ich mich weiterbilden, um Defizite auszugleichen?

Im Hinblick auf die Ängste der Schüler müssen die Lehrer viel Mitgefühl, pädagogischen Takt, Bereitschaft zur ermutigenden Würdigung von Leistung und zum Verzicht auf angstmachenden Leistungsdruck aufbringen. Vertrauen kann nur dort zum Vorschein kommen, wo Angst sich löst. Lehrer, die bewusst mit der Angst der Schüler rechnen, vergessen, dass es ihre pädagogische → AUFGABE ist, die Schüler zur Selbstständigkeit im Lernen und Leben zu führen, sie also auch zu befreien aus Zwängen jeder Art als Voraussetzung für (Selbst-)Bindungen in Freiheit.

Aktuelle Ängste müssen deshalb Anlass sein, um über ihre Ursachen und deren Beseitigung nachzudenken und dabei die Qualität des Unterrichts und der menschlichen Beziehungen in der Schule mitzubedenken. Dazu kann ein Unterrichtsprojekt zum Thema Schulangst sinnvoll sein; auch an die angstmindernde Wirkung abwechslungsreicher → UNTERRICHTSFOR-

MEN und → SOZIALFORMEN sollte bei der → UNTERRICHTS-VORBEREITUNG gedacht werden.

Leistungs- und Prüfungsängsten kann man entgegenwirken, wenn Leistungskontrollen gründlich vorbereitet werden (Termin, Inhalt, Möglichkeiten der Vorbereitung, Hilfsmittel, Beurteilungskriterien), wenn Aufgaben und Zielsetzungen verständlich formuliert sind und individuelle Lösungshilfen ausdrücklich mitbedacht werden (→ LEISTUNG/LEISTUNGSBEURTEILUNG, → PRÜFUNG).

Einfühlsame Lehrer, die Zeit, Verständnis und Geduld aufbringen, können also entscheidend dazu beitragen, dass die Schüler Selbstvertrauen entwickeln gegenüber dem, was sie sind und können, und Anstrengungsbereitschaft bewahren gegenüber dem, was sie lernen sollen. Auf jeden Fall sollten Schüler sich immer darauf verlassen können, dass der Lehrer sie nicht hereinlegt und die Eltern ihnen bei „Durststrecken" nicht mit Strafen drohen, sondern den Rücken stärken.

Literatur

Schultz, T.: Schule ohne Angst. Wie eine Pädagogik mit Herz Wirklichkeit werden kann. Freiburg 2012

Schule

I.

Die Schule lässt sich aus unterschiedlichen Perspektiven betrachten. Sie ist deshalb nicht nur ein Thema für den Schulpädagogen, sondern ebenso für den Staats- und Verfassungsrechtler wie für den Parlamentarier, für den Wirtschafts- und Betriebswissenschaftler wie für den Anthropologen, für den (Entwicklungs-)Psychologen wie für den Historiker. Sofern in den Untersuchungen unter diesem oder jenem Aspekt die Frage leitend ist oder auch nur beiläufig gestellt wird, wie die Schule sein *soll,* steckt in ihnen eine wenn auch nur fragmentarische Theorie der Schule. Mehr oder weniger deutlich wird dies auch in Entwürfen und Stellungnahmen von (Eltern-, Lehrer-, Wirtschafts- u.a.) Verbänden, Parteien, Gruppierungen und Institutionen zu Fragen der Schule. Bruchstücke einer Theorie der Schule kann man sogar bis in die Einstellung und das Verhalten des Hausmeisters, der Schulsekretärin und des Reinigungspersonals verfolgen.

In der Regel sind mit solchen Perspektiven „bestimmte" Interessen verbunden. Sie müssen dem pädagogischen Interesse zwar nicht widersprechen, aber dass sie es tatsächlich tun, ist keine Ausnahme. Der Pädagoge, sei er Schultheoretiker oder -praktiker, erwartet allerdings immer wieder, dass außerpädagogische Interessen sein eigenes Interesse nicht übertrumpfen, sondern sich ihm zuordnen.

Diesen Anspruch sieht er in seiner eigenen Perspektive begründet, denn der Schulpädagoge kann die Schule nur unter dem Aspekt sehen, wie sie der → BILDUNG der Schüler entgegenkommt und sie zu fördern in der Lage ist. Um zum Ausdruck zu bringen, dass damit nicht die (auch vorhandenen) „eigenen" Interessen des jeweiligen Lehrers gemeint sind, und um das pädagogische Interesse von allen anderen „bestimmten" Interessen abzugrenzen, spricht man vom „interesselosen Interesse" an der Bildung von (jungen) Menschen.

Im Zentrum einer pädagogischen Theorie der Schule steht deshalb notwendig die kritische Frage nach der Beziehung von Bildung und Institution, von pädagogischer Aufgabe und öffentlichen Ansprüchen und Erwartungen, von → UNTERRICHT bzw. → ERZIEHUNG und Schulstruktur (→ FUNKTIONEN DER SCHULE). Da Institutionen gesellschaftliche Einrichtungen sind, die menschliches Handeln personenunabhängig und auf Dauer regeln, ermöglicht die Institution Schule planmäßiges pädagogisches Handeln und begrenzt es zugleich. Eine pädagogische Theorie der Schule schließt daher immer → SCHULKRITIK ein, weil die Institution Schule im Hinblick darauf, was sie pädagogisch begründet und gegenüber anderen Institutionen abgrenzt, grundsätzlich veränderungs- und verbesserungsbedürftig ist und bleibt.

Die Frage nach der Bildung unter den konkreten Bedingungen von Schule, nach der Lösung der Spannung, die jede institutionalisierte Bildungspraxis kennzeichnet und „letzten Endes" die Last jedes Lehrers bedeutet, ist nicht abschließbar. Eine einhellige, endgültige Antwort auf diese Frage kann es nicht geben. Aber es gibt sowohl für die pädagogische Schultheorie wie für ihre Praxis ein Regulativ: die „gute Schule". Die Frage nach ihr kommt ohne eine Analyse denknotwendiger und handlungsleitender Prinzipien der Bildung nicht aus. Von ihnen können allerdings keine Wege zur konkreten Gestaltung der Schule abgeleitet werden. Deshalb verlangt die Frage nach der „guten Schule" als Antwort auch eine Pluralität von Gestaltungsmöglichkeiten. Sie reichen bis zum unverwechselbaren Programm und Profil einer einzelnen Schule, sofern es sich auf die Prinzipien der Bildung bezieht und an sie rückbindet.

II.

Gleichwohl ist es möglich, nach dem gegenwärtigen Stand der Schulforschung einige allgemeine Grundzüge einer „guten Schule" anzugeben. Sie werden nicht als statische Qualitäten, die man „feststellen" könnte, sondern als prozessual bestimmte, aufgabenhafte Merkmale angesehen. So erfüllen sie den Sinn der Rede von der „guten Schule" als Regulativ für schulpädagogisches Denken und Handeln.

Das wird besonders beim ersten Merkmal deutlich. Es bezieht sich auf die → AUFGABE, innerhalb der Schule in einem kontinuierlichen Dialog einen Konsens über ihre unterricht-lichen und erzieherischen → ZIELE und deren Verwirklichung herbeizuführen. Eine solche „Philosophie der Schule", die sich auch in einem Schulprogramm niederschlagen kann, ist Ausdruck des Willens, das → SCHULLEBEN in seinen Grund-zügen und Ausprägungen einer gewissen Stimmigkeit und Ge-schlossenheit zuzuführen. Es dokumentiert ebenso das Bestre-ben nach Gleichsinnigkeit im pädagogischen Denken und Handeln, das heute nicht (mehr) als selbstverständlich voraus-gesetzt werden kann.

Diese erste Aufgabe ist nicht auf die Schulleitung und das Kollegium beschränkt. Sie wird vor allem die Eltern und in altersangemessener Weise auch die Schüler einbeziehen. Hier hat die gegenseitige → BERATUNG in vielen Formen ebenso ihren Ort wie ein Gefüge unterschiedlicher Mitwirkung und Mitbestimmung. Beides weist die sozialen Beziehungen in der Schule als Erziehungsgemeinschaft aus (→ GEMEINSCHAFT).

Es darf als erwiesen gelten, dass das Bewusstsein, der Gleichsinnigkeit im pädagogischen Denken und Handeln ver-pflichtet zu sein, die Atmosphäre einer Schule nachhaltig und spürbar bestimmt. Sie entfaltet sich zuerst und vor allem in einem vom Vertrauen geleiteten → LEHRER-SCHÜLER-VER-HÄLTNIS, das in der Haltung des Zutrauens beim → LEHRER und in der des Selbstvertrauens bei den → SCHÜLERN seine konkrete Gestalt annimmt.

Diese Grundlage überdauert die Schulzeit und lässt sie in guter Erinnerung bleiben. Sie darf allerdings nicht darüber hin-wegtäuschen, dass das Schulleben auch bestimmter Regeln, Ri-tuale und Ordnungen bedarf, die Lehrer und Schüler in ihrem Umgang entlasten und ihn sichern. Sofern sie unter den Be-troffenen vereinbart sind und als sinnvoll und angemessen er-fahren werden, bereitet ihre Beachtung in der Regel keine grö-ßeren Probleme. Überdies ist eine geringe Zahl an Regelungen der Schule zuträglicher, insbesondere dann, wenn sich das ge-samte Kollegium mit ihnen identifiziert (→ DISZIPLIN).

Unter solchen Voraussetzungen gewinnt auch die Heraus-forderung der Schüler zu möglichst guten → LEISTUNGEN ih-ren legitimen Ort, weil Lehrer, Schüler und auch Eltern sie so als Förderung empfinden können und auch tatsächlich anneh-

men. Allerdings muss damit der Gedanke der → DIFFEREN-
ZIERUNG und eine ihr entsprechende → LEISTUNGSBEUR-
TEILUNG verbunden bleiben, soweit das möglich ist. So kann
auch der Instrumentalisierung des Lernens auf den „Tausch-
wert" von Zensuren und Zeugnissen entgegengewirkt werden.

Fragt man nach schulstrukturellen Bedingungen der Möglichkeit von Differenzierung und entsprechender Leistungsbeurteilung, führt der Weg konsequent zu verschiedenen
→ UNTERRICHTSFORMEN, etwa zum → LEHRGANGSORIEN-
TIERTEN UNTERRICHT, zum → FACHÜBERGREIFEND-PROJEKT-
ORIENTIERTEN UNTERRICHT und zur → FREIARBEIT. Gerade
diese Differenzierung geschieht unter der Leitidee, dass die
Vermittlung der Bildungsaufgabe mit den formellen und informellen Ansprüchen von Staat und Gesellschaft nicht in einer uniformen und uniformierenden Unterrichtsstruktur gelin-
gen kann. Vielmehr verlangt der Aspekt der → ERZIEHUNG IM
UNTERRICHT eine unterschiedliche Akzentuierung der Mitbe-
teiligung und Mitwirkung der Schüler am Bildungsprozess im
Hinblick auf ihre Mit- und Selbstverantwortung (→ SELBST-
TÄTIGKEIT).

In einem „erziehenden Unterricht" hat das Ziel, Schüler in
ihrer Werturteilsfähigkeit zu fördern, heute ein besonderes Gewicht und innerhalb der Unterrichtsformen seinen – wiederum
differenzierten – Ort (→ WERTORIENTIERUNG). Auch wenn
die Schule keinen vollwertigen Ersatz für Defizite in andern
Lebensbezügen und -einrichtungen bieten kann, dürfen sich –
angesichts veränderter Bedingungen des Heranwachsens in
→ KINDHEIT und → JUGEND – kein Fach und kein Lehrer dieser Aufgabe entziehen.

Wenn in diesem Zusammenhang heute vom → OFFENEN
UNTERRICHT die Rede ist, dann darf die damit verbundene
Kritik an einem wissenschaftsbestimmten Unterricht nicht zu
einem Rückfall in eine Spielart des Gesamtunterrichts führen.
Der mühevolle Weg des Begreifens und Verstehens unserer
Kultur ist heute nicht mehr „ganzheitlich", sondern nur noch
in methodisch gegliederter Weise möglich (→ FACHUNTER-
RICHT). Andererseits kann die Rede vom „offenen Unterricht"
nicht eine sich postmodern gerierende Öffnung zu einem gel-
tungsgleichgültigen Wert- und Normenpluralismus bedeuten,

der die Schüler nun auch in der Schule um ihr Suchen nach Orientierung und Sicherheit betrügt.

Ist weiterhin in diesem Zusammenhang von einer „Öffnung der Schule" die Rede, hat sie ihre Begründung in der Trennung von Lernen und Leben durch die Institutionalisierung und Professionalisierung des Lehrens und Lernens. Die → HANDLUNGSORIENTIERUNG des Lernens verlangt heute im Unterricht die Verknüpfung von Wissen und Werten im Fachunterricht für das Handeln im Leben. Sofern die Schule außerschulische Lernorte, Projekte und Aktionen in diese aufgabenhafte Verknüpfung einbezieht, schafft sie einen erweiterten Horizont für „Übergänge" (BENNER) von Lernen und Leben; andernfalls sind diese Ausgriffe bloß additive Anhängsel.

Als ein letztes Merkmal muss die ästhetische Gestaltung des Schulraumes und der Schulzeit genannt werden. Schulhof und Pausenhalle verraten, welche Aufmerksamkeit außerunterrichtlichen Aktivitäten der Schüler eingeräumt wird (→ PAUSE, → SPIEL). Schulgarten, Aufgänge und Flure, wechselnde Ausstellungen, insbesondere aber der → KLASSENRAUM dokumentieren, ob in der Schule unterschiedliche Unterrichtsformen gepflegt werden. Eine gleiche Wertschätzung darf die Gestaltung der Zeit beanspruchen, angefangen von einer den verschiedenen Unterrichtsformen entsprechenden Stundenplangestaltung bis zu außerunterrichtlichen Zeiten für den Morgenkreis, Projekttage und -wochen, Unterrichtsgänge, Wanderungen und Exkursionen, Theaterbesuche und Gottesdienste, → SCHULFEIERN UND SCHULFESTE.

III.

Lehren und Lernen in der Schule glücken umso besser, je stärker sich Lehrer, Schüler und Eltern mit „ihrer" Schule identifizieren können. Lehrer sind dafür in kollegialer Gemeinsamkeit diejenigen, deren Professionalität das zuerst ermöglicht und deren Ethos sie dazu zuerst verpflichtet. Deshalb ist die pädagogische Theorie der Schule im Sinne der Handlungsorientierung für eine „gute Schule" ein unverzichtbares Element in der → LEHRERBILDUNG und Lehrerfortbildung.

Unterricht und Erziehung in der Schule müssen sich heute immer stärker als Ermöglichung von verantwortungsvoller

Selbstbestimmung, als Herausforderung von Eigenverantwortung für das Lernen und als Ermutigung zur Selbstführung des Lebens profilieren. Für eine Schule, die sich als Lern- und Lebensort versteht, ist es deshalb schlimm, wenn nicht die „Bewegung" und das Weiterlernen sie bestimmt, sondern das statische Beharren auf gewohnten Handlungsabläufen und Standpunkten.

Gerade das Offensein für neue Formen des Lernens und Zusammenlebens und die kontinuierliche Auseinandersetzung mit ihnen trägt dazu bei, den Grundsatz „Vermenschlichung der Schule statt Verschulung des Menschen" täglich neu umzusetzen. In einer Zeit, in der viele Kollegien aufgrund fehlender Neueinstellungen über Jahre unverändert bleiben (so dass gelegentlich von „gemeinsamer Vergreisung" gesprochen wird), ist dieses Ziel oft nur über eine Ausweitung externer Beratung zu erreichen.

Das Bemühen um Qualitätssicherung im Lehren und Lernen und um ein eigenes unverwechselbares Schulprofil führt in vielen Schulen zur Formulierung eines Schulprogramms, in dem die Leitlinien für Unterricht, Erziehung und außerunterrichtliches Schulleben an der jeweiligen Schule im Sinne eines Konsenses von Lehrkräften, Eltern und Schülern festgehalten sind. Damit vergewissern sich die Beteiligten der Grundlagen ihres Handelns; außerdem formulieren sie Ziele für ihre Arbeit, setzen Schwerpunkte und beschreiben Wege zur Erreichung der Ziele. Schulprogrammarbeit kann niemals als abgeschlossen gelten, sie setzt vielmehr einen ständig weitergehenden Prozess in Gang: Die Bestandsaufnahme der jeweils gegenwärtigen Schulwirklichkeit führt zu strukturierten Profilierungsversuchen; die Evaluation der erreichten Ergebnisse mündet in eine erneute Bestandsaufnahme der veränderten Schulwirklichkeit, auf deren Grundlage die Bemühungen um das Schulprofil fortgesetzt werden.

Literatur
Giesecke, H.: Wozu ist die Schule da? Stuttgart [4]1999

Schulfahrten

I.

„Schulfahrten" ist die Bezeichnung für Veranstaltungen außerhalb der Schule, die im weitesten Sinne „Fahrten" genannt werden können. Dazu gehören z. B. Wanderungen, Wanderfahrten, Schullandheimaufenthalte, Schüleraustauschfahrten, Studienfahrten, Abschlussfahrten, Besichtigungsfahrten und Fahrten zu Sportveranstaltungen, Konzerten oder Ausstellungen. Für solche Fahrten gibt es in den Bundesländern unterschiedliche Rahmenbedingungen und rechtliche Vorgaben, und zwar sowohl für die Häufigkeit, Zeitdauer und Zielortfindung als auch für Fragen der Finanzierung und → AUFSICHTSPFLICHT.

II.

Als Lern- und Lebensraum, in dem die Verbindung von Leben und Lernen angestrebt werden soll, kann die Schule weder auf außerschulische Lernorte noch auf Möglichkeiten für außerunterrichtliche Sozialerfahrungen zwischen den Schülern und zwischen Lehrern und Schülern verzichten.

Bei gemeinsamen Unternehmungen und im Zusammenleben außerhalb der Schule kann sich ein Miteinander von Lehrern und Schülern ergeben, das die Entfaltung der individuellen und sozialen Kräfte begünstigt (→ SOZIALES LERNEN), das gegenseitige Verständnis fördert (→ LEHRER-SCHÜLER-VERHÄLTNIS) und sich sowohl auf die → MOTIVATION als auch auf die Atmosphäre positiv auswirkt. Die Schüler haben die Chance, ihre Lehrer außerhalb des gewohnten Unterrichts als Erwachsene zu erfahren, die mit ihnen kooperativ zusammenleben, ihnen Verantwortung zutrauen und sich als „Vorbilder" zur Orientierung in (Lebens-)Situationen anbieten.

Schulfahrten stärken bei den Schülern die Klassengemeinschaft, fordern Hilfsbereitschaft und Zusammenarbeit heraus und ermöglichen eine Vielzahl originaler Begegnungen mit Natur und Umwelt, Kunst und Kultur. Den Lehrern fordern sie zwar häufig Geduld und Nervenstärke ab, verhelfen ihnen aber ebenso häufig zu wichtigen Erfahrungen und neuen Sichtweisen im Umgang mit den Schülern.

III.

In vielen Schulen ist es festgelegt, welche Klassen wann welche Schulfahrten durchführen bzw. in welche Schullandheime fahren. Eine solche Festlegung führt zwar dazu, dass regelmäßig Schulfahrten stattfinden, nimmt aber zugleich den betroffenen Lehrern und Schülern ein Stück ihres Entscheidungs- und Planungsspielraums. Im Sinne der mit Schulfahrten verbundenen Intentionen sollten die zahlreichen Möglichkeiten zu verantwortlicher → SELBSTTÄTIGKEIT mit „Ernstfallcharakter" genutzt und die Vorbereitung, Durchführung und Nachbereitung grundsätzlich von Lehrern und Schülern als gemeinsame Aufgabe geleistet werden (→ HANDLUNGS-ORIENTIERUNG).

Zur Vorbereitung gehören die Entscheidungen über Fahrtziel, Wander- oder Reiseweg, Zeitpunkt und Dauer der Fahrt, die Berechnung der Kosten, der Entwurf und die Gestaltung einer Elterninformation, das Schreiben von Briefen zum Einholen von Prospekten, Informationen und Genehmigungen sowie das Aufstellen eines möglichen Programms. Während der Veranstaltung können die Schüler z.B. selbstständig das Gemeinschaftsleben gestalten, Spiele aussuchen und leiten, Führungen bei Sehenswürdigkeiten übernehmen, Tagebuch führen und die unterschiedlichsten Erinnerungsstücke sammeln. Bei der Nachbereitung können Bücher, Plakate oder Collagen gestaltet, ein Elternabend durchgeführt oder Artikel für die (Schüler-)Zeitung geschrieben werden.

Literatur

Verband Deutscher Schullandheime e. V. (Hg.): Schullandheimaufenthalte. Hinweise und Hilfen für die Planung und Durchführung. Hamburg 2007

Schulfeier/Schulfest

Wenn in der Schule gefeiert wird, dann ist das jedes Mal ein besonderes Zeichen dafür, dass Lehrer und Schüler die → SCHULE nicht nur als einen Ort ansehen, an dem sie lehren und lernen, sondern in dem sie auch zusammen leben. In den verschiedensten Formen bringen Lehrer und Schüler in den Festen und Feiern in der Schule trotz aller Mühsal und Misserfolge, aller Differenzen und Konflikte ihre Zustimmung zur Schule als Teil der „Zustimmung zur Welt" (PIEPER) zum Ausdruck. Das schließt ein, dass sie diese Formen als in sich selbst sinnvoll anerkennen und nicht (wieder) durch bestimmte, von außerhalb kommende Zwecke instrumentalisieren und missbrauchen. Wenn Lehrer und Schüler – aus welchem Grund auch immer – in der Schule feiern, dürfen sie deshalb nicht erwarten, dass sich dadurch etwa die Leistungen verbessern oder die Einstellungen verändern lassen. Feiern und Feste in der Schule bieten vielmehr die Chance, dass Lehrer und Schüler ihre alltäglichen Rollen sprengen. Sie erfahren dann, dass man über alle Rollendistanz hinaus einen Grund zu gegenseitiger Übereinstimmung hat.

Dieser Grund liegt nirgendwo anders als in der Menschlichkeit des Menschen; sie verbindet Lehrer und Schüler. Der Sinn allen Feierns in der Schule liegt deshalb in nichts anderem als in der Erneuerung dieses gemeinsamen Grundes. Er zeigt und äußert sich denn auch darin, was Lehrer und Schüler „unmittelbar" und „zutiefst" bewegt und verbindet: in der gemeinsamen Freude, in Ausgelassenheit ebenso wie in besinnlicher Nachdenklichkeit, noch in der gemeinsamen Trauer (→ EMOTIONALITÄT).

Im Schulalltag wird die Menschlichkeit als gemeinsamer Grund oft überlagert und eingeschränkt. Bei Festen und Feiern treten Unterschiede zwischen Lehrern und Schülern jedoch zurück. In einer solchen Befreiung erfahren Schüler und Lehrer gegenseitig, dass man zum anderen und zur Schule im Grunde „Ja" sagen kann. Deshalb werden in Fest und Feier immer wieder auch die Hoffnung und das Vertrauen erneuert, dass der alltägliche Prozess des Unterrichts und der Erziehung „glücken" kann. Hier wird durch Lehrer und Schüler, gelegentlich auch durch Eltern und weitere Gäste verdeutlicht, dass die Schule sich eben nicht in ihren → FUNKTIONEN erschöpft. Umgekehrt gilt: Je funktionsorientierter sich eine Schule versteht, umso weniger wird in ihr ein Sinn und ein Raum für Feiern und Feste zu finden sein.

II.

Wer selbst in der Schule zu den verschiedensten Anlässen Feiern oder Feste vorbereitet und begangen hat, der weiß allerdings auch um die Last dieser Aufgabe. Sie begegnet dem einzelnen Lehrer wie dem ganzen Kollegium zunächst in der Zeitfrage. Hier sind es nur die zehn Minuten einer Unterrichtsstunde, dort vielleicht viele Stunden für die Vorbereitung eines Schulfestes, die man opfern, sich leisten, die man verschwenden muss.

Dabei ist das Zeitproblem nicht einmal das erste. Es regelt sich mehr oder weniger je nach dem Maß an Bereitschaft, als einzelner oder kollegial ein Fest vorzubereiten und an ihm teilzunehmen. Diese Last der Vorbereitung lässt sich in der Schule wenigstens zu Teilen mindern, wenn Feiern und Feste nicht nur als Höhepunkte angesehen werden, die mit dem Schulalltag kaum oder gar nicht in Beziehung stehen. Erst dann bedürfen sie auch einer Vorbereitung, die von allem anderen Unterricht isoliert ist.

Feste und Feiern sind nicht zuerst von pädagogischen Intentionen bestimmt und wie Unterricht geplant. Aber gerade bei der Vorbereitung und beim Feiern vollziehen sich erstaunliche pädagogische Prozesse in „unverschulter" Form. Oft wird der besondere Einsatz, ein besonderes Opfer an Zeit und Kraft von den Beteiligten spontan und mit großer Vorfreude übernommen. Hier wird oft Verantwortung geweckt, wie es sonst nicht geschehen kann. Fähigkeiten werden entdeckt, die sich in anderen Lernprozessen nicht zeigen konnten. Die Einschätzung der Schüler durch den Lehrer verändert sich dabei, auch die des Lehrers durch die Schüler. Schließlich lernen die Schüler bei der Aufstellung eines Programms, bei der Vorbereitung eines Spiels, beim Anfertigen von Requisiten, bei der Auswahl von Texten und Liedern, beim Proben, bei der sprachlichen und graphischen Gestaltung der Einladung vieles mehr als im gewöhnlichen Schulalltag.

III.

Unter diesen Voraussetzungen bietet das → SCHULLEBEN eine Fülle festlicher Anlässe: angefangen vom Beginn des Tages, dem Abschluss eines Projekts, dem Ende eines Schullandheim-aufenthaltes, einer Studienreise oder eines Schuljahres; über den Jahreskreis (Frühling, Sommer, Herbst und Winter) und den Festkreis der Christen mit seinen hervorgehobenen Zeiten, z.B. des Advents, des Faschings, des Erntedanks und der Schule oder den Schülern besonders nahestehender Heiliger (Namenspatron der Schule, St. Martin, St. Nikolaus) bis zu persönlichen Anlässen bei Schülern und Lehrern: Schulauf-nahme, Schulentlassung, besondere Ereignisse aus der Schul-geschichte. Manchen festlichen Anlass wird die ganze Schule aufgreifen: Dann gehören auch die Eltern und andere dazu, die zu dieser Schule in einem besonders nahen Verhältnis stehen; ein anderes Mal wird nur ein Teil der Schule feiern: die Klas-se, die Jahrgangs- oder die Schulstufe, das Kollegium, die El-tern mit dem Kollegium.

Wie im Einzelnen gefeiert wird, hängt ganz an den situativ bedingten Kräften der Schule. Das Spiel der Menschen, der Puppen, der Masken, der Marionetten; der Tanz; der Gesang, die Musik; Vortrag und Rede; Bilder und Materialien zur fest-lichen Umgestaltung des Raumes – hier ist nichts auszuschlie-ßen, was dazu beitragen kann, eine Feier oder ein Fest glücken zu lassen.

Literatur
Petersen, P.: Der Kleine Jena-Plan: einer freien allgemeinen Volksschule. Weinheim 2011

Schulformen

I.

Die Einrichtung von Schulen in verschiedenen Formen hat den Sinn, einerseits den verschiedenen Voraussetzungen der Schüler (Individuallage) gerecht zu werden, andererseits den Erwartungen der Schulträger zu entsprechen. Insofern handelt es sich bei der Einrichtung von verschiedenen Schulformen um eine Maßnahme der äußeren → DIFFERENZIERUNG.

Im Schulwesen der Bundesrepublik lassen sich gegenwärtig folgende Schulformen antreffen: Grundschulen, Orientierungsstufen, Hauptschulen, Realschulen, Mittelschulen, Sekundarschulen, Berufsschulen, Fachschulen, Fachgymnasien, Gymnasien, Gesamtschulen, Kollegschulen, Sonderschulen für verschiedene Behinderungsarten, Berufsakademien, Fachhochschulen, Hochschulen. Sie können sich jeweils in staatlicher (den Bundesländern oder dem Bund zugeordnet) oder in freier Trägerschaft (von Kirchen, kirchlichen Gemeinschaften, Berufsverbänden, Trägervereinen, Stiftungen, …) befinden.

Zur groben Gliederung werden die verschiedenen Schulformen verschiedenen Bereichen zugeordnet: dem Primarbereich (1. bis 4. Schuljahr), dem Sekundarbereich I (5. bis 10. Schuljahr), dem Sekundarbereich II (11. bis 13. Schuljahr). Der Tertiärbereich (Berufsakademien, Fachhochschulen und Hochschulen) wird im Gegensatz zu den „allgemeinbildenden" und „berufsbildenden" Schulen nicht zum Schulbereich gezählt, da die Schulpflicht nach 12 Schulbesuchsjahren (davon 9 in Vollzeitform) endet. Insofern ist im Tertiärbereich die Rede von „Schulformen" nicht üblich.

II.

Solange es die → SCHULE als Institution gibt, war ihre jeweilige Form stets von den Erwartungen der Schulträger geprägt, in seltenen Fällen auch von den Erwartungen und Bedürfnissen der Schüler. So dienten die *Kloster-, Dom- und Stiftsschulen* des Mittelalters fast ausschließlich zur Nachwuchssicherung für den Klerus. Im späteren Mittelalter, als der kaufmännische Verkehr zur schriftlichen Form überging, wurden *Schreib-, Lese- und Rechenschulen* eingerichtet, um Wirtschaft und Handel zu sichern.

Erst am Übergang zur Neuzeit wird das Bedürfnis nach einer zweckfreien Bildung wach, die nicht mehr vorrangig zur Sicherung bestimmter gesellschaftlicher Funktionen dienen soll. Es kommt deshalb in den Städten zur Gründung von *Lateinschulen,* die – dem Gedanken der Renaissance folgend – dem Latein eine eigenständige Bildungsbedeutung beimessen und es nun nicht mehr als Kirchenlatein, sondern als klassisches Latein lehren. Diese Schulen sind nur den gehobenen Bürgerschichten vorbehalten.

Die nachfolgende Zeit der Reformation führt zu ersten Ansätzen von *Volksschulen,* die dem „Volk" dazu verhelfen sollen, gemäß Luthers Weisung das Wort Gottes selbst zu lesen. Allerdings sind diese Schulen zunächst reine Küsterschulen, in denen nur das Lesen der Bibeltexte gelehrt wird; eine Unterweisung im Schreiben oder Rechnen findet selten statt.

In der Aufklärung kommt es schließlich zur Eigenständigkeit der Schule im Sinne einer von der Kirche gelösten staatlichen Institution. Wegen des Interesses des Staates an nützlichen Gesellschaftsmitgliedern wird zugleich die allgemeine Schulpflicht eingeführt, die zunächst nur auf dem Papier existiert und erst allmählich eingelöst wird. Dazu dienen die *Elementarschulen,* die sich stärker an „Realien" (lebenspraktisches Rechnen, Naturlehre, einfache Wirtschaftskunde) statt an „Idealien" (Latein, Griechisch, Muttersprache) orientieren. Demgegenüber versucht der Adelsstand, seine Eigenständigkeit zu bewahren und sich auch bildungsmäßig vom Bürgertum zu distanzieren. Dazu gründet er eigene *Ritterschulen,* in denen eine standesgemäße Unterweisung und insofern eine Standessicherung erfolgen soll.

Mit den Anforderungen der zunehmenden Industrialisierung müssen sich die religiös orientierten Elementarschulen wandeln und sich stärker auf die Bedürfnisse der Industrie einstellen. In Form der sog. *Industrieschulen* sollen sie die Kinder aus den unteren Schichten mit den Fertigkeiten industrieller Produktion vertraut machen und durch die gleichzeitige Güterproduktion ihren Lebensunterhalt sichern. Für das von den kirchlichen Fesseln emanzipierte und durch den Zerfall der Adelsherrschaft zu neuem Selbststand gekommene Bürgertum entwickelt sich dagegen eine zwischen Elementarschulen und Ritterakademien angesiedelte *Realschule* mit technisch-ökonomischer Ausrichtung. Sie soll die Position des Bürgertums durch die Vermittlung von kaufmännischem Schriftverkehr, Französisch und naturwissenschaftlichem Unterricht weiter sichern helfen.

Gegen solche standessichernden und merkantilistisch verzweckten Schulen spricht sich der im Übergang zum 19. Jahrhundert aufkommende Neuhumanismus aus. Die Ideen der Renaissance und die klassischen Bildungsgüter aufgreifend, führt er zur Begründung einer Schulform, die einzig der individuellen Bildung und nicht fremden Zwecken dienen soll: des *Gymnasiums*. Doch auch diese Schulform bleibt hinter ihrem idealistischen Anspruch zurück. Sie gerät in das Netz staatlicher Verzweckungen: Dem Gymnasium kommt es über lange Zeit faktisch zu, das höhere Beamtentum und den Offiziersstand mit Nachwuchs zu versorgen, da es sich gleichsam als Laufbahnvoraussetzung versteht.

Zusammenfassend lässt sich sagen: Die Geschichte der Schule und ihrer Formen liest sich in der Tat wie ein *Mittel-Zweck-Zusammenhang*. Mit dem Wandel der Zwecke differenzieren sich die Formen der Schule als Mittel zur Zweckerfüllung. Auch die gegenwärtigen Schulformen fallen nicht aus dieser Entwicklung heraus; das gegenwärtige dreigliedrige Schulwesen hat in der Tat seine historischen Wurzeln in der ständischen Gesellschaft und dient im weitesten Sinne auch heute noch der „Standessicherung".

Nur selten wird die Form der Schule als Mittel zum Selbstzweck des Menschen begriffen. Obwohl Renaissance, Aufklärung und Neuhumanismus immer wieder die menschliche Selbstbildung ins Zentrum aller unterrichtlichen und erzieherischen Bemühungen heben, sind alle Institutionalisierungsversuche einer zweckfreien, d.h. dem menschlichen Selbstzweck dienenden Schule bis heute mehr oder weniger gescheitert.

III.

Die aktuelle Situation der allgemeinbildenden Schulformen macht deutlich, dass die unterschiedlichen Perspektiven von individueller Bildungserwartung und gesellschaftlich verordneten → FUNKTIONEN DER SCHULE nur schwer zu vereinbaren sind und in der Praxis immer wieder zu Problemen führen.

Die *Grundschule* kann heute wegen ihrer fehlenden formalen Abschlussqualifikation noch am ehesten der zweckfreien Bildung ihrer Schüler dienen. Die von ihr vermittelten grundlegenden Fertigkeiten, Fähigkeiten und Kenntnisse werden zwar auch von der Gesellschaft ausdrücklich erwünscht, aber ein unmittelbares Verwertungsinteresse liegt wegen der anschließenden weiterführenden Schulen, die gewissermaßen die funktionalen Erwartungen an die Grundschule „filtern", noch nicht vor. Hier liegt bereits das Problem der Grundschule. Da sie eine Zubringerfunktion für die weiterführenden Schulformen hat, in einigen Bundesländern sogar eine Verteilerfunktion (Laufbahngutachten), wird ihre Leistungsfähigkeit zunehmend an ihrem „gymnasialen Output" und nicht mehr an ihrer grundlegenden Bildungsarbeit gemessen. Unter erzieherischer Perspektive (→ ERZIEHUNG IM UNTERRICHT) sind in der Grundschule sinnvolle Ansätze zum → OFFENEN UNTERRICHT und zum → SOZIALEN LERNEN zwar am ehesten möglich und werden in der Regel auch akzeptiert, aber die Kritik, dass durch solche freien → UNTERRICHTSFORMEN der Lernzuwachs (besonders der „gymnasialfähigen" Schüler) leidet, ist nicht zu überhören.

Die Vorstellung, dass sich eine hohe berufliche Sicherheit und gesichertes Einkommen, verbunden mit entsprechendem Lebensglück nur über eine gymnasiale Ausbildung erzielen lassen, hat heute vor allen Dingen die *Hauptschule* ins Abseits geführt. Trotz des unbestreitbaren Engagements vieler Hauptschullehrer und der intensiven Bemühungen um ein eigenständiges, berufsorientiertes Profil ist sie zu einer „Restschule" geworden, die in einigen Regionen nur noch von ca. 20% der Schüler eines Jahrgangs besucht wird. Hierbei handelt es sich zudem noch um einen hohen Anteil von ausländischen Schülern, sodass inzwischen auch die Bezeichnung „Ghettoschule" zu vernehmen ist. Um die Sackgassensituation zu vermeiden und den verbliebenen Schülern noch eine weiterführende Chance zu geben, wird immer häufiger gefordert, die Haupt- und Realschulen zu *Sekundarschulen* zusammenzulegen (wie es zum Teil bereits in den neuen Bundesländern geschieht). Das würde darüber hinaus den Kommunen auch Kosten für „unrentabel" gewordene Hauptschulen ersparen. Allerdings sind die Gegenpositionen von einigem (bildungs- und standes-)politischen Gewicht. Sie lassen sich vereinfacht auf den Nenner bringen, dass bei einer Abschaffung der Hauptschule das dreigliedrige Schulsystem insgesamt seine Legitimation verlieren würde.

Über die Nachkriegsjahre ist die Nachfrage nach der *Realschule* mit ca. 30% relativ stabil geblieben. Sie bietet Einstiegsmöglichkeiten in alle weiteren beruflichen und schulischen Bildungsgänge und ist für viele Eltern eine überschaubare Schule des „Bewährungsaufstiegs". Demographische Schwierigkeiten spielen in ihr zurzeit kaum eine Rolle. Allerdings darf nicht übersehen werden, dass die nahezu gleichbleibende Nachfragequote bei gleichzeitiger Zunahme der Übergänge ins Gymnasium und Nachlassen der Übergänge in die Hauptschule auch zu einer Verschiebung der „typischen" Schülerschaft der Realschule geführt hat. Vom Anspruch her darf man heute sagen, dass sie inzwischen weitgehend das Potential auf sich vereint, das früher die Hauptschule besucht hat. Damit ist eine Entwicklung eingeleitet, die dazu führt, dass die Realschule den Nimbus des sozialen Aufstiegs verliert und sich vorzugsweise als Stätte zur Sicherung des Facharbeiterstatus etabliert.

Gewinner der „Abstimmung mit den Füßen" ist eindeutig das *Gymnasium*. Inzwischen besuchen in einigen Regionen ca. 50% eines Jahrgangs diese Schulform. Man darf in dieser Hinsicht sagen, dass das Gymnasium zur eigentlichen „Hauptschule" geworden ist. Dafür zeichnen neben den Eltern auch die gymnasialen Berufsverbände selbst verantwortlich, da sie ganz offen mit dem Hinweis werben, dass man am Gymnasium alle Abschlüsse des Sekundarbereichs I und II erwerben kann. Das führt dazu, dass viele Eltern ihr Kind auf dem Gymnasium anmelden, um später zu sehen, wie weit es kommt. Dabei übersehen sie oft, dass die erhöhten Anforderungen auch zu dauernder Überforderung, zu Lernunlust, zu Versagenserlebnissen, zum Verlust an Selbstvertrauen und Lebensfreude führen können. Gerade unter dem letzten Aspekt hat sich das Gymnasium in vielen Fällen zu einer „traurigen" Schulform entwickelt, in der wegen des Konkurrenzkampfs sogar das Solidaritätserlebnis gemeinsam erfahrener „Not" häufig ausbleibt.

Einen Ausweg aus diesem Dilemma verspricht die integrierte *Gesamtschule,* die gewissermaßen alle drei Schulformen unter einem gemeinsamen institutionellen Dach zusammenfasst und jedem einzelnen Schüler diejenige Bildungslaufbahn eröffnen und ermöglichen soll, die seinen Neigungen und Fähigkeiten entspricht. Die Diskussionen der siebziger Jahre, die diese Schulform in ideologisches Fahrwasser geraten ließen (Stichwort: „sozialistische Einheitsschule"), und die ständischen Interessen der Lehrer-Berufsverbände (Stichwort: „A-13-Syndrom") wirken bis heute fort, sodass sich diese Schulform nur allmählich verbreitet. Belastet wird die Gesamtschule ferner durch das (vermeintliche) Erfordernis hochdifferenzierter Organisationsstrukturen, die zu sehr großen und unüberschaubaren Schulsystemen führen. Daraus ergeben sich für die Schüler große Schwierigkeiten, sich räumlich zu orientieren, sich sozial zu integrieren und sich so mit der Schule zu identifizieren – Probleme also, die dem erklärten Selbstanspruch der Gesamtschule zuwiderlaufen.

Zusammenfassend kann festgestellt werden, dass heute im Hinblick auf den Trend zu weiterführenden Schulabschlüssen, aber auch vor dem Hintergrund veränderter Lebensbedingungen von → KINDHEIT und → JUGEND alle Schulformen in ein Dilemma geraten sind, das bei der Hauptschule am deutlichsten hervortritt. Bei den Schülern sind es vor allem die lernschwächeren und förderbedürftigen, die unter dieser Krise der Schulformen und der begleitenden bildungspolitischen Unsicherheit zu leiden haben. Deshalb wäre zu überlegen, ob nicht eine „ganz andere" Gliederung des Schulwesens entwickelt werden muss, die weder der Struktur einer überholten ständischen Gesellschaft noch politischen Ideologien verpflichtet ist, sondern sich vorrangig an den Bildungsansprüchen des neuzeitlichen Subjekts in einer aufgeklärten, offenen Gesellschaft orientiert (→ BILDUNG).

Literatur

Blankertz, H.: Die Geschichte der Pädagogik. Von der Aufklärung bis zur Gegenwart. Münster 1982

Schulkritik

I.

Zur Schule gehört Schulkritik, seit es die Schule gibt. Das ist ein Faktum und zugleich eine Forderung; denn kein Schulsystem, keine Schulform und keine einzelne Schule ist in der Lage, die funktionalen Zwecksetzungen der Schule (→ FUNKTIONEN DER SCHULE) lückenlos zu erfüllen, den pädagogischen Aufgaben (→ ERZIEHUNG, → UNTERRICHT) vollständig gerecht zu werden sowie beide Ansprüche reibungslos miteinander zu verbinden (→ SCHULE). Deshalb braucht die Schule eine begleitende, kontinuierliche und kritische Auseinandersetzung über ihre unterschiedlichen Aufgaben und deren Wertigkeit sowie über Erfolge und Defizite bei ihrer Erfüllung.

Zu unterscheiden sind schulkritische Ansätze, die sich auf Schule allgemein beziehen, und solche, die bestimmte Schulen oder Schulformen im Blick haben.

So setzen sich z.B. radikale Schulkritiker aus einer staats- und institutionsskeptischen Sicht mit der Frage auseinander, ob → BILDUNG in einer bürokratisch-administrativ bestimmten Institution Schule unter staatlicher Trägerschaft überhaupt möglich ist. Gemäßigtere Schulkritiker folgen aus erziehungsphilosophischer Sicht der Leitfrage, inwieweit und wodurch die Schule die Selbstführung des Schülers zum Erwerb richtigen Wissens und moralischer Grundsätze ermöglicht oder verhindert, fördert oder erschwert; aus anthropologischer Sicht wird nach den Bedingungen einer humanen Schule gefragt und alles kritisiert, was zur Inhumanität beiträgt.

Von Hochschulen wird häufig an Gymnasien Kritik geübt, weil die Studierfähigkeit der Abiturienten zurückgegangen sei; Handwerk und Industrie kritisieren, dass Schüler an Haupt- und Realschulen (bzw. Sekundarschulen) nur unzureichende Qualifikationen für den Eintritt ins Berufsleben erwerben. Parteien kritisieren, dass die politische Bildung der Schüler nicht hinreichend vorangetrieben wird. Verbände üben Kritik daran, dass die von ihnen vertretenen Interessen in der Schule zu wenig Berücksichtigung finden. Eltern kritisieren, dass ihre Kinder nicht genug gefördert werden; Lehrer kritisieren das Ausmaß ihrer Belastung und Gängelung und das Verhalten von Schülern und Kollegen; Schüler kritisieren vor allem verbale Entgleisungen und autoritäres Verhalten ihrer Lehrer und eine ungerechte → LEISTUNGSBEURTEILUNG.

II.

Dass Schulkritik in so vielfältig differenzierter Weise erfolgt, liegt darin begründet, dass die Erfahrungen mit der Schule und die Erwartungshaltungen gegenüber der Schule so verschieden sind. Was die einen kritisieren, kann von anderen ausdrücklich gutgeheißen werden. Deshalb muss die Frage nach der Berechtigung von Schulkritik immer auch die Frage nach der Berechtigung der Erwartungen einschließen.

Die zentralen Aspekte einer *pädagogisch* ausgerichteten Schulkritik sind die Funktionalisierung der Schule und die Entfremdung der Schüler von ihrem Lernen. Ausgangspunkt ist die Subjekthaftigkeit des Menschen. Das bedeutet, dass der Mensch sich im Leben und Lernen als Subjekt selbst führen lernen muss – wenn auch nicht ohne die Hilfe anderer Menschen. Von daher kritisiert die pädagogisch ausgerichtete Schulkritik die Realbedingungen von Unterricht und Erziehung in der Schule, insoweit sie hinter dem Anspruch der „Hilfe zur Selbstführung" zurückbleiben und die in der Schule Lehrenden und Lernenden zu Objekten der Verzweckung und Fremdbestimmung machen.

Insbesondere wird dabei immer wieder auf institutionelle Zwänge, administrative Eingriffe, funktionalisiertes Lernen und formalisierte Unterrichtsstrukturen verwiesen. Positiv wird vermerkt, dass in letzter Zeit die schulreformerischen Ansätze in vielen Bundesländern auf eine verstärkte Autonomie der einzelnen Schulen, auf größere pädagogische Freiheit der Lehrer und erweiterte Kompetenzen der Lehrerkollegien bzw. Gesamtkonferenzen, auf Möglichkeiten der Mit- und Selbstbestimmung der Schüler und auf → UNTERRICHTSFORMEN, die die individuelle und soziale Verantwortung der Schüler für ihr Lernen herausfordern, ausgerichtet sind.

III.

Schulkritik muss, wenn sie wirksam sein soll, immer kritisch und konstruktiv zugleich sein. Unabhängig davon, ob Schule insgesamt, bestimmte Schulformen oder eine einzelne Schule, Kollegien, Schulleiter, → LEHRER oder → SCHÜLER der Kritik unterzogen werden, sollte der jeweilige Kritiker nicht nur die Kritikpunkte deutlich artikulieren, sondern auch die Motive seiner Kritik bzw. die dahinter stehenden Erwartungen offenlegen und sich einer konstruktiven Auseinandersetzung mit den Kritisierten stellen.

Insbesondere muss von den *Lehrern* gefordert werden, dass sie zu einer kontinuierlichen, (selbst-)kritischen Einschätzung ihres Unterrichts- und Erziehungshandelns fähig und bereit sind. Weil pädagogisches Handeln durch die Absicht gekennzeichnet ist, jungen Menschen bei ihrer Selbstführung zu Mündigkeit und Eigenverantwortlichkeit zu helfen (→ SELBST-TÄTIGKEIT), müssen Lehrer sich selbst fragen und von anderen fragen lassen, welchen pädagogischen Grundsätzen ihr Lehrerhandeln folgt und welchen Stellenwert darin die Subjekthaftigkeit ihrer Schüler hat (→ LEHRER-SCHÜLER-VER-HÄLTNIS).

Schüler müssen sich (selbst-)kritisch fragen und von anderen fragen lassen, ob und inwieweit sie ihrer Mitverantwortung für ihr individuelles und gemeinsames Lernen gerecht werden und ob sie den Ordnungsrahmen, den jedes Zusammenleben von Menschen braucht, akzeptieren und mitgestalten wollen.

Letztlich müssen *alle an der Schule Beteiligten* eine konstruktive Schulkritik als ihre gemeinsame Aufgabe ansehen und wieder darüber nachdenken, wie Schule ist und wie Schule sein sollte, um auf diese Weise kontinuierlich an „pädagogisch besseren" Bedingungen des Lernens und Lebens in der Schule zu arbeiten.

Literatur

Fischer, W.: Schule und kritische Pädagogik. Heidelberg 1972

Schulleben

Der Begriff Schulleben wurde von Friedrich FRÖBEL (1782–1852) zum ersten Mal gebraucht und von Johann Heinrich PESTALOZZI (1746–1827) aufgegriffen. Er sollte zum Ausdruck bringen, dass die Gestaltung der Schule unter den Anspruch der ganzheitlichen → BILDUNG junger Menschen („Kopf, Herz und Hand") gestellt werden muss. Aber erst bei den Reformpädagogen am Beginn des 20. Jahrhunderts (z.B. Hermann LIETZ, Peter PETERSEN) gewann der Gedanke des Schullebens eine zentrale Bedeutung.

Heute ist der Begriff Schulleben unscharf und programmatisch zugleich: Er wird in Theorie und Praxis durchaus nicht eindeutig verwendet, aber doch meistens mit dem Anspruch verbunden, dass die Schule „mehr" sein muss als eine leistungsorientierte Unterrichtsanstalt.

Den meisten Definitionen ist gemeinsam, dass dem Schulleben eine kompensierende Wirkung zugeschrieben wird: Es soll den Leistungsdruck der Schule und die „Verkopfung" des Unterrichts ausgleichen, die Verplanung der Lehrer und Schüler erträglicher machen und zum Sich-Wohlfühlen beitragen (z.B. durch → SCHULFEIER/SCHULFEST, Singen und Musizieren, → KLASSENRAUMGESTALTUNG und Schulhofgestaltung, Wanderungen und → SCHULFAHRTEN, Freizeitangebote und Einbeziehen außerschulischer Lernorte); darüber hinaus soll es dazu beitragen, die Schule „erzieherisch" zu profilieren (d.h. in Bezug auf Atmosphäre, Umgangsformen, Sozialverhalten und Charakterbildung).

Unter dem Aspekt der ganzheitlichen Bildung enthält der Schulleben-Begriff den „einheitsstiftenden" Anspruch, dass die Schule insgesamt als Lebens-, Lern- und Lehrraum für → SCHÜLER und → LEHRER gestaltet wird. Mit Schulleben sind nicht nur die besonderen Veranstaltungen außerhalb des Unterrichts gemeint; vielmehr wird gerade die Gestaltung des Unterrichts zum Kern des Schullebens und zur gemeinsamen → AUFGABE von Lehrern und Schülern.

II.

Die Schule ist eine Einrichtung mit funktionalen Zwecksetzungen. Die → FUNKTIONEN DER SCHULE, die vor allem durch den → UNTERRICHT erfüllt werden sollen, werden gewöhnlich mit Qualifikation, Selektion und Integration beschrieben; die begleitende → ERZIEHUNG im Unterricht und in der Schule wird dabei häufig auf die Einpassung in den notwendigen Ordnungsrahmen reduziert. Diese funktionale Seite der Schule ist tendenziell immer die beherrschende; zuweilen ist ihre Dominanz so bedrückend, dass der Lehrer sich fragen muss, ob er in erster Linie Gefangener oder Gestalter der Schule ist.

Deshalb versuchen viele (oft ohne eine entsprechende Anerkennung durch Kollegen, Eltern und Vorgesetzte), den Aspekt „Lebensraum" im Schulalltag stärker zu betonen. Sie bemühen sich um ein gutes → LEHRER-SCHÜLER-VERHÄLTNIS und ein ebenso gutes Verhältnis innerhalb des Kollegiums und versuchen, ihren Unterricht „lebendig" und „lebensnah", d.h. anschaulich (→ ANSCHAULICHKEIT) zu gestalten (→ OFFENER UNTERRICHT). Sie sorgen in ihrer Unterrichtsführung für → SELBSTTÄTIGKEIT und → SOZIALES LERNEN und wollen, dass Lehrer und Schüler sich in der Schule als Menschen begegnen, die einander zugewandt sind und sich gegenseitig vertrauen. Im Sinne der Öffnung von Schule und Unterricht verbinden und ergänzen sie ihre Unterrichtsgestaltung mit einer Vielzahl von außerunterrichtlichen Unternehmungen (→ HANDLUNGSORIENTIERUNG).

III.

Ein gestaltetes unterrichtliches und außerunterrichtliches Schulleben ergibt sich nicht von selbst. Es beginnt in der Praxis mit kleinen und kleinsten Schritten, aber in den Köpfen der Lehrer und der Schulleiter beginnt es mit Visionen einer schüler- und lehrergerechten Schule, die in einer Aufgabengemeinschaft aller Beteiligten entwickelt und umgesetzt werden (→ GEMEINSCHAFT). Das bedeutet: Wir müssen uns eine → SCHULE vorstellen können,

- die von Lehrern und Schülern angenommen und bejaht wird, weil man hier menschenwürdig zusammenleben und gemeinsam sinnvolle Dinge tun kann,

- in der Kinder erfahren können, dass Lernen Freude macht, und Lehrer Unterricht machen können, der dem Grundsatz „Die Menschen stärken, die Sachen klären" (Hartmut von HENTIG) folgt,
- in der Kinder und Erwachsene immer wieder von neuem dazu ermutigt werden, sich auf das Abenteuer des selbstständigen Denkens und Arbeitens einzulassen,
- in der alle sich gegenseitig beraten und um eine Atmosphäre des Vertrauens, Zutrauens und angstfreien Anerkennens von → AUTORITÄT bemüht sind,
- in der Lehrer viel Geduld und Zeit für Aufmerksamkeit und Zuwendung haben und Schüler nicht nur Wissensbestände und Verhaltensweisen lernen, sondern vor allem das Fragen und Argumentieren, das Antworten und Begründen, das Urteilen, Entscheiden, Handeln und Verantworten.

Weil eine lebensbedeutsame Wert- und Sinnerfahrung sich immer in menschlichen Beziehungen vollzieht, ist eine entsprechende Gestaltung dieser Beziehungen ein weiterer wichtiger Aspekt des Schullebens. Das bedeutet, dass Lehrerinnen und Lehrer kontinuierlich versuchen müssen,
- ihre Hauptaufgaben in der ermutigenden Zuwendung zu den Schülern und der aufgabenbezogenen Kollegialität gegenüber den Kollegen zu sehen,
- nach den Lebensbedingungen der Schüler zu fragen, vor allem auch danach, welche Qualifikationen junge Menschen eigentlich brauchen, um in Gegenwart und Zukunft als Menschen bestehen zu können;
- ihre Gespräche mit den Schülern vorrangig argumentierend, fragend und anregend zu führen und nicht anordnend, einengend und unterwerfend;
- überzeugt zu sein vom Guten im Menschen (trotz gegenteiliger Erfahrungen) und von daher Zuversicht auszustrahlen und ihr Vertrauen größer zu halten als ihre Ängste;
- auch Menschen, die sie für unsympathisch, desinteressiert, stur oder unausstehlich halten, als Subjekte ihres Handelns ernst zu nehmen und (wenigstens) in Geduld zu ertragen.

Darüber hinaus sind die Gestaltung der Rahmenbedingungen und die Vielfalt der → UNTERRICHTSFORMEN und außerunterrichtlichen Angebote wichtige Aspekte des Schullebens.

Das bedeutet, dass Lehrerinnen und Lehrer bemüht sein müssen,

- für ihre Schulen ein unterrichtliches Gesamtkonzept zu entwickeln, in dem handlungsorientierte Lernformen (z.B. → FACHÜBERGREIFEND-PROJEKTORIENTIERTER UNTERRICHT), vermittelnde Unterrichtsformen (z.B. → LEHRGANGSORIENTIERTER UNTERRICHT) und Arrangements für individualisiertes Lernen (z.B. → FREIARBEIT) miteinander verbunden sind;
- gemeinsam mit Schülern und Eltern ein vielfältiges außerunterrichtliches Schulleben zu gestalten, das nicht losgelöst neben dem Unterricht steht, sondern in Festen und Feiern, musischen Tagen, Freizeit in der Schule, Arbeitsgemeinschaften, Gottesdiensten usw. ein Ausdruck gemeinsamen (Er-)Lebens derselben Menschen in anderen Zusammenhängen ist;
- die Rahmenbedingungen ihres Schulalltags (z.B. Rhythmisierung der Schultage, -wochen und -jahre, Raumgestaltung, Klassen- und Fachgruppenlehrerprinzip, exemplarische Reduzierung des → LEHRPLANS) so zu gestalten, dass ein „einheitsstiftendes" Schulleben nicht behindert, sondern gefördert wird.

> „O Bär", sagte der Tiger, „ist das Leben nicht unheimlich schön, sag!" „Ja", sagte der kleine Bär, „ganz unheimlich und schön." (Aus dem Kinderbuch „Post für den Tiger" von Janosch)

Literatur
Hintz, D.: Schulleben – Einheit von Unterricht und Erziehung in der Schule. Hildesheim 1984

Schulrecht

I.

Das Schulrecht umfasst alle rechtlichen Bestimmungen und rechtswirksamen Anordnungen für das Schulwesen. In Art. 7 Abs. 1 des Grundgesetzes wird dem Staat die Aufsicht über das gesamte Schulwesen zugesprochen; Art. 7 Abs. 4 des Grundgesetzes garantiert allerdings die Möglichkeit zur Einrichtung von Privatschulen. Die einzelnen Schulen sind an Weisungen der staatlichen Schulaufsicht und der Verwaltungsaufsicht der Schulträger gebunden. Die Lehrer sind in der Regel Beamte, für die das Beamtenrecht gilt. Die Schulhoheit liegt in der Bundesrepublik bei den Ländern.

Die Schulaufsicht betätigt sich als Dienstaufsicht (Aufsicht über die Lehrer und Überwachung der Verwaltungsaufgaben) und als Fachaufsicht (Kontrolle der Unterrichts- und Erziehungstätigkeit in den Schulen). Das Kultusministerium ist die oberste Schulaufsichtsbehörde, die Bezirksregierungen bzw. Oberschulämter sind die mittleren und die Schulämter die unteren Schulaufsichtsbehörden. Zur staatlichen Schulaufsicht gehört auch die Aufstellung von Rahmenrichtlinien, Prüfungsordnungen, Ferienplänen und Ausbildungsgängen.

Das Schulrecht besteht („von oben nach unten" gesehen) aus Gesetzen, Verordnungen, Erlassen, Verfügungen und Weisungen. Gesetze (hier: das Schulgesetz) werden von den gesetzgebenden Organen (Landesparlamente) beschlossen; sie treten in Kraft, wenn sie in den entsprechenden Gesetzesblättern veröffentlicht sind. Verordnungen werden zu grundlegenden Fragen von den jeweils zuständigen Ministerien (hier: vom Kultusministerium in Zusammenarbeit mit anderen betroffenen Ministerien) auf Grund einer besonderen gesetzlichen Ermächtigung erlassen; sie sind im Hinblick auf ihre Wirkung den Gesetzen gleichwertig und werden im Gesetz- und Verordnungsblatt des Landes veröffentlicht.

Erlasse sind alle schriftlichen Verlautbarungen der obersten Schulaufsichtsbehörde; dazu zählen nicht nur regelnde Vorschriften, die zur näheren Bestimmung der Gesetzes- und Verordnungsvorgaben herausgegeben werden, sondern auch Anfragen und sonstige Mitteilungen; die wichtigsten Erlasse werden im Schulverwaltungsblatt abgedruckt. Verfügungen sind alle schriftlichen Verlautbarungen der mittleren und unteren Schulaufsichtsbehörden. Weisungen sind Anordnungen der jeweiligen Vorgesetzten auf allen Ebenen; wer Weisungen geben darf, wird durch die entsprechenden Gesetze, Verordnungen, Erlasse und Verfügungen geregelt oder ergibt sich in besonderen Situationen (z. B. im Hinblick auf die Aufsichtsführung bei Schulfahrten). Verordnungen, Erlasse, Verfügungen und Weisungen dürfen nicht im Widerspruch zum Gesetz stehen. Schriftliche Verlautbarungen „von unten nach oben" haben den Charakter von Berichten und Anträgen.

Auf der Gesetzesebene sind vor allem die Schulgesetze der Bundesländer von Bedeutung; in ihnen werden z. B. der Bildungsauftrag der → SCHULE, die Schulpflicht, die Struktur des Schulwesens, die Rechtsstellung der → SCHULLEITER, → LEHRER, → SCHÜLER und Eltern, die Aufgaben der Konferenzen und die → AUFSICHTSPFLICHT der Lehrer beschrieben und geregelt. Verordnungen gibt es z. B. über die Lehrerausbildung (→ LEHRERBILDUNG), über Erziehungs- und Ordnungsmaßnahmen in der Schule (→ ERZIEHUNG, → DISZIPLIN) und über Fragen der Versetzung von Schülern. Auf der Ebene der Erlasse werden z. B. die Aufgaben und Stundentafeln der einzelnen → SCHULFORMEN und Schulstufen, die Vorschriften für → SCHULFAHRTEN und Schulwanderungen, → HAUSAUFGABEN, Zeugnisse und Einführung von Schulbüchern geregelt.

Rechtlich sind Unterricht und Erziehung in der Schule ein Teil der öffentlichen Verwaltung. Die zu treffenden Entscheidungen (z. B. die → LEISTUNGSBEURTEILUNG) sind deshalb Verwaltungshandlungen, die auf dem Rechtswege angefochten und durch ein Verwaltungsgericht überprüft werden können (vgl. auch Art. 19 Abs. 4 GG).

II.

Seit die Schule als verpflichtende Einrichtung zur Sicherung und Organisation zielgerichteten Lernens für alle institutionalisiert ist, bedarf sie der rechtlichen Regelung und ist in das

System von Schulaufsicht und Schulverwaltung eingebunden. Dadurch soll die pädagogische Arbeit in der Schule (→ UN-TERRICHT, → ERZIEHUNG) ermöglicht und unterstützt werden. Die Verselbstständigungstendenzen institutioneller Strukturen, die immer wieder festzustellende Absicht, die verwaltete Schule als Instrument bürokratischer Herrschaft zur Durchsetzung von politischen Zwecksetzungen zu nutzen, und die damit zusammenhängende Tendenz zur zunehmenden Verrechtlichung der Schule führen allerdings in der radikalen → SCHULKRITIK zu der Frage, ob Bildung in einer vom Staat okkupierten Schule überhaupt möglich ist. Stichworte wie „Entschulung der Schule" und „erlassfreie Schule" haben hier ihren Platz.

Dahinter steht der Anspruch, dass eine Institution, deren Auftrag die Bildung und Erziehung freier, mündiger und verantwortlich lebender Menschen ist, selbst nicht unfrei sein darf. Im Bildungswesen dürfen deshalb nicht Normierung und Weisung die bestimmenden Kennzeichen sein, sondern Vielfalt und Partizipation der Betroffenen an den Entscheidungsprozessen. Zur Erfüllung ihres Bildungsauftrags braucht die Schule Gestaltungsfreiheit.

Obwohl die sog. „pädagogische Freiheit des Lehrers", die aus dem Bildungsprozess begründet wird und ohne die Unterricht zur Indoktrination und Erziehung zur Dressur werden könnte, in allen Bundesländern als bestehend anerkannt wird, empfinden Lehrer die Schulaufsicht häufig als Gängelung, Kontrolle und Einschränkung ihres pädagogischen Handelns. Deshalb sollten die Schulbehörden sich bei der Regelung von Unterrichts- und Erziehungsfragen äußerste Zurückhaltung auferlegen und die Lösung von Konfliktfällen vorrangig nicht als Rechts- und Weisungsfrage, sondern als Frage des kollegialen Zusammenarbeitens auffassen.

Andererseits sind es oft die Schulleiter und Lehrer selbst, die die vorhandenen Freiräume nicht nutzen und statt dessen ständig nach Vorschriften und rechtlich verbindlichen Regelungen rufen, weil sie zu selbstständigem, eigenverantwortlichem Handeln nicht bereit oder zu ängstlich sind und sich im Schulalltag lieber absichern wollen. So ist die verrechtlichte und übermäßig verwaltete Schule auch eine Folge des Rückzugs der Lehrer aus ihrer pädagogischen Verantwortung.

III.

Der Lehrer ist in seiner Stellung als Beamter an Weisungen der Unterrichtsverwaltung gebunden; andererseits kann er für seine Arbeit pädagogische Freiheit in Anspruch nehmen. Diese Freiheit ist aber nicht als Selbstzweck, d. h. als Freiheit der individuellen Person zu verstehen, sondern eine unverzichtbare Bedingung dafür, dass der Lehrer seine pädagogische → AUFGABE im Dienste der Schüler erfüllen kann. Der pädagogischen Freiheit des Lehrers korrespondiert seine pädagogische Verantwortung; d. h. die pädagogische Freiheit des Lehrers ist hingeordnet auf seine Verantwortung gegenüber den Schülern und ihrem Anspruch auf Selbstständigkeit im Lernen und Leben.

Deshalb sind die Möglichkeiten der eigenverantwortlichen Gestaltung von Unterricht und Erziehung in der Schule nicht unbegrenzt. Der Lehrer ist z. B. der Erfüllung des Bildungsauftrags der Schule verpflichtet (→ BILDUNG) und in dieser Hinsicht auch an die Rahmenrichtlinien der Fächer, an Konferenzbeschlüsse und an Anordnungen des Schulleiters gebunden. Außerdem darf er den Unterricht in bestimmten Klassen, Schulstufen oder Fächern nicht ablehnen, wenn er dazu auch ohne Ausbildung einigermaßen imstande ist. (Eine Ausnahme bildet das Fach Religion.)

Weil Regelungen und Anordnungen die Eigenverantwortung der Schulleiter und Lehrer aber letztlich nicht außer Kraft setzen können, ist kritische Loyalität gegenüber dem Gesetzgeber, der Schulaufsicht und dem Schulträger gefordert; das schließt ein, dass im Zweifel rechtliche Vorschriften und Weisungen der Schulaufsichtsbehörden so auszulegen sind, dass sie einen pädagogisch vernünftigen Sinn ergeben.

Lehrer sollten wissen, dass die rechtlichen Vorgaben ihrer Tätigkeit und die Richtlinien für die Unterrichtsfächer in der Regel viele Freiräume für individuelle Entscheidungen in Bezug auf Inhalte, Methoden und Unterrichtsformen schaffen. Indem sie diese Freiräume verantwortungsbewusst nutzen, sollten sie zeigen, dass ihnen alles an der Bildung der Schüler liegt und dass sie um zunehmende Selbstständigkeit und Selbstverantwortlichkeit der Schüler kontinuierlich bemüht sind (→ ERZIEHUNG IM UNTERRICHT, → SELBSTTÄTIGKEIT).

Dies wird manchmal eine notwendige Selbstbehauptung gegen das aufsichtführende System bedeuten, manchmal aber auch ein einsichtiges Sichfügen in Vorgaben erfordern, die subjektiv als unbequem empfunden werden, objektiv aber der Erfüllung des Bildungsauftrags der Schule dienen.

Literatur

Vogel, P.: Die bürokratische Schule. Unterricht als Verwaltungshandeln und der pädagogische Auftrag der Schule. Kastellaun 1977

Selbsttätigkeit

I.

Da es bis heute noch niemandem gelungen ist, einen sogenannten „Nürnberger Trichter" zu erfinden, der dem Schüler
die Anstrengung des eigenen Lernens abnimmt und ihm stattdessen alles einfach in den Kopf einfüllt, muss wohl daran
festgehalten werden, dass Lernen nur in eigener Aktivität, nur
als selbsttätiger Prozess stattfinden kann. Selbsttätigkeit stellt
demnach eine denknotwendige Voraussetzung, ein Prinzip des
Lernens dar. Gleich, ob im Zusammenhang mit den
→ AUFGABEN des Unterrichts etwas erkannt, beurteilt oder
entschieden werden soll, stets ist dies nur in eigenen, selbstbestimmten und selbstständig gestalteten Lernakten möglich.
Neuere Unterrichtskonzepte bzw. -vorstellungen versuchen,
diesen Gedanken vorrangig zur Geltung zu bringen: z.B.
→ OFFENER UNTERRICHT, → FACHÜBERGREIFEND-PROJEKT-
ORIENTIERTER UNTERRICHT, → FREIARBEIT, → WOCHEN-
PLANARBEIT.

II.

Die Vorstellung, dass das Lernen nur als selbsttätiger Prozess
stattfinden kann, ist nicht neu. Sie findet sich bereits in den
„confessiones" des AUGUSTINUS, in denen er den Prozess seines Spracherwerbs schildert: „[...] und woher ich sprechen
gelernt hatte, das erfuhr ich später. Nicht die Großen lehrten es
mich [...] sondern ich selber lernte es, da ich mit mancherlei
Gliedergebärden die Fühlung meines Herzens kundzumachen
suchte." Aber der damit verknüpfte pädagogische Anspruch
der Selbsttätigkeit, von AUGUSTINUS zu Beginn des Mittelalters angedeutet, wurde für den Unterricht zu dieser Zeit noch
nicht maßgeblich. Denn im Mittelalter war die Vorstellung
vorherrschend, dass das Individuum nicht als Letztinstanz für
die Bestimmung des Handelns gelten konnte. Vielmehr war
alle Tätigkeit auf eine Ordnung bezogen, die nicht handelnd
hervorgebracht, sondern bereits vorgegeben war und erfüllt
werden musste. Da erst das Wissen um diese vorgegebene

Ordnung ein gültiges Handeln verbürgen konnte, wurden Lehren und Lernen in den wenigen Schulen des Mittelalters überwiegend als Instruktion und Speicherung des geordneten und gültigen Wissens verstanden. Erst in der Epoche der Aufklärung wird der Gedanke der Selbsttätigkeit in pädagogischer Hinsicht aufgegriffen und ausdrücklich das Selber-Denken, -Urteilen und -Handeln im Lernprozess gefordert. So sollte ROUSSEAUs Emile durch eigene Beobachtungs- und Denktätigkeit zur Klugheit kommen, SALZMANN forderte die Eigentätigkeit zur Übung der formalen mentalen und physischen Kräfte und PESTALOZZI setzte auf die planmäßige Entfaltung der „Selbstkraft". Auch bei HERBART ist zumindest unter dem moralischen Aspekt der Bildung „Handeln das Prinzip des Charakters".

Nach der Phase des sogenannten Herbartianismus, in der das Moment der Selbsttätigkeit zugunsten stärkerer äußerer Ordnung des Gedankenkreises wieder zurückgedrängt wurde, kommt das Prinzip der Selbsttätigkeit mit der Reformpädagogik des 20. Jahrhunderts weltweit wieder zur Geltung: In Deutschland sind es Georg KERSCHENSTEINER und Hugo GAUDIG, die das Streben der Lernenden nach Selbsttätigkeit in die Arbeitsschulbewegung bzw. Schule der freien, geistigen Tätigkeit aufnehmen; angelehnt an ROUSSEAUs Entwurf einer natürlichen Erziehung proklamiert die Schwedin Ellen KEY eine „Pädagogik vom Kinde aus"; die Italienerin Maria MONTESSORI legt dem jungen Menschen den pädagogischen Anspruch an den Lehrer und Erzieher in den Mund: „Hilf mir, es selbst zu tun"; der Amerikaner John DEWEY setzt in seiner pragmatischen Bildungsphilosophie auf das Prinzip „learning by doing"; der Schweizer Adolphe FERRIERE und der Franzose Célestin FREINET entwickeln selbsttätige Lernformen; die Russen Pawel BLONSKIJ und Anton MAKARENKO erarbeiten Formen einer polytechnischen Erziehung, die das Moment der Selbsttätigkeit mit den Formen kollektiver Erziehung verknüpfen. Allen Ansätzen ist gemeinsam, dass sie die Aktivität des Subjekts in ihren verschiedenen Aspekten im Prozess des Lernens zur Geltung bringen wollen. Die Selbsttätigkeit gilt in jedem Fall als Möglichkeitsbedingung des Lernens; ohne ihre Entfaltung ist ein Lernen in pädagogischem Verständnis unmöglich.

III.

Dem Prinzip der Selbsttätigkeit muss zugestanden werden, dass es das sog. „pädagogische Paradox", wonach der → SCHÜLER etwas tun soll, was er noch nicht kann, es aber nur erlernen kann, indem er es tut, auflösen kann. Denn das Prinzip besagt nicht, dass der Lernende schon etwas können soll, was er eigentlich erst noch erlernen müsste. Vielmehr besagt das Prinzip zum einen, dass das Subjekt in seinen Fähigkeiten, in seinen Entfaltungsmöglichkeiten, endlich in seinem Menschsein ausdrücklich anerkannt wird, ohne dass diese Möglichkeiten schon konkret entfaltet sein müssten. Zum anderen besagt dieses Prinzip, dass es nur dem Subjekt zukommt, diese Möglichkeiten zu entfalten und zwar auf einem methodischen Weg, den es nur selbst beschreiten kann.

Wenn die Selbsttätigkeit des Menschen nicht nur möglich, sondern in pädagogischer Hinsicht auch notwendig für seine Bildung ist, dann muss der Lernende drei für seinen Lernprozess entscheidende Fragen klären: Kann ich die Aufgabe überhaupt lösen? Welches ist der richtige Weg, der mich zur Lösung führt? Welche Mittel benötige ich, um zum Ziel zu kommen? Es gehört zum Wesen des Prinzips der Selbsttätigkeit, dass der Schüler diese Fragen für sich selbst klären muss. Dies gilt durchgängig für alle → SOZIALFORMEN und → UNTERRICHTSFORMEN, deren besondere Arrangements letztlich dazu dienen, dem Schüler auf unterschiedliche Weise eine Beantwortung dieser Fragen und ihre Umsetzung in konkrete Schüleraktivität zu ermöglichen (vgl. die Skizze im Stichwort → HANDLUNGSORIENTIERUNG).

Der Schüler braucht bei aller notwendigen Selbsttätigkeit auch die Hilfe des Lehrers. Im Unterrichtsprozess bildet die fachmethodische → BERATUNG durch den → LEHRER die korrespondierende Lehraktivität (vgl. die Skizze im Stichwort → METHODIK). Eine beratende unterrichtsmethodische Führung ist dem Lehrer nur möglich, wenn er einerseits über fachwissenschaftliche, d.h. fachmethodische Kompetenz verfügt und andererseits die Individuallage der Schüler überschaut. Bei seiner → UNTERRICHTSVORBEREITUNG muss der Lehrer in unterrichtsmethodischer Hinsicht die Komplexität der Aufgabe soweit reduzieren, dass er ihre Lösung dem Schüler tatsächlich zutrauen und dieser sie tatsächlich selbsttätig lösen kann. Dabei ist mit dem Anspruch der Selbsttätigkeit in unserem Bewusstsein meist die Vorstellung verknüpft, dass der Schüler manuell-praktisch tätig werden, also etwas heraussuchen, nachschlagen, aufschreiben, sammeln, ausschneiden, aufkleben soll. In erziehungstheoretischer Sicht beinhaltet das Prinzip der Selbsttätigkeit aber auch den weitergehenden Anspruch an den Schüler, die sachlichen Unterrichtsaufgaben umzuwenden und selbst nach deren Wert für seine Lebenspraxis zu fragen (→ WERTORIENTIERUNG). Auch unter dieser Perspektive muss die Aufgabe dem Schüler lösbar erscheinen, was durch die → ANSCHAULICHKEIT der Aufgaben erleichtert und angebahnt wird (→ MOTIVATION).

Das Prinzip der Selbsttätigkeit stellt demnach auch eine Bedingung für die → ERZIEHUNG IM UNTERRICHT dar, und zwar insofern, als im Prozess der Aufgabenlösung die Schüler nicht nur zu sachlichen Lösungen, sondern auch zu unterschiedlichen Wertzuschreibungen und -urteilen gelangen und (Lern-)Entscheidungen treffen. Geht es im Unterricht unter wissenschaftsorientierter Perspektive um die intersubjektive Eindeutigkeit der Ergebnisse (→ WISSENSCHAFTSORIENTIERUNG), so geht es unter wert- und handlungsorientierter Perspektive gerade um die subjektive Vielfalt. Allerdings fällt es erfahrungsgemäß vielen Lehrern schwer, die damit verbundene Wertungsvielfalt, die bei Jugendlichen oftmals auch noch durch Affekte, Willkür, Gleichgültigkeit und Kurzsichtigkeit belastet wird, auszuhalten und sie behutsam in zustimmungsfähige Begründungen zu überführen. Die immer noch vorherrschende Rolle des Lehrers als dominierender Vermittler von objektivem Wissen erschwert die Einlösung dieses erzieherischen Aspekts der unterrichtsmethodischen Aufgabe.

Soll im Unterricht beides, sachliche Eindeutigkeit und sittliche Bedeutsamkeit erreicht werden, muss der Lehrer durch fachmethodisch orientiertes und personenbezogenes Beraten sicherstellen, dass der Schüler den jeweils nächsten Schritt der Aufgabenlösung selber tun kann. Der Lehrer muss sich im Hinblick auf seine Schüler fragen, über welche methodischen Fähigkeiten sie schon verfügen und welche sie noch erwerben müssen, er muss sich im Hinblick auf die Aufgabe fragen, welche methodischen Fertigkeiten für eine selbstständige Lösung gefordert sind. Unter beiden Rücksichten wird er darüber hinaus klären müssen, welche Werteinsichten und Werterlebnisse die Schüler mit der Aufgabe bereits verbinden und welche durch sie eröffnet werden (→ ERFAHRUNG UND LERNEN).

Für den methodischen Lernprozess der Schüler hat deshalb die sogenannte *Lehrerfrage* eine herausragende Bedeutung. Denn sie trifft gewissermaßen die „Nahtstelle" zwischen Wissen und Noch-nicht-Wissen, zwischen Vor-Urteil und begründetem Urteil des Schülers (→ UNTERRICHTSGESPRÄCH). Dabei verfolgt sie eine zweifache Intention: Zum einen drängt sie den Schüler zu weiterer Selbsttätigkeit, da er sich durch sie den nächsten Schritt vergegenwärtigen kann. Zum anderen klärt sie den Lehrer über den augenblicklichen Stand des Schülers im Hinblick auf seinen Lernprozess auf. Darüber hinaus wird der Lehrer das selbsttätige methodische Lernen der Schüler dadurch befördern, dass er für eine → KLASSENRAUMGESTALTUNG sorgt, die die aus seiner Sicht notwendigen und die vermutlich angeforderten Hilfsmittel und Medien enthält.

Es darf nicht übersehen werden, dass die Einlösung des Prinzips der Selbsttätigkeit im konkreten Fall immer wieder mit Schwierigkeiten verbunden ist. Einerseits neigen Lehrer aus einem verständlichen *Sicherheitsbedürfnis* heraus oft dazu, den Schülern Aufgaben abzunehmen, die diese eigentlich selbst bewältigen könnten. Hinzu kommt, dass Lehrer häufig ein *Rollenverständnis* haben, das vom Gedanken der Stoffvermittlung geprägt ist und Schülern wenig Raum zur Entfaltung von Selbsttätigkeit lässt. Andererseits neigen Schüler dazu bzw. haben es „gelernt", sich auf den Lehrer zu verlassen und sich alles abnehmen zu lassen. Diese Schwierigkeiten lassen sich nur durch ein pädagogisches Verständnis vom → LEHRER-SCHÜLER-VERHÄLTNIS überwinden, das bereits in der → LEHRERBILDUNG grundgelegt und durch Fort- und Weiterbildung, durch kollegialen Dialog und durch Gespräche mit Eltern unter den Bedingungen der Praxis weiterentwickelt wird.

Literatur
Rousseau, J.-J.: Emile oder Über die Erziehung. Paderborn [13]1998

Soziales Lernen

I.

Der Begriff Soziales Lernen hebt ausdrücklich den sozialen Aspekt des Lernprozesses hervor. Er verweist darauf, dass individuelles Lernen grundsätzlich eine soziale Voraussetzung hat: Niemand kann allein lernen; jeder ist auf Lernhilfen – in welcher Form auch immer – angewiesen. Mit Sozialem Lernen ist deshalb die erzieherische Vorstellung verknüpft, dass individuelles Lernen eine verpflichtende soziale → AUFGABE darstellt. In der Schule bedeutet Soziales Lernen demnach, dass jeder Schüler nicht nur selber lernen, sondern zugleich das Lernen seiner Mitschüler unterstützen und sich von seinen Mitschülern helfen lassen soll. Jedes Lernen beinhaltet für den einzelnen Schüler eine *Sozialverpflichtung:* Er soll seine Kenntnisse und Einsichten, seine Anschauungen und Einstellungen, kurzum sein Wissen und seine Haltung den anderen Schülern mitteilen und beides mit ihnen teilen. Im pädagogischen Verständnis ist die → BILDUNG des Menschen geradezu auch davon abhängig, inwieweit er zur Bildung der anderen beiträgt.

II.

In der Vergangenheit ist häufig versucht worden, diesen generellen Sozialverpflichtungsanspruch des individuellen Lernens inhaltlich näher zu bestimmen, ihn für die Schule gewissermaßen zu „operationalisieren". Das Soziale Lernen sollte alle jene Erziehungsprobleme lösen, die sich in einer normenunsicheren, pluralistischen Gesellschaft stellen.

So entstanden zahlreiche *politisch* motivierte Lernprogramme, um dem individuellen Qualifikationserwerb ein gesellschaftsbezogenes Handlungsmotiv beizugeben. Die Spannweite solcher Programme reicht vom Sozialen Lernen als sozialer Integration, verstanden als Einübung gesellschaftlich anerkannter Sozialtugenden (→ FUNKTIONEN DER SCHULE) bis zur Arbeit an der Veränderung der repressiven Bedingungen des Systems, verstanden als emanzipatorisches Handeln. Diese Ansätze haben wegen der offenkundigen Politisierung des Sozialen Lernens bisher nicht zu einer durchgreifenden pädagogischen Reform von Schule und Unterricht beitragen können.

Das *pädagogisch* motivierte „Programm" des Sozialen Lernens geht dagegen von der individuellen Aufgabe des Lernens aus. Im Mittelpunkt steht deshalb weder ein Trainieren von „sozialen" Verhaltensweisen noch ein gesellschaftspolitisch bestimmtes Richtziel für das Soziale Lernen, dem es sich zu unterwerfen hätte. Maßgeblich für das Soziale Lernen ist zunächst die vom Schüler als Lernsubjekt selbsttätig zu leistende Produktion von Einsichten und Ansichten in der Auseinandersetzung mit den Gegenständen des Unterrichts. Die Mühsal dieses Lernens kann dem einzelnen Schüler nicht abgenommen werden, wenn Selbstständigkeit und Eigenverantwortung als pädagogische Orientierungsmarken anerkannt und akzeptiert werden (→ SELBSTTÄTIGKEIT).

Alle Menschen sind in gleicher Weise an diese selbstständig zu erfüllende Aufgabe des Lernens gebunden; durch sie sind sie zugleich verbunden. Die gegenseitige Hilfe beim Lernen ist deshalb ein Gebot mitmenschlicher Verbundenheit, d.h. ein Gebot der *Humanität*. In pädagogischer Perspektive lässt sich die → GEMEINSCHAFT der Menschen von daher als Lehr- und Lerngemeinschaft betrachten, die fortwährend bemüht ist, in der Gemeinsamkeit individueller Anstrengungen Humanität als verbindendes Ziel zur Geltung zu bringen. Jede individuelle (Lern-)Leistung steht daher unter einem Sozialverpflichtungsanspruch, d.h. sie soll in den Dienst der Mitmenschen gestellt werden. Das gilt uneingeschränkt auch für die Schule: Jeder Schüler steht unter der pädagogischen Sozialverpflichtung, seine Lernleistungen mit den Mitschülern zu teilen, um ihr Lernen zu ermöglichen und zu fördern. Entsprechendes gilt auch für die Lehrer: Unter dem Sozialverpflichtungsanspruch sind sie gehalten, ihre (Lehr-)Leistungen in Kollegialität und Kooperation zu erbringen.

III.

Betrachtet man die Schulrealität, so steht die Einlösung dieses Anspruchs in der Tat noch weitgehend aus. Die Ursache dafür hängt im Wesentlichen mit der Funktionalisierung der Schule und hier besonders mit den Zwängen zur Qualifikation und Selektion der Schüler zusammen. Sie führen dazu, dass der Frontalunterricht und die Einzelarbeit nach wie vor einen höheren Stellenwert einnehmen als etwa Partner- und Gruppenarbeit, dass die Einzelleistung Vorrang vor der kollektiv erbrachten Gruppenleistung hat, dass sich der einzelne Schüler im Unterricht oft *gegen* seine Mitschüler statt *mit* ihnen profilieren soll. Hier dürfte ein verändertes Aufgabenbewusstsein des Lehrers, vor allem aber ein Umdenken bei den Eltern und „Abnehmern" am ehesten zur pädagogischen Veränderung der Schulwirklichkeit führen. Eine solche Veränderung bedarf auch der schulpolitischen Legitimation, wenn Lehrer vor dieser Aufgabe nicht kapitulieren sollen.

Das Sozialverpflichtungsprinzip wird von den Schülern vorrangig an der *Haltung* des → LEHRERS erlebt. Er gibt den Schülern vielfältige Beispiele für Sozialverpflichtung. Sie zeigen sich in der Art und Weise

- wie er das Lernen des einzelnen Schülers ermöglicht, aber auch wie er bereit ist, von jedem einzelnen Schüler zu lernen;
- wie er seine Wissens- und Urteilskraft dem einzelnen Schüler zur Verfügung stellt, aber auch, wie er Wissen und Urteil jedes einzelnen Schülers anerkennt und wertschätzt;
- wie er durch seine würdigende Leistungsbeurteilung die Schüler beim Lernen unterstützt, aber auch, wie er eine Beurteilung seiner Lehrleistungen zulässt und sie als Hilfe für seinen Unterricht begreift.

Je nach Wertigkeit kann das Beispiel des Lehrers die Schüler mehr oder weniger „anstecken" oder „abstoßen". Je überzeugender das Sozialverpflichtungsprinzip vom Lehrer „vorgelebt" wird, desto eher werden sich auch die Schüler daran binden (→ LEHRER-SCHÜLER-VERHÄLTNIS).

Darüber hinaus bieten bestimmte → UNTERRICHTSFORMEN dem Sozialen Lernen der Schüler gute Chancen, auch wenn die Sozialverpflichtung als Anspruch für jede Unterrichtsform gilt. Der → LEHRGANGSORIENTIERTE UNTERRICHT und die → FREIARBEIT etwa können nur gelingen, wenn jeder einzelne Schüler dazu beiträgt, dass jeder tatsächlich etwas lernen kann. Dazu gehört die → DISZIPLIN, die nicht nur eine funktionale Bedeutung hat, sondern im Zusammenhang des Sozialen Lernens eine besondere Aufgabe und Verantwortung dem Mitschüler gegenüber darstellt. Ganz besonders aber fordert der → FACHÜBERGREIFEND-PROJEKTORIENTIERTE UNTERRICHT das Soziale Lernen der Schüler. In ihm sind ihre Mitentscheidung und Mitverantwortung gegenüber Inhalt, Ziel, Methode und Organisation des Unterrichts ausdrücklich gefordert. Diese Unterrichtsform erfahren die Schüler dann als Erfolg, wenn sie sich gegenseitig zugleich als Lehrende und Lernende anerkennen und zum Lernen voneinander und miteinander bereit sind. Hier können die Schüler Sozialtugenden wie Kooperationsbereitschaft, Toleranz, Höflichkeit, Rücksicht und Wertschätzung im Unterricht leben und zugleich deren Wert erleben.

Das gilt entsprechend für die → SOZIALFORMEN des Unterrichts. Besonders die Gruppen- und Partnerarbeit stellen in dieser Hinsicht eine soziale Aufgabe dar. Denn eine Zusammenarbeit gelingt nur, wenn der Beitrag des Mitlernenden mit kritischem Respekt angenommen und nicht gleich verworfen wird, weil er von diesem oder jenem anderen stammt. Das fällt Erwachsenen schon schwer; Kinder müssen es erst lernen. Vom Lehrer erfordert dies eine sorgfältige → UNTERRICHTSVORBEREITUNG, damit die Aufgabe für die Gruppen bzw. Partner überschaubar ist und Übereinkünfte rasch gefunden werden können; es erfordert zudem sehr viel → BERATUNG, damit Soziales Lernen nicht an scheinbar unlösbaren Probleme scheitert, und vor allen Dingen sehr viel Geduld.

Literatur

Rekus, J.: Soziales Lernen – Vom Konflikt zur Sozialverpflichtung. Hildesheim – Zürich – New York 1985

Sozialformen

I.

Mit Sozialformen werden die unterschiedlichen Formen von Sozialbeziehungen beim Lernen bezeichnet.

So merkwürdig es auch klingen mag: Die „erste" Sozialform im Lernprozess repräsentiert jeder Schüler selbst. Er ist sein eigener Lehrer und Schüler zugleich; dieses intrapersonale → LEHRER-SCHÜLER-VERHÄLTNIS kennzeichnet alle Schüler als Bedingung ihres Lernens und jeden einzelnen im Sinne einer Aufgabe. Hier liegt auch der Grund und die Notwendigkeit aller Formen von → DIFFERENZIERUNG. Zugleich ist die „Verschiedenartigkeit der Köpfe" nach HERBARTs Worten das große Hindernis der → BILDUNG. Er fügt das warnende Wort hinzu, dass die Individualität der Schüler den „Despotismus" der Lehrer begünstige, „alles nach einer Schnur zu hobeln".

Dennoch ist mit der Individualität jedes Schülers keineswegs die radikale Individualisierung des Unterrichts verbunden. Alle „weiteren" Sozialformen gewinnen ihre ebenbürtige Legitimation unter dem Aspekt des → UNTERRICHTS aus der jeweiligen Aufgabe, die Lehrer und Schüler miteinander und die Schüler untereinander verbinden, genauer: aus den unterschiedlichen → ZIELEN, die den Unterricht jeweils bestimmen (→ UNTERRICHTSFORMEN). Unter dem Aspekt der → ERZIE-HUNG rechtfertigen sich die unterschiedlichen Sozialformen aus dem Gedanken der Sozialverpflichtung allen Lehrens und Lernens (→ SOZIALES LERNEN).

II.

1. Trotz aller Beteuerung des pädagogischen Wertes unterschiedlicher Sozialformen finden wir in der Schule den *Frontalunterricht* als vorherrschendes Unterrichtsverfahren. Ihm entspricht auf Seiten der Schüler am ehesten die *Einzelarbeit*.

Von einer praktischen Ebenbürtigkeit des Frontalunterrichts mit den anderen Sozialformen kann in der Unterrichtspraxis keine Rede sein. Das hat seinen Grund in den → FUNK-TIONEN DER SCHULE, die – oftmals verstärkt durch administrativ-regelnde Eingriffe – die pädagogischen Aufgaben der Schule überlagern und ihre verantwortliche Gestaltung durch den Lehrer beschneiden (→ SCHULKRITIK).

Dennoch haben Frontalunterricht und Einzelarbeit in der Schule ein begrenztes Recht. Wenn gleiche instrumentelle Kompetenzen bei allen Schülern erwartet werden, dann sind im Hinblick auf diese Ziele eines → LEHRGANGSORIENTIERTEN UNTERRICHTS Frontalunterricht und Einzelarbeit angemessene und effektive Unterrichtsverfahren. Dabei wird der Lehrer allerdings um die verborgenen Voraussetzungen und die praktischen Konsequenzen wissen müssen:

Im Frontalunterricht und in der ihm korrespondierenden Einzelarbeit wird die Individuallage der Schüler – ihre Lernmotivation ebenso wie ihr Kenntnisstand – „gleichgesetzt". Jeder Lehrer weiß natürlich, dass er auch im Frontalunterricht Individuen mit einer motivational und intellektuell jeweils einmaligen Beziehung zu den Aufgaben hat (→ MOTIVATION). Und doch ist hier die „gesetzte Gleichheit" Richtschnur seiner unterrichtsmethodischen Führung; dieser Unterricht trägt deshalb ohne Zweifel mit seiner entindividualisierten Voraus-Setzung kollektivierende, gleichmacherische Züge. Ob sich der Lehrer an einen einzelnen Schüler, an eine Gruppe oder an alle Schüler wendet, bleibt gleichgültig; im Grunde ist immer die ganze Klasse gemeint.

Wenn in Frontalunterricht und Einzelarbeit alle Schüler alles gleichzeitig und gleichförmig lernen sollen, um zu einem gleichen Wissens- und Könnensziel zu gelangen, dann hat das naheliegende Konsequenzen: Der Unterrichtsprozess wird im Wesentlichen durch den Lehrer (und das Lehrbuch) bestimmt, die Selbsttätigkeit der Schüler ist auf die Rezeption der vorgegebenen Unterrichtsschritte reduziert, die Zusammenarbeit der Schüler zugunsten der Einzelarbeit und Einzelleistung mehr oder weniger ausgeschlossen.

Es ist deshalb nicht überraschend, wenn in früheren Schülergenerationen, in denen Frontalunterricht und Einzelarbeit monopolisierte Unterrichtsverfahren darstellten, eine entsprechende → KLASSENRAUMGESTALTUNG anzutreffen war. Wo wir sie heute noch vorfinden, stellt sie einen pädagogischen Anachronismus dar.

Ganz anders ist die Einzelarbeit in der → FREIARBEIT zu sehen und zu beurteilen. Hier soll der Schüler nicht nur über seine Aufgaben selbst entscheiden lernen, sondern auch über die Sozialform, in der er arbeiten will. Deshalb liegt die unterrichtsmethodische Führung des Lehrers hier gerade nicht in der Zuweisung von „bestimmten" Aufgaben und in der Anweisung einer bestimmten Sozialform. Vielmehr wird der Lehrer die sachliche und soziale Entscheidung seinen Schülern selbst überantworten und zugleich präsent sein, um sie in dieser und jener Hinsicht zu beraten.

2. Nicht immer wird von diesen Verfahren das → UNTERRICHTSGESPRÄCH deutlich abgegrenzt. In ihm wird die „Klasse" zur „Gruppe", das Lehrer-Schüler-Verhältnis zu einer anderen Art von Aufgabengemeinschaft (→ GEMEINSCHAFT).

Unterrichtsgespräche, die im Frontalunterricht geführt werden, könnte man als „geschlossene" bezeichnen. Sie werden vom Lehrer „straff" gelenkt. Das Hin und Her von Frage und Antwort bei Lehrer und Schüler soll sich ganz auf das Erreichen des für alle identischen Wissens- und Könnenszieles richten.

Dagegen ist es für ein „offenes" Unterrichtsgespräch kennzeichnend, dass eine komplexe Aufgabe als Sach- oder Wertproblem gemeinsam verhandelt wird. Von jedem einzelnen Schüler wird dabei erwartet, dass er in diesem Gespräch einerseits durch seine eigenen Meinungen, Argumente und Anschauungen die Aufgabe zu entfalten hilft und zu ihrer Lösung beiträgt, dass er andererseits auf die unterschiedlichen Gesprächsbeiträge seiner Mitschüler hört, sie mit seinen eigenen Gedanken und Äußerungen verbindet und auf sie eingeht, um so den „Prozess" des Gespräches in Gang zu halten. So ist das Unterrichtsgespräch offen für die einmalige Beziehung jedes einzelnen Schülers zur anstehenden Aufgabe.

Die Führung solcher Unterrichtsgespräche ist nach aller Erfahrung eine der schwierigsten unterrichtsmethodischen Aufgaben des Lehrers. Er muss vorbereitet sein, das heißt hier: Er muss die sachlichen Aspekte bedacht haben, die er als mögliche Beiträge der Schüler erwartet. Ebenso wichtig aber ist, dass der Lehrer im Gesprächsprozess nicht eine von ihm vorbedachte oder vielleicht sogar vorfixierte Reihenfolge der

Meinungen und Argumente von seinen Schülern erwartet. Es geschieht gar nicht so selten, dass beim Unterrichtsgespräch der erste Beitrag eines Schülers schon „den Nagel auf den Kopf trifft" und er schon die Lösung präsentiert. Es wäre aber einem Unterrichtsgespräch völlig unangemessen, wenn der Lehrer davon ausginge, dass jetzt bereits alle Schüler „soweit" sind, oder wenn er den Beitrag dieses Schülers zurückweisen würde, weil „man noch nicht soweit ist"; auch das geschieht nicht selten.

Die räumliche Organisation eines solchen Unterrichtsgespräches kann deshalb nicht beliebig sein. Wenn sie dem Sinn des Gespräches entsprechen soll, erfordert sie den Kreis, sodass jeder Schüler jeden anderen ansehen, anhören und ansprechen kann.

3. In diesen Zusammenhang gehört auch der Lehrervortrag vor der ganzen Klasse. Jeder Schüler und Lehrer weiß um seine Problematik. Sie beginnt dort, wo eine Lehrerdarbietung zum Monolog wird, in dem der Lehrer sich selbst gefällt oder die Schüler nicht einbezieht, oder wo er zum frontalunterrichtlichen Lehrschnellweg wird, auf dem der Lehrer möglichst rasch zu einem fixierten Ziel kommen will. Trotz solcher Deformationen ist der Lehrervortrag nicht überflüssig, sondern in seiner gelungenen Form für Schüler nachgerade unentbehrlich. Ob Erzählung oder Bericht, ob Darstellung oder Statement – in allen diesen Varianten geht der Lehrende selber den Weg, den sonst seine Schüler mit ihm im Unterrichtsgespräch gehen. Im Lehrervortrag fallen daher Methode als Aufgabe des Schülers und Unterrichtsmethode als Aufgabe des Lehrers zusammen (→ METHODIK).

Wegen seiner Nähe zum Unterrichtsgespräch finden wir den Lehrervortrag deshalb vornehmlich auch in derjenigen Unterrichtsform, in der es um spezifische Zusammenhänge geht: im → FACHÜBERGREIFEND-PROJEKTORIENTIERTEN UNTERRICHT. Hier hat der Lehrervortrag im Grunde in jeder Phase seinen Ort: als Einführung, als Einschub, als Exkurs, als Zusammenfassung, als Einleitung eines neuen Unterrichtsgesprächs.

4. *Gruppen- und Partnerarbeit* wollen der „Verschiedenartigkeit der Köpfe" auf neue Weise zu entsprechen versu-

chen. Unter unterrichtlichem Aspekt wird der Aktionsraum des einzelnen Schülers in der kleinen, überschaubaren Gruppe erheblich vergrößert und seiner Beziehung zu den Aufgaben werden vielfältigere Chancen eröffnet, die die der bisher genannten Verfahren deutlich überschreiten.

In der Partner- und Gruppenarbeit ist es immer wieder erstaunlich, welche Vielfalt an Gedanken und Anschauungen, Einsichten und Gestaltungsideen zutage tritt, ob in arbeitsgleicher oder arbeitsteiliger Form. Sie übersteigt oft das, was Unterrichtsgespräche mit der ganzen Klasse erbringen können. Oft arbeiten Schüler in der Partner- und Gruppenarbeit mit weitreichenderer Ausdauer, als das im Klassenunterricht möglich ist, strukturieren ihre Aufgaben dadurch neu und finden eigene Gliederungen, erweitern die Bezüge ihrer Aufgaben dabei gelegentlich in einem nicht geringen Ausmaß, gehen bei der Gestaltung ihrer Arbeit detaillierter vor. Auch die ästhetische Seite ihrer Arbeit ist ihnen oft nicht gleichgültig, sondern verrät in der Ausgestaltung durch Schrift, Skizzen, Zeichnungen, Bilder „viel Liebe". Darüber hinaus kommen diese Sozialformen gerade den Schülern entgegen, die sich im Klassenunterricht nicht oder nur selten zutrauen, ihre Beiträge, über die sie zweifellos verfügen, beizusteuern.

Die ganze Bedeutung der Gruppen- und Partnerarbeit erschließt sich allerdings erst, wenn wir sie unter erzieherischem Aspekt betrachten (→ ERZIEHUNG IM UNTERRICHT). Bereitschaft zur Zusammenarbeit ist oft von den Schülern nur mühsam zu gewinnen; das ist nicht verwunderlich, wenn man auf die entsprechende Haltung bei den Erwachsenen und auf den Selektionsmechanismus der Schule schaut.

Der doppelte Anspruch, der im Begriff der Kooperation liegt, bezieht sich auf der einen Seite darauf, dass die Sache, um die es geht, nicht durch sachfremdes Gerede und Geplänkel aus dem Blick gerät. Auch oder gerade in der Kooperation an einer Aufgabe müssen Schüler an dem methodischen Anspruch, der mit ihr gestellt ist, konsequent festhalten lernen.

Auf der anderen Seite steckt in diesem Ziel ein ganz bestimmter moralischer Anspruch. Es ist der kritische Respekt vor jedem Beitrag, den der einzelne in der Gruppe für das Gelingen der Gruppenarbeit leistet. Ihn als Beitrag eines Mitlernenden anzunehmen, ihn nicht schon deshalb zu verwerfen, weil es dieser andere ist, der ihn leistet, sondern ihn wohlwollend zu prüfen, ist eine soziale Aufgabe ersten Ranges in jeder Gruppen- und Partnerarbeit.

Gerade bei der Arbeit in diesen Sozialformen sind die Schüler auf die unterrichtsmethodische Hilfe des Lehrers angewiesen. Sie bezieht sich auf die Vorbereitung, den Prozess und den Abschluss der Gruppen- bzw. Partnerarbeit. Erst eine gegliederte und überschaubare Aufgabenstellung, das Wissen um die einzuschlagende Methode, um die vorhandenen bzw. benötigten → MEDIEN und die Übereinkunft in der Frage der Zeitdauer kann die Schüler in ihre relative Selbstständigkeit entlassen. Bei der Begleitung des Gruppen- und Partnerarbeitsprozesses spielt die → BERATUNG eine entscheidende Rolle.

Als besonders problematisch erweist sich immer wieder der Abschluss in diesem Unterrichtsverfahren, weil die Schüler einer bloßen Aneinanderreihung gleicher oder ähnlicher Ergebnisse schnell überdrüssig werden. Da kann es hilfreich sein, die Gruppen im Wechsel über ihr methodisches Vorgehen berichten und ihr Ergebnis vorstellen zu lassen, das die anderen ergänzen. So entsteht für die einzelnen Gruppen gerade in dieser Phase eine neue Aufgabe: Ihren Weg und ihr Ergebnis im Hinblick auf die vortragende Gruppe zu überschauen und über ihre besonderen Ergänzungen entscheiden zu lernen.

So ist am Ende das Urteil erlaubt, dass in der Partner- und Gruppenarbeit der erzieherische Aspekt einen Vorrang gegenüber den anderen Unterrichtsverfahren besitzt. Wer sie als Lehrer praktiziert, steht allerdings auch immer wieder vor dem besonderen Problem der verfügbaren Zeit. Die institutionellen Zeitregelungen in einer „Stundenschule", die sich im Hinblick auf die Gruppen- und Partnerarbeit oft genug als einschnürend erweisen, lassen diese Verfahren im Unterricht oft zurücktreten oder ganz verschwinden. Erst wenn es möglich ist, die verschiedenen Unterrichtsformen, ihre Zielsetzungen und Zeitstrukturen in der Schule deutlich voneinander abzugrenzen, und wenn damit das Bewusstsein von der Notwendigkeit der Erziehung im Unterricht einen neuen Stellenwert erhält, dürften auch die Verfahren der Partner- und Gruppenarbeit im Unterricht den Zeitraum erhalten, der ihnen unter erzieherischem Aspekt zukommt.

III.

Im Schulalltag kommt es sowohl auf die sinnvolle Verbindung der unterschiedlichen Unterrichtsformen als auch auf den aufgabenbezogenen Wechsel der Sozialformen an. Den Schülern muss sowohl individuelles als auch gemeinsames Lernen möglich sein. Insofern gibt es immer wieder Situationen, in denen die Schüler ebenso „nebeneinander" wie „miteinander" lernen; die Sozialverpflichtung des Lernens gebietet Lehrern und Schülern allerdings, darauf zu achten, dass es kein „Gegeneinander" gibt.

Auch im Hinblick auf die veränderten Lebensbedingungen in → KINDHEIT und → JUGEND kommt dem Miteinander-Lernen in der Gruppe eine hohe Bedeutung zu, und zwar in allen → SCHULFORMEN. Vom Lehrer ist hier möglicherweise gefordert, dass er seine überkommenen Vorstellungen vom → LEHRPLAN und der → LEISTUNGSBEURTEILUNG überdenken und modifizieren muss. Für die Auswahl der Unterrichtsinhalte bedeutet dies, dass das Prinzip der → EXEMPLARITÄT einen größeren Stellenwert erhält; für die Beurteilung der Schülerleistungen wird der Beitrag des einzelnen Schülers zur gemeinsamen Arbeit und zum Lernfortschritt der ganzen Gruppe zum entscheidenden Kriterium. Eine Herausforderung der kritisch begleiteten Selbsteinschätzung ist hierbei unerlässlich.

Viele Lehrer haben hier große Schwierigkeiten mit der Umdeutung ihrer Lehrerrolle. Sie sind deshalb schnell bereit, von gruppenunterrichtlichen Verfahren abzulassen, weil „doch nichts dabei herauskommt", „man dabei ja mit dem Stoff gar nicht durchkommt", „die Schüler sich ja doch nur streiten", oder „man sich als Lehrer irgendwie überflüssig vorkommt". Hier gilt es, immer wieder mit den Schülern den Sinn, den Ablauf und die Schwierigkeiten der Gruppenarbeit zu erörtern und ihnen selbsttätiges gemeinsames Lernen zuzutrauen.

Literatur

Meyer, H., UnterrichtsMethoden: Bd. I (Theorieband) und II (Praxisband). Frankfurt a. M. 1987

Spiel

Das Spielen können wir als besondere Ausprägung menschlicher Aktivität bezeichnen. Seine grundlegend-anthropologische Bedeutung erkennen wir daran, dass es weder alters- noch geschlechtsspezifisch, weder schichten- noch zeitabhängig ist. Seine Eigenart liegt darin, dass es seinen Zweck ausschließlich in sich selbst hat. Dieser Selbstzweck des Spiels soll im Prozess des Spielens glücken. Deshalb ist das Ergebnis eines Spiels für das Spielen auch nicht begründend, sondern allein die gelingende und glückende Aktivität des Spielers, die sich im Zusammenspiel mit anderen, gelegentlich auch mit sich selbst entfaltet.

Diese Entfaltung kennt viele unterscheidbare Formen, etwa die Bewegungs-, Lauf-, Versteck- und Suchspiele, die Puppen-, Marionettenspiele, die Stegreif-, Rollen- und Theaterspiele, die Tischgruppenspiele, schließlich die Spiele, in denen unterschiedliche Materialien zu Hilfe genommen werden, z.B. beim Bauen, Stellen und Legen.

Regeln und andere Vorgaben können das freie Spielen, in dem sich der Spieler seine Grenzen selber setzt, begrenzen. Entscheidend ist aber auch in den Regelspielen, dass jeder Spieler seine gestaltenden Kräfte erproben und sie so entfalten kann, dass das Spiel gelingt.

Wenn sich die Spieler diese Sinngebung des Spiels zugestehen, gegenseitig ermöglichen, macht ihnen das Spiel zugleich Freude ($\rightarrow$ EMOTIONALITÄT). Sie ist Ausdruck der Übereinstimmung mit sich selbst und den Mitspielern im Hinblick auf das Gelingen des Spiels als verbindendem Wert. Spielverderber sind deshalb immer diejenigen, die diese „erste" Spielregel missachten: Die sich nach vorn spielen, die sich nicht einordnen, sondern durchsetzen wollen, die „um jeden Preis" ein Spiel gewinnen wollen, die aus einem Spiel ausscheren oder es abbrechen, wenn es nicht in ihrem Sinne glückt, die mit dem Spielzeug verunstaltend umgehen.

II.

In diesem Kennzeichen wird bereits der erzieherische Charakter des Spielens deutlich. Ist es frei von „anderen" Zwecken, bedeutet es eine Sinnverkehrung, wenn Lehrer dem Spiel offen oder verdeckt „bestimmte" Erwartungen unterstellen. Denn im gelingenden Spiel lernt man „nichts" und zugleich doch alles, was zur individuellen und gemeinsamen Auseinandersetzung mit zielbestimmten Aufgaben grundlegend ist: Sich zu konzentrieren, aufzupassen, sich zu- und einzuordnen, einfallsreich und geschickt zu sein usw. Wenn → ERZIEHUNG nicht nur die Sinnrichtung allen Unterrichts, sondern zugleich dessen Voraussetzung ist, wird gerade am erzieherischen Charakter des Spiels sein Wert für aufgaben- und zielgerichtete Lernprozesse deutlich.

In diesem Zusammenhang tauchen immer wieder die sog. → LERNSPIELE auf. Lernspiele sind didaktische Materialien, deren Zielsetzung im Erwerb, insbesondere aber in der → WIEDERHOLUNG und → ÜBUNG von Kenntnissen und Fertigkeiten liegt. Der Spielcharakter ist hier „Mittel zum Zweck". Er hat seinen Grund einmal in dem Umstand, dass grundlegende Kenntnisse und Fertigkeiten kontinuierlicher Wiederholung und Übung bedürfen, zum anderen in der Tatsache, dass diese Lernprozesse oft lästig und auf die Dauer langweilig sind. Die spielerische Einkleidung hat also lediglich einen psychologisch-motivationalen Sinn. Beim Lesenlernen, in der Rechtschreibung und Grammatik, beim Rechnen, darüber hinaus bei Aufgaben anderer Fächer mit der genannten Zielsetzung erfüllen Lernspiele einen sinnvollen Zweck. Sie haben deshalb auch durchaus ihren legitimen Ort im Unterricht, auch in der → FREIARBEIT. Bedenklich wird es allerdings immer dann, wenn die manipulierende Absicht einer „Lernüberlistung" dominiert und die kindlichen Spielwünsche für ein Kaschieren des schulischen Leistungsdrucks ausgenutzt werden.

Ähnlich verhält es sich bei der immer wieder zu hörenden Rede vom „spielenden Lernen", bei dem oftmals durch eine „spielerische" Einkleidung der Lernaufgaben ihr eigentlicher Aufgabencharakter verschleiert werden soll. Die Erfahrung zeigt, dass Kinder rasch die Absicht durchschauen und sowohl für das Spiel als auch für das Lernen verstimmt sind.

Bis zum Zeitpunkt der *Schulfähigkeit* ist das Spiel die angemessene Methode für Kinder, sich mit allen möglichen Gegebenheiten ihres Erlebens und Lebens auseinander zu setzen. In den vielfältigen Formen des Spielens lernen sie dabei vieles aus unserer gegenständlichen und sozialen Kultur. Der Lebensraum der Familie, der heute notwendigerweise durch den Kindergarten ergänzt und erweitert wird, bietet ihnen eine Vielfalt von Anlässen. Dennoch sind die inhaltlichen Gegebenheiten, die v. a. im Kindergarten fürsorglich geplant und den Kindern vermittelt werden, für die Kinder nicht maßgeblich. Maßgeblich sind für sie allein die Möglichkeiten spielender Auseinandersetzung mit ihnen, d. h. die Bildung jener Grundlagen, die für schulisches Lernen eine notwendige Voraussetzung darstellen.

Schulfähigkeit ist demgegenüber eine neue Haltung. Sie ist dadurch definiert, dass die Kinder jetzt lernen wollen, „bei der Sache zu bleiben" und ihre Aufgaben bis zu Ende zu führen. Das weiß jeder Lehrer aus eigener Erfahrung in der Grundschule. Das Ziel der jeweiligen Aufgabe wird nun ausdrücklich in die Tätigkeit einbezogen, wenn die Schüler im → ERSTUNTERRICHT auch noch unsicher sind, ob sie es „richtig gemacht" haben.

Diese Aufgaben- und Zielbezogenheit grenzt einerseits das fachlich differenzierte Lernen im Unterricht vom Spiel deutlich ab. Andererseits ist das zielbestimmte Lernen nur die eine Seite, die den → UNTERRICHT pädagogisch qualifiziert. Die Kehrseite liegt darin, dass Unterricht nur dann seinen erzieherischen Sinn erfüllt, wenn er auf dem Wege der → SELBST-TÄTIGKEIT der Schüler den Selbstzweck ihrer → BILDUNG verfolgt. Diese Kehrseite des Unterrichts verbindet ihn mit dem Spiel, das hier seinen ästhetischen Charakter deutlich zeigt. Erst wenn auch im zielbestimmten Unterricht der ästhetische Aspekt des Lernens bestimmend bleibt, wird er „ganz"; das erinnert an das Wort Schillers, dass der Mensch nur dort ganz sei, wo er spielt.

Damit ist am Ende zugleich abgewehrt, das Spiel sei einer bestimmten Altersstufe oder → SCHULFORM vorbehalten. „Spielend lernen" müssen Schüler in diesem Sinne immer. Zugleich wird daneben aber auch dem Spiel um seiner Eigenwertigkeit willen in der Schule eine entsprechende Aufmerksamkeit und Pflege zukommen müssen.

III.

Die Aufgabe, den Stellenwert des Spielens im Schulalltag angemessen zu berücksichtigen, stellt sich heute der Schule in bisher nicht gekannter Dringlichkeit. Den → PAUSEN, die den Schülern das freie Spielen ermöglichen, wird bisher vornehmlich eine unterrichtsfunktionale Bedeutung zuerkannt und selbst im Aufgabenzusammenhang des Sportunterrichts steht für das Spielen nur ein begrenzter Zeitraum zur Verfügung.

Die Lebenswelt unserer Kinder und Jugendlichen bietet aber drinnen und draußen immer weniger spielerische Explorationsmöglichkeiten. Bei vielen Kindern ist der Bezug zur gegenständlichen und sozialen Welt – ebenso wie die Handlungs- und Spielweisen überhaupt – in bestürzender Weise eingeschränkt, z.B. zu Tieren, Pflanzen, Wasser und Erde, aber auch zu Mitspielern. Es fehlen elementare, nicht-mediatisierte Erfahrungen, z.B. mit anderen alles Mögliche zu bauen, Feuer zu machen, Schiffe herzustellen, Wasser zu stauen und umzuleiten, Tiere zu beobachten, einfache Werkzeuge zu gebrauchen und vieles mehr, darüber hinaus das alles mit anderen in relativ „natürlichen" Spielräumen tun zu können (→ KINDHEIT, → JUGEND).

Zudem werden Kinder heute so vielfachen Angeboten ausgeliefert, dass sie sich oft kaum auf ein Spiel konzentrieren können. Immer mehr Kinder kommen in die Grundschule, die nicht oder nur kurze Zeit spielen können oder die durch Aggressionen das Spiel der anderen stören, falls sie in der Schule überhaupt Gelegenheit zum Spielen haben.

Darüber hinaus scheint in unserer leistungsorientierten Gesellschaft bei der Erwachsenengeneration das erzieherische Verständnis für das Kinderspiel immer noch unterentwickelt zu sein. Die Zeit, selbst mit Kindern zu spielen, ist knapp und in der freien Zeit konkurriert das Spielen mit anderen Pflichten, Aufgaben, Ablenkungen und Verführungen. Eltern reagieren deshalb oft sehr skeptisch, wenn sie hören, dass ihre Kinder in der Schule gespielt haben. Die Monotonie des Alltags, der Arbeit und die Routine im geforderten Rollenverhalten lässt ihnen das Spiel angesichts der schulischen Pflichten ihrer Kinder irrelevant erscheinen (→ FUNKTIONEN DER SCHULE).

Für die Schule, vor allem für die Grundschule, ergibt sich daraus die Konsequenz, dem Spiel in den verschiedenen Formen neben seiner Bedeutung für das Lernen auch eine bedeutsame kompensatorische Rolle zuzubilligen. Dazu fehlen aber heute der Schule in der Regel die institutionellen Voraussetzungen. Sie werden erst mit einer anderen Zeitstruktur eher gegeben sein (Volle Halbtagsschule, → GANZTAGSSCHULE), in der feste Zeiten des Spielens vorzusehen sind: die Spielpause und die Spielstunde. Andere Voraussetzungen beziehen sich auf die Gestaltung des → KLASSENRAUMS, die Schulanlage und auf die Betreuung und Anleitung der Schüler. Schließlich bedarf die Spielpflege eines differenzierten Angebots an Spielzeug. Allerdings dürfen Lehrer nicht erwarten, dass die Schüler nur oder gerade immer dann spielen wollen, wenn der Stundenplan dies vorsieht. Deshalb kann das Einbeziehen des Spiels auch ein Beitrag zur Öffnung des Unterrichts sein.

Auf diese Weise kann die Spielfähigkeit als wichtiges Element der Lebensgestaltung gefördert und das Spielerleben in die schulische Lern- und Lebenswelt einbezogen werden. Wenn der Raum der Schule eine sowohl lern- als auch spielanregende Umwelt darstellt, wird sich das auch wohltuend auf die gesamte Atmosphäre in der Schule auswirken.

Literatur

Flitner, A.: Spielen – Lernen. Praxis und Deutung des Kinderspiels. München 1972

Synthese

I.

Der Lernprozess des Schülers weist ungeachtet der konkreten unterrichtsmethodischen Gestaltung durch den Lehrer eine grundlegende methodische Struktur auf (→ METHODIK). Ausgangspunkt des Lernens ist allemal ein bereits vorhandenes begriffliches (Vor-)Wissen und ein anschauliches (Vor-)Urteil über das zu Erlernende. Beide Aspekte sind zusammengenommen für die → MOTIVATION des Schülers ausschlaggebend. Sachwissen und Werturteil werden im Prozess des Lernens differenziert, erweitert und zu einem nach Wissen und Einstellung zwar unterscheidbaren, zugleich aber einem einheitlichen Lernergebnis geführt. Die Aufgabe des Schülers, sein Wissen und seine Haltung, seine Einsicht und sein Urteil im Lernen zusammenzubringen und als Einheit zusammenzuhalten, wird als Synthese bezeichnet.

Wegen ihrer für den Lernprozess grundlegenden Bedeutung gilt die Synthese als ein Prinzip des Lernens. Wo im Unterricht dieses Prinzip nicht berücksichtigt, dem Schüler also keine Möglichkeit eingeräumt wird, den Prozess seines Lernens selbst zu überschauen und die gewonnenen sachlichen Einsichten im Hinblick auf ihre Haltungs- und Handlungsrelevanz selbst zu beurteilen, bleibt das Lernen defizitär. Da die Aufgabe der Synthese mit bestimmten Ansprüchen an die unterrichtsmethodische Gestaltung des Lernprozesses durch den Lehrer verknüpft ist, ist es gerechtfertigt, von einem → UNTERRICHTSPRINZIP zu sprechen.

II.

Die Aufgabe der Synthese wird in der Unterrichtspraxis nicht immer in ihrer grundlegenden Bedeutung für das Lernen gesehen. Häufig wird sie nur verkürzt, d.h. im Sinne eines zeitlichen Abschlusses des Unterrichts aufgefasst, in dem es bloß darum geht, das fachliche „Ergebnis" des Unterrichts zu sichern. Mit dieser Absicht wird oft ein Arbeitsblatt zum Fixieren des Erarbeiteten eingesetzt, auf dem „Merksätze" notiert werden, die sich die Schüler einprägen und künftig präsent halten sollen. Solche Arbeitsblätter beinhalten für die Schüler aber keine neue Aufgabe, da sie den Prozess des Lernens nicht im Sinne einer Zusammenfassung von Einsicht und Urteil fortführen, sondern nur einen bereits beschrittenen Lernweg noch einmal gehen.

Entsprechendes gilt häufig auch für die Vertiefungs- und Festigungsbemühungen des Lehrers am Ende einer Unterrichtsstunde, die darauf angelegt sind, die Stunde „irgendwie" abzurunden und nur auf die Sicherung des „stofflichen" Ertrags zielen. Sie verfehlen den pädagogischen Sinn der Schlussphase, wenn sie den Schüler nicht zur wertenden Stellungnahme herausfordern, ihm also nicht die Chance zur Beurteilung seines gewonnenen Wissens einräumen. Das bloße Abschreiben des Tafelbildes ins Heft, das wiederholte Vorlesen eines bereits behandelten Buchtextes, das Übertragen abgeschlossener Arbeitsergebnisse auf eine Overheadfolie, all dieses verkommt zum „Mechanismus", wenn die Frage nach der gegenwärtigen und künftigen Haltungs- und Handlungsbedeutsamkeit nicht zugleich aufgeworfen wird (→ WERTORIENTIERUNG).

In der Regel wird eine solche Wertfrage am Ende einer Unterrichtssequenz bzw. -einheit fällig, da man in logischer Hinsicht erst etwas wissen muss, bevor man darüber urteilen kann. Allerdings muss betont werden, dass die Synthese zwar in logischer Hinsicht den Abschluss eines Lernprozesses bildet, ihr Anspruch aber dennoch zu jedem Zeitpunkt eines Lernprozesses gilt. Denn jeder methodische, d.h. analytische Lernschritt klärt nicht nur den jeweiligen Einzelaspekt eines Sachverhalts, sondern klärt auch das vorliegende Verständnis des Aufgabenzusammenhangs, steht also allemal schon in Relation zur „abschließenden" Synthese. Unter ihrem Anspruch ist der Schüler daher zu jedem Zeitpunkt gefordert, nach dem „Ende" seines Lernens als Einheit von Einsicht und Urteil, von Wissen und Haltung zu fragen.

Der pädagogische Anspruch der Synthese steht deshalb in Relation zu den anderen Prinzipien des Unterrichts (→ ANSCHAULICHKEIT, → SELBSTTÄTIGKEIT, → KONZENTRATION). Jedes Prinzip ist nur sinnvoll im Zusammenhang mit den anderen zu denken, keines ist aus dem Gesamtzusammenhang herauszulösen. Alle Prinzipien beanspruchen Geltung für jeden Zeitpunkt des Unterrichtsprozesses; gleichwohl kommt ihnen in den verschiedenen Phasen des Unterrichts eine je unterschiedliche Bedeutung zu. So wird die Frage der Anschaulichkeit der Aufgaben Schüler und Lehrer vorrangig in der zeitlichen Anfangsphase des Unterrichtsprozesses beschäftigen, in der Erarbeitungsphase wird die Frage der methodisch/fachlich differenzierten Selbsttätigkeit und der Konzentration der Fragestellungen vorherrschend sein, und in der Schlussphase des Unterrichts gilt das Interesse im Wesentlichen der zusammenfassenden Synthese (→ UNTERRICHTSPHASEN).

III.

In der *Schlussphase* des Unterrichts wird daher die Synthese zu einer ausdrücklichen Aufgabe. Konkret wird der Schüler die Frage für sich zu klären haben, welchen Wert die Aufgabenlösung für sein Leben hat, und er wird sich fragen, für welche Handlungsnormen er sich in Anbetracht des Gelernten künftig entscheiden soll. Das sachlich Erkannte bzw. Gelernte verweist bei dieser Einschätzung somit auch auf weiteres Lernen. Denn die gewonnenen Anschauungen über die Sache werfen wiederum neue fachliche Fragen auf. So wird sich der Schüler fragen, was er unter den erkannten sachlichen und sittlichen Ansprüchen noch methodisch wiederholen, erproben, prüfen, anwenden, übertragen und üben soll. In der Synthese fallen daher – wie in den anderen Prinzipien auch – erzieherischer und unterrichtlicher Aspekt zusammen.

Alles, was an unterrichtsmethodischen Entscheidungen im Hinblick auf die Aufgabe der Synthese im Unterricht fällig wird, muss sich in pädagogischer Perspektive an diesem Anspruch messen lassen (vgl. die Skizze im Stichwort → METHODIK).

Die → WIEDERHOLUNG des Gelernten in anderen Aufgabenzusammenhängen dient daher nicht nur der Sicherung, Festigung oder Vertiefung des fachlichen Wissens im Bewusstsein des Schülers, so wichtig das auch im Hinblick auf die Erfüllung der → FUNKTIONEN DER SCHULE sein mag. Vielmehr geht es in pädagogischer Rücksicht gerade auch darum, einen neuen (Handlungs-)Kontext zu schaffen, in dem der Schüler sein Wissen bewähren, es überschauen und im Hinblick auf sein gegenwärtiges und zukünftiges Handeln beurteilen kann. Die *Anwendung* des Gelernten in neuen Aufgabenkontexten, der *Transfer* auf andere Situationen stellen deshalb synthetische Aufgaben dar, die so zu konzipieren sind, dass sie auch das Werturteil der Schüler provozieren und ermöglichen.

Auch den Klassenarbeiten, Tests, Leistungskontrollen und Klausuren als Formen der → PRÜFUNG kommt über ihre funktionale Rolle hinaus eine pädagogische Bedeutung zu. Unter dem Prinzip der Synthese haben sie die Aufgabe, dem Schüler bei der Selbsteinschätzung und Selbstbeurteilung seines Wissens und Könnens zu helfen. Sie sind deshalb so zu entwerfen, dass sie tatsächlich die vermuteten Fähigkeiten und Kenntnisse des Schülers herausfordern und hervorrufen, damit die Schüler an der Bearbeitung der mündlichen und schriftlichen Prüfungsaufgaben ihre „positiven" Leistungsgrenzen erfahren und erleben können. Das gelegentlich anzutreffende penetrante Vor-Augen-Führen von „negativen" Grenzen, das „Herumbohren" nach dem, was der Schüler mit Sicherheit nicht weiß, stellt eine Fehlform der Prüfung dar, da sie den Schüler nur entmutigen, aber nicht zum begründeten Selbsturteil führen kann. Deshalb verfehlt auch jegliche Form der Prüfung ihren pädagogischen Sinn, wenn ihr nicht eine ausführliche Beurteilung durch den Lehrer folgt, die dem Schüler hilft, sich selbst einzuschätzen und zu beurteilen (→ LEISTUNG/LEISTUNGSBEURTEILUNG). Dabei gewinnt auch der Lehrer Hinweise für die weitere Arbeit.

Literatur

Pöppel, K.G.: Unterrichten – Grundzüge und Gestaltungsformen des Lehrens und Lernens. Hildesheim – Zürich – New York 1992

Übung im Unterricht

I.

Die Übung gehört zu den Formen des Lernens, die man als → SYNTHESE bezeichnen kann. Fasst man sie als eine besondere Art der → WIEDERHOLUNG von bereits Gelerntem auf, wird man sich zunächst ihrer Besonderheit vergewissern müssen. So ist z.B. zu fragen, ob es angemessen ist, das Interpretieren eines lyrischen Gedichts ebenso zu üben wie das Addieren von Brüchen, das Verstehen der russischen Oktoberrevolution ebenso wie das Farbenmischen, das Erleben von Dunkelheit und Licht ebenso wie die Kommaregeln bei Satzreihen und Satzgefügen, das Formulieren eines Friedensgebets ebenso wie das Aussprechen des „th" im Englischunterricht, das Bewerten einer moralischen Handlung ebenso wie das Rechtschreiben von ei und ai, das Lösen eines Konflikts ebenso wie das „flüssige" Lesen.

Dehnt man den Begriff der Übung auf alle Aktivitäten des Lernens aus, wie es gelegentlich geschieht, führt dies am Ende nur zu der nichtssagenden Redensart: „Das (Schul-)Leben ist eins der schwersten; aber es übt ungemein!" Will man jedoch diesem Formalismus entgehen, bei dem jeglicher Eigen-Sinn der Übung verloren geht, muss man notwendigerweise nach der besonderen Struktur der Aufgaben und den mit ihr verbundenen Zielen fragen, die das Üben ermöglichen bzw. erforderlich machen (→ ZIELE IM UNTERRICHT).

Vom Üben zu reden ist offenbar nur dort sinnvoll, wo es um Aufgaben geht, die durch Regelhaftes oder Gesetzmäßiges gekennzeichnet sind, das man zuvor eingesehen und erkannt hat. Werden derartige Aufgaben (immer wieder) wiederholt, bilden sich Fertigkeiten aus, die man beherrscht (→ LEHR- UND LERNTECHNIKEN). Das Ziel ist in jedem Falle ein „bestimmtes" Können. Über dieses Können will man „mit Sicherheit" verfügen oder es noch steigern. Es soll „geläufig" und „ohne weiteres abrufbereit" sein. Der Komponist Johannes BRAHMS soll einmal gesagt haben: „Wenn ich einen Tag nicht übe, dann merke ich es selbst; wenn ich zwei Tage nicht übe, merken es meine Freunde; wenn ich drei Tage nicht übe, merkt es das Publikum."

Eine solche Definition der Übung macht es eigentlich überflüssig, sie noch durch weitere bildhafte Ausdrücke, z.B. „Einprägen", „Festigen", „Vertiefen", zu ergänzen. Anders ist es, wenn mit der Übung der Begriff der *Anwendung* verbunden wird. Das ist deshalb nahe liegend, weil Ziel und Effekt von Übungen, eben die Fertigkeiten, sich in ihrem Wert erst im Zusammenhang mit Aufgaben erweisen, für deren Lösung sie eine notwendige Bedingung darstellen. Wenn z.B. Faschingsmasken gestaltet werden sollen, müssen dabei unterschiedliche Fertigkeiten angewandt werden; andernfalls gelingt die ästhetische Gestaltung nicht. Für alle Aufgaben und Lernprozesse, die mehr intendieren als Erarbeitung, Übung und Anwendung von Regeln und Gesetzmäßigkeiten, gilt darüber hinaus, dass in ihnen jeweils bestimmte Fertigkeiten immanent wiederholt und geübt werden.

II.

In dieser Besonderheit der Übung stecken eine bildungstheoretische und eine unterrichtsstrukturelle Konsequenz.

Was Schüler üben, hat keinen Selbstwert. Das Schreiben einer Bewerbung nach einem bekannten Muster, das Skizzieren von Ländergrenzen, die Handhabung eines Mikroskops, das Greifen von Akkorden auf der Gitarre, der Umgang mit Chemikalien: Alles Geübte erweist seinen Wert erst bei der Lösung neuer, weiterreichender Aufgabenzusammenhänge. „Ausgebildete" Fertigkeiten entlasten dann die Schüler davon, sich bei anstehenden Erkenntnis-, Verstehens- und Gestaltungsleistungen erst deren instrumentelle Voraussetzungen erarbeiten zu müssen.

Dazu steht nicht im Widerspruch, dass Schüler – nicht nur in der Grundschule – sich am Ende von Übungen über ihr Können freuen, es also durchaus als „Selbstwert" einschätzen. Diese Freude entspringt dem Erlebnis der Selbstsicherheit angesichts der eigenen Übungsleistung. Schüler wissen zugleich, dass sich diese Sicherheit bei „neuen" Aufgaben bewähren muss. Aber das „Können" des Geübten stärkt ihr Selbstvertrauen im Hinblick auf eben diese Aufgaben.

Auf dieser Grundlage können wir der Übung ihren Ort innerhalb des Unterrichts und seiner Struktur zuweisen (→ UNTERRICHTSFORMEN). Zum einen kommt kein Fach ohne diese Lernform aus; in jedem Fach sind „bestimmte" Fertigkeiten notwendig, die facheigener Art sind; z.B. der „gekonnte" Umgang mit Arbeitsmitteln im Physik-, Technik- oder Musikunterricht. Zum anderen begegnen uns in allen Fächern fachübergreifende Fertigkeiten, von denen die sog. Kulturtechniken besonders hervorstechen. Da aber z.B. die Lesefertigkeit keine spezifische Aufgabe des Religions- oder Sachunterrichts ist, haben diese grundlegenden Fertigkeiten ihren besonderen Ort in bestimmten Fächern (Deutsch-, Fremdsprachen-, Mathematikunterricht). Ihr Stellenwert wird darin deutlich, dass ihnen in diesen Fächern viel Unterrichtszeit und Kraft gewidmet wird (→ LEHRGANGSORIENTIERTER UNTERRICHT). Das schließt aber für den Lehrer anderer Fächer nicht aus, auch in seinen Fächern für diese grundlegenden Fertigkeiten mitverantwortlich zu sein.

Die spezifische Bedeutung des Übens als „Vorleistung" führt immer wieder zu ihrer Randstellung in der Unterrichtstheorie und zur Geringschätzung in der Unterrichtspraxis. Darüber hinaus gerät das Üben durch die Abhängigkeit des Unterrichts und seiner Ziele von bestimmten außerpädagogischen Interessen in ein Spannungsverhältnis, wenn gesellschaftliche Gruppen ihren Einfluss auf die Schule „mit Macht" artikulieren und gruppenspezifische Forderungen erheben, z.B. nach mehr Ausbildung und Leistung in Bezug auf Kenntnisse und Fertigkeiten. Folgt der Unterricht bruchlos solchen Erwartungen, wird auch das Üben funktionalisiert und vorrangig auf den Erwerb instrumenteller Qualifikationen zum innerschulischen Weiterkommen und zur nachschulischen Verwertbarkeit ausgerichtet.

Das soll schließlich nicht davon ablenken, dass das Üben auch innerhalb der Schule in Gefahr steht, seinen spezifischen Stellenwert einzubüßen. Das geschieht, wenn täglich oder stündlich neue Unterrichtsinhalte eingeführt werden, ohne dass ein genügender Zeitraum für das Üben und die anderen synthetischen Formen des Unterrichts eingeplant wird.

Übungen sind zwar lästig und oft langweilig. Aber es ist

nicht legitim, sie als bloße Erfüllung schulischer Funktionen, als Fremdbestimmung durch den Lehrer, als mechanischen Drill oder als Widerspruch zu den sog. Bedürfnissen der Schüler zu disqualifizieren. Auch Schüler müssen lernen, diese Last zu erkennen und auszuhalten. Sie kann aber zugleich durch den Lehrer in erträglicheren Grenzen gehalten werden.

III.

Dazu empfiehlt es sich zunächst, Übungsleistungen zu begrenzen und zu strukturieren. Eine Reduktion der Übungsinhalte einerseits, eine schrittweise Steigerung der Schwierigkeitsanforderungen andererseits gehört zur didaktischen Planung von Übungsaufgaben (→ DIDAKTIK). Da es bei vielen Übungen um vereinzelte und isolierbare Inhalte geht, z.B. in der Rechtschreibung, erleichtert und fördert ihre Einbettung in Sinnzusammenhänge den Schülern das Üben.

Darüber hinaus wird bei der Planung von Übungen auch der Aspekt der → DIFFERENZIERUNG immer wieder einbezogen werden müssen. Eine Individualisierung des Übens wird den Schülern auch in der Unterrichtsform der → FREIARBEIT ermöglicht.

Dieser Aspekt führt zu einigen unterrichtsmethodischen Hinweisen (→ METHODIK). Übungen sind für Schüler oft dann wenig motivierend, wenn sie sich in eintöniger Weise wiederholen. Gerade weil Übungsziele eine gewisse Regelmäßigkeit ihrer Wiederholung verlangen, kommt der unterrichtsmethodischen Variation des Übens eine große Bedeutung zu. Hier ist der Einfallsreichtum des Lehrers das beste Gegengewicht gegen Monotonie und Rigidität. In diesen Zusammenhang gehört auch die Einkleidung von Übungen in spielerische Formen und Lernspiele (→ SPIEL).

Bei aller notwendigen Regelmäßigkeit spielt die zeitliche Begrenzung der Übungsphasen eine wichtige Rolle. Für Lernerfolge sind kurze Übungsphasen ertragreicher. Bestimmte Übungsregeln können im → KLASSENRAUM sichtbar gemacht werden. Unter diesem Aspekt können auch Übungsgegenstände, die gerade geplant sind und die Übungsphasen ausfüllen, durch Bilder, Zeichen und Symbole anschaulich präsent gehalten werden. Die Einführung einer zusätzlichen Unterrichts-

344

stunde „Übendes Lernen" erscheint wegen der weitergreifenden Kontinuität des Übens wenig sinnvoll.

Voraussetzung und deshalb vorrangig gegenüber allen didaktischen und methodischen Überlegungen ist das erzieherische Bemühen des Lehrers um die Übungsbereitschaft der Schüler (→ ERZIEHUNG IM UNTERRICHT). Der Lehrer fördert diese Bereitschaft zunächst einmal durch die Art und Weise, wie er Übungen im Unterricht gestaltet. Daran erkennen die Schüler, dass er ihr Üben ernst nimmt. Möglicherweise können sie sich darüber sogar freuen, wenn die Übungen dem Lehrer selber Freude bereiten. Ist der Lehrer an den Übungserfolgen jedes einzelnen Schülers interessiert, wird er anregen, bei den Übungen jedes nur erdenkliche Hilfsmittel – einschließlich der Mitschüler! – zu gebrauchen. Darüber hinaus wird er auch geringe Erfolge anerkennen, dadurch die Übungsbereitschaft der Schüler zu steigern hoffen und das Gegenteil – Angst oder Blamage durch den Hinweis auf Zensuren oder durch ständige Vergleiche – vermeiden (→ SCHULANGST, → LEISTUNGSBEURTEILUNG). Möglicherweise müssen auch die Lehrpläne nach dem Grundsatz „Nicht *mehr,* sondern *gründlicher* lernen" durchforstet werden (→ EXEMPLARITÄT).

Schließlich sind Übungen unter pädagogischem Aspekt nur dann sinnvoll, wenn jeder Schüler selbst ermessen kann, „wie er steht", damit an der Grenze zwischen Können und Nichtkönnen seine Übungsbereitschaft einsetzt. Dies gebietet, die Anzahl der notwendigen schulischen Kontrollen von Übungsleistungen und ihre Zensierung möglichst gering zu halten.

> Fragt ein Tourist einen Passanten in Berlin: „Wie, bitte schön, kommt man hier zur Philharmonie?" „Üben, üben, üben …!"

Literatur

Odenbach, K.: Die Übung im Unterricht. Braunschweig [5]1969

Unterricht

I.

Unterricht bezeichnet den Prozess der Aneignung und Differenzierung von Wissen unter dem Aspekt der Führung. „Wissen" ist dabei als allgemeine Bezeichnung für die Vielfalt von Kenntnissen, Fertigkeiten, Fähigkeiten, Erkenntnissen und Einsichten zu verstehen, die der Mensch mit Hilfe unterrichtlicher Führung erlernt. Unterrichtsprozesse sind in vielfältigen interpersonalen Beziehungsverhältnissen anzutreffen, etwa der Familie, im Kindergarten, in der Schule, aber auch außerhalb von Institutionen unter Freunden wie unter Fremden. Unterricht findet überall dort statt, wo Menschen sich gegenseitig unterweisen, sich etwas erklären oder klarmachen, wo sie Antworten auf Fragen geben, Informationen und Argumente austauschen. Dabei kann jeder denkmögliche Gegenstand zum Unterrichtsgegenstand werden. Entscheidend für das Zustandekommen eines Unterrichtsprozesses, ist allein das gegenstandsbezogene *Lernen*wollen auf der einen und das gegenstandsbezogene *Lehren*wollen auf der anderen Seite. Beides zusammen begründet ein → LEHRER-SCHÜLER-VERHÄLTNIS.

Da das erlernte Wissen zu einer Person gehört, die über ihren „Wissensbesitz" verfügen, d.h. darauf bezogen urteilen und handeln kann, ist jeder Unterrichtsprozess unweigerlich auch mit dem Erwerb und der Differenzierung von Einstellungen und Haltungen verbunden. Diese „Kehrseite" des Unterrichts wird meist als → ERZIEHUNG bezeichnet. Unterricht und Erziehung sind als untrennbare Aspekte des pädagogischen Prozesses anzusehen, die sich allenfalls in theoretischer Hinsicht unterscheiden lassen. Deshalb stellt der Begriff Unterricht bereits eine spezifisch eingegrenzte Betrachtungsweise des unter Menschen stets möglichen pädagogischen Prozesses dar.

In der → SCHULE treffen wir auf den Sonderfall des institutionalisierten Unterrichts, bei dem das Lehrer-Schüler-Verhältnis durch vorgegebene Rollen und der Unterrichtsprozess durch organisatorische und normative Regelungen weitgehend festgelegt ist. Der Schulunterricht ist in der Regel (heute noch) vorrangig an der Vermittlung von Wissen und Fertigkeiten orientiert. Wenn jedoch der untrennbare Zusammenhang von Unterricht und Erziehung in der Schule ausdrücklich hervorgehoben werden soll, wird von → ERZIEHUNG IM UNTERRICHT bzw. vom „Erziehenden Unterricht" (HERBART) gesprochen.

II.

Es ist immer wieder versucht worden, eine allgemeingültige Definition für „Unterricht" zu finden. Solche Definitionsversuche reichen von der Auffassung HERBARTs, dass es sich beim Unterricht um eine „ästhetische Darstellung der Welt" handele, die der „Erweiterung der Erfahrung und des Umgangs" diene, bis zur pragmatischen Feststellung von HEIMANN, dass es im Unterricht immer darum gehe, „irgendwelche Gegenstände in bestimmter Absicht und in bestimmten Situationen in den Erkenntnis-, Erlebnis- und Tätigkeitshorizont von Kindern und Jugendlichen zu bringen, wobei man sich bestimmter Verfahrensweisen und Medien bedient". Je nach wissenschaftstheoretischer Sichtweise entsteht durch die Definitionsversuche eine bestimmte Interpretation vom Unterricht und seiner Aufgabe. Dementsprechend unterschiedlich sind die korrespondierenden Didaktischen Theorien (→ DIDAKTIK) geartet, die die verschiedenen Strukturmomente des Unterrichtsprozesses näher zu bestimmen suchen.

Allen Definitionsversuchen und Interpretationen des Unterrichts ist jedoch gemeinsam, dass sie zumindest Schüler, Lehrer und Gegenstand in eine aufgabenhafte Beziehung setzen. Am bekanntesten ist das sog. „Didaktische Dreieck", bei dem die Interdependenz der drei Momente herausgestellt wird:

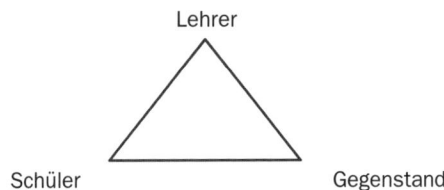

Die gegenseitige Verwiesenheit von Seiten und Ecken des Dreiecks soll anzeigen, dass die unterrichtliche Auseinandersetzung von Schüler und Lehrer immer im Hinblick auf einen Gegenstand stattfindet, der Lehrer sich im Hinblick auf den Schüler mit dem Gegenstand auseinandersetzt und die Auseinandersetzung des Schülers mit dem Gegenstand in Anbetracht eines Lehrers erfolgt. Allerdings besagt diese Figur noch nichts über die spezifische Eigenart der unterrichtlichen Auseinandersetzung, da die unterschiedlichen Aufgaben von Schüler und Lehrer nicht deutlich werden.

Aufschlussreicher ist die Abwandlung des Dreiecks durch PETZELT. Er ersetzt die äußeren Dreieckslinien durch Pfeile, die die Richtung und den Ansatzpunkt der unterschiedlichen Aktivitäten signalisieren. So werden die gegenstandsgerichtete Schüleraktivität und die darauf gerichtete Führung des Lehrers, die als Lehreraktivität verstanden werden kann, als Aufgaben deutlicher unterschieden: Der Schüler setzt sich mit einem (Unterrichts-)Gegenstand auseinander, wobei der Lehrer hilft, den Prozess dieser Auseinandersetzung anzustoßen, durchzuhalten und erfolgreich zu Ende zu bringen.

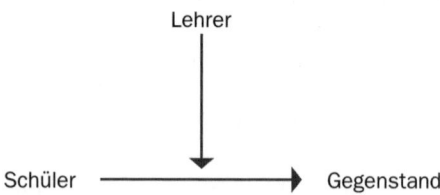

Alle Definitions- und Schematisierungsversuche wollen zunächst nur das Phänomen des Unterrichts, sein „Ist", erfassen. Sie lassen sich als Versuche verstehen, den spezifischen Prozess eines durch Lehren geführten Lernens von anderen Phänomenen menschlicher Lebensführung abzugrenzen. Dieses Erkenntnisinteresse beinhaltet aber noch kein Handlungsinteresse. Deshalb bleiben bei derartigen Versuchen Fragen nach dem „Sollen" des Unterrichts noch offen. Sie betreffen insbesondere die Art und Weise der Schüleraktivität, die Formen der Führung durch den Lehrer und die Auswahl und Anordnung der Gegenstände. Ihre nähere Beantwortung hängt von Prämissen ab, die mit einem bestimmten Verständnis von → BILDUNG verbunden sind.

III.

Für denjenigen, der mit der Gestaltung von Unterricht betraut ist, erscheint es sinnvoll und notwendig, danach zu fragen, welche Gründe er für die menschliche Bildung beibringen kann und wie die mit ihnen verknüpften Grundannahmen seine Unterrichtsgestaltung bestimmen. Da keinem → LEHRER die Verantwortung für seinen Unterricht abgenommen werden kann, ist hier jeder Lehrer zur Reflexion aufgefordert.

Sofern man dem anthropologischen Gedanken zustimmt, dass der Mensch nicht determiniert ist, ihm Freiheit gebührt und er diese in eigener Aktivität und Verantwortung gestalten soll, dürfte auch die Grundannahme kaum zu bezweifeln sein, dass der Unterricht ein zwar geführter, aber selbsttätiger Prozess der Auseinandersetzung mit Lernaufgaben sein soll. Denn niemand kann dem → SCHÜLER die Aufgabe des Lernens, d.h. des Erwerbs und der Differenzierung des eigenen Wissens und Könnens abnehmen. Sie ist nur in eigener Anstrengung und → LEISTUNG einzulösen. Die damit verknüpfte unabdingbare Notwendigkeit von → SELBSTTÄTIGKEIT im Unterricht lässt es gerechtfertigt erscheinen, diese als → UNTERRICHTSPRINZIP zu bezeichnen.

Demgegenüber dürfte die Bedeutung der konkreten Unterrichtsgegenstände nachrangig sein. Ihre Auswahl und Anordnung in einem historisch und gesellschaftlich bestimmten → LEHRPLAN und Fächerkanon ist zwar im Hinblick auf die Enkulturation der Schüler und die Erfüllung der → FUNKTIONEN DER SCHULE wichtig, aber in pädagogischer Hinsicht sind sie für die Bildung des Schülers nicht allein bedeutsam. Vielmehr ist zu beachten, dass die vom Schüler im → FACHUNTERRICHT entfaltete Lernaktivität nicht beliebig sein kann, wenn er am Ende zu richtigen Erkenntnissen, Einsichten, Fähigkeiten und Fertigkeiten gelangen soll. Das bedeutet, dass die Lernaktivität den methodologischen Bedingungen des jeweiligen Unterrichtsgegenstandes bzw. des jeweiligen Fachs (→ METHODIK) Rechnung zu tragen hat. Konkret bedeutet dies etwa, dass im Physikunterricht u.a. experimentiert, im Biologieunterricht u.a. mikroskopiert, im Musikunterricht u.a. musiziert, im Deutschunterricht u.a. interpretiert werden muss (→ WISSENSCHAFTSORIENTIERUNG).

Wird die Grundannahme akzeptiert, dass die methodische Selbsttätigkeit des Schülers entscheidend für den „Erfolg" des Unterrichts ist, besteht die Aufgabe der Unterrichtsführung im Wesentlichen darin, die Selbsttätigkeit von Schülern zu ermöglichen, anzuregen und zu unterstützen. Der Lehrer wird dieser Verantwortung in verschiedenen → UNTERRICHTS-FORMEN durch seine Unterrichtsmethode, Unterrichtsorganisation und nicht zuletzt durch seine sorgfältige → UNTER-RICHTSVORBEREITUNG gerecht.

In diesem Zusammenhang wird deutlich, dass die Schule ihrem Bildungsauftrag nicht gerecht wird, wenn Unterricht fast ausschließlich der fachlichen Stoffvermittlung dient und dem funktionalen Grundsatz folgt, dass möglichst alle Schüler (Klasse/Lerngruppe), die im selben Alter sind (Jahrgangsklassen), zur selben Zeit (45-Minuten-Stunden/Stundenplan) am selben Ort (Klassenraum/Fachräume) im selben Fach (Fachunterricht) mit derselben Intention (Lehr- und Lernziele) und denselben Verfahren (überwiegend Frontalunterricht und Einzelarbeit, gelegentlich unterstützende Partner- und Gruppenarbeit) mit denselben Inhalten (Rahmenrichtlinien/Lehrpläne) auf dieselben Beurteilungskriterien hin (Tests/Klassenarbeiten) beschult werden.

Wenn die selbsttätige, vom Lehrer helfend und beratend begleitete Auseinandersetzung der Schüler mit wechselnden Aufgaben das Wesensmerkmal des „guten" Unterrichts ist, dann darf der lehrer- und stofforientierte Unterricht nicht mehr dominieren. Stattdessen muss die Beziehung zwischen Schüler und → AUFGABE in den Mittelpunkt rücken und eine sinnvolle „Mischung" der Unterrichtsformen des → LEHRGANGS-ORIENTIERTEN UNTERRICHTS, des → FACHÜBERGREIFEND-PROJEKTORIENTIERTEN UNTERRICHTS und der → FREIARBEIT muss – mit dem Anspruch von → HANDLUNGSORIENTIERUNG – an die Stelle der (fach-)unterrichtlichen Monostruktur treten.

Literatur
Glöckel, H.: Vom Unterricht. Lehrbuch der Allgemeinen Didaktik. Bad Heilbrunn [4]2003

Unterrichtsformen

I.

Unterrichtsformen haben den Sinn und Zweck, die Anforderungen des → LEHRPLANS in der Schule in differenzierter Weise aufzufangen und sie so zu gestalten, dass sich an ihnen → BILDUNG vollziehen kann. Die Erwartungen des Staates und der Gesellschaft schlagen sich in Rahmenrichtlinien, in schuleigenen Lehrplänen, in Jahrgangs- und Klassenplänen, aber auch in Schul- und Lehrerhandbüchern, Lern- und Arbeitsmitteln nieder. Unterrichtsformen stellen eine Antwort auf die unabschließbare Frage dar, wie die Schule gegenüber diesen Erwartungen ihren pädagogischen Auftrag des → UNTERRICHTS und der → ERZIEHUNG erfüllen kann. Wenn Schüler nicht bloß Objekte gesetzter → ZIELE werden sollen, ist die Frage entscheidend, in welchen Formen die fürsorglich gestellten Ansprüche des Lehrplans berücksichtigt und mit der Arbeit der Schüler an sich selbst verbunden werden können. Eine Antwort auf diese Frage liegt in der Differenzierung der Unterrichtsformen. Sie lassen sich als konkrete Ausgestaltung des Lehrplans in der → SCHULE als spezifischem Lern- und Lebensort der Schüler definieren.

II.

Unter dem Aspekt der → DIDAKTIK legitimiert sich die Differenzierung der Unterrichtsformen, weil in der Neuzeit die Einheit von Leben und Lernen durch unmittelbare Teilnahme und Teilhabe am gesellschaftlichen Leben unwiederbringlich verloren gegangen ist. Das legt der Schule auf, nach einer Verknüpfung heute wissenschaftsorientiert vermittelter Lerninhalte und ihrer Lebensbedeutsamkeit zu suchen. Die Überwindung dieser „didaktischen Differenz" (BENNER) gelingt nur unter zwei Bedingungen: *Erstens* erschließen sich den Schülern die Lerninhalte – einmal abgesehen von den instrumentellen Kenntnissen und Fertigkeiten – heute nicht mehr hinreichend aus der Perspektive nur *einer* Wissenschaft bzw. eines Faches (→ FACHUNTERRICHT).

So sind z.B. auf das Thema „Die progressive Verschuldung der Entwicklungsländer" über die wirtschaftspolitische Frage hinaus historische, soziale und moralische Aspekte zu konzentrieren; nur so können die Schüler einen fachlichen Beziehungszusammenhang zugleich als „Fall" komplexer menschlicher Lebenspraxis aufklären (→ KONZENTRATION). *Zweitens* sind didaktische Entscheidungen über Lerninhalte nur noch zu legitimieren, wenn daran den Schülern die Frage der Lebensbedeutsamkeit ausdrücklich eröffnet werden kann; an diesem Beispiel: Wenn sich die Schüler durch eine wertende Reflexion fachlich erkannter Zusammenhänge die Verantwortung für ein verändertes Denken und Handeln in Staat, Wirtschaft und Kirche bewusst machen können (→ WERTORIENTIERUNG).

Unter dem Aspekt der → METHODIK legitimiert sich die Differenzierung der Unterrichtsformen, weil die → LEISTUNGEN unserer Schüler sich heute nicht mehr auf die bloße Übernahme und den Nachvollzug von Wissens- und Könnensbeständen beschränken können, sondern eine selbst- und mittätige Auseinandersetzung mit ihnen verlangen. Dieser Anspruch wiederum tritt allenfalls dort zurück, wo es um Kenntnisse und Fertigkeiten als instrumentelle Voraussetzungen des Lernens geht, also in bestimmten Lehrgängen, die vornehmlich unter dem Gedanken der Effektivität stehen. Darüber hinaus aber muss der Lehrer seine Ziele mit den Lernzielen der Schüler verbinden, im Unterrichtsprozess von den Fragen und Interessen der Schüler ausgehen und an sie anknüpfen, von ihnen her die Aufgaben entfalten und sie den Schülern vielfältig fragwürdig erscheinen lassen, sie in sachlicher und lebenspraktischer Hinsicht selbst- und mittätig bearbeiten und beurteilen lassen (→ HANDLUNGSORIENTIERUNG).

Eine Differenzierung der Unterrichtsformen schließt deshalb ein, dass in ihnen nur in begrenzter Weise *Fremd*bestimmung herrschen darf. Im Übrigen werden heute die *Mit*- und die *Selbst*bestimmung der Schüler als konstitutive Gestaltungselemente der Lernprozesse angesehen und respektiert werden müssen (→ SELBSTTÄTIGKEIT).

352

Differenzierung der Unterrichtsformen

	Lehrgangsorientierter (Fach)Unterricht	Fachübergreifend- projektorientierter Unterricht
Zielsetzung	Erwerb von Kenntnissen, Fertigkeiten und Fähigkeiten.	Einsicht in (Sach- und Problem-)Zusammenhänge; möglichst selbstständige Aufgabenfindung und -lösung in der Gruppe.
Begründungszusammenhang	Instrumentelle und pragmatische Qualifikation der Schüler; Vorbereitung auf das „Leben"; Voraussetzung für das Lernen in anderen Unterrichtsformen.	Komplexität der (Lebens-) Zusammenhänge und der Aufgaben; fachübergreifende Fragestellungen; Aufgabengemeinschaft von Lehrern und Schülern.
Methodische Merkmale	Lehrer- und Lehrbuchdominanz; überwiegend Frontalunterricht und Einzelarbeit; Übung und Leistungskontrolle.	Gemeinsame Ermittlung von Fragestellungen, Zielen und Methoden; Arbeit in Gruppen; gemeinsame Bewertung.
Aufgaben des Lehrers	Fachwissen vermitteln, Fertigkeiten beibringen, Leistungen zensieren.	Mitwirkung und Beratung bei der Vorbereitung, Durchführung und Bewertung.
Organisatorische Rahmenbedingungen	Einzelstunden nach Stundenplan und Stundentafel; festgelegte Aufgaben und Materialien; leistungsbezogene Differenzierung	Epochalisierung der beteiligten Fächer; Reduktion der Fachlehrer für einen Jahrgang; Fachgruppenlehrer; Doppelstunden.

	Freiarbeit	‚Wochenplanarbeit'
Zielsetzung	Selbstständigkeit im Lernen durch verantwortliches Entscheiden über Inhalte, Ziele, Methoden, Zeit und Sozialformen des Lernens.	„Mittelstellung": Versuch einer Verbindung von lehrgangsorientiertem Unterricht und freiem Arbeiten der Schüler.
Begründungszusammenhang	Individualisierung des Lernens; Schüler als selbsttätige und selbstverantwortliche Subjekte ihres Lernens; Freiheiten als Bindungen; Vorrang der Selbsterziehung.	Komplexität der (Lebens-) Zusammenhänge und der Aufgaben; fachübergreifende Fragestellungen; Aufgabengemeinschaft von Lehrern und Schülern.

Metho-dische Merkmale	Didaktisches Material regt zur Aufgabenfindung und -wahl an; Schüler entscheiden sich selbst für Aufgaben.	Vorstellen der Aufgaben am Wochenbeginn; Schüler entscheiden über Reihenfolge, Zeit, Sozialformen.
Aufgaben des Lehrers	Individuelle Beratung; Hilfen bei der Materialbeschaffung; Würdigung der Leistungen	Auswahl und Präsentation der Aufgaben; Kontrolle der Ergebnisse.
Organisatorische Rahmenbedingungen	Feste Zeiten im Stundenplan; Jahrgänge parallel; didaktisches Material im Klassenraum; Einbeziehen von Fachräumen; Zeit für längerfristige Arbeiten.	Festlegung des Zeitrahmens; Differenzierungsmaßnahmen; Bereitstellen von Material.

Unter erzieherischem Aspekt werden Unterrichtsformen so zu spezifischen Lebensformen der Schüler in der Schule. Sie sind mit dem Leben der Schüler zwar weder didaktisch noch methodisch identisch, ermöglichen wohl aber „Übergänge" (BENNER) aus dem Unterricht in ihr Leben und aus diesem in den Unterricht.

III.

Die konkrete Gestaltung von Unterrichtsformen erlaubt unterschiedliche Entscheidungen (z.B. → OFFENER UNTERRICHT, → WOCHENPLANARBEIT, Projektunterricht, Epochalunterricht). Wenn die immer noch herrschende „Monostruktur" des Unterrichts, in dem der Lehrer über Ziele, Methoden, Medien, Verfahren und Sozialformen entscheidet und sie den Schülern vorgibt, zugunsten einer Differenzierung in Unterrichtsformen aufgebrochen werden soll, dann darf das allerdings nicht in zufällig modischen und vereinzelten Ansätzen geschehen. Vielmehr müssen sich die Unterrichtsformen als Zusammenhang ausweisen, in dem sich die erzieherischen, methodischen und didaktischen Kriterien mit jeweils unterschiedlichen Akzenten widerspiegeln. In einem solchen Zusammenhang haben der → FACHÜBERGREIFEND-PROJEKTORIENTIERTE UNTERRICHT und die → FREIARBEIT ebenso ihr Recht wie der bisher dominierende → LEHRGANGSORIENTIERTE UNTERRICHT.

Literatur

Pöppel, K. G.: Unterrichten – Grundzüge und Gestaltungsformen des Lehrens und Lernens. Hildesheim – Zürich – New York 1992

355

Unterrichtsgespräch

I.

Das Unterrichtsgespräch ist eine dialogische Form des Unterrichts, in der Lehrer und Schüler sich gegenseitig und untereinander als gleichwertige Gesprächspartner akzeptieren und an vereinbarte kommunikative Verhaltensregeln halten. Die Schüler sollen sich im Unterrichtsgespräch relativ selbstständig, sach- und problembezogen mit einem Thema auseinandersetzen und dabei eigene Denkansätze entwickeln und verfolgen. Der Lehrer ist Mitglied des Gesprächskreises und gibt Impulse bzw. Hilfen, aber nicht als unausweichliche Steuerung, sondern als bewusstmachende, anregende und weiterführende Beiträge.

In Bezug auf die Funktion im Lern- und Unterrichtsprozess unterscheidet man, entsprechend den Stufen des Lernprozesses bzw. den → UNTERRICHTSPHASEN,

- Einführungsgespräche zur Sammlung und Strukturierung von Ideen, Einfällen und Fragestellungen und zur Aufgaben- und Zielfindung,
- Erarbeitungsgespräche zur zielgerichteten Auseinandersetzung mit einem Thema bzw. einer Aufgabe entsprechend den vereinbarten Fragestellungen und Zielsetzungen,
- Auswertungsgespräche zur Besprechung und Bewertung von Arbeitsergebnissen und -methoden.

Bezogen auf die Anzahl der Gesprächsteilnehmer unterscheidet man Plenums- bzw. Klassengespräche, Kleingruppengespräche und Partnergespräche (→ SOZIALFORMEN).

Abgegrenzt werden muss das Unterrichtsgespräch von anderen Gesprächsformen, z.B.

- Diskussionen, in denen kontroverse Standpunkte zu einem Thema sachlich erörtert werden,
- Lehrgespräche, in denen der Lehrer die Schüler durch systematisches Fragen zu einem vorher festgelegten Ziel zu führen versucht,

- Debatten, bei denen nach einer Rednerliste einzelne Wortbeiträge zur Befürwortung, Ablehnung oder Modifizierung von Anträgen aneinandergereiht werden,
- Prüfungsgespräche, bei denen vorhandenes Wissen in Gesprächsform geprüft wird (→ PRÜFUNG).

Die im Schulalltag am häufigsten vertretene Gesprächsform ist das sog. „fragend-entwickelnde" Gespräch, bei dem die Gesprächsstruktur durch zielgerichtete und systematisch gereihte Lehrerfragen gekennzeichnet ist. Aufgabe der Schüler ist es, dem Lehrer auf dem vorgegebenen Frageweg zu folgen und fortlaufend auf die Lehrerfragen Antworten zu geben. Begründet wird dieses Verfahren mit der „sokratischen Methode", die auf die Lehrgespräche des Sokrates zurückgeht und darin besteht, dass der Lehrer den Schüler durch eine geordnete Reihe von Fragen zu Erkenntnissen führt, die er vorher nicht hatte; Wissen und Einsichten sollen durch Fragen hervorgebracht werden (→ LEHRGANGSORIENTIERTER UNTERRICHT).

Obwohl in der Schulpraxis die Gewohnheit herrscht, jedes Vorgehen im Unterricht, das sich auf der Grundlage von Lehrerfragen vollzieht, „fragend-entwickelnd" zu nennen, kann oft von einer wirklichen Gedankenentwicklung als Aktivität der Schüler keine Rede sein, besonders dann nicht, wenn die Gesprächsführung sich vorrangig auf engschrittige W-Fragen und Lehrerechos beschränkt. Ein fragend-reihendes Verfahren kann zwar helfen, systematisch geordnete Wissen(schaft)sbestände zu rezipieren, ist aber kein Mittel zur Förderung des eigenständigen Denkens. Der Reformpädagoge Hugo GAUDIG spricht deshalb von dem Paradoxon, dass bei der Fragerei des Lehrers der Wissende die Fragen stellt. Andere (z.B. Hilbert MEYER) sprechen etwas respektloser von „Nasepultechnik".

II.

Ein Wesensmerkmal des Unterrichts ist, dass Lehrer, Schüler und Unterrichtsgegenstand in einer aufgabenhaften Beziehung zueinander stehen, die darauf ausgerichtet ist, bei den Schülern einen Lernprozess anzubahnen und erfolgreich zu Ende zu bringen (→ UNTERRICHT). Wenn die Schüler dabei als selbsttätige, kritische und mitverantwortliche Subjekte ihres Lernens ernst genommen werden, hat das (richtig verstandene und entsprechend geführte) Unterrichtsgespräch einen hohen Stellenwert (→ SELBSTTÄTIGKEIT).

Im Unterrichtsgespräch können die Schüler themen- oder problembezogen ihre unterschiedlichen Erfahrungen, Wahrnehmungs- und Denkweisen in den Unterricht einbringen und zeigen, dass sie bei der Auseinandersetzung mit den Aufgaben „Methode haben" (→ METHODIK). Vor allem aber werden sie zu eigenem Denken und Fragen ermutigt und herausgefordert, eigene Lernwege zu suchen und zu beschreiten. Wo immer sich dies vollzieht, ist es ein Beitrag zur → BILDUNG der Schüler.

Deshalb brauchen Schüler vielfältige Gelegenheiten, um fragend zu Wort zu kommen und gemeinsam nachzudenken; und sie brauchen Lehrer, die ihnen in ihrem eigenen Frageverhalten und ihrer Nachdenklichkeit Vorbild sind. In diesem Zusammenhang ist es erfreulich, wenn das „Miteinander-Sprechen" in Schule und Unterricht an Bedeutung gewinnt und kooperativ-dialogische Unterrichtsstile zunehmen; denn dies sind Zeichen für eine veränderte Einstellung der Lehrer zu ihren Schülern und zum eigenen Unterrichtshandeln.

Bei der Grundhaltung des Lehrers kommt es vor allem auf die Glaubwürdigkeit der eigenen Person (→ LEHRER, → AUTORITÄT), das Akzeptieren der Schüler als Lern- und Gesprächssubjekte (→ SCHÜLER) und das Einfühlungsvermögen in die jeweilige Situation an. Der Lehrer muss den Schülern Gesprächsfähigkeit zutrauen; er muss die Schülerfragen ernst nehmen und ihre Bedeutung erkennen und Geduld aufbringen und sensibel sein für die unterschiedlichen Denkweisen der Schüler und für mögliche Zugänge zum jeweiligen Thema (→ LEHRER-SCHÜLER-VERHÄLTNIS). Wenn er seine Dominanz im Unterricht verringern will, muss er die Tendenz zu übertriebener Lenkung und Standardisierung zu überwinden versuchen (→ FUNKTIONEN DER SCHULE) und durch eine exemplarische Reduzierung der Stofffülle Zeit gewinnen (→ LEHRPLAN). Außerdem darf er die lückenlose Übereinstimmung des Unterrichtsverlaufs mit einer vorher angefertigten Unterrichtsplanung nicht für ein Qualitätsmerkmal halten und sich durch immer wieder auftretende Schwierigkeiten nicht entmutigen lassen.

Weil die Gesprächskompetenz ein wichtiges Merkmal der Professionalität des Lehrers ist, müssen die Reflexion über Grundsätze der Gesprächsführung und ein praxisbezogenes Gesprächstraining auch in der Lehreraus- und -weiterbildung einen entsprechenden Platz haben (→ LEHRERBILDUNG).

III.

Das Gelingen von Unterrichtsgesprächen ist von verschiedenen Bedingungen abhängig. Ein treffender Einstiegsimpuls, eine kurze Einführung in ein vereinbartes oder beabsichtigtes Thema oder eine offene Anfangssituation mit einem anschaulichen Medium (→ ANSCHAULICHKEIT, → MEDIEN) können motivierende Gesprächsanlässe sein, Interesse am Unterrichtsgegenstand wecken und die Schüler zum Fragenstellen herausfordern. Eine Sitzordnung, bei der die Gesprächsteilnehmer sich sehen können (Gesprächskreis), der Lehrer nicht durch Stehen hervorgehoben ist (Stellung vor/in der Klasse) und die Schüler sich ohne Mühe selbst das Wort erteilen können (Schülerkette), begünstigt den Gesprächsverlauf. Eine entspannte Atmosphäre, in der jeder sich ohne Angst äußern kann und Zeit hat für ruhige Annäherung an ein Thema und vertiefte Auseinandersetzung mit Fragen und Problemen, regt zum Nachdenken an. Auch ein stimmiges nonverbales Verhalten (Mimik, Gestik, Blick) und angemessene Begleitbedingungen (Lautstärke, Tonfall, Redegeschwindigkeit, Sprechdauer) können unterstützend wirken (→ LEHR- UND LERNTECHNIKEN).

Notwendig sind einsichtige Gesprächsregeln, die mit den Schülern erarbeitet, vereinbart und situativ ergänzt werden, z.B. darauf achten, dass jeder etwas sagen kann; andere ausreden lassen; zuhören, wenn andere reden; sich beim Reden und Zuhören den anderen zuwenden; die eigene Meinung begründen; auf das eingehen, was die anderen sagen; die anderen nach ihrer Meinung fragen; zu verstehen versuchen, was die anderen sagen wollen; sich melden, wenn man etwas sagen will; geduldig warten, bis man an der Reihe ist. Bei Gruppengesprächen: Gesprächsleiter wählen; die Gesprächsergebnisse festhalten; Berichterstatter wählen.

Von entscheidender Bedeutung für den Verlauf und die Strukturierung des Unterrichtsgesprächs ist die Gesprächsführung des Lehrers. Strukturierung heißt hier nicht, dass vorher festgelegte Ergebnisse zielsicher und engschrittig aus den Schülern herausgefragt werden, sondern dass das Nachdenken und Fragen der Schüler durch sparsame, weiterführende Denkanstöße inhaltlich vorangebracht wird. Direkte Lehrerfragen bewirken hier, dass die Schüler sich auf der Denklinie des Lehrers bewegen, während Impulse, z. B. in Form von Aussagesätzen, kurzen Zusammenfassungen oder provokativen Fragen, den Schülern ein eigenes Denkfeld eröffnen.

Die Beteiligung des Lehrers am Gespräch kann z. B. darin bestehen, dass er problematisiert, akzentuiert, Vorschläge macht, Beziehungen zwischen einzelnen Gesprächsbeiträgen aufzeigt, auf Widersprüche hinweist, durch Nachfragen für größeres Verständnis sorgt, Abschweifungen zulässt, in Form von „Ich-Botschaften" am Gespräch teilnimmt, den Gründen für die Nichtbeteiligung einzelner Schüler nachgeht, stille Schüler ermuntert, Vielredner behutsam unterbricht. Verzichten muss der Lehrer auf Konformitätsdruck, Ironie, autoritäres Dirigieren und Belehren, Schimpfen, Intoleranz, Rigidität, Moralisieren, Beschämungen, Monologisieren, Zensieren und Umfunktionieren von Schülerbeiträgen.

Schließlich darf der Lehrer keine Angst vor den „typischen" Problemen haben, die immer wieder Anlass zu unbeabsichtigtem Eingreifen sind: Dass das Gespräch nicht weitergeht, durcheinandergeht, in die „falsche" Richtung läuft, dass sich nur wenige beteiligen oder überraschende Beiträge kommen. Geduldiges, vom Zutrauen zur Selbstständigkeit der Schüler geleitetes Warten kann solche Situationen meistens überbrücken helfen.

Literatur
Platon: Menon (Griech./Dt.). Stuttgart 1994

Unterrichtsphasen

I.

Die Bezeichnung Unterrichtsphasen weist auf die notwendige Gliederung des Unterrichtsprozesses in unterscheidbare Abschnitte hin, die in der schulpädagogischen Literatur mit verschiedenen, mehr oder weniger synonym zu denkenden Begriffen belegt werden: Unterrichtsphasen, Unterrichtssequenzen, Unterrichtsetappen, Unterrichtsschritte und – am häufigsten anzutreffen – Unterrichtsstufen.

Eine Gliederung des Unterrichts in unterscheidbare Phasen erscheint unter zwei zusammenhängenden Perspektiven notwendig. Zum einen bedarf das Lernen als Erkenntnisprozess einer sach-logischen Strukturierung; zum anderen handelt es sich beim Lernen um einen *psycho*-logischen Akt, der einer raum-zeitlichen Gliederung bedarf. Obwohl beide Aspekte nicht voneinander zu trennen sind, alles Lernen also immer auch ein Sonderfall des Erkennens ist, führt die unterschiedliche Betrachtungsweise zu verschiedenen Begrifflichkeiten für die Bezeichnung der einzelnen Phasen. Sie sind einmal eher philosophisch, ein anderes Mal eher psychologisch orientiert.

Wie auch immer im Einzelnen die notwendigen Unterrichtsphasen bezeichnet werden, stets müssen sie als Teil der → METHODIK gedacht werden, deren Aufgabe es ist, die unterrichtsmethodischen Akte des Lehrens und die methodischen Akte des Lernens aufeinander zu beziehen und als gemeinsamen Unterrichtsprozess zu gestalten.

II.

Alle Versuche, den Unterrichtsprozess in Phasen zu gliedern, beruhen in ihrer Grundstruktur auf einem „Dreischritt", der schon in der Erkenntnistheorie des ARISTOTELES anzutreffen ist:

| Erfahrung | → | Verstand | → | Wollen |

Eine lerntheoretische Interpretation dieses Dreischritts legt die folgende Grundstruktur für alle Unterrichtsprozesse nahe:

In der Anfangssituation eines Unterrichtsprozesses wird sich der Lernende – vermittelt über Erfahrungen – bewusst, dass er vor einer Aufgabe steht, deren Lösung ihm wichtig und möglich erscheint (→ ANSCHAULICHKEIT).

In der Mittelsituation eines Unterrichtsprozesses wendet sich der Lernende in eigener methodischer Aktivität der Aufgabenlösung zu und differenziert dadurch seinen „Verstand" (→ SELBSTTÄTIGKEIT).

In der Schlusssituation überschaut der Lernende den methodischen Weg und das Ergebnis des zurückgelegten Lernprozesses und ordnet die neugewonnene „Erkenntnis" seinem bisherigen Wissen zu. Zugleich beurteilt er die Bedeutung des Erreichten für sein gegenwärtiges und künftiges Handeln bzw. Wollen (→ SYNTHESE).

In den so unterscheidbaren drei Grundphasen des Unterrichts herrscht also jeweils ein bestimmtes methodisches → UNTERRICHTSPRINZIP vor, dem die unterrichtsmethodische Gestaltung des Unterrichts entsprechen muss, sofern ein Lernen im Sinne von Erkenntnis (Einsicht, Gestaltung) möglich sein soll. Die dazu für erforderlich gehaltenen Phasen sind in der Unterrichtstheorie im Laufe der Geschichte immer wieder unterschiedlich bezeichnet worden.

In Analogie zum Atmungsvorgang (Respiration) beim Sprechen (Einatmen – Formulieren – Ausatmen) findet sich in der Unterrichtstheorie für die Gliederung des Unterrichts häufig auch die Bezeichnung *Unterrichtsartikulation*. Sie geht auf HERBART zurück, der mit ihr den Anspruch einer Gliederung des Unterrichts in „Formalstufen" zum „Zwecke der Deutlichkeit" verband:

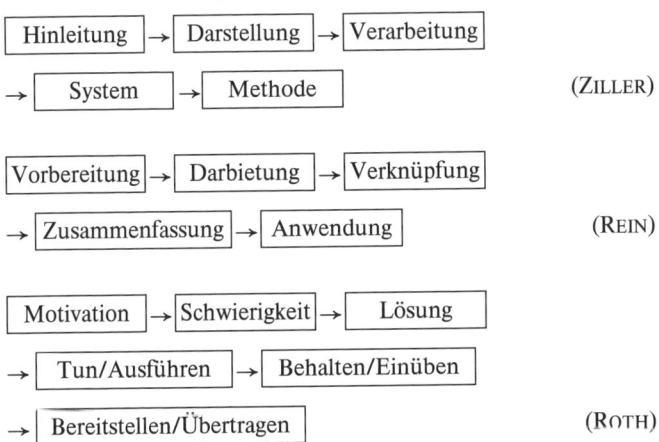

Klarheit → Assoziation → System → Methode   (HERBART)

Im Anschluss an HERBART sind bis heute eine Vielzahl von „Formalstufen" entworfen worden, die den Unterrichtserfolg sichern helfen sollen, u. a.

Hinleitung → Darstellung → Verarbeitung

→ System → Methode   (ZILLER)

Vorbereitung → Darbietung → Verknüpfung

→ Zusammenfassung → Anwendung   (REIN)

Motivation → Schwierigkeit → Lösung

→ Tun/Ausführen → Behalten/Einüben

→ Bereitstellen/Übertragen   (ROTH)

Überschaut man die vorgeschlagenen unterschiedlichen Stufen oder Phasen, dann lassen sie sich allesamt als weitere Ausdifferenzierungen des grundlegenden „Dreischritts" lesen. Sie können dem Lehrer bei der → UNTERRICHTSVORBEREITUNG helfen, den beabsichtigten Unterricht zu strukturieren; es darf dabei aber nicht übersehen werden, dass solche Artikulationsschemata bzw. Formalstufen eben „formal" sind, d.h. sie legen den Schüler tendenziell auf einen bestimmten Weg fest und unterlaufen insoweit seinen Anspruch auf methodische Selbsttätigkeit. Damit wird zugleich der Unterschied zwischen den Formalstufen und dem jeweils produktiv – durch Interaktion von Lehrer und Schüler – zu erbringenden Prozess des Lehrens und Lernens eingeebnet. Im tatsächlichen Lehr- und Lernprozess werden die Phasen des Unterrichts in ihrer Konsequenz zu einer sich immer wieder neu stellenden Aufgabe im → LEHRER-SCHÜLER-VERHÄLTNIS.

III.

Verdeutlicht man sich den unterrichtsmethodischen Sinn einer Gliederung des Unterrichts in verschiedene Phasen, nämlich die Ermöglichung des methodischen Lernens der Schüler, dann erscheint es hilfreich, wenn man sich bei der Unterrichtsplanung zunächst am Gedanken eines dreigliedrigen Prozesses orientiert.

Bei aller notwendigen und möglichen weiteren Differenzierung der einzelnen Unterrichtsphasen wird man in der *Einstiegsphase* des Unterrichts bestrebt sein, die anstehende Aufgabe zu veranschaulichen, damit sie klar wird und die Schüler Motive für die weitere Arbeit gewinnen oder sich vergegenwärtigen (→ MOTIVATION).

In der *Erarbeitungsphase* wird man den Unterricht so anlegen und vorbereiten, dass die Schüler selbsttätig an den Aufgaben des Unterrichts voranschreiten können. Dabei wird man sie während des Prozesses durch eine entsprechende → BERATUNG begleiten, ohne sie jedoch auf einen bestimmten Weg zu zwingen. Im Gegenteil: Unter dem Anspruch des Prinzips der → KONZENTRATION sind Ausgriffe auf andersgeartete Fragestellungen und Vorgehensweisen sogar ausdrücklich gefordert.

Schließlich wird man in der *Schlussphase* des Unterrichts durch geeignete Anwendung, Vertiefung, → WIEDERHOLUNG, → ÜBUNG und ggf. auch → PRÜFUNG den Lernprozess überschauen und das Ergebnis des Unterrichts sichern. Diese Sicherung hat ihren pädagogischen Sinn in der → SYNTHESE des „neuen" Wissens mit dem bisherigen und ist hingeordnet auf das zunehmend selbstständige und eigenverantwortliche Handeln der Schüler.

Gerade der letzte Aspekt, aber auch alle anderen verweisen auf die → ERZIEHUNG IM UNTERRICHT. Da sie an der Art und Weise der Unterrichtsführung hängt, sind alle Einzelphasen des Unterrichts und ihre weiteren Untergliederungen stets auch an ihrem Anspruch zu messen.

Literatur

Glöckel, H.: Vom Unterricht. Lehrbuch der Allgemeinen Didaktik. Bad Heilbrunn [4]2003

Unterrichtsprinzipien

I.

Wenn ein Lehrer Wert darauf legt, dass seine Schüler im Unterricht möglichst selbsttätig an der Lösung einer Aufgabe arbeiten, wenn er danach strebt, dass sie den Sinn der Aufgabe einsehen und den Wert ihrer Lösung einschätzen, wenn er verschiedene Zugänge zur Aufgabenlösung zulässt und diese auch unterstützt, dann lässt er sich bei der Gestaltung des Unterrichts offenbar von bestimmten Prinzipien oder Grundsätzen leiten, von deren Geltung er überzeugt ist. Unterrichtsprinzipien oder -grundsätze „regulieren" demnach die konkrete Unterrichtsgestaltung. Im Hinblick auf solche Unterrichtsprinzipien erscheint dem Lehrer dieses oder jenes Tun erst „sinnhaft", in ihrem Licht erscheint es gerechtfertigt. Prinzipien des Unterrichts stellen somit für den Lehrer allgemeine Forderungen dar, deren Geltung er unterstellt, damit Lehren und Lernen nicht richtungs- und sinnlos werden.

Allerdings geben die Unterrichtsprinzipien ihm noch keine konkreten Handlungsanweisungen vor. Sie stellen weder Regeln noch Unterrichtsrezepte dar. Vielmehr werden nach ihrer Maßgabe eigenständige und verantwortliche Entscheidungen gemäß der jeweiligen Lehr-Lern-Situation fällig. Prinzipien bieten dafür jedoch die notwendigen Entscheidungsorientierungen und schließen Willkür aus.

II.

Trotz ihrer fundamentalen Bedeutung für die Gestaltung von Unterrichtsprozessen werden die Unterrichtsprinzipien in der schulpädagogischen Theorie heute eher vernachlässigt. Die Gründe dafür sind in der neuzeitlichen Entwicklung der Wissenschaft zu suchen, die mit ihrer überwiegenden Orientierung an empiristischen, d.h. erfahrbaren „Sinnkriterien" eine Skepsis gegenüber transzendentalen, d.h. nicht beweisbaren Annahmen ausgeprägt hat. Eine aktuell ausgearbeitete systematische Prinzipienlehre darf deshalb gegenwärtig als Desiderat angesehen werden.

Diesem Mangel ist es anzulasten, dass in den letzten Jahren alles Mögliche oder „Unmögliche" als Unterrichtsprinzip ausgewiesen wurde. Wollte man eine Liste aktuell geforderter „Unterrichtsprinzipien" erstellen, sie reichte von A wie Aktivität bis Z wie Zielgemäßheit. Hans GLÖCKEL hat eine solche Liste mit über 100 (!) Begriffen erstellt.

Nicht alles Genannte kann in pädagogischer Hinsicht überzeugen. Dies gilt besonders für „Anleihen" bei außerpädagogischen Disziplinen, etwa bei der Entwicklungspsychologie (sog. Prinzip der Phasengemäßheit) oder bei der Technologie (sog. Prinzip der Effektivität bzw. Kontrollierbarkeit). Solche „Prinzipien" versehen die universale Aufgabe und den Prozess menschlichen Lernens mit willkürlichen Einschränkungen und Begrenzungen bzw. instrumentalisieren das Lernen für außersubjektive Zwecke. Wenig überzeugend sind auch die sog. didaktischen Prinzipien, hinter denen der Versuch steht, bestimmte Inhalte, die sich nicht eindeutig einem Fach zuordnen lassen, gleichsam quer zu den Fächern als „Bildungsprinzip" zu verankern. In diesem Sinne werden dann etwa die informationstechnische Grundbildung, die Gesundheitserziehung, die Verkehrserziehung, die Sexualerziehung oder die Umwelterziehung als „Prinzipien" ausgewiesen. Gelegentlich wird auch der Versuch unternommen, den Gesichtspunkt der → EXEMPLARITÄT als Prinzip auszuweisen, mit dessen Hilfe eine überzeugende Eingrenzung der Stofffülle möglich sein soll. Ungeachtet der im Einzelfall möglichen Berechtigung solcher aktuellen Forderungen, die mit den genannten „Prinzipien" verknüpft werden, muss darauf hingewiesen werden, dass ihre Erhebung zum Prinzip schon deswegen nicht überzeugen kann, weil sie einem bestimmten historisch-gesellschaftlichen Kontext entnommen und ihm verhaftet sind. „Echte" Prinzipien erheben dagegen ihrem „Wesen" nach einen überzeitlichen Geltungsanspruch.

Immerhin machen die Beispiele aber sehr deutlich, dass auch die Auszeichnung dieser oder jener Forderung als „Unterrichtsprinzip" den Lehrer nicht davon entheben kann, selbst über deren Berechtigung und Geltung vernünftig zu reflektieren. Die pädagogische Theorie bietet dem Lehrer hier insofern eine Hilfe, als sie möglichst wenige, aber allgemeingültige Prinzipien ausweist und überzeugend begründet.

III.

Erstes Licht in das Dunkel der Unzahl von behaupteten Unterrichtsprinzipien bringt der Gedanke, dass mit ihrer Berücksichtigung im pädagogischen Prozess der Zusammenhang von Unterricht und Erziehung gewährleistet und gewahrt werden soll (→ ERZIEHUNG IM UNTERRICHT).

Stimmt man der Überlegung zu, dass das Lernen dem Subjekt nicht abgenommen, sondern nur von ihm selbst geleistet werden kann, dass es mehr oder weniger nach eigenen Wertsetzungen und -entscheidungen erfolgt, dass es immer „nur" einen definierten, d.h. begrenzten Ausschnitt der Welt betrifft und erschließt, der mit anderen Zugängen und Sichtweisen in Beziehung zu bringen ist, und dass es schließlich die Aufgabe des Subjekts ist, gemäß den im Prozess des Lernens gewonnenen Erkenntnissen und Einsichten zu urteilen und zu handeln, dann lassen sich zumindest vier Unterrichtsprinzipien formulieren, deren Geltung kaum zu bezweifeln ist: → SELBSTTÄTIGKEIT, → ANSCHAULICHKEIT, → KONZENTRATION und → SYNTHESE.

Diese vier Prinzipien lassen sich mit anderen, mehr oder weniger synonymen Begriffen belegen, etwa mit → HANDLUNGSORIENTIERUNG, → MOTIVATION, Projektorientierung und Anwendungsbezogenheit, um nur einige Möglichkeiten zu nennen. Sie lassen sich auch weiter „Kleinarbeiten" und ausdifferenzieren; der Zusammenhang der vier Unterrichtsprinzipien und ihre mögliche begriffliche Variation und Ausdifferenzierung gewährleisten jedoch in jedem Fall, dass alles unterrichtliche Lehren und Lernen der Selbstzweckhaftigkeit des Subjekts, am Ende also seiner Erziehung dient (→ ERZIEHUNG).

Literatur
Rekus, J.: Bildung und Moral. Weinheim und München 1993

Unterrichtsstörungen

I.

Unterricht ohne Störungen gibt es nicht; das mag lästig sein, aber es ist zugleich ermutigend. Wo Menschen zusammen leben und zusammen arbeiten, kommt es zu „Störungen" durch Konflikte, Missverständnisse, Meinungsverschiedenheiten, Ängste und Enttäuschungen. Wenn Menschen sich in der Institution Schule und im Rahmen organisierten Unterrichts begegnen, kommt es zusätzlich zu vielfältigen Irritationen, Auffälligkeiten, Ablenkungen, Unterbrechungen, Verweigerungen, Über- und Unterforderungen, Kommunikationsstörungen und anderen Lehr- und Lernproblemen.

Viele Lehrer benutzen in diesem Zusammenhang den Begriff „Disziplinschwierigkeiten" oder sie sprechen von „abweichendem Schülerverhalten", was signalisiert, dass sie die Ursachen für Störungen des Unterrichts vorrangig bei den Schülern suchen. Weil „Ruhe und Ordnung" so hoch geschätzte „Werte" sind, haben viele Lehrer ein gestörtes Verhältnis zu solcher Art von Störungen; sie setzen äußere Ruhe mit innerer Lernbereitschaft gleich und beneiden im Stillen jene Kollegen, die von sich sagen können, sie hätten ihre Schüler jederzeit „fest im Griff".

Wenn man dagegen von „Unterrichtsstörungen" spricht, legt man die Betonung auf den Unterrichts*prozess* und bezeichnet mit Störung alles, was diesen Prozess erschwert, behindert, unterbricht, verfremdet, unmöglich macht oder nicht zu Ende kommen lässt. „Unterrichtsstörung" bedeutet dann, dass die Beziehung zwischen Schüler und → AUFGABE unterbrochen ist. Solche Störungen können von den Schülern ausgehen, aber auch vom Lehrer; sie können von der Unterrichtsform, vom Unterrichtsinhalt, von der → METHODIK oder den gewählten → SOZIALFORMEN, von den schulischen Rahmenbedingungen oder von Einflüssen aus dem Außenbereich abhängen.

II.

Wer lernt, der bindet sich an eine Aufgabe, um sich mit ihr auseinander zu setzen. Solche Prozesse erfordern Ruhe und → DISZIPLIN. Deshalb müssen Lehrer bemüht sein, in Ruhe zu unterrichten und Störungen zu beseitigen, damit die Schüler erfolgreich lernen können.

Um dies zu erreichen, muss man Unterrichtsstörungen zunächst angstfrei als etwas Normales akzeptieren. Das schließt ein, dass man sie nicht vorschnell als Angriff auf die eigene Person und den geplanten Unterricht interpretiert, als persönliches Versagen empfindet bzw. als Blamage vor anderen Kollegen fürchtet, sondern als Signale für eine – wie auch immer begründete – Unterbrechung des zielgerichteten Lernens versteht.

Ein zweiter Schritt kann darin bestehen, dass Unterrichtsstörungen mit den Schülern und auch in kollegialer Beratung thematisiert werden, damit man mit ihnen umgehen lernt, gemeinsam nach den Ursachen fragen und Absprachen treffen kann. Dies erleichtert es dem Lehrer, sich nicht in disziplinierender Bekämpfung der Störungs*symptome* zu erschöpfen, sondern partnerschaftlich bei der Bewusstmachung und Beseitigung der Störungs*ursachen* zu helfen. Weil man auch in diesem Punkt den Schülern → SELBSTTÄTIGKEIT zutrauen kann, fordern Unterrichtsstörungen den Lehrer vor allem als Berater heraus (→ BERATUNG).

Die Erfahrung zeigt, dass das beste „Mittel" gegen Unterrichtsstörungen ein „guter" → UNTERRICHT ist. Unterrichtsstörungen treten umso weniger auf, je stärker die → MOTIVATION der Lehrer und Schüler ist. Dies wiederum hängt u.a. davon ab, ob die Atmosphäre in Schule und Unterricht als angenehm empfunden wird, ob die → UNTERRICHTSFORMEN in sinnvoller Weise wechseln und den Gedanken der → HANDLUNGSORIENTIERUNG berücksichtigen und ob das → LEHRER-SCHÜLER-VERHÄLTNIS gut und vertrauensvoll ist.

III.

Zum Umgang mit Unterrichtsstörungen lassen sich keine Anleitungen mit „Erfolgsgarantie" geben. Dennoch werden solche „Rezepte" von Kolleginnen und Kollegen immer wieder empfohlen. Dem stehen jedoch oftmals pädagogische Einwände und Gegenvorschläge gegenüber. Die folgende Auflistung erhebt keinen Anspruch auf Vollständigkeit; sie soll vielmehr zur eigenen Reflexion und Orientierung anregen.

Oft gehörte Rezepte zur Bewältigung von Unterrichtsstörungen ...	... und ihr Gegenteil: Empfehlungen zum richtigen Umgang mit Störungen
1. Halte am Anfang die Zügel straff, damit du sie später gefahrlos lockern kannst.	1. Lasse Unterrichtsstörungen zu, denn ihre Ursachen haben bei den Schülern „Vorrang".
2. Stelle klar, wer der Chef im Klassenraum ist, und setze dich durch.	2. Mache dich „überflüssig", damit jeder Schüler sein eigener Lehrer sein kann.
3. Behalte immer die Klasse im Auge und lass dich nicht von einzelnen ablenken.	3. Wende dich jederzeit den einzelnen Schülern zu, auch wenn du eine Klasse unterrichtest.
4. Lass dir von Kollegen vorher den Hauptstörer benennen und „verkleinere" ihn bei der ersten besten Gelegenheit.	4. Versuche, die einzelnen Schüler in allem stark zu machen, damit sie ihren Aufgaben gewachsen sind.
5. Verschaffe dir Respekt, indem du häufig unvermutet zensierte Tests schreibst.	5. Respektiere deine Schüler, damit sie auch dich respektieren können.
6. Vertrauen ist gut, Kontrolle ist besser.	6. Schenke deinen Schülern jederzeit Vertrauen ohne Kontrolle.
7. Picke dir immer einen einzelnen Schüler heraus und brülle ihn an, niemals die ganze Klasse.	7. Gib zu, dass du manche Probleme nicht allein lösen kannst, damit die Schüler zur „Mithilfe" herausgefordert werden.
8. Lass dich mit den Schülern auf keine Diskussionen ein; sie wollen dich nur vom Thema abbringen	8. Sei jederzeit bereit, mit den Schülern Gespräche zu führen über alles, was situativ von Bedeutung ist.
9. Wenn man den Schülern androht, dass sie nicht erledigte Aufgaben als zusätzliche Hausaufgabe bekommen, arbeiten sie schneller.	9. Sei verlässlich in der Zusicherung, dass du disziplinierende Waffen nicht einsetzen wirst, weil du die Eigenverantwortung der Schüler ernst nimmst.
10. Trainiere den Dompteursblick und beginne erst dann mit dem Unterricht, wenn du damit alle Schüler zur Ruhe gebracht hast.	10. Verlass dich auf die Schüler und sei innerlich ruhig, damit du Ruhe ausstrahlen und die Schüler zur Ruhe kommen lassen kannst.

Literatur

Winkel, R.: Der gestörte Unterricht. Diagnostische und therapeutische Möglichkeiten. Bochum [9]2009

Unterrichtsvorbereitung

I.

Die Unterrichtsvorbereitung gehört zu den zentralen Aufgaben des Lehrers. Da der Unterricht in der Schule nicht zufälliges und willkürliches, sondern planmäßiges und zielorientiertes Lehren und Lernen ist, ist eine kontinuierliche Planung und Vorbereitung unverzichtbar.

Unterricht vorbereiten heißt: Sich vor dem Unterricht Gedanken darüber machen, welche Inhalte lang- oder kurzfristig zum Unterrichtsgegenstand in bestimmten Lerngruppen werden sollen (→ DIDAKTIK), welche Ziele in der Auseinandersetzung mit den Inhalten erreicht werden sollen (→ ZIELE IM UNTERRICHT) und wie die Lehr- und Lernprozesse in einem gegebenen Zeitrahmen verlaufen sollen (→ METHODIK). Im Hinblick auf einen gestuften Unterrichtsverlauf führt die Unterrichtsvorbereitung – entsprechend der allgemeinen Struktur von Lernprozessen – meist zu einem Dreischritt (→ UNTERRICHTSPHASEN). Letztlich geht es bei der Unterrichtsvorbereitung immer um die jeweils unterschiedlichen Ausprägungen, Beziehungen und Gewichtungen innerhalb des „Dreiecks" Lehrer/Schüler/Gegenstand (→ UNTERRICHT).

Die Unterrichtsvorbereitung hat in den verschiedenen Phasen des Lehrerwerdens und Lehrerseins einen unterschiedlichen Stellenwert. Im Lehramtsstudium liegt der Schwerpunkt auf dem Kennenlernen didaktischer Modelle, auf dem gezielten Beobachten von Unterricht anlässlich von Hospitationen im Hinblick auf erarbeitete Unterrichtsfaktoren und auf ersten eigenen Planungs- und Vorbereitungsentwürfen für Unterrichtsversuche in den Praktika. Im Referendariat bzw. Vorbereitungsdienst gehört die kontinuierliche schriftliche Vorbereitung des Ausbildungsunterrichts in der Kurzform (Formulierung der Ziele und Skizzierung des geplanten Unterrichtsverlaufs) oder Langform (ausführliche Vorbereitung mit Schilderung der Situation der Lerngruppe, Sachanalyse, didaktischen und methodischen Überlegungen, Zielformulierungen und Stundenverlauf) zu den Ausbildungsanforderungen.

Im Unterrichtsalltag der Lehrer gibt es die längerfristige Unterrichtsplanung (Jahres-, Halbjahres-, Monats- und Wochenplanung) und die tägliche Unterrichtsvorbereitung; es gibt die Planung von Unterrichtseinheiten und die Vorbereitung von einzelnen Unterrichtsstunden. Zum Lehrersein gehört das kontinuierliche Fragen, ob die jeweilige Vorbereitungspraxis den Anforderungen des Lehrerberufs und den sich wandelnden Lern- und Lebensbedingungen der Schüler (→ KINDHEIT, → JUGEND) noch gerecht wird.

Lehrer, die nicht mehr in der Ausbildung stehen und auch keinen Besuch des Dienstvorgesetzten erwarten, bereiten sich im Schulalltag eher vage und ohne eine bestimmte Systematik auf ihren täglichen Unterricht vor; für die meisten sind die eingeführten Lehrbücher und die entsprechenden Lehrerhandbücher die wichtigsten Vorbereitungshilfen; viele greifen bereitwillig zu angebotenen Unterrichtsrezepten. Außer den unterrichtsorganisatorischen Notwendigkeiten (wie etwa der Medienbeschaffung) bleibt die Vorbereitung an vielen Stellen offen; die Lehrer verlassen sich auf ihre Erfahrung und ihre situativen Einfälle. Daraus ergibt sich häufig eine methodische Monostruktur des Unterrichts, die durch die Merkmale Klassenunterricht, Frontalunterricht, gelenktes → UNTERRICHTSGESPRÄCH und Stillarbeit gekennzeichnet ist.

II.

Die Unterrichtsvorbereitung orientiert sich in der Regel an pädagogischen Leitvorstellungen (→ UNTERRICHTSPRINZIPIEN) und an den Unterrichtsfächern (→ FACHUNTERRICHT, → LEHRPLAN). Um beides miteinander zu verbinden, darf bei der Vorbereitung nicht allein die (Fach-)→ WISSENSCHAFTSORIENTIERUNG maßgeblich sein; vielmehr müssen auch mögliche fachübergreifende Fragestellungen und Bezüge mitbedacht (→ KONZENTRATION) und zudem das Fragen nach dem „Wert" des Unterrichtsinhalts ausdrücklich mit eingeplant und zugelassen werden (→ WERTORIENTIERUNG).

Grundlage für fast alle Modelle, die als Hilfen für die Vorbereitung eines gegliederten Unterrichts entwickelt wurden, ist die Formalstufentheorie HERBARTs. Seit den 60er Jahren waren vor allem die Ansätze des bildungstheoretischen Modells (KLAFKI), des lerntheoretischen Modells (HEIMANN, OTTO, SCHULZ), der kybernetischen Didaktik (VON CUBE) und der kommunikativen Didaktik (SCHALLER) von Bedeutung.

KLAFKI entwickelte hierbei den Begriff der „Didaktischen Analyse als Kern der Unterrichtsvorbereitung" mit den Fragen nach der Struktur und Bedeutung des Bildungsinhalts, der Gegenwarts- und Zukunftsbedeutung für die Schüler sowie nach Zugängen und Schwierigkeiten. Das lerntheoretische Modell versucht, die Strukturmomente des Unterrichts und ihren Zusammenhang zu thematisieren, z.B. die Ausgangslage der Schüler, die Ziele des Unterrichts und die sog. vermittelnden Variablen wie Lehrerverhalten, Unterrichtsmethoden und Medien. Die kybernetische Didaktik betrachtet Unterricht als Input-Output-System bzw. als geschlossenen Regelkreis mit operationalisierten Lernzielen und festgelegten Lernstrategien. Der kommunikative Ansatz ermöglicht eine offenere Planung im Sinne eines Handlungsentwurfs, bei dem die Gestaltung des Lernprozesses wichtiger ist als das vorher festgelegte Lernprodukt.

Aus der Vielzahl solcher Entwürfe lässt sich allerdings der Schluss ziehen, dass es *die* verbindliche Theorie der „guten" Unterrichtsvorbereitung nicht gibt; deshalb muss jeder Lehrer letztlich zu einem eigenen, begründeten und praktikablen Konzept der Vorbereitung kommen.

Dabei muss er auch bedenken, ob er sich für die Planung und Vorbereitung des Unterrichts im Sinne der Steuerung der Schüler allein verantwortlich halten kann (Denkmuster: Geplantes Lehrerverhalten – Erwartetes Schülerverhalten) oder ob die Schüler daran beteiligt sein müssen, damit sie von Anfang an das Lernen zu ihrer eigenen Sache machen können (Denkmuster: Gemeinsame Aufgabenfindung und Festlegen möglicher Unterrichtsschritte – Offenheit für situative Alternativen) (→ HANDLUNGSORIENTIERUNG).

Struktur der Unterrichtsvorbereitung des Lehrers

Lehrer

Aufgabe ⟶ Sachanalyse (Was?)

Schüler ⟶ Situation der Lerngruppe (Wer?)

Didaktische Überlegungen (Warum?)

Ziele (Wohin?)

Methodik (Wie?)

Unterrichtsprinzipien
- Selbsttätigkeit
- Anschaulichkeit
- Konzentration
- Synthese

Verlaufsplanung (Zeitstruktur) Phasen und Schritte

Einstieg
Erarbeitung
Schluss

Wer die Schüler als Subjekte ihres Lernens ernst nimmt (→ MOTIVATION), wird seine Unterrichtsvorbereitung nicht ohne die Schüler machen und zudem den Unterrichts*prozess* in den Vordergrund stellen. Die Auffassung, dass die → BILDUNG der Schüler vorrangig durch die Unterrichtsinhalte als Bildungswerte bewirkt wird und durch die vom Lehrer geleistete „Didaktische Analyse" bereits garantiert ist, ist zwar weit verbreitet, aber vor diesem Hintergrund nicht haltbar. Der Bildungsauftrag der Schule kann nicht allein durch die Vermittlung und Übernahme ausgewählter fachlicher Inhalte und Einsichten in einem lehrgangsorientierten Fachunterricht erfüllt werden (→ ERZIEHUNG IM UNTERRICHT). Die → SELBSTTÄTIGKEIT der Schüler, die → ANSCHAULICHKEIT der Unterrichtsinhalte und die sinnvolle Verzahnung der verschiedenen → UNTERRICHTSFORMEN werden damit zu zentralen Gesichtspunkten des Unterrichtens und der Unterrichtsvorbereitung.

Daraus folgt letztlich auch, dass „guter" Unterricht zwar sorgfältig vorbereitet werden muss, aber immer nur bedingt planbar ist; der Lehrer muss auf vieles vorbereitet sein, auf das er sich nicht ausdrücklich vorbereiten kann. Um der Selbsttätigkeit der Schüler willen braucht der Lehrer Unabhängigkeit von seiner Planung. Im Hinblick auf die Bildung der Schüler ist ein in Grenzen → OFFENER UNTERRICHT erforderlich.

III.

Für die konkrete Unterrichtsvorbereitung des Lehrers können u. a. die folgenden Leitfragen hilfreich sein:
- im Hinblick auf die *Ausgangslage der Schüler:* Von welchen Individuallagen, Sozialbeziehungen, Lernvoraussetzungen, Interessen, Zugängen, Schwierigkeiten, Bereitschaften und Hemmungen muss ich bei meinen Schülern ausgehen?
- im Hinblick auf den *Unterrichtsinhalt und seine Bedeutung:* Welches sind die fachwissenschaftlich und fachübergreifend zu ermittelnden Strukturen und Aspekte des Unterrichtsinhalts und warum entscheide ich mich für diesen Unterrichtsinhalt zu diesem Zeitpunkt in dieser Lerngrup-

pe? Welche Einstellung habe ich zum Unterrichtsinhalt? Wie lässt sich der Unterrichtsinhalt mit dem Erfahrungs-, Erkenntnis- und Werthorizont der Schüler verbinden?

- im Hinblick auf die *Unterrichtsziele:* Welche inhaltlichen, methodischen, sozialen Ziele will ich mit den Schülern bzw. sollen die Schüler mit meiner Hilfe erreichen? Sind die Ziele für die Schüler einsichtig und erreichbar? Lassen sie Raum für andere Zielsetzungen, die den Schülern situativ wichtig erscheinen?

- im Hinblick auf die *Unterrichtsmethode:* Wie kann der Unterrichtsinhalt in den Fragehorizont der Schüler gerückt, anschaulich, zugänglich, begreiflich werden? Wie kann ich den Schülern am besten bei einer möglichst selbsttätigen und erfolgreichen Auseinandersetzung mit den geplanten/vereinbarten/frei gewählten Unterrichtsinhalten helfen? Wie kann ich die Schüler zum Überschauen, Festigen, Vertiefen, Anwenden und Beurteilen der Lernergebnisse und der Lernwege anregen?

- im Hinblick auf *individuelle Lernprozesse:* Welche Schüler brauchen voraussichtlich in welcher Phase des Unterrichts besondere Zuwendung, → BERATUNG, Hilfe, Ermutigung?

- im Hinblick auf die *Verlaufsplanung:* Wie muss eine Verlaufsplanung aussehen, die mir Orientierungssicherheit für mein Lehrerhandeln gibt und zugleich eine schülerbezogene Flexibilität ermöglicht?

- im Hinblick auf die *Leistbarkeit der Vorbereitungsaufgaben:* Wie kann ich ein Planungs- und Vorbereitungsschema finden, das sowohl der Komplexität des Unterrichts und der Verantwortung des Lehrers als auch dem im Alltag vorhandenen Maß an Zeit und Arbeitskraft gerecht wird?

> „Wer würde seinen Sohn nur deshalb zur Schule schicken, damit er das lernt, was sich der Lehrer ausgedacht hat?"
> (Aurelius AUGUSTINUS, 354–430)

Literatur
Bovet, G./Huwendiek, V. (Hg.): Leitfaden Schulpraxis. Berlin [5]2008

Wertorientierung

Werte sind ein System von Ordnungsvorstellungen, durch die wir die erfahrene und erlebte Welt ordnen. In dieser Ordnung kommt die Bedeutsamkeit von Gegenständen und Phänomenen für den Menschen zum Ausdruck, sie erscheinen ihm mehr oder weniger wertvoll, d.h. mehr oder weniger erstrebenswert. Werte stellen von daher Motive menschlichen Handelns dar. Der Aufforderungscharakter von Werten wird in den darauf bezogenen Normen sichtbar. So ist etwa die Norm „Man soll sich vor dem Essen die Hände waschen" auf den Wert „Gesundheit" bezogen, die Norm „Man soll Getränke nur in wiederverwertbaren Behältnissen kaufen" verweist auf den Wert „saubere Umwelt". Normen sind also konkrete Handlungsorientierungen (-regeln, -anweisungen), die den Geltungsanspruch von Werten erfüllen sollen. Werte und Normen sind keine feststehenden Größen, sondern unterliegen einem epochalen Wandel.

In erzieherischer Hinsicht stellen Werte nicht einfach zu übernehmende Vorgaben, sondern → AUFGABEN dar, d.h. Werte wollen selbst erlebt, selbst eingesehen, selbst geprüft und

– am Ende – selbst anerkannt werden. Dieser Prozess heißt „werten". Das Ziel des Prozesses besteht in der Fähigkeit, Werte zu beurteilen bzw. wertend zu urteilen. Deshalb heißt das Ziel des wertorientierten Unterrichts *Werturteilsfähigkeit.*

Das Werturteil verweist in der Konsequenz auf mögliche Normen, die für ein wertbezogenes Handeln Geltung beanspruchen. Werte werden also nicht nur vom Subjekt bestimmt; sie ermöglichen auch, dass sich das Subjekt selbst bestimmt, sich selbst eine Handlungsnorm gibt. *Selbstbestimmung* hat deshalb eine doppelte Sinnrichtung. Wer wertet, der erhebt nicht nur einen Anspruch auf Geltung, sondern bindet sich auch. Das Werten bildet daher gewissermaßen die Brücke zwischen Erkennen und Handeln, zwischen Wissen und Haltung. Da das Werten eine solche selbsterzieherische Bedeutung be-

sitzt, muss es auch als konstitutives Moment für die → ERZIE-
HUNG IM UNTERRICHT angesehen werden.

II.

Die Inhalte des Unterrichts stellen bereits Werte dar, denn der
→ LEHRPLAN repräsentiert eine begründete Auswahl aus den
Inhalten einer Kultur und der ihr zugehörigen Wissenschaften
und Künste. Daher findet in jedem Unterricht immer schon
eine Vermittlung von Werten statt, die häufig von den Schülern unbefragt, d.h. ohne eine eigene Beurteilung ihrer Geltung übernommen werden. Eine solche affirmative Wertübernahme sichert die jeweils epochal erreichte Wertigkeit einer
Kultur und wird zutreffend als *Enkulturation* bezeichnet. Unter dem Aspekt der Existenzsicherung hat die Enkulturation
ein begrenztes, d.h. vorübergehendes fürsorgerisches Recht,
da sie eine Integration des einzelnen in die Gesellschaft erleichtert. Sie ist deshalb eine der notwendigen → FUNK-
TIONEN DER SCHULE. Die in diesem Zusammenhang gelegentlich anzutreffende Bezeichnung „Werterziehung" ist missver-
ständlich und streng genommen irreführend, da es bei der
Enkulturation weniger um die eigene Werturteilsfähigkeit,
sondern mehr um die Wertübernahme geht.

Der wertorientierte Unterricht, der ausdrücklich das *Werten*
in den Unterricht einbezieht, betont damit den erzieherischen
Aspekt des → FACHUNTERRICHTS, während der wissenschaftsorientierte Unterricht eher den fachlichen Aspekt hervorheben will. Wertorientierung und → WISSENSCHAFTS-
ORIENTIERUNG schließen sich nicht aus, sondern ergänzen und
fordern sich gegenseitig wie die beiden Seiten einer Medaille.
Nur in einer extrem positivistischen Auffassung von wissenschaftsorientiertem Unterricht gelten Werte als ideologische,
der Auseinandersetzung nicht zugängliche Faktoren, die bewusst aus dem Unterricht auszuklammern sind.

Für die → UNTERRICHTSVORBEREITUNG ist deshalb zu
bedenken, dass nur solche Unterrichtsthemen für den wertorientierten Unterricht zu legitimieren sind, an denen sowohl
sachliche Bezüge geklärt als auch Einstellungs- und Hand-
lungsprobleme entdeckt und diskutiert werden können. Im
wertorientierten Unterricht geht es immer um anschauliche

Probleme, d.h. um solche, an denen die Schüler ihre Erfahrungen und Erlebnisse vergegenwärtigen und ihre Einstellungen zur Sprache bringen können (→ ERFAHRUNG UND LERNEN). In dieser Hinsicht erscheint beispielsweise das Thema „AIDS" zunächst geeigneter als das mathematische Thema „Satz des Pythagoras". Der „Satz des Pythagoras" kann auch in bestimmten Situationen durch entsprechende Schüleraktivität oder Lehreraktivität mit der Wertfrage verknüpft werden.

Für den „Erfolg" des wertorientierten Unterrichts ist die → METHODIK bedeutsamer als die Auswahl der Inhalte (→ DIDAKTIK). Generell ist das unterrichtsmethodische Arrangement bestimmt durch folgende Prinzipien: → ANSCHAULICHKEIT, → SELBSTTÄTIGKEIT, → KONZENTRATION und → SYNTHESE. Im wertorientierten Unterricht erfahren diese Prinzipien eine spezifische Akzentuierung: *Anschaulichkeit* bedeutet für den Lehrer die Aufgabe, das Wertbewusstsein der Schüler mit dem Thema des Unterrichts herauszufordern; *Selbsttätigkeit* ist der Anspruch an die Schüler, die Aufgaben einerseits in fachmethodischer Strenge selbst zu lösen und sie andererseits nach ihrer Bedeutung für die Lebenspraxis selbst zu befragen; *Konzentration* bedeutet für den wertorientierten Unterricht, dass fachübergreifende Fragen und Gesichtspunkte auf die Aufgaben des Unterrichts konzentriert werden, damit die Bedeutung der vereinzelten Unterrichtsaufgabe in ihrer Beziehungsvielfalt entsprechend beurteilt werden kann; *Synthese* bedeutet, dass die Ergebnisse des Unterrichts, die Wege zu ihnen und ihre Bedeutung abschließend überschaut und wertend zusammengefasst werden.

Über die unterrichtsmethodische Konzeption des Unterrichts hinaus erfordert der wertorientierte Unterricht eine bestimmte Einstellung bzw. Haltung des Lehrers zu seinen Schülern. Das → LEHRER-SCHÜLER-VERHÄLTNIS ist im wertorientierten Unterricht in besonderem Maße von gegenseitigem Vertrauen geprägt. Die Unsicherheit der Schüler bezüglich ihrer Wertungen ist häufig größer als die Wissensunsicherheit. Deshalb müssen sie einerseits darauf vertrauen können, dass ihre Wertungen ernst genommen werden, gleich wie voreilig und unbedarft, wie kurzsichtig und abwegig, wie affektvoll und willkürlich sie dem Lehrer erscheinen mögen. Gerade wenn es ums „Herz" geht, müssen die Schüler sicher sein, dass sie nicht am Ende disqualifiziert werden. Das geschieht vor allen Dingen immer dann, wenn die Schüler das begründete Gefühl haben müssen, es ginge doch nicht um ihr selbsttätig zu gewinnendes Urteil, sondern um die Übernahme einer gesellschaftlich bestimmten und/oder vom Lehrer favorisierten Wertordnung.

Der Lehrer wird auf die Begründung der Werturteile achten und sie anmahnen. Auch wenn Emotionen zum Werten dazugehören, so ist doch der Wertungsakt wie der Erkenntnisakt von rationalem Charakter. Die Schüler haben die Aufgabe, ihre Wertungen begründen zu lernen bzw. sich über die Gründe ihrer Wertungen klar zu werden. Erst die Reflexion solcher Gründe hält die individuellen Wertungen von Beliebigkeit frei, denn als Maßstäbe für das Werten sind sie mit dem Anspruch überindividueller Geltung verknüpft.

Andererseits müssen die Schüler auch darauf vertrauen können, dass der Lehrer seine Werteordnung deutlich präsentiert und sie beispielhaft als *Vorbild* in seiner Haltung vertritt. Seine Meinung ist nicht nur eine unter anderen; die Schüler erwarten zu Recht, dass das Werturteil des Lehrers begründet wird und ihren Anfragen und Prüfungen standhält, dass sie sich an seinem Standpunkt reiben und in der dialogischen Auseinandersetzung mit ihm eine eigene Haltung gewinnen können. Die Präsentation der eigenen Werteordnung erfordert allerdings eine Berücksichtigung der Individuallage der Schüler und sie wird je nach Situation der Klasse mehr oder weniger offen gelegt werden. In der Grundschule ist in der Regel wegen der Gefahr einer unkritischen Wertübernahme eine größere Zurückhaltung angebracht als in weiterführenden Schulstufen und → SCHULFORMEN.

III.

Wenn der erzieherische Gedanke des wertorientierten Unterrichts in der Schulpraxis ein größeres Gewicht erhalten soll, dann wird sich die „traditionelle" Monostruktur des Fachunterrichts ändern müssen. Das bedeutet in erster Linie ein verändertes Aufgabenbewusstsein des Lehrers. Er wird sich weniger als Fachlehrer verstehen, der den Stoff seines Faches unterrichtet, sondern eher als Pädagoge handeln, der seine Schüler unterrichtet und erzieht, ihnen hilft, sachliche und wertbezogene Erkenntnisse und Einsichten zu erlangen.

Ein verändertes Bewusstsein reicht allerdings allein noch nicht zur Veränderung der Unterrichtspraxis aus. Hinzukommen müssen strukturelle Veränderungen der Unterrichtspraxis. Als wesentlichen Orientierungspunkt für solche Veränderungen wird man die Stärkung des Prinzips der Selbsttätigkeit nennen müssen. Denn die fachbezogenen und fachübergreifenden Aspekte eines Unterrichtsthemas und ihre jeweiligen Bedeutungen für ein „gelingendes" Leben können nur von den Schülern selbst ermittelt und gewertet werden. In der Form des → FACHÜBERGREIFEND-PROJEKTORIENTIERTEN UNTER-RICHTS können die Schüler am ehesten die thematischen Aspekte mitbestimmen und in Gruppenarbeit differenziert entfalten und beurteilen.

Wenn die Unterrichtspraxis in dieser Hinsicht verändert werden soll, dann sind ferner folgende organisatorische Gesichtspunkte zu bedenken:

- „Einstundenfächer" bieten kaum Zeit zur differenzierten Entfaltung der Sach- und Wertfragen. Sie sollten epochalisiert, d. h. geblockt zu bestimmten Zeitabschnitten des Schuljahres oder gar der Schulzeit (!) unterrichtet werden.
- Die Zahl der Fachlehrer in einer Klasse ist zu reduzieren. Erst die personale Kontinuität des Lehrer-Schüler-Verhältnisses ermöglicht eine Atmosphäre des gegenseitigen Vertrauens und lässt Wertgespräche „gelingen".
- Das gilt entsprechend für das Schüler-Schüler-Verhältnis. Auch unter den Schülern schafft die Kontinuität der Beziehungen eine Vertrauensbasis, auf der Wertauseinandersetzungen leichter zustande kommen. Unter erzieherischer Rücksicht wird man deshalb äußere Differenzierungsmaßnahmen tendenziell begrenzen und innere vorziehen (→ DIFFERENZIERUNG).

Literatur
Ladenthin, V./Rekus, J. (Hg.): Werterziehung als Qualitätsdimension von Schule und Unterricht. Münster 2008

Wiederholung

I.

Betrachtet man den Unterrichtsprozess genauer, kann man feststellen, dass Schüler in jedem Augenblick dabei sind, etwas „wiederzuholen". Wenn sie an einer Aufgabe den nächsten Schritt tun, eine Antwort geben wollen oder eine Frage stellen, dann haben sie immer schon ihr Wissen und Können überschaut. Sie haben es im Hinblick auf das weitere Vorgehen geordnet und daraufhin konzentriert. So haftet dieser synthetische Aspekt des Lernens jedem Lernakt an.

Gehört das Wiederholen unabdingbar und selbstverständlich zu jedem Lernfortschritt, muss es im Unterricht kontinuierlich mitbedacht werden. In einer Unterrichtsführung, die sich von dem Vorurteil leiten lässt, das wichtigste sei, „mit dem Stoff durchzukommen", wird diese Notwendigkeit immanenter Wiederholung missachtet. Was sich die Schüler über ihr selbsttätiges „Verinnerlichen" zu eigen machen sollen (→ BILDUNG), wird in einem solchen Unterricht verdinglicht und „veräußerlicht".

Darüber hinaus kommt dem Überschauen des Wissens und Könnens eine so grundlegende Bedeutung zu, dass wir der Wiederholung im Unterricht immer wieder einen eigenen Zeitabschnitt, eine von ihr bestimmte → UNTERRICHTSPHASE einräumen. Zwar lässt sich alles, was gelernt wird, wiederholen. Was allerdings im Einzelfall wiederholt werden muss, bedarf der sinnvollen Entscheidung. Der Sinn liegt für die → SCHÜLER darin, sich Gelerntes im Hinblick auf eine neue Aufgabe präsent zu machen, und für den → LEHRER, sich im Hinblick auf die Lerngruppe eines Leistungsstandes zu vergewissern, der den Übergang zu einer neuen Aufgabe rechtfertigt.

II.

Als Unterrichtsphase gestattet die Wiederholung eine weitere Differenzierung, die in unterschiedlichen Aufgabenstrukturen bzw. den damit verbundenen → ZIELEN begründet ist. Wiederholen die Schüler ihre Kenntnisse und Fertigkeiten mit dem Ziel, sie abrufbereit zu beherrschen, dann spricht man von → ÜBUNG und Festigung; wiederholen sie sie, um sie in neuen Zusammenhängen anzuwenden, spricht man von Vertiefung und Anwendung; wiederholen sie ihre fachlichen Ergebnisse unter der fachübergreifenden Zielsetzung, ihre Lebensbedeutsamkeit einzuschätzen, spricht man von Wertung (→ WERTORIENTIERUNG); wiederholen sie Gelerntes mit dem Ziel der Selbstbeurteilung, spricht man von → PRÜFUNG. Diese Differenzierung der Wiederholung in spezifische Formen belegt noch einmal die Bedeutung der → SYNTHESE für einen erziehenden Unterricht.

III.

Trotz dieser Bedeutung sind Wiederholungen in welcher Form auch immer für die Schüler häufig wenig motivierend (→ MOTIVATION). Sie werden als Last empfunden und sind deshalb oft lästig. Diese negativen Vorzeichen lassen sich nicht einfach in positive umwandeln, wohl aber durch bestimmte Bedingungen relativieren.

Zunächst muss man als Lehrer vom Sinn einer Wiederholung überzeugt sein und ihn auch seinen Schülern gegenüber offenlegen. Wird das Wozu einer Wiederholung den Schülern einigermaßen einsichtig, so ist die Erfüllung der „ersten" Bedingung möglich. Sie ist (selbst-)erzieherischer Natur und heißt für die Schüler Wiederholen*wollen* (→ ANSCHAULICHKEIT, → ERZIEHUNG IM UNTERRICHT).

Unter didaktischem Aspekt stellt sich für den Lehrer die Frage, was die Schüler wiederholen *sollen* (→ DIDAKTIK). Hier sind vorbedachte Eingrenzungen dessen notwendig, was den voraufgegangenen Unterricht ausfüllte. Nur das, was im Hinblick auf das weitere Arbeiten an Wissen und Können benötigt wird, ist unter diesem Aspekt wiederholungswürdig.

Schließlich entscheidet die → METHODIK über die Qualität von Wiederholungen. Liegt das Ziel der Wiederholungen im Überschauen des Gelernten, dann verbietet es sich, alles noch einmal so wiederzuholen, wie es im vergangenen Unterricht nacheinander erarbeitet wurde. Der Lehrer wird den Schülern deshalb helfen müssen, sich von der zeitlichen Abfolge ihres

Lernprozesses zu lösen, indem er ihnen z. B. mit Hilfe gezielter Fragen und Impulse ermöglicht, das Wiederholen zu strukturieren und das Gelernte auf diese Weise auszuwerten. Eine besondere Form der Wiederholung mit ihren unterschiedlichen Zielsetzungen sind die → HAUSAUFGABEN.

Darüber hinaus gebietet die Sinngebung der Wiederholung, fürsorglich darauf zu achten, dass Schüler ihre vergangenen Lernprozesse auch tatsächlich noch überschauen können. Das ist nur möglich, wenn Wiederholungen sich auf einen Zeitraum beziehen, dessen Lerninhalte den Schülern noch gegenwärtig sein können. Wiederholungen, die sich auf längere und für Schüler unüberschaubare Zeiträume beziehen, müssen entweder verunglücken oder verlangen von den Schülern eigene „Wiederholungen für eine Wiederholung".

Schließlich ist gerade bei Wiederholungen die Leistungsbestätigung unverzichtbar. Die Last der Wiederholungen wird geringer, die Bereitschaft zum Wiederholen gestärkt, wenn auch geringe Erfolge der Schüler ausdrücklich bemerkt und gewürdigt werden. Das gilt vor allem für „schwächere" Schüler. In diesem Zusammenhang erscheinen zahlreiche Formen des Testens von gespeichertem Wissen als besonders fragwürdig (→ LEISTUNGSBEURTEILUNG, → PRÜFUNG).

Literatur
Bönsch, M.: Üben und Wiederholen im Unterricht. München 1988

Wissenschaftsorientierung

I.

Mit dem Begriff Wissenschaftsorientierung wird derjenige Aspekt des Unterrichtsprozesses bezeichnet, der auf die sachliche Eindeutigkeit des zu erwerbenden Wissens gerichtet ist. Sachliche Eindeutigkeit meint, dass eine Person ihr Wissen auf eine Art und Weise präsentieren kann, die es jeder anderen Person erlauben müsste, die Richtigkeit des Gewussten anzuerkennen. Wissen in diesem Sinne ist subjektiv und objektiv zugleich: Es wird von einer bestimmten Person gewusst, es gehört zu ihr; und doch ist das Wissen in seinem Geltungsanspruch nicht von ihr abhängig, es ist allgemein gültig und argumentierbar, d. h. vermittelbar.

Maßgeblich für die sachliche Eindeutigkeit des Wissens ist der Weg des Wissenserwerbs. Dass etwa der Wald stirbt, kann man im Alltag erfahren. Dass saurer Regen die Ursache ist und durch den SO_2-Anteil in Automobilabgasen in Verbindung mit dem H_2O-Anteil der Luft entsteht, lässt sich aber so nicht erfahren, sondern nur durch biologische Untersuchungen und chemische Analysen erkennen. Wissen, wenn es eindeutig, objektiv, d. h. wahr sein soll, ist also an einen methodisierten Entstehungsprozess gebunden, der von der zufälligen Alltagserfahrung unabhängig ist und die Objektivität des gewonnenen Wissens verbürgt.

Es sind die Wissenschaften, die solche methodischen, auf objektive Erkenntnis gerichteten Erkenntnisprozesse intendieren. Denn die Wissenschaften zielen auf den Entwurf von Theorien, die nicht schon der Erfahrung zugrunde liegen, sondern ihre Reflexion überhaupt erst ermöglichen. Wenn neuzeitliches Lernen dadurch gekennzeichnet ist, dass es die lebensweltliche Erfahrung in systematischer Weise ergänzen soll, wird der → UNTERRICHT den Lernprozess analog dem Erkenntnisprozess in den Wissenschaften gestalten müssen. Wissenschaftsorientierung heißt also, dass das Lernen sich an den Erkenntnismethoden der neuzeitlichen Wissenschaften orientieren soll.

Das lässt sich an wenigen Beispielen weiter verdeutlichen: Im Geschichtsunterricht etwa müssen die Schüler vorrangig historische Quellen selber auswerten und interpretieren lernen, um zu historischen Einsichten zu gelangen. Das Auswendiglernen von Daten führt nicht zu Erkenntnissen im Sinne der historischen Methoden. Im Biologieunterricht müssen die Schüler vorrangig mikroskopieren, präparieren, botanisieren usw., um selber die Phänomene des Lebens zu entdecken und zu analysieren. Das Abmalen von Schemata führt nicht zu Erkenntnissen im Sinne der biologischen Methoden. Im Physikunterricht müssen die Schüler vorrangig selber experimentieren, um Regelmäßigkeiten im Naturgeschehen als Gesetze formulieren zu können. Das Einprägen von sog. Merktexten führt nicht zu Erkenntnissen im Sinne der naturwissenschaftlichen Methoden.

Die mit der Wissenschaftsorientierung nahegelegten Lernmethoden sind nicht mit Lerntechniken zu verwechseln (→ LERNTECHNIKEN). Unterstreichen, Abschreiben, Nachschlagen, Wiederholen, Zusammenfassen usw. sind notwendige Techniken, die das wissenschaftsorientierte Lernen in allen Fächern begleiten müssen, um es zu ermöglichen und zu sichern. Lerntechniken haben aber keinen Eigenwert, sondern „nur" einen Dienstwert. Wissenschaftsorientierte Lernmethoden hingegen haben insofern einen Eigenwert, als sie nicht auf ein Fachgebiet begrenzt sind, sich von den Gegenständen der Erkenntnis lösen, sich verselbstständigen und in anderen Kontexten angewandt werden können (→ FACHÜBERGREIFEND-PROJEKTORIENTIERTER UNTERRICHT).

Dabei ist Wissenschaftsorientierung kein absolut zu setzendes Unterrichtsprinzip. Vielmehr ist Wissenschaftsorientierung nur als korrelativer Begriff zur → WERTORIENTIERUNG zu verstehen, da es im Unterricht nicht um „reine" Erkenntnisse, sondern um → BILDUNG geht. Wenn das Ziel der Bildung darin besteht, mit Hilfe seines Wissens selbstständig und verantwortlich urteilen und handeln zu können, dann ist das Werten- und Entscheidenlernen eine gleichrangige Unterrichtsaufgabe. Da die Wertorientierung den Aspekt der sachlichen Eindeutigkeit um den Aspekt der persönlichen Bedeutsamkeit des Wissens ergänzt, sind Wissenschaftsorientierung und Wertori-

entierung gemeinsam notwendige Bedingungen eines bildenden Unterrichts (→ ERZIEHUNG IM UNTERRICHT).

II.

Die Wissenschaftsorientierung galt in der zweiten Hälfte des
20. Jahrhunderts als Schlüsselbegriff zur Modernisierung des
Unterrichts. Begründet wurde dies mit den Bedingungen des
Lebens und Arbeitens in der modernen Industriegesellschaft,
die von den Wissenschaften geprägt sind. Der Deutsche Aus-
schuss für das Erziehungs- und Bildungswesen war bereits in
den sechziger Jahren für eine stärkere Orientierung des Unterrichts an den Wissenschaften eingetreten, insbesondere in Verbindung mit der Umwandlung der Volksschuloberstufe zur
Hauptschule. So wurden aus der volkstümlichen „Naturlehre"
die wissenschaftsorientierten Fächer Physik, Chemie und Biologie. In den siebziger Jahren wurde im Strukturplan des
Deutschen Bildungsrats für das Bildungswesen die Forderung
nach Wissenschaftsorientiertheit von Lerngegenstand und Lernmethode für jeden Unterricht auf jeder Altersstufe erhoben.

Die Wissenschaftsorientierung ist in den letzten Jahren
auch in die Kritik geraten und sie wird in ihren extremen Fehl-
formen wieder zurückgenommen. Hintergrund dieser Kritik
ist die Einsicht, dass wissenschaftliche Forschung nicht nur
segensreiche, sondern auch zerstörerische Folgen zeitigen
kann und dass es letztlich am Urteilen und Handeln des Menschen liegt, wie die Erkenntnisse der Wissenschaften verwendet werden. Ein wissenschaftsorientierter Unterricht, der die
mit den wissenschaftlichen Erkenntnissen verknüpften ethischen bzw. moralischen Handlungsfragen ausblendet, wird
heute als defizitär angesehen.

Die Kritik an der Wissenschaftsorientierung macht darauf
aufmerksam, dass sich der Fachunterricht nicht als Wissen-
schaftspropädeutik verstehen darf. Denn in einem wissen-
schaftspropädeutischen Unterricht werden um der vermeintlichen „Reinheit" der Wissenschaft willen zwangsläufig die
Gegenstände aus dem Kontext der Lebenswelt der Schüler
herausgelöst, in fachlich-systematischer Absicht vereinzelt und
ohne Rücksicht auf die Erfahrungen und Erlebnisse der Schüler (→ ANSCHAULICHKEIT) vermittelt. Jede lebensweltlich ge-

prägte Beziehung der Schüler zu den Inhalten, ihre tatsächliche und mögliche Handlungsbedeutung und -relevanz werden zugunsten einer „reinen", d.h. wertfreien und objektiven Behandlung des Lehrstoffs aufgelöst. Auf diese Weise wird die Welt um der intersubjektiven Überprüfbarkeit willen von allen subjektiven Bedeutungskomponenten befreit und „objektiviert". Unterricht wird in dieser Hinsicht als „verkleinerte" Wissenschaft missverstanden, in dem die subjektiv bestimmten Urteile und Entscheidungsoptionen, d.h. Einstellungen und Haltungen der Schüler ausgeschlossen werden.

Seit den achtziger Jahren des 20. Jahrhunderts hat es deshalb Bestrebungen gegeben, das subjektive Moment wieder in den Unterricht aufzunehmen. Im Rückgriff auf Denkansätze der Reformpädagogik der zwanziger Jahre, die sich gegen den Prozess der Modernisierung und zunehmenden Rationalisierung aller Lebensbereiche wandten, wurden Forderungen nach → OFFENEM UNTERRICHT und → HANDLUNGSORIENTIERUNG erhoben. Beides sollte das Lernen vorrangig an den Schülern und ihrem „praktischen" Lernen und nicht mehr an den Wissenschaften und dem damit verbundenen „theoretischen" Lernen orientieren. Dabei wurden in polemischer Weise häufig Gegensätze aufgebaut, die sich in systematischer Hinsicht kaum halten lassen, etwa zwischen Theorie und Praxis, zwischen Erkenntnis und Erfahrung, zwischen Wissen und Handeln (→ ERFAHRUNG UND LERNEN). Auf solchen Polarisierungen beruhten oft auch die Forderungen nach verstärktem „ganzheitlichen" bzw. „fächerübergreifendem" anstelle von wissenschaftsorientiertem Lernen (→ KONZENTRATION).

Unter dem Aspekt von → BILDUNG ist ein Gegensatz zwischen objektivem, theoretischem Wissen und subjektiver, praktischer Einstellung bzw. Haltung jedoch ausgeschlossen. Zwar gehört es zur Wissenschaftsorientierung des Unterrichts, wenn in ihm Techniken, Methoden und Inhalte wissenschaftlichen Arbeitens gelehrt und gelernt und instrumentelle Kenntnisse und Fertigkeiten erworben werden. Aber dieses Wissen ist nicht auf einen einzigen Verwendungszweck in der jeweiligen Bezugswissenschaft begrenzt. Wissenschaftsorientierter Unterricht zielt vielmehr auf ein Wissen, das anwendungs- und umgangsoffen ist und erst mit den vom Schüler selbst zu bestimmenden und verantwortenden Urteilen seine Handlungsrelevanz erweisen soll. In bildungstheoretischer Hinsicht wird Wissenschaftsorientierung deshalb als notwendiger Aspekt des Unterrichts bezeichnet, weil nicht eine bestimmte Wissenschaft, sondern Wissenschaftlichkeit das Kriterium ist, unter dem das Wissen gewonnen werden soll.

Im Unterricht geht es nicht um wertfreies, objektives Erkenntniswissen, sondern um subjektiv bedeutsames Handlungswissen; es geht um die Einheit von Wissen, Werturteil und Handlungsbereitschaft, d. h. Bildung. Wissenschaftsorientierung ist deshalb zwar ein notwendiger Aspekt des Unterrichtsprozesses, der aber um den Aspekt der Wertorientierung ergänzt werden muss, wenn die Schüler im Unterricht nicht nur zum Wissen, sondern zugleich zur zunehmenden Selbstständigkeit und Eigenverantwortung geführt werden sollen (→ ERZIEHUNG). Wissenschaftsorientierung in Verbindung mit Wertorientierung des Unterrichts führt zu einer universalisierbaren Methodenkompetenz, die gerade nicht an bestimmte Inhalte gebunden bleibt, sondern auf andere Lern- und Lebenszusammenhänge übertragbar ist und deshalb heute gern als eine der Schlüsselqualifikationen für die komplexer werdende Zukunft bezeichnet wird.

III.

Dem Lehrer obliegt die Aufgabe, den lernmethodischen Prozess der Schüler in Analogie zu wissenschaftlichen Erkenntnisverfahren unterrichtsmethodisch zu ermöglichen und zu begleiten. Die Lernmethode des Schülers ist deshalb von der Lehrmethode des Lehrers zu unterscheiden. Maßgebend für die Lernmethode des Schülers ist eine wissenschaftsanaloge Erkenntnismethode, die in der Regel mit dem jeweiligen Fach vorgegeben, zumindest aber nahegelegt ist (→ METHODIK; → DIDAKTIK). Maßgebend für die Unterrichtsmethode des Lehrers sind dagegen die Unterrichtsprinzipien. Sie helfen dem Lehrer, die Aufgabe der unterrichtsmethodischen Führung in pädagogischer Hinsicht zu qualifizieren.

Zu dieser Führungsaufgabe gehört auch die → ERZIEHUNG. Auf den ersten Blick ist sie darin zu sehen, dass das exakte wissenschaftsmethodische Vorgehen auch die Sorgfalt,

Genauigkeit, Geduld, kurzum also die → DISZIPLIN der Schüler fördert. Es ist kein Zufall, wenn wissenschaftliche Fächer als Disziplinen bezeichnet werden. Aber unter dem Aspekt von Bildung meint Erziehung mehr als den Erwerb von Arbeitstugenden. Im Durchgang durch die verschiedenen Disziplinen prägt sich Wissenschaftlichkeit auch in der Haltung bzw. Einstellung aus: Die eigenen Urteile und Handlungsentscheidungen stehen zunehmend unter dem Selbstanspruch der Begründbarkeit und Verantwortlichkeit.

Wenn die Verbindung von Wissen und Haltung so den Ausgangspunkt wie Zielpunkt des wissenschafts- und wertorientierten Unterrichts markieren, dann wird die Unterrichtsvorbereitung und -durchführung versuchen müssen, beide Aspekte, den objektiven wie den subjektiven, durchgängig aufeinander zu beziehen und zusammenzuhalten. Die folgenden Hinweise mögen dabei helfen:

- Unter dem Aspekt der → ANSCHAULICHKEIT ist ein Unterrichtsthema für den jeweiligen Fachunterricht zu bestimmen, das zwar in methodischer Hinsicht einer Fachwissenschaft zuzuordnen ist, aber inhaltlich einen Erfahrungs-/Erlebnisbezug für die Schüler hat.

- Unter dem Aspekt der → SELBSTTÄTIGKEIT ist zu bedenken, welche wissenschaftsanalogen Methoden und Verfahren von den Schülern erfolgreich angewandt werden können. Gibt der Lehrplan nur einen Inhalt vor, wird das Bestimmen und Beschreiten der gegenstandskonstituierenden Methode zur eigenständigen Lernaufgabe. Ist dagegen das wissenschaftliche Erkenntnisverfahren vorgegeben, kommen verschiedene Inhalte infrage, wobei derjenige ausgewählt werden sollte, der einen deutlicheren Bezug zur Lebenswelt der Schüler hat.

- Unter dem Aspekt der → KONZENTRATION sind die Möglichkeiten und Grenzen der jeweiligen wissenschaftlichen Erkenntnismethode zu thematisieren und es ist zu fragen, welche andersartigen Methoden und Verfahrensweisen auch auf den Unterrichtsgegenstand zu beziehen sind, damit er vielseitig geklärt und mit den Interessen der Schüler verbunden werden kann.

- Unter dem Aspekt der →SYNTHESE ist eine Unterrichtssituation zu arrangieren, in der die Schüler die objektiven
Lernergebnisse mit ihrem eigenen Handlungshorizont wertend in Verbindung bringen können.

Literatur

Derbolav, J.: Systematische Perspektiven der Pädagogik. Heidelberg 1982

Wochenplanarbeit

I.

Die Wochenplanarbeit ist ein unterrichtsorganisatorisches Konzept, das in der Regel neben dem herkömmlichen → FACH-UNTERRICHT eingesetzt wird und Elemente des → LEHR-GANGSORIENTIERTEN UNTERRICHTS und der → FREIARBEIT in unterschiedlichen Mischungen miteinander verbindet. In der Wochenplanarbeit wird das Lernen der Schüler so organisiert, dass alle Schüler einer Lerngruppe sich in einem festgelegten Zeitrahmen mit bestimmten Unterrichtsinhalten bzw. → AUF-GABEN beschäftigen, aber nicht alle zur gleichen Zeit und in identischen Lernschritten. Jeder Schüler erhält am Beginn der Woche einen Plan, der Aufgaben aus verschiedenen Lernbereichen bzw. Fächern beinhaltet. Der Plan ist in der Regel für alle Schüler gleich, kann aber auch individuell aufgestellt sein und/oder Freiräume für Aufgaben nach eigener Wahl enthalten.

Innerhalb von Wochenplanzeiten, die im Stundenplan als solche ausgewiesen sind (etwa 1 bis 14 Wochenstunden), setzen die Schüler sich selbstständig mit den vorgegebenen Aufgaben auseinander, d.h. sie entscheiden darüber, in welcher Reihenfolge, mit welchem Zeitaufwand und Lerntempo, in welcher Sozialform und mit welchen Hilfsmitteln sie an den Aufgaben arbeiten wollen. Ist eine Aufgabe abgeschlossen, wird sie vom Lehrer oder von den Schülern selbst kontrolliert und auf dem Plan als bearbeitet eingetragen. Wochenpläne können vom ersten Schuljahr an eingesetzt werden, wenn mit den Schülern Symbole für bestimmte Fachinhalte, Aufgaben-formen, Arbeitsmethoden und Materialien vereinbart werden.

Die Aufgaben des Wochenplans werden von Lehrern aus-gewählt, zusammengestellt und im Plan eingetragen. Nach und nach können die Schüler in die Erstellung der Wochen-pläne einbezogen werden und in ihrem eigenen Plan auch in-dividuelle Akzente setzen. Vielerorts enthalten die Wochen-pläne eine Mischung aus Pflichtaufgaben, die von allen Schü-lern bearbeitet werden müssen, Wahlaufgaben, die aus einem

Angebot ausgewählt werden können, Aufgaben, die auf fach-übergreifende Projekte bezogen sind, und „Leerstellen" für Aufgaben, die die Schüler sich selbst suchen. In einigen Schulen beginnen die Lehrer zunächst mit Tagesplänen, um mit Wochenplänen, die auf einen oder zwei Lernbereiche begrenzt sind, fortzufahren und schließlich die Aufgabenangebote zu einem vollständigen, differenzierten Wochenplan zu erweitern.

II.

Der Wochenplanarbeit liegt die Intention zugrunde, die Vorgaben des → LEHRPLANS mit der Förderung der → SELBSTTÄ-TIGKEIT der Schüler und der inneren → DIFFERENZIERUNG zu verbinden. Ohne den Anspruch der Gleichheit von Inhalten und Zielen für alle Schüler aufzugeben, soll eine Individualisierung des Lernens versucht und den Schülern ein begrenzter Freiraum der Mitbestimmung eingeräumt werden. Entsprechend der jeweiligen Schwerpunktsetzung kann es sich deshalb im Einzelfall bei der Wochenplanarbeit sowohl um verkappten Frontalunterricht in der Form normierter Einzelarbeit als auch um reduzierte Formen der Freiarbeit handeln (→ UN-TERRICHTSFORMEN).

Das Gelingen der Wochenplanarbeit hängt entscheidend davon ab, ob und inwieweit der → LEHRER sich flexibel vom Druck der Stofffülle befreien kann und seinen Schülern Selbsttätigkeit zutrauen will. Außerdem ist es wichtig, dass den Schülern ausreichende Materialien im Klassenraum zur Verfügung stehen (→ KLASSENRAUMGESTALTUNG), dass die ausgewählten Aufgaben für die Schüler selbstständig lösbar sind, dass die Schüler sich entsprechende Lern- und Arbeits-verfahren aneignen, sich über Methoden und → SOZIALFOR-MEN verständigen können und Möglichkeiten zur Selbstkontrolle ihrer Leistungen haben.

III.

Die Wochenplanarbeit beginnt damit, dass der Lehrer am Wochenende vorher den Plan aufstellt. Am Wochenbeginn wird in einem gemeinsamen (Kreis-)Gespräch von Lehrer und Schülern der Plan ausgeteilt und die Aufgaben des Plans werden vorgestellt, erläutert und besprochen. Möglicherweise ergeben sich hierbei Anlässe für ein gemeinsames (Vor-)Arbeiten der ganzen Klasse. Danach beginnen die Schüler damit, für sich eine individuelle Reihenfolge der Aufgaben zu erstellen, Material bereitzulegen und evtl. Partner zu finden.

Während die Schüler relativ selbsttätig an den Aufgaben des Wochenplans arbeiten, hat der Lehrer Zeit für individuelle Zuwendung, Gespräche mit einzelnen Schülern, Hilfestellung für lernschwache Schüler, Anregungen für lernstarke Schüler und Zusammenarbeit mit Schülergruppen (→ BERATUNG).

Am Ende der Woche werden die Aufgaben des Plans und ihre Erfüllung bzw. Nichterfüllung in einem erneuten (Kreis-)Gespräch gemeinsam besprochen (→ LEISTUNG/LEISTUNGSBEURTEILUNG). Individuelle Schwierigkeiten und Misserfolgserlebnisse kommen hier ebenso zur Sprache wie Lernerfahrungen in der Gruppe und Kritik an der Aufgabenstellung. Die Schüler können bei dieser Gelegenheit auch Vorschläge für den Plan der kommenden Woche machen und Anregungen für den parallelen Fachunterricht geben.

Literatur
Petersen, P.: Der Kleine Jena-Plan: einer freien allgemeinen Volksschule. 2011

Ziele im Unterricht

„Es gäbe gar nicht ein *Ziel* menschlichen Strebens, wenn es nicht *ein* Ziel gäbe." Der Satz stammt von Paul NATORP. Er weist auf einen *Unterschied* und auf einen *Zusammenhang* hin, der für die Definition und die Legitimation von Zielen im Unterricht bedeutsam ist und deshalb nicht unterschlagen werden darf.

Ziele im Unterricht – also Lehr- und Lernziele, je nachdem, aus welcher Perspektive sie formuliert werden – bedeuten Entscheidungen im Hinblick auf den Lern-„Prozess" bzw. den Lernfortschritt der Schüler und stellen so das Bindeglied zwischen der → DIDAKTIK und der → METHODIK dar. Der Lehrer setzt sie in fürsorglicher Absicht oder ermittelt sie zusammen mit den Schülern. Dabei geht er davon aus, dass diese Ziele in einer bestimmten Unterrichtszeit auch tatsächlich erreicht werden können. Dies ist ein (erstes) definitorisches Merkmal jeder Zielsetzung.

Ihren Legitimationsgrund haben die Zielentscheidungen des Lehrers in der → BILDUNG der Schüler. Bildung weist sich in verantwortlicher Selbstbestimmung und in der Mitsorge um eine menschliche Gesellschaft aus. So kann das *eine* Ziel heute umschrieben werden. Von ihm her kann der Lehrer die Ziele des Unterrichts zwar nicht ableiten (deduzieren); gleichwohl ist die Vorstellung eines solchen Sinn-Ziels für ihn nicht überflüssig, denn es geht den tatsächlichen Zielsetzungen für seinen Unterricht voraus, legitimiert sie, grenzt sie ein und scheidet unannehmbare aus. Insofern fungiert das *eine* Ziel im Hinblick auf die Vielfalt möglicher Ziele „nur" als negatives Rechtfertigungs- und Begründungsprinzip; d.h. die im Unterricht gesetzten Ziele dürfen dem vorausgesetzten Ziel nicht widersprechen. Dies ist ein weiteres (zweites) Definitionsmoment jeder Zielsetzung.

Im Unterricht der → SCHULE stehen die Ziele des Unterrichts immer in einem Spannungsverhältnis zu den *Zwecken* des Unterrichts, in denen sich die unterschiedlichen Erwartungen und Ansprüche des Staates und der Gesellschaft niederschlagen (→ FUNKTIONEN DER SCHULE). Diese Zwecke tendieren immer wieder dazu, das *eine* Ziel des Unterrichts zu unterlaufen und die Schüler von ihm, d.h. von sich selbst, zu entfremden (→ SCHULKRITIK).

II.

Gliedert man unter dem Leitgedanken der → BILDUNG die Ziele des Unterrichts, muss man als erstes die *Werturteilsfähigkeit* nennen. Dies mag manchen Lehrer, der immer schon zielorientiert unterrichtet und Ziele für seinen Unterricht gesetzt und formuliert hat, überraschen; aber dieses Ziel muss an erster Stelle stehen, weil es für die Schüler die Brücke zu ihrem Handeln darstellt. Zu Recht wird es als „Interferenzpunkt von Sachlichkeit und Sittlichkeit" (PETZELT) bezeichnet (→ ERZIEHUNG IM UNTERRICHT).

Mit diesem Ziel verfolgt der Lehrer die Absicht, dass die Schüler ihre Aufgaben und Leistungen ausdrücklich auf sich selbst zurückbeziehen und ihrem persönlichen Urteil unterwerfen. Einsichten und Erkenntnisse, die sie im wissenschaftsorientierten → FACHUNTERRICHT gewinnen, sollen sie aus dem Blickwinkel ihrer Bedeutung für ein „gutes Leben" einschätzen lernen. Das gleiche gilt auch für die fachwissenschaftlichen Methoden, die sie im Fachunterricht anwenden.

Mit der wertenden Kritik sachlicher Gegebenheiten ist die Kritik der eigenen Einstellung und der sie begründenden Maßstäbe bei den Schülern unmittelbar verbunden. Wer als Schüler die Lebensbedeutsamkeit eines Unterrichtsinhalts einzuschätzen lernt, wird in der dialogischen Auseinandersetzung mit seinen Mitschülern und dem Lehrer zugleich angeregt, die maßgeblichen Kriterien seines Urteils zu prüfen, zu festigen oder zu verändern und damit zugleich seine Urteils*fähigkeit* weiterzuentwickeln.

Eine solche → WERTORIENTIERUNG erscheint heute als neue Aufgabe des Unterrichts. Sie übersteigt die Grenze wissenschaftsorientierten Fachunterrichts und ist ein Ziel in *jedem* Unterrichtsfach, nicht nur in den sog. Gesinnungsfächern. Ihr besonderes Recht erhält diese Aufgabe heute um der

→ SCHÜLER willen, deren Lebensführung und Handeln unter dem Regulativ des „guten Lebens" in einer offenen pluralistischen Gesellschaft unsicher und orientierungsbedürftig geworden ist. Die veränderten Bedingungen von → KINDHEIT und → JUGEND verstärken noch die Notwendigkeit eines solchen Aufgabenverständnisses.

Mit diesem Ziel sind zugleich besondere Anforderungen an die Methodik des Unterrichts verbunden.

Werturteilsfähigkeit als „erstes" Ziel des Unterrichts setzt erkannte, verstandene oder gestaltete Zusammenhänge voraus. Sie begegnen den Schülern als Aufgaben des gegliederten Unterrichts. Ob es um die „Tiere im Zoo", „Märchen", „Naturlyrik des Barock", das „Gleichnis von den Talenten", die „Grabanlage Bischof Bernwards", „die Schubkurbel", um „Räterepublik oder parlamentarische Demokratie" oder das „Bohrsche Atommodell" geht: Immer handelt es sich um Zusammenhänge, die von den Schülern möglichst „lückenlos", d.h. in einem konsequenten Prozess auf argumentative oder kreative Weise durchdrungen werden wollen. Die Ziele heißen deshalb hier: Einsicht, Erkenntnis, Empfindung oder Erlebnis, Verständnis, Gestaltung.

An den Beispielen wird zugleich deutlich, dass die Ziele von den Schülern nicht anders als in jeweils bestimmter methodischer Aktivität erreicht werden können. So ist z.B. an den „Bildern einer Ausstellung" von MUSSORGSKIJ im strengen Sinne nichts zu erkennen, wohl aber stellt deren variationsreiches Programm den Anspruch, empfunden und erlebt, interpretiert und gestaltet zu werden. Was so für ein ästhetisches Fach gilt, trifft für alle anderen Fächer ebenso zu. Erst durch die fachspezifische methodische Aktivität, mit der die Schüler dem Inhalt begegnen, definieren sie das jeweilige Thema und identifizieren ihr (fach-)unterrichtliches Ziel.

Auch diese Ziele haben bestimmte Konsequenzen sowohl für die Methodik des Unterrichts als auch für die → UNTERRICHTSFORMEN.

Schließlich haben auch diese Ziele wiederum ein weiteres zur Voraussetzung. Das Werturteil über die Siedlungsform „Stadt" setzt nicht nur fachwissenschaftliche bzw. fachmethodisch erarbeitete Zusammenhänge kultureller, ökonomischer, topographischer, historischer, ästhetischer, ökologischer Art voraus.

Damit Schüler diesem Beziehungszusammenhang gewachsen sind, müssen sie Skizzen und Tabellen lesen und selber anfertigen, rechnen und berechnen, modellieren, schreiben und zeichnen können; sie müssen in die Auseinandersetzung mit der Aufgabe auch ihre fachlichen Kenntnisse und die anderen Fächer einbeziehen. Das Ziel, dass die Schüler bestimmte Fertigkeiten und Kenntnisse erwerben sollen, taucht in jedem Unterrichtsfach auf. Wie entscheidend es ist, erkennt man daran, dass es in den lehrgangsorientierten Fächern nahezu das ausschließliche Ziel ist, z. B. im Lehrgang der Kulturtechniken, aber auch in der Mathematik und den Fremdsprachen (→ LEHRGANGSORIENTIERTER UNTERRICHT). Der Sinn dieses Zieles liegt in der habituellen Beherrschung von Fertigkeiten und in der abrufbereiten Präsenz von Kenntnissen. Beides soll verhindern, dass die Schüler bei der Durchdringung komplexer Aufgaben bereits über die instrumentellen Voraussetzungen für ihre Lösung stolpern. Dieses Ziel verlangt deshalb auch entsprechende Lernformen: die kontinuierliche ＇ WIEDERHOLUNG, Anwendung und → ÜBUNG des Gelernten (→ SYNTHESE). Darüber hinaus kann es sinnvoll sein, in einem sequentiellen Lernarrangement die Teilziele in operationalisierter Form vorab zu definieren, damit die Schüler ihren eigenen, „gestuften" Lernfortschritt einschätzen können. Hier haben der sog. „lernzielorientierte Unterricht" und Tests ihren begrenzten Sinn (→ LEISTUNG/LEISTUNGSBEURTEILUNG).

Zugleich muss der Lehrer bei diesen Zielen um ihre eingeschränkte Bedeutung wissen. Für Kenntnisse wie für Fertigkeiten gilt, dass sie keinen Selbst-, sondern nur einen Relationswert besitzen. Für sich genommen und ohne die Beziehung zu einem Aufgabenzusammenhang sind sie pädagogisch wertlos. So verbürgt die „abstrakte" Kenntnis von noch so vielen Regeln der Grammatik, Gesetzen der Physik oder Geschichtsfakten nicht schon, dass Schüler mit ihnen sinnvoll umzugehen wissen. Das gleiche gilt für die Fertigkeiten. Ohne die Verbindung mit den weiter reichenden Zielen werden Kenntnisse darüber hinaus bald vergessen und Fertigkeiten verlernt.

III.

Die pädagogisch-systematische Gliederung der Ziele bedeutet keine Gleichrangigkeit, sondern eine Hierarchie. Sie ist aber nicht einfach auf den aktuellen Unterrichtsprozess übertragbar; dort ist die Zielanordnung von den besonderen Bedingungen der Unterrichtssituation abhängig: vom Leistungsstand der Schüler, von ihren Fragen und Interessen, vom → LEHRPLAN, von der didaktischen Kontinuität, die der Lehrer überschaut und für die er zu sorgen hat, vor allem aber vom Qualifikations-, Selektions- und Integrationszweck der Schule. In einer solchen funktionalen Sichtweise von Schule und Unterricht liegt wohl auch die Begründung dafür, dass in der → LEHRERBILDUNG der sog. „lernzielorientierte Unterricht" und in diesem Zusammenhang die Operationalisierung von Lernzielen vielerorts immer noch einen zu großen Raum einnimmt.

Häufig wird die Erreichung vorher formulierter Lernziele bei Lehrerprüfungen (und -überprüfungen) in einem Maße zum Qualitätskriterium für „guten" Unterricht hochstilisiert, dass manche mit Recht von einem „Lernzielfetischismus" sprechen.

Darüber hinaus wird die geplante Zielsetzung und Zielanordnung oft wegen einer notwendigen Veranschaulichung, aber auch wegen der Unterbrechung des Unterrichts durch Disziplinprobleme und andere → UNTERRICHTSSTÖRUNGEN nicht durchzuhalten sein. Gerade in der konkreten Unterrichtssituation kann aber die pädagogisch-systematische Gliederung der Ziele dem Lehrer helfen, bei der Entscheidung über eine situativ notwendige Veränderung der Zielgliederung das jetzt erreichbare vom unerreichbaren, das jetzt wichtige vom weniger wichtigen Ziel zu unterscheiden.

Die Unterschiedlichkeit der Ziele im Unterricht steht insbesondere in einem engen Zusammenhang mit den → UNTERRICHTSFORMEN. Darüber hinaus führt sie notwendig zu einer Differenzierung in der Beurteilung der Schülerleistungen.

Um den Unterricht zielorientiert mit den Schülern durchführen zu können, ist es für den Lehrer sinnvoll, sich bei der → UNTERRICHTSVORBEREITUNG entsprechende Fragen zu stellen.

Zum Beispiel:

- Welche Ziele sollen und können die Schüler in der Auseinandersetzung mit dem Unterrichtsinhalt erreichen?
- Welches Ziel lässt sich im Hinblick auf die Unterrichtseinheit formulieren?
- Wie lässt sich dieses Ziel gliedern und verdeutlichen?
- Lassen sich die gegliederten Ziele bestimmten Zieldimensionen zuordnen (erleben, erkennen, verstehen, gestalten)?
- Sind in den Zielen die Selbsttätigkeit der Schüler und die Wertorientierung des Unterrichts hinreichend bedacht?
- Lassen die beabsichtigten Zielsetzungen Raum für andere Ziele, die den Schülern situativ wichtig erscheinen?
- Woran lässt sich ermessen, ob bzw. wie die Schüler die Ziele erreicht haben?

Literatur
Meyer, H.: Trainingsprogramm zur Lernzielanalyse. Weinheim [13]1994

Stichwortverzeichnis

Stichworte in Kapitälchen bezeichnen Hauptbegriffe, die in eigenen Kapiteln behandelt werden.

Artikulationsschemata → Unterrichtsphasen
   → Unterrichtsvorbereitung
AUFGABE
Aufgabengemeinschaft → Aufgabe → Fachübergreifend-
   projektorientierter Unterricht → Fachunterricht
   → Gemeinschaft → Lehrer-Schüler-Verhältnis
   → Schüler → Schulleben → Sozialformen
AUFSICHTSPFLICHT
Ausbildung → Bildung → Kompetenz → Lehrerbildung
   → Lehrgangsorientierter Unterricht
Ausländerpädagogik → Interkulturelle Erziehung
   → Integration/Inklusion
Ausländische Schüler → Integration/Inklusion
Außerschulische Lernorte → Schule → Schulfahrten
Autonomie → Schule → Schulkritik
AUTORITÄT

Behinderte → Integration/Inklusion
Belohnung → Erziehung → Motivation
BERATUNG
Beratungslehrer → Beratung
Berufsbildung → Bildung
Berufsbildende Schulen → Bildung → Differenzierung
   → Schulformen
Bestrafung → Erziehung → Motivation
Betreuung → Ganztagsschule
Beurteilung → Leistung/Leistungsbeurteilung
   → Wertorientierung
Bewertung → Fachübergreifend-projektorientierter Unterricht
   → Leistung/Leistungsbeurteilung → Wertorientierung
Bild → Anschaulichkeit → Medien
Bildsamkeit → Bildung
BILDUNG
Bildungsauftrag → Bildung → Bildungsgerechtigkeit
   → Schule → Schulrecht → Unterrichtsvorbereitung
Bildungsgehalt → Bildung → Didaktik
   → Unterrichtsvorbereitung
BILDUNGSGERECHTIGKEIT

Bildungsinhalt → Bildung → Didaktik
    → Unterrichtsvorbereitung
Bildungsmanagement → Bildung
    → Leistung/Leistungsbeurteilung
Bildungsprozess → Bildung → Methodik
Bildungsstandards → Kompetenz
Bildungstheorie → Bildung
Bildungstheoretische Didaktik → Didaktik
    → Unterrichtsvorbereitung
Bildungswert → Bildung
Bürokratie → Funktionen der Schule → Schulkritik
    → Schulrecht
Burn-Out-Syndrom → Lehrer

Chancengleichheit → Bildungsgerechtigkeit
    → Differenzierung
Charakterbildung → Bildung → Erziehung
Computer → Medien
Curriculare Didaktik → Didaktik → Unterrichtsvorbereitung
Curriculum → Beratung → Lehrplan

Debatte → Unterrichtsgespräch
Deduktion → Didaktik
Denkanstoß → Selbsttätigkeit → Unterrichtsgespräch
Dialog → Lehrer → Lehrer-Schüler-Verhältnis
DIDAKTIK
Didaktische Analyse → Bildung → Unterrichtsvorbereitung
Didaktische Reduktion → Beratung → Didaktik
    → Unterrichtsvorbereitung
Didaktischer Plan → Fachübergreifend-projektorientierter
    Unterricht → Fachunterricht
Didaktisches Dreieck → Unterricht
    → Unterrichtsvorbereitung
Didaktisches Material → Didaktik → Exemplarität
    → Freiarbeit → Klassenraumgestaltung → Medien
    → Spiel
Didaktische Vorüberlegungen → Didaktik
    → Unterrichtsvorbereitung
DIFFERENZIERUNG

404

Erfahrung → Anschaulichkeit → Lernen → Motivation
→ Wertorientierung

Erfahrungsorientiertes Lernen → Offener Unterricht

Erfahrungsorientierung → Handlungsorientierung
→ Methodik

ERFAHRUNG UND LERNEN

Erfolg → Leistung/Leistungsbeurteilung → Motivation

Erkenntnis → Unterrichtsphasen

Erkenntnistheorie → Anschaulichkeit

Erlasse → Schulrecht

Erlebnis → Anschaulichkeit → Emotionalität
→ Wertorientierung → Ziele im Unterricht

ERSTUNTERRICHT

Erzieher → Erziehung → Lehrer-Schüler-Verhältnis

Erziehender Unterricht → Erziehung im Unterricht

ERZIEHUNG

ERZIEHUNG IM UNTERRICHT

Erziehungsberechtigte → Kindheit

Ethos des Lehrers → Funktionen der Schule → Humor
→ Lehrer → Lehrerbildung → Motivation → Schule

Evaluation → Leistung/Leistungsbeurteilung → Kompetenz
→ Prüfung

Exemplarisches Lernen → Didaktik → Exemplarität

EXEMPLARITÄT

Fachdidaktik → Didaktik → Fachübergreifend-
projektorientierter Unterricht → Fachunterricht
→ Lehrerbildung

Fachlehrer → Fachübergreifend-projektorientierter
Unterricht → Fachunterricht → Lehrer
→ Lehrerbildung → Wertorientierung

Fachleistungskurs → Bildungsgerechtigkeit
→ Differenzierung

Fächer → Fachunterricht → Unterricht

Fächerverbindender Unterricht → Fachübergreifend-
projektorientierter Unterricht → Konzentration

Fähigkeiten → Kompetenz → Lehrgangsorientierter
Unterricht → Prüfung → Schüler → Ziele im Unterricht

FACHÜBERGREIFEND-PROJEKTORIENTIERTER UNTERRICHT

Gesamtschule → Ganztagsschule → Schulformen
Gesamtunterricht → Erstunterricht → Fachunterricht
   → Konzentration
Geselligkeit → Schulfest/Schulfeier
Gesellschaftliche Erwartungen → Funktionen der Schule
Gesinnungsfächer → Fachunterricht → Ziele im Unterricht
Gestik und Mimik → Unterrichtsgespräch
   →Lehr- und Lerntechniken
Gewissen → Erziehung
Gliederung des Unterrichts → Unterrichtsphasen
Grobziele → Ziele im Unterricht
Grundsatzerlass → Schulrecht
Grundschule → Schulformen
Gruppenarbeit → Beratung → Differenzierung
   → Fachübergreifend-projektorientierter Unterricht
   → Sozialformen → Wertorientierung
Gruppenunterricht → Fachübergreifend-projektorientierter
   Unterricht → Soziales Lernen → Sozialformen
Gymnasium → Bildung → Bildungsgerechtigkeit
   → Schulformen

Halbtagsschule → Ganztagsschule
Haltung → Bildung → Disziplin → Erziehung im Unterricht
   → Lehrerbildung → Lehrer-Schüler-Verhältnis
   → Motivation → Wertorientierung
Handlung → Handlungsorientierung
HANDLUNGSORIENTIERUNG
Handlungsrelevanz → Bildung → Didaktik → Erziehung
   im Unterricht → Fachübergreifend-projektorientierter
   Unterricht → Handlungsorientierung → Kompetenz
   → Synthese
Hauptschule → Bildungsgerechtigkeit → Schulformen
HAUSAUFGABEN
Heimlicher Lehrplan → Erziehung → Lehrplan
Hierarchie der Ziele → Ziele im Unterricht
Hilfsbereitschaft → Lehrer → Lehrer-Schüler-Verhältnis
Hinführung → Motivation → Unterrichtsgespräch
   → Unterrichtsphasen
Hospitation → Lehrerbildung → Unterrichtsvorbereitung

Humane Schule → Schule → Schulkritik
Humanistisches Bildungsideal → Bildung
Humanität → Kreativität → Schule → Soziales Lernen
Humor → Disziplin → Emotionalität → Schulangst

Impuls → Beratung → Methodik → Unterrichtsgespräch
   → Unterrichtsphasen
Individualisierung → Bildungsgerechtigkeit
   → Differenzierung → Freiarbeit → Medien
   → Schulanfang → Übung → Wochenplanarbeit
Individualität → Aufgabe → Bildung → Differenzierung
   → Lehrer → Schüler → Sozialformen
Individuallage → Freiarbeit → Funktionen der Schule
   → Motivation → Methodik
   → Leistung/Leistungsbeurteilung
   → Schulanfang → Schüler → Selbsttätigkeit
   → Unterrichtsvorbereitung → Wertorientierung
Indoktrination → Beratung → Erziehung im Unterricht
   → Funktionen der Schule
Informationstechnische Grundbildung → Bildung
   → Funktionen der Schule
Innere Differenzierung → Differenzierung
Innovieren → Lehrer → Schulkritik
Institution → Funktionen der Schule → Lehrer → Schule
   → Schulformen → Schulkritik → Schulrecht
   → Unterrichtsstörungen
INTEGRATION/INKLUSION
Interaktive Medien → Medien
Interessenloses Interesse → Lehrer → Schule → Schulrecht
INTERKULTURELLE ERZIEHUNG
Interpersonaler Prozess → Erziehung
Interpersonales Verhältnis → Lehrer-Schüler-Verhältnis
Ironie → Lehrer → Unterrichtsgespräch

Jahresplan → Lehrplan → Unterrichtsvorbereitung
Jahrgangsklasse → Differenzierung
Jahrgangsstufe → Differenzierung
JUGEND
Jugendalter → Jugend

Kenntnisse → Bildung → Funktionen der Schule
  → Lehrgangsorientierter Unterricht → Prüfung
  → Wiederholung → Ziele im Unterricht
Kinder → Kindheit
KINDHEIT
Klasse → Differenzierung → Schüler
Klassenarbeit → Leistung/Leistungsbeurteilung → Prüfung
  → Schulangst → Synthese
Klassenelternschaft → Schulrecht
Klassenfahrt → Schulfahrten → Schulleben
Klassengemeinschaft → Aufgabe → Freiarbeit
  → Gemeinschaft → Schüler → Schulfahrten
Klassenlehrer → Lehrer → Lehrerbildung
KLASSENRAUMGESTALTUNG
Klausurtagung → Lehrer → Lehrerbildung
Können → Funktionen der Schule → Übung
  → Ziele im Unterricht
Kollegium → Aufgabe → Schulkritik
Kommunikation → Lehrer-Schüler-Verhältnis
  → Unterrichtsgespräch
Kommunikative Didaktik → Didaktik
  → Unterrichtsvorbereitung
KOMPETENZ
Konflikte → Lehrer-Schüler-Verhältnis → Soziales Lernen
Konkurrenz → Motivation → Leistung/Leistungsbeurteilung
  → Prüfung → Schulformen
Kontinuität → Aufgabe → Schüler → Schule → Unterricht
KONZENTRATION
Kooperation → Aufgabe → Lehrer → Sozialformen
Kooperatives Lernen → Gemeinschaft → Lehrer-Schüler-
  Verhältnis → Lernen → Sozialformen
KREATIVITÄT
Kreisgespräch → Unterrichtsgespräch → Wochenplanarbeit
Kultur → Didaktik → Lehrplan
Kulturtechniken → Erstunterricht → Funktionen der Schule
  → Lehrgangsorientierter Unterricht → Lehr- und
  Lerntechniken → Übung → Ziele im Unterricht
Kultusministerium → Lehrplan → Schulrecht
Kunde → Beratung → Fachunterricht

Leistungsdruck → Leistung/Leistungsbeurteilung
→ Motivation → Prüfung → Schulangst
Leistungskontrolle → Leistung/Leistungsbeurteilung
→ Prüfung → Schulangst → Synthese
Leistungsprozess → Leistung/Leistungsbeurteilung
Leistungsvermögen → Leistung/Leistungsbeurteilung
→ Schulangst → Schulanfang → Schüler
Leistungsversagen → Leistung/Leistungsbeurteilung
→ Schulangst
Leistungswille → Leistung/Leistungsbeurteilung
→ Motivation
Lernausgangslage → Schüler → Unterrichtsvorbereitung
Lernbereiche → Fachunterricht → Konzentration
Lernbereitschaft → Motivation → Unterrichtsstörungen
LERNEN
Lerngegenstand → Anschaulichkeit → Didaktik → Unterricht
Lerngruppe → Differenzierung → Schüler
→ Unterrichtsvorbereitung
Lernhilfen → Medien
Lerninteresse → Anschaulichkeit → Motivation
Lernkontrolle → Leistung/Leistungsbeurteilung → Prüfung
→ Synthese
Lernleistung → Leistung/Leistungsbeurteilung → Methodik
→ Schüler → Soziales Lernen
Lernmethode → Methodik → Schüler
→ Wissenschaftsorientierung
Lernmittel → Medien → Unterrichtsformen
Lernmotive → Motivation → Sozialformen
Lernorte → Schule → Schulleben
Lernprogramm → Lehrgangsorientierter Unterricht
→ Soziales Lernen → Unterrichtsvorbereitung
Lernprozess → Medien → Methodik → Schüler
→ Selbsttätigkeit
Lernspiele → Spiel → Übung
Lernstörungen → Disziplin → Unterrichtsstörungen
Lerntechniken → Differenzierung → Erstunterricht
→ Wochenplanarbeit
Lerntheoretische Didaktik → Didaktik
→ Unterrichtsvorbereitung

Lernumwelt → Klassenraumgestaltung → Schulleben
Lernunlust → Motivation → Schulangst → Schulformen
Lernvoraussetzungen → Schulanfang → Schüler
    → Unterrichtsvorbereitung
Lernwerkstatt → Freiarbeit → Schule
Lernwiderstände → Medien → Motivation
    → Unterrichtsstörungen
Lernziele → Fachübergreifend-projektorientierter Unterricht
    → Ziele im Unterricht
Lernzielkontrolle → Leistung/Leistungsbeurteilung
Lernzirkel → Lehrgangsorientierter Unterricht
Lesenlernen → Erstunterricht → Lehrgangsorientierter
    Unterricht → Schulanfang
Logotherapie → Beratung

Macht → Autorität → Lehrer
Manipulation → Beratung → Disziplin → Erziehung
    → Erziehung im Unterricht
MEDIEN IM UNTERRICHT
Methode → Methodik→ Wissenschaftsorientierung
METHODIK
Methodische Monostruktur → Fachunterricht → Methodik
Methodisches Lernen → Didaktik → Methodik → Schüler
    → Selbsttätigkeit→ Wissenschaftsorientierung
Methodische Vorüberlegungen → Unterrichtsvorbereitung
Misserfolgserlebnis → Motivation → Schulformen
    → Schulangst
Mitbestimmung → Fachübergreifend-projektorientierter
    Unterricht → Gemeinschaft → Offener Unterricht
    → Schüler → Schulrecht → Unterrichtsformen
    → Wochenplanarbeit
Miteinander → Gemeinschaft → Lehrer-Schüler-Verhältnis
    → Leistung/Leistungsbeurteilung
Mitgefühl → Emotionalität → Schulangst
Mitverantwortung → Schulkritik → Unterrichtsformen
Mitwirken → Lehrer → Schule → Schulrecht
Moralische Erziehung → Bildung → Erziehung im Unterricht
Moralität → Bildung → Erziehung → Erziehung im
    Unterricht → Fachunterricht → Lehrerbildung

Morgenkreis → Schulleben → Sozialformen
MOTIVATION
Motive → Emotionalität → Motivation
Muße → Pause

Nachbereitung → Hausaufgabe → Unterrichtsvorbereitung
Nachhaltiges Lernen → Lernen → Unterricht → Kompetenz
Neigungsdifferenzierung → Aufgabe → Differenzierung
Normative Didaktik → Didaktik
Normen → Wertorientierung

Öffnung der Schule → Lehrer → Offener Unterricht
    → Schule → Schulleben
OFFENER UNTERRICHT
Offenheit im Unterricht → Offener Unterricht
Operationalisierung → Ziele im Unterricht
Ordnung → Disziplin → Klassenraumgestaltung → Schule
    → Schulkritik
Orientierungsstufe → Schulformen
Output → Funktionen der Schule → Lehrgangsorientierter
    Unterricht → Leistung/Leistungsbeurteilung
    → Ziele im Unterricht

PÄDAGOGIK
Pädagogische Freiheit → Lehrer → Methodik
Pädagogische Hochschule → Lehrerbildung
Pädagogischer Bezug → Lehrer-Schüler-Verhältnis
Pädagogisches Verhältnis → Lehrer-Schüler-Verhältnis
Partizipation → Gemeinschaft → Integration/Inklusion
    → Fachübergreifend-projektorientierter Unterricht
    →Lernmethoden
Partnerarbeit → Soziales Lernen → Sozialformen
PAUSE
Pausenhof → Aufsichtspflicht → Pause
Persönlichkeit → Erziehung im Unterricht → Lehrer
    → Schüler
Pluralismus → Disziplin → Jugend → Kindheit → Schule
Politische Erziehung → Erziehung
Portfolio → Beratung → Lernen → Selbsttätigkeit

Präsentation → Kompetenz → Medien

Praktisches Lernen → Handlungsorientierung
→ Offener Unterricht

Praxisschock → Lehrerbildung

Primarstufe → Schulformen

Produktorientierung → Leistung/Leistungsbeurteilung

Professionalität → Autorität → Lehrer → Lehrerbildung
→ Schule

Projekte → Fachübergreifend-projektorientierter Unterricht
→ Schulleben

Projektunterricht → Fachübergreifend-projektorientierter
Unterricht → Konzentration → Schulleben
→ Unterrichtsformen

Projektwoche → Fachübergreifend-projektorientierter
Unterricht → Konzentration

Prozessorientierung → Leistung/Leistungsbeurteilung
→ Unterricht

Prüfung

Prüfungsgespräch → Prüfung → Unterrichtsgespräch

Prüfungsordnung → Lehrerbildung → Schulrecht

Prüfungsurteil → Prüfung

Pubertät → Jugend

Qualifikation → Bildung → Funktionen der Schule
→ Kompetenz → Lehrer → Lehrplan
→ Leistung/Leistungsbeurteilung → Prüfung

Qualifizierung → Funktionen der Schule
→ Lehrgangsorientierter Unterricht

Qualitätsmanagement → Lehrerbildung →Schulkritik

Qualitätssicherung → Lehrerbildung → Schule

Rahmenrichtlinien → Didaktik → Exemplarität
→ Leistung/Leistungsbeurteilung → Schulrecht
→ Unterrichtsformen

Realschule → Bildungsgerechtigkeit → Schulformen

Referendariat → Lehrerbildung → Unterrichtsvorbereitung

Reformpädagogik → Freiarbeit → Schulkritik → Schulleben

Regeln → Freiarbeit → Schule → Spiel

Regelschule → Ganztagsschule → Schulrecht

Reglementierung → Disziplin → Schulrecht
Religiöse Erziehung → Erziehung
Rhythmisierung → Pause → Unterrichtsphasen
Richtlinien → Lehrplan → Schulrecht
Richtziele → Ziele im Unterricht
Rolle → Autorität → Lehrer → Schüler
Rollenspiel → Methodik → Spiel

Sachanalyse → Unterrichtsvorbereitung
Sachunterricht → Konzentration
Schlüsselprobleme → Didaktik
Schlüsselqualifikation → Bildung → Freiarbeit
    → Funktionen der Schule → Kompetenz
Schlussphase → Medien → Unterrichtsphasen
SCHÜLER
Schüleraustausch → Schulfahrten
Schülerfrage → Unterrichtsgespräch
Schülerorientierung → Bildung → Selbsttätigkeit
    → Unterrichtsformen → Unterrichtsvorbereitung
Schülerverhalten → Erziehung → Kindheit → Lehrer-
    Schüler-Verhältnis → Schüler → Unterrichtsstörungen
    → Unterrichtsvorbereitung
Schulabschlüsse → Funktionen der Schule
    → Leistung/Leistungsbeurteilung
Schuladministration → Schulrecht
Schulalltag → Lehrer → Schulfeier/Schulfest → Schulleben
    → Unterricht
Schulanfänger → Erstunterricht → Schulanfang
SCHULANFANG
SCHULANGST
Schulaufsicht → Schulrecht
Schulbehörde → Schulrecht
Schulbuch → Fachunterricht → Medien → Schulrecht
Schuldisziplin → Disziplin
SCHULE
Schuleigener Lehrplan → Didaktik → Exemplarität
    → Lehrplan → Unterrichtsformen
Schulentwicklung → Schule → Schulkritik
Schulfächer → Fachunterricht

Schulfähigkeit → Schulanfang → Spiel

SCHULFAHRTEN

SCHULFEIER/SCHULFEST

SCHULFORMEN

Schulhof → Aufsichtspflicht → Pause

Schulinterne Lehrerfortbildung → Lehrerbildung

SCHULKRITIK

Schullandheimaufenthalt → Aufsichtspflicht → Gemeinschaft
    → Schulleben → Schulfahrten

Schullaufbahn → Beratung → Differenzierung
    → Schulformen

SCHULLEBEN

Schulmüdigkeit → Motivation → Schulangst

Schulordnung → Aufsichtspflicht → Disziplin → Erziehung

Schulpause → Pause

Schulpflicht → Funktionen der Schule → Lehrer
    → Schulanfang → Schulformen

Schulpraktische Studien → Lehrerbildung

Schulprofil → Schule

Schulprogramm → Schule

Schulpsychologischer Dienst → Beratung

SCHULRECHT

Schulreform → Schule → Schulkritik → Schulrecht
    → Unterrichtsformen

Schulreife → Schulanfang

Schulsozialarbeit → Beratung → Gemeinschaft → Schulangst
    → Schulleben

Schulstress → Lehrer

Schulträger → Schulkritik → Schulrecht

Schulunlust → Motivation

Schulversagen → Schulangst

Schulweg → Aufsichtspflicht

Schulwesen → Schulformen → Schulrecht

Schwierigkeitsanalyse → Unterrichtsvorbereitung

Sekundarstufe → Schulformen

Selbstständigkeit → Aufgabe → Freiarbeit
    → Handlungsorientierung → Jugend → Kindheit
    → Offener Unterricht → Schüler → Selbsttätigkeit
    → Soziales Lernen

Selbstbestimmung → Bildung → Fachübergreifend-
projektorientierter Unterricht → Freiarbeit → Schulkritik
→ Unterrichtsformen → Wertorientierung
Selbstbeurteilung → Leistung/Leistungsbeurteilung
→ Synthese
Selbsteinschätzung → Synthese
Selbsterlebnis → Emotionalität
Selbsterziehung → Aufgabe → Emotionalität → Erziehung
→ Freiarbeit → Wertorientierung
Selbstevaluation → Leistung/Leistungsbeurteilung → Prüfung
→ Synthese → Ziele im Unterricht
Selbstführung → Aufgabe → Erziehung → Freiarbeit
→ Schüler → Selbsttätigkeit → Unterricht
Selbstkontrolle → Freiarbeit → Wochenplanarbeit
Selbstlosigkeit → Autorität
SELBSTTÄTIGKEIT
Selbstverantwortung → Beratung → Disziplin → Erziehung
im Unterricht → Freiarbeit → Schüler → Selbsttätigkeit
Selbstvertrauen → Erstunterricht → Lehrer-Schüler-
Verhältnis → Leistung/Leistungsbeurteilung
→ Motivation → Schulangst
Selektion → Funktionen der Schule
→ Leistung/Leistungsbeurteilung → Prüfung
Sexualerziehung → Fachunterricht → Jugend
Sicherung → Übung → Unterrichtsphasen
Sinnorientierung → Erziehung im Unterricht
→ Wertorientierung
Sittlichkeit → Erziehung im Unterricht → Wertorientierung
Situation der Lerngruppe → Jugend → Kindheit → Schüler
→ Unterrichtsvorbereitung
Sitzordnung → Klassenraumgestaltung
→ Unterrichtsgespräch
Sokratische Methode → Methodik → Unterrichtsgespräch
Soziale Erziehung → Erziehung → Soziales Lernen
SOZIALES LERNEN
SOZIALFORMEN
Sozialisation → Bildung → Erziehung
Sozialverhalten → Erstunterricht → Soziales Lernen
→ Sozialformen

Übungsbereitschaft → Übung
Umgangsformen → Lehrer-Schüler-Verhältnis
Umwelterziehung → Erziehung → Fachunterricht
Unterforderung → Unterrichtsstörungen
UNTERRICHT
Unterrichtsartikulation → Unterrichtsphasen
Unterrichtsaufgaben → Aufgabe → Didaktik
Unterrichtseinheit → Didaktik → Fachunterricht
   → Unterrichtsvorbereitung
UNTERRICHTSFORMEN
Unterrichtsführung → Autorität → Lehrer → Methodik
   → Unterricht
Unterrichtsgegenstand → Didaktik → Freiarbeit → Unterricht
   → Unterrichtsvorbereitung
UNTERRICHTSGESPRÄCH
Unterrichtsgestaltung → Lehrerbildung → Unterricht
   → Unterrichtsprinzipien
Unterrichtsinhalte → Didaktik → Unterrichtsvorbereitung
Unterrichtsmethode → Methodik
Unterrichtsorganisation → Funktionen der Schule → Schule
UNTERRICHTSPHASEN
Unterrichtsplanung → Unterricht → Unterrichtsvorbereitung
UNTERRICHTSPRINZIPIEN
Unterrichtsprozess → Methodik → Schüler → Unterricht
   → Unterrichtsstörungen → Unterrichtsvorbereitung
Unterrichtsrezepte → Methodik → Unterrichtsprinzipien
   → Unterrichtsstörungen → Unterrichtsvorbereitung
Unterrichtsschritte → Unterrichtsphasen
   → Unterrichtsvorbereitung
Unterrichtssequenz → Unterrichtsphasen
UNTERRICHTSSTÖRUNGEN
Unterrichtsstufen → Unterrichtsphasen
   → Unterrichtsvorbereitung
Unterrichtsstunde → Unterrichtsvorbereitung
Unterrichtstheorie → Unterricht → Unterrichtsvorbereitung
Unterrichtsverfahren → Methodik → Sozialformen
Unterrichtsverlauf → Unterrichtsvorbereitung
UNTERRICHTSVORBEREITUNG
Unterrichtszeit → Lehrplan → Schule → Unterricht

Urteile → Bildung → Synthese → Wertorientierung
Urteilsfähigkeit → Beratung → Bildung → Wertorientierung

Veranschaulichung → Anschaulichkeit → Methodik
→ Motivation
Verantwortung → Emotionalität → Schüler
→ Wertorientierung
Verfügung → Schulrecht
Verhaltensdetermination → Erziehung
Verlaufsplanung → Unterrichtsvorbereitung
Verordnung → Schulrecht
Verrechtlichung → Schulkritik → Schulrecht
Versetzung → Funktionen der Schule
→ Leistung/Leistungsbeurteilung
Vertiefung → Synthese → Übung → Unterrichtsvorbereitung
Vertrauen → Beratung → Erstunterricht → Lehrer → Lehrer-
Schüler-Verhältnis → Schulanfang → Schulangst
Volksschule → Bildung → Schulformen
volkstümliche Bildung → Bildung → Fachunterricht
Volle Halbtagsschule → Ganztagsschule
Vorbereitung → Hausaufgaben → Unterrichtsvorbereitung
Vorbereitungsdienst → Kompetenz → Lehrerbildung
→ Unterrichtsvorbereitung
Vorbild → Erziehung im Unterricht → Lehrer
→ Lehrerbildung → Lehrer-Schüler-Verhältnis
→ Wertorientierung

Wahlfreier Unterricht → Differenzierung
Wahlpflichtfächer → Differenzierung
Wahlpflichtunterricht → Differenzierung
Wahrnehmung → Anschaulichkeit
Wanderfahrt → Schulfahrten
Werkstattlernen → Freiarbeit → Schule
Werte → Aufgabe → Didaktik → Emotionalität → Erziehung
→ Erziehung im Unterricht → Motivation
→ Wertorientierung
Wertenlernen → Beratung → Erziehung im Unterricht
→ Lehrer-Schüler-Verhältnis → Unterrichtsformen
→ Wertorientierung

Werterlebnis → Emotionalität → Motivation
   → Wertorientierung
Werterziehung → Erziehung im Unterricht
   → Wertorientierung
Wertfrage → Anschaulichkeit → Motivation
   → Wertorientierung
Wertordnung → Wertorientierung
WERTORIENTIERUNG
Wertschätzung → Lehrer-Schüler-Verhältnis
   → Leistung/Leistungsbeurteilung → Soziales Lernen
Werturteil → Erziehung im Unterricht → Methodik
   → Motivation → Synthese → Unterrichtsphasen
   → Wertorientierung → Ziele im Unterricht
WIEDERHOLUNG
Wissen → Bildung → Lernen → Unterricht
   → Wissenschaftsorientierung
WISSENSCHAFTSORIENTIERUNG
Wissenschaftsorientierter Unterricht
   → Wissenschaftsorientierung → Bildung
   → Fachunterricht → Wertorientierung
   → Ziele im Unterricht
Wochenplan → Wochenplanarbeit
WOCHENPLANARBEIT
Würdigung → Hausaufgaben
   → Leistung/Leistungsbeurteilung
   → Schulangst → Schulanfang

Zensierung → Erstunterricht → Funktionen der Schule
   → Leistung/Leistungsbeurteilung → Motivation
Zensuren → Leistung/Leistungsbeurteilung → Schulangst
Zeugnis → Funktionen der Schule
   → Leistung/Leistungsbeurteilung
ZIELE IM UNTERRICHT
Zielorientierung → Ziele im Unterricht
Zuhören → Lehrer → Unterrichtsgespräch
Zusammenarbeit → Soziales Lernen → Sozialformen
Zusammenfassung → Synthese → Unterrichtsgespräch
   → Wertorientierung

Zutrauen → Autorität → Handlungsorientierung
  → Lehrer-Schüler-Verhältnis → Lehrer
  → Leistung/Leistungsbeurteilung → Prüfung
  → Schulanfang
Zuwendung → Disziplin → Emotion/Emotionalität → Lehrer
Zwang → Disziplin

Wichtiger Hinweis

In diesem Ratgeber sind Möglichkeiten der naturgemäßen Behandlung von Acne vulgaris dargestellt. An dieser Akne-Form leiden vor allem Jugendliche in der Pubertät, aber auch Erwachsene können davon betroffen sein.
Im Zweifelsfall muß ein Arzt aufgesucht werden, der entscheidet, ob es sich um Acne vulgaris handelt, und ob eine naturgemäße Behandlung ausreichend ist.
Jeder Leser ist aufgefordert, in eigener Verantwortung zu entscheiden, ob und inwieweit die in diesem Buch vorgestellten Naturheilmittel und Naturheilverfahren für ihn eine Alternative zu schulmedizinischen Methoden darstellen.

Anita Fischer, Heilpraktikerin

Akne natürlich behandeln

So helfen Naturheilverfahren und Naturheilmittel bei fettiger Haut, Mitessern,
Aknepusteln, Furunkeln.

Wirkungsvolle Anwendungen für die eigenverantwortliche Behandlung zu Hause.

GU GRÄFE
UND
UNZER